Carl Cederström & André Spicer
Auf der Suche nach dem perfekten Ich

Carl Cederström ist Assistenzprofessor für Organisationstheorie an der Stockholm Business School. Auf Deutsch erschien zusammen mit Peter Fleming: »Dead Man Working. Die schöne neue Welt der toten Arbeit«, Berlin 2013. Zusammen mit André Spicer: »Das Wellness Syndrom. Die Glücksdoktrin und der perfekte Mensch«, Berlin 2016.
André Spicer hat eine Professur für Organisationsverhalten an der City University London und ist Gründungsdirektor des Think Tanks ETHOS. Zur Zeit arbeitet er an einem Buch über »Dummheit in Organisationen«.

Titel der Originalausgabe: »Desperately Seeking Self-Improvement. A Year Inside the Optimization Movement«, New York/ London 2017.

Edition
TIAMAT
Deutsche Erstveröffentlichung
Herausgeber:
Klaus Bittermann
1. Auflage: Berlin 2018

www.edition-tiamat.de
Druck: cpi-books
Umschlagentwurf: Felder Kölnberlin Grafikdesign
ISBN: 978-3-89320-227-0

Carl Cederström &
André Spicer

Auf der Suche nach dem perfekten Ich

Ein Jahr in der Optimierungsindustrie

Aus dem Englischen von
Norbert Hofmann

Critica
Diabolis
250

Edition
TIAMAT

Alle in diesem Buch beschriebenen Ereignisse sind real. So auch die Namen, Daten und Zeitangaben, außer in einigen wenigen Fällen, wo sie geändert wurden, um die Lesbarkeit zu verbessern oder Anonymität zu wahren.

VORWORT

Der Moderator: *Für die nächste Stunde haben wir Carl Cederström und André Spicer online bei uns zu Gast. Sie können jetzt ihre Fragen posten.*

Es war der 2. Januar 2017, und Leser reagierten auf einen Artikel, den wir gerade im *Guardian* über unser einjähriges Experiment veröffentlich hatten.

EMMI26: *Sagt mir bitte, dass das eine Verarschung ist.*

André war zu Hause in London vor seinem Laptop; sein neugeborener Sohn schlief neben dem Schreibtisch. *Nein, dies ist ein sehr ernsthaftes Rechercheprojekt*, schrieb er in dem Kommentarfeld zurück. Carl, der in seiner Küche in Stockholm saß, sagte mit anderen Worten dasselbe.

Fast genau ein Jahr zuvor, am 1. Januar 2016, ließen wir uns auf etwas ein, das nicht nur *Guardian*-Leser zweifellos für verrückt hielten. Wir verbrachten ein Jahr damit, alles zu testen, was die Selbstverbesserungsindustrie anzubieten hat – mit dem Plan, es in einem Buch zusammenzufassen: ein Buch, das Sie nun in den Händen halten. Bestrebt, eine einheitliche Struktur für das Projekt zu schaffen, einigten wir uns auf zwölf Gebiete der Selbstoptimierung, eines für jeden Monat des Jahres. Wir begannen im Januar mit Produktivität. Dann beschäftigen wir uns in den folgenden Monaten mit dem Körper, dem Gehirn, Beziehungen und Spiritualität. Während der Sommermonate widmeten wir uns dem Sex, dem Vergnügen und der Kreativität. Im Herbst optimierten wir Geld, Moral und Aufmerksamkeit. Der letzte Monat war der Bedeutung gewidmet in der Hoffnung, die tieferen Motivationen hinter diesem Projekt zu verstehen.

LITTLE_RED: *Oh je, klingt nach viel harter Arbeit.*

Im Laufe des Jahres wendeten wir Tausende Stunden und Zehntausende Dollar dafür auf, Techniken der Selbstverbesserung zu erproben. Wir hackten unsere Gehirne, benutzten Smart Drugs, experimentierten mit Sexspielzeug und unterzogen uns einer Schönheitsoperation. Wir sprachen mit Parapsychologen und Life-Coaches, tanzten nackt mit unbekannten Männern, besuchten Motivationsseminare, nahmen an professionellen Wettkämpfen im Gewichtheben teil und setzten uns einer Therapie aus.

MRFLABBYBUM: *Mich erstaunt, dass ein zugrundeliegendes und verbindendes Prinzip für all das fehlt.*

Das war ein berechtigter Einwand. Aber was ist jenseits des trügerischen Anspruchs, das Selbst zu optimieren, »das zugrundeliegende Prinzip« der Selbstverbesserung? Schon ein flüchtiger Blick auf die endlose Flut von Ratschlägen, die jedes Jahr produziert wird, offenbart, dass diese Industrie mit einem Umsatz von 10 Milliarden Dollar keineswegs einheitlich ist. Im Gegenteil, sie ist verwirrend und widersprüchlich. Wir wollten unbedingt, dass sich diese Tatsache in unserem Buch widerspiegelt. Für jeden Monat setzten wir uns neue Ziele. Die konnten entweder konkret und messbar sein, wie etwa das Auswendiglernen von 1000 Stellen von Pi, oder abstrakt und schwer fassbar, wie zum Beispiel ein spirituelles Erlebnis. Um unsere Ziele zu erreichen, probierten wir eine schwindelerregende Reihe von Methoden aus, von den Achtsamkeits-Apps bis zur »Master Cleanse«-Diät. Wir wählten diese Methoden aus, nicht weil sie wissenschaftlich glaubwürdig, sondern populär sind.

Es war vor mehr als zweitausend Jahren der stoische Philosoph Epiktet, der zuerst behauptete, dass Meinungen wichtiger sind als reale Ereignisse. Seitdem ist die Flut der Ratschläge, wie man leben soll, stetig angeschwollen. Und warum nicht? Wer möchte nicht ein besseres Leben? In mancher Hinsicht ist Selbstoptimierung wie Trinken: Es ist in schlechten Zeiten ein perfekter Trost. Und ein großartiger Begleiter für gute Zeiten.

Man schaue nur auf den kommerziellen Boom der Selbstverbesserung in den dreißiger Jahren. Es ist kein Zufall, dass er in Folge der Großen Depression in den Vereinigten Staaten aufkam. In seinem Bestseller *Denk nach und werde reich* präsentierte Napoleon Hill eine beruhigende Theorie: Er hielt die Weltwirtschaftskrise bloß für einen Effekt der Ängste und Meinungen der Leute. Dale Carnegies Buch *Wie man Freunde gewinnt. Die Kunst, beliebt und einflussreich zu werden* aus dem Jahr zuvor bot einen ähnlich hoffnungsvollen Rat an: Immer nur lächeln. In einer Zeit ökonomischer und sozialer Depression, da Menschen nichts hatten, auf das sie sich verlassen konnten, außer sich selbst, war Selbstverbesserung ein verlockender Vorschlag.

Aber Selbstverbesserung war nicht weniger populär in den wohlhabenderen 1970er Jahren. Nach drei Jahrzehnten ökonomischen Wachstums waren große Teile der amerikanischen Bevölkerung von Armut befreit. Niemals zuvor kamen so viele in den Genuss von so viel Geld und so viel Freiheit. Aber statt diesen Wohlstand zur Verbesserung der Gesellschaft zu verwenden, verbrauchten die Leute ihn, wie Tom Wolfe in einem klassischen Essay aus dem Jahr 1976 beobachtete, dafür, sich selbst zu verbessern, und »stürzten sich geradewegs in das, was der alchemistische Traum der Ich-Dekade wurde.« Millionen strömten in Selbstverbesserungsseminare. Zwischen 1971 und 1984 unterzogen sich 700000 Menschen für drei Tage dem EST (Erhard Seminar Training), wo sie lernten, dass man sich selbst an die erste Stelle setzt, begriffen, dass sie für ihr eigenes Schicksal voll verantwortlich sind, verstanden, dass sie nicht Opfer der Gesellschaft sind, und erkannten, dass sie ihre eigene Realität erschaffen.

Selbstverbesserung heute ist so in unsere Gesellschaft integriert, dass es schwer zu sagen ist, wo sie beginnt und wo sie endet. Yoga wird an Grundschulen unterrichtet. Achtsamkeit wird im Gefängnis eingesetzt. Life Coaching wird als ein Weg propagiert, Armut zu bekämpfen. Und Selbsthilfe hat es bis ins Weiße Haus geschafft: Donald Trumps erste Ehe wurde von Norman Vincent Peale getraut, dem Vater des Positiven Denkens.

Die Zeiten ändern sich, und so auch die Trends der Selbstverbesserung. Die alten Gurus sind durch neue wie Tony Robbins und Tim Ferriss verdrängt worden. Alte Trends wie Aerobics und ähnliche Übungen mussten CrossFit und Lifelogging weichen. Die einzige Konstante ist das Versprechen, dass man sein Leben ändern kann. Wir müssen nur aufhören, uns zu beunruhigen, und anfangen, ohne allzu große Bescheidenheit an uns selbst zu glauben. Es stimmte immer schon, dass Geschichten über Veränderung keine Subtilität erfordern. Während Napoleon Hill mit der wundersamen Heilung der Stummheit seines Sohnes durch Gedankenkraft prahlte, brüsten sich heutige Selbsthilfe-Gurus mit ihren Leistungen, ob sie nun eine neue Sprache lernen, Krankheiten durch Eisbäder abwenden, neue Kampfkunsttechniken erlernen oder ein Vermögen durch Investitionen in Silicon-Valley-Startups verdienen.

Unterdessen kamen weitere Kommentare von Lesern.

LORDBADGER: *Es scheint mir so, dass ihr eine Menge Sachen für höchstens einen Monat ausprobiert habt, wo man doch ein Leben damit verbringen kann, um auch nur eine von ihnen zu bewältigen.*

Diesen Kommentar hörten wir mehr als einmal. Manche Leute mögen ein Leben damit verbringen, eine Sache zu beherrschen, ob sie nun produktiver werden oder einen perfekten Körper bekommen wollen, aber die meisten Leute verbringen ihr Zeit damit, von einer Technik zur nächsten zu springen und überhaupt nichts zu meistern. Die einzig vernünftige Erklärung dafür, warum die Selbstverbesserungsbewegung Jahr für Jahr wächst, ist die, dass Menschen rastlos neue Ratschläge ausprobieren, gleichviel ob ihre früheren Versuche funktionierten oder nicht. Wenn man die Selbsthilfe-Abteilung in einem Buchladen durchstöbert, findet man Anleitungen für alles – von der Auffrischung der Beziehung und des Sexlebens bis zum Hirn- und Muskeltraining. Und oft versprechen sie schnelle Ergebnisse – in zwei Wochen oder vierundzwanzig Stunden.

In einer Konsumgesellschaft sollen wir nicht nur eine Jeans kaufen und dann zufrieden sein. Das Gleiche gilt für die Selbstverbesserung. Es genügt nicht, dass wir nur einen Bereich unseres Lebens verbessern. Wir werden aufgefordert, *alle* Teile unseres Lebens aufzurüsten, alles auf einmal. Wir sollen fitter, glücklicher, gesünder, reicher, klüger, ruhiger und produktiver werden – alles zugleich, alles möglichst sofort. Und wir stehen unter dem Druck zu beweisen, dass wir wissen, wie man das perfekte Leben führt.

Diese Buch bietet keine Theorie darüber, wie man ein besserer Mensch wird, sondern reflektiert vielmehr die Verzweiflung und Frustration, das Drama und die Komik, die der Suche nach Selbstverbesserung innewohnen – die gleiche Suche, die Millionen Menschen an jedem Tag betreiben.

Was ist mit Einflüssen? Ein Leser bemerkte, dass das alles wie ein Hintergrundkommentar aus einem frühen Woody-Allen-Film klingt. Was uns freute, denn dieses Buch sollte nie eine heroische Geschichte zweier Männer sein, die versuchten, sich selbst zu besiegen. Wenn wir vor neuen Herausforderungen standen wie etwa Gewichtheben oder die Kunst der Anmache, sahen wir wahrscheinlich eher wie die verwirrten Narzissten der Woody-Allen-Filme aus als wie coole Selbstverbesserungsexperten.

Ein anderer Leser bemerkte, dass unser Projekt ihn an die australische Reality-Comedy *Review with Myles Barlow* erinnerte. Was kein Zufall war. Zwar hatten wir nur eine Episode der Originalserie gesehen, aber wir kannten das amerikanische Remake *Review with Forrest MacNeil.* In dieser Mockumentary veranstaltet Forrest MacNeil eine Show in einer Show, wo er nicht Bücher oder Filme bespricht, sondern das Leben selbst. Im Auftrag der Zuschauer probiert er alles aus – vom Lebendigbegrabenwerden bis zur Heirat mit einer Fremden. Er nimmt sich auch klassische Themen der Selbstverbesserung vor wie Glück (drei Sterne), einen perfekten Körper haben (ein halber Stern), eine Sekte anführen (zwei Sterne) und schnell reich werden (vier Sterne). Auch wenn er nur eine fiktive Figur ist, so kann man sich doch an MacNeils professioneller Entschlossenheit und blinder Hingabe ein gutes Beispiel nehmen.

Aber anders als bei der Fernsehsendung *Review* ist in diesem Buch nichts erfunden. Es ist ein sozialwissenschaftliches Experiment, bei dem wir uns mit Geist und Körper in extreme Situationen stürzten und dann wieder auftauchten, um unsere Erlebnisse und Erfahrungen zu teilen.

Jahrelang hatten wir die Selbstverbesserungsindustrie aus einer sicheren akademischen Distanz studiert. Nie hatten wir an Seminaren zur persönlichen Vervollkommnung teilgenommen; weder waren wir regelmäßige Besucher eines Fitnessstudios, noch benutzten wir tragbare Technologie oder Produktivitäts-Apps. Als der französische Soziologe Loïc Wacquant beklagte, dass Forscher zu oft physisch und emotional von ihren Forschungsobjekten losgelöst bleiben, hätte er auch uns meinen können, bevor wir mit der Recherche für dieses Buch begannen. Wacquant lebt, was er lehrt, und verbrachte für ein Buch über das Boxen in einem Chicagoer Ghetto drei Jahre unter den Boxern, um »den Geschmack und den Schmerz des Geschehens zu erfassen«.

Obwohl wir beide skeptisch waren, als wir dieses Projekt starteten, hatten wir keine klare Hypothese, die wir beweisen wollten. Auch verbarg sich keine moralische Botschaft hinter der Oberfläche unserer Recherche, etwa von der Art, wie man sie in einer Dokumentation wie *Super Size Me* findet, wo Morgan Spurlock, erpicht darauf, die Schädlichkeit der Fast-Food-Industrie zu beweisen, einen Monat lang nichts als McDonalds Produkte vertilgte. Wenig überraschend fühlte er sich danach ziemlich schlecht, und Ärzte äußerten sich besorgt um seine Gesundheit.

Wichtig für unser Projekt waren die großartigen Experimente von George Plimpton, der etwa Archie Moore, den Weltmeister im Halbschwergewicht, zu einem Boxkampf über drei Runden herausforderte und ein Buch darüber schrieb. Er wollte herausfinden, was passiert, wenn Amateure im Ring auf Profis treffen. Als er danach gefragt wurde, was er davon hatte, erwiderte er: »Bis jetzt nur eine blutige Nase.«

Die Vorwürfe, die wir zu hören bekamen, wurden auch gegen Plimpton erhoben. Bevor er in den Ring stieg, sagte jemand zu Archie Moore, dass der Kampf doch nur ein Spektakel, eine Freakshow sei. Plimpton widersprach heftig.

UKREFUGEE: *Wünscht ihr euch, dass ihr das Jahr zurückhaben könntet?*

CARL: *Dafür ist es jetzt wohl zu spät.*

Januar

Produktivität

Carl, 1. Januar

Meine Frau Sally schlief noch fest, als ich aus dem Schlafzimmer schlich und mir einen Kaffee machte. Draußen war es stockdunkel. Schnee auf dem Boden. Eisig kalt.

Meine Tochter Esther schlief neben einem Stoffpanda in ihrem Zimmer. Ich ging zurück zur Küche und nahm aus einer Schublade die zwei schwarzen Armbänder. Beide hatten mich jeweils etwa 150 Dollar gekostet. Das eine mit dem Namen Jawbone sollte meinen Schlaf, meine Bewegungen und den Puls messen. Das andere, Pavlock, war darauf programmiert, Elektroschocks auszusenden. Ich wikkelte sie um mein linkes und rechtes Handgelenk. Für diesen ganzen Monat würden sie ein Teil von mir sein und dabei helfen, die neue und optimierte Version von mir lebendig werden zu lassen.

Nach dem Frühstück skypte ich André. Er war auf Urlaub in Neuseeland und hatte gerade das Abendessen beendet. Unrasiert und mit wirrem langem Haar hielt er mir eine lange Vorlesung über Produktivitäts-Hacks. Es fiel mir schwer, mich auf ihn zu konzentrieren, und nach einer Weile hörte ich nicht mehr zu. Dann erinnerte ich mich an meine Wearables. Ich nahm mein Handy, öffnete die Pavlok-App und drückte »zap«. Eine Sekunde, zwei Sekunden. Dann kam der Schock. Ich sprang von meinem Stuhl auf und stieß einen Schrei aus. André lachte laut.

Später am Nachmittag machte ich, erpicht darauf, einige

Schritte auf meinem Jawbone zu sammeln, einen Spaziergang entlang der zugefrorenen Bucht. Der Weg war schneebedeckt und glatt, und das Licht am Himmel verschwand rasch. Als ich kurz nach 17 Uhr nach Hause kam, war es bereits völlig dunkel.

Ich überprüfte mein Armband. 7423 Schritte. Noch immer 2577 weniger als das tägliche Ziel von 10000. Aber ich hatte keine Lust, wieder loszuziehen. Stattdessen setzte ich mich an den Computer und suchte bei YouTube Anregungen für mehr Produktivität. Ich schaute mir einen durchtrainierten Mann Anfang Dreißig mit rasiertem Kopf an, der über seinen Kampf gegen die Aufschieberei redete. Dann noch mehr Videos und noch mehr Männer. Alle mit rasiertem Kopf. Alle muskulös. Alle gebräunt. Nicht eine einzige Frau. War dies mein erster Einblick in die Welt der Selbstverbesserung? War es eine Welt nur von Männern? Verunsicherte Männer in den Dreißigern und Vierzigern, die unbedingt sich selbst verbessern wollten? Waren das wir?

Ich kehrte zu YouTube zurück. Tim Ferriss erschien auf dem Bildschirm. Sein Podcast hat 80 Millionen Zuhörer, und das Magazin *Wired* nannte ihn den »Superman aus dem Silicon Valley«. Ich hatte in der Vergangenheit seine Erfolgsbücher – *Die 4-Stunden-Woche*, *Der 4-Stunden-Körper*, *Der 4-Stunden (Küchen-)Chef* – durchgeblättert; er teilte darin seine besten Tipps mit, wie man superoptimiert wird. Ferriss starrte geradewegs in die Kamera und erklärte, dass man lange Blöcke ununterbrochener Zeit brauche, um Dinge wirklich zu erledigen. Unter einem schwarzen T-Shirt mit V-Ausschnitt konnte ich einen schlanken, muskulösen Körper erkennen. Verschwende nicht deine Tage mit Handyanrufen oder Mails, sagte er. Und lerne, Nein zu sagen.

Dann schaute ich mir ein Video des Biohackers Dave Asprey an, eine weitere Silicon-Valley-Ikone, der unter dem Namen Bulletproof Coffee sein eigenes Getränk kreiert hat, das verspricht, die kognitive Leistungsfähigkeit zu erhöhen. Der Titel seines Vortrags lautete: »How I Made My Mind

My Bitch«. Er prahlte damit, den größten Teil seines neuen Buches im Laufe von sechs fieberhaften Tagen geschrieben zu haben. Er hatte nur jeden Morgen zweieinhalb Stunden geschlafen, sich mit seinem Bulletproof Coffee unter Spannung gehalten und seinem Gehirn ab und zu leichte Stromstöße versetzt. Er benutzte ein Stehpult, wobei seine Füße auf einem Nagelbrett standen. Während kurzer Pausen machte er einen einminütigen Handstand und presste dabei die Hände gegen eine Vibrationsplatte. So machte er es sechs Tage lang und hatte, versicherte er seiner Zuhörerschaft, eine großartige Zeit.

Dann stieß ich auf ein anderes Video. Robin Sharman. Noch ein Selbsthilfeguru mit rasiertem Kopf. Der Schlüssel zum Erfolg, sagte er, bestehe darin, ein »magnificent obsession statement« niederzuschreiben – eine Entschlossenheitserklärung darüber, wer man in einem Jahr werden will – und dann diesen großartigen Entschluss, sich ständig vorzusprechen, jeden Morgen und Abend, das ganze Jahr über, bis man die gewünschte Person geworden ist.

Als ich zu Bett ging, dachte ich darüber nach, was mein »Statement« sein könnte. Wer wollte ich dieses Jahr werden? Tim Ferriss? Dave Asprey? Robin Sharman? Wollte ich mich wirklich von einem hochgewachsenen und dünnen Akademiker in einen dieser muskulösen Männer verwandeln, die jeden Aspekt ihres Lebens optimiert haben?

André, 1. Januar

Es war 7 Uhr morgens, als ich vorsichtig aus den gestärkten Laken kletterte. Meine Lebensgefährtin Mel schlief noch. Wir hatten den Silvesterabend in einem Designhotel in der Stadtmitte von Auckland verbracht. Ich ging ins Badezimmer und schaute in den Spiegel. Es war kein erfreulicher Anblick. Meine Haut war bleich, Bart und Haar zerzaust. Ich war übergewichtig. Schnell trat ich den Rückzug vom

Spiegel an und setzte mich, immer noch in Unterwäsche, an einen dunklen Holztisch. Der Lederstuhl war kalt und klebte an meiner Haut. Mein Blick fiel auf ein kleines Paket neben meinem Laptop. Es war der Jawbone, auf dessen Kauf Carl bestanden hatte.

Carl und ich wollten den ersten Monat mit dem Versuch verbringen, unsere Produktivität zu optimieren. Was eine gute Sache war. Es gab zwei Bücher, die ich zu Ende schreiben musste. Beide waren längst überfällig.

Wenige Stunden später kehrten Mel und ich wieder in das Haus meiner Eltern zurück, eine Autostunde außerhalb von Auckland. Ich setzte mich an meinen Computer und suchte nach Produktivitätstipps. Ich schrieb einige in mein Notizbuch:

Schalte alle Alarmgeräte aus, ignoriere die Nachrichten, treibe Sport, trink viel Wasser, sage Nein, kuschle mit Haustieren, bring den inneren Perfektionisten zum Schweigen, weg mit den To-do-Listen, entrümpele, benutze Produktivitätstools, mach unangenehme Aufgaben zuerst, richtig frühstücken, schlafe genug, mache verbale Zusagen, vermeide schlechte Gewohnheiten, setze dir realistische Ziele und halte alle Treffen kurz – maximal 30 Minuten.

Ich legte mein Notizbuch beiseite, kehrte zu meinem Laptop zurück und begann, an einem der unfertigen Bücher zu arbeiten. Trotz ständiger Unterbrechungen durch meine dreijährige Tochter blieb ich acht Stunden dran.

Gegen 10 Uhr 30 skypte Carl von Stockholm. Er fragte mich nach meinen Zielen für den Monat.

»Nun, ähm, ich bin mir nicht sicher«, sagte ich. »Aber ich habe eine Liste mit Produktivitätstipps zusammengestellt.«

Als ich zum Ende der Liste kam, hörte ich einen durchdringenden Schrei. Carl hatte mit irgendeinem Gerät sich selbst einen Stromschlag versetzt. Ein böser Gedanke ging mir durch den Kopf: *Wäre es möglich, die Kontrolle über dieses Ding in die Hände zu bekommen?*

Ich beendete das Gespräch nach dreißig Minuten und arbeitete weiter bis Mitternacht. Es war fast wie ein großartiger Tag im Büro: ein Kapitel bearbeitet, einige Tausend Wörter per Mail versendet, Besprechung pünktlich beendet, häusliche Arbeiten erledigt. Und dabei war es ein Feiertag!

Carl, 2. Januar

Mein Ziel für den Monat: ein akademisches Buch zu Ende schreiben. In einer Mail hatte ich dem Verleger mitgeteilt, dass er das komplette Manuskript Ende des Monats erhalten würden. Es gab nur ein kleines Problem. Ich hatte gerade erst damit begonnen.

Das Thema des Buches war Glück, was irgendwie ironisch schien angesichts der harten Routine, die ich mir auferlegen wollte. Mein Plan lautete: jeden Morgen um 5 Uhr mit der Arbeit beginnen, was mir drei Stunden Schreibzeit geben würde, bevor Sally und Esther aufwachten.

Der Journalist Mason Currey hat in seinem Buch *Daily Routine* beschrieben, wie Anthony Trollope, Autor von 47 Büchern, stets morgens um halbsechs anfing und genau drei Stunden lang arbeitete. Wenn er den letzten Satz eines Buches beendet hatte, holte er ein neues Blatt Papier hervor und begann mit dem nächsten Buch. Auch Stephen King arbeitet morgens und geht nirgendwohin, bis er 2000 Wörter geschrieben hat. Kingsley Amis hatte, als er in den Siebzigern war, ein weniger ehrgeiziges Ziel. 500 Wörter pro Tag. Danach, um die Mittagszeit, ging es geradewegs ins Pub.

Ich plante also, das zu tun, was echte Schriftsteller immer getan haben: einen Zeitplan erstellen und ihm strikt folgen. Aber ich würde dem Ganzen einen modernen Touch hinzufügen. Ich hatte eine App namens Pomodoro gekauft, die die Arbeitszeit und Ruhepausen strukturiert. Nach 25 Minuten Arbeit instruiert sie den Benutzer, eine fünfminütige Pause einzulegen. Nach Beendigung von vier Zyklen gibt es eine längere Pause.

Und noch eine Abwandlung gegenüber dem nicht mehr zeitgemäßen Autorentrick: Ich würde mir keine Beschränkungen auferlegen. Warum nach drei Stunden aufhören, wenn ich noch weiterschreiben konnte? Und warum nach 2000 Wörtern aufhören, wenn ich mehr schaffen konnte?

André, 2. Januar

Gleich nachdem mein Wecker um 5 Uhr geklingelt hatte, stand ich auf, machte mein Bett und rezitierte einen Aphorismus des römischen Stoikers Marc Aurel: »Die Menschen, mit denen ich heute verkehre, werden undankbar, arrogant, unehrlich und mürrisch sein.«

Gemäß dem Buch *Morning Makeover* von Damon Zahariades ist der Morgen die kostbarste Zeit des Tages. Dies war nicht das einzige Buch, das für ein frühes Aufstehen, gefolgt von einem präzisen Morgenritual, plädierte. Carl hatte angeregt, ich sollte ein Buch mit dem ominös klingenden Titel *The 5 AM Miracle: Dominate Your Day Before Breakfast* lesen. Tim Ferriss empfahl eine fünfteilige Morgenroutine. Der erste Schritt war, das Bett zu machen und dabei die Worte von Marc Aurel zu wiederholen.

Ich saß auf dem Boden, die Beine gekreuzt, zählte für einige Minuten meine Atemzüge und versuchte zu meditieren. Dann öffnete ich die Augen, stand auf und machte zehn Downward Dogs, eine Standardbewegung im Yoga, die ich schon vor Jahren lernte. Noch war ich nicht Tony Robbins, also ließ ich die kalte Dusche aus und machte mir eine Tasse Tee. Es war nicht die Mischung aus schwarzem und grünem Tee, Ingwer, Kurkuma und Kokosöl, die Ferriss vorschlug. Earl Grey musste reichen. Mit der warmen Tasse neben mir widmete ich mich meinem Notizbuch. Ferriss' Morgenroutine folgend, schrieb ich drei Dinge nieder, für die ich dankbar war (meine Familie, eine interessante Arbeit, meine Freundschaft mit Carl), drei Dinge, die den Tag großartig machen werden (vorankommen mit einem Kapitel, Mittagessen mit der Familie, die sozialen Medien ignorieren) und meinen persönlichen Aphorismus für den Tag (*Ich bin fokussiert! Ich bin produktiv! Ich bin entschlossen!*)

Es war bereits halb sechs, die Sonne schien, und es war Zeit, mit der Arbeit zu beginnen. Ich öffnete meinen Laptop und machte mich sogleich, ohne einen Blick auf die Inbox zu werfen, an die erste Aufgabe für den Tag. Sobald ich sie abgehakt hatte, belohnte ich mich mit einer Tasse Kaffee und etwas Müsli. Es war noch nicht 8 Uhr, aber ich fühlte mich bereits wie ein Produktivitätsgott.

Carl, 3. Januar

Ich hatte ein Treffen mit einem Produktivitätsguru vereinbart. Er erschien oft in den Zeitungen und im Fernsehen und gab Ratschläge, wie man sein Leben in den Griff bekommt. Wir trafen uns in einem Starbucks und tranken schwarzen Kaffee aus übergroßen Bechern. Ich erläuterte meinen Plan, ein wissenschaftliches Buch in einem Monat zu schreiben, und zeigte ihm die Apps, die ich heruntergeladen hatte.

»Hier ist angezeigt, wieviel ich in den letzten paar Tagen geschlafen habe und herumgelaufen bin«, sagte ich und schob mein Smartphone über den Tisch.

»Sie brauchen mehr Schlaf«, sagte er.

Ich hatte jede Nacht fünf bis sechs Stunden geschlafen. »Außerdem müssen Sie mehr Sport treiben«, stellte er fest, als er auf die Zahl meiner Schritte schaute. »Ohne Bewegung kann das Gehirn nicht arbeiten. Jeden Morgen, bevor Sie sich an den Schreibtisch setzen, sollten Sie einen kurzen Spaziergang machen. Um Ihr Gehirn aufzuwecken.«

Er nahm einen Schluck Kaffee. »Und Sie sollten sich belohnen, wenn Sie Ihr Ziel erreicht haben.«

»Ach, wirklich?« Bis jetzt hatte ich nur an Bestrafung gedacht. Ich schaute auf mein Pavlok-Armband.

»Belohnen Sie sich selbst mit etwas, an dem Sie Freude haben.«

»Ein Glas Wein?«

»Ja, aber achten Sie darauf, dass Sie nur ein Glas trinken, und trinken Sie nicht nach 7 Uhr abends, sonst kann es Ihnen den Schlaf vermasseln.«

Als wir hinaus in die Kälte gingen, sagte er, es gebe noch etwas, das ich versuchen könnte, um meine Produktivität zu steigern.

»Und was ist das?«

»Modafinil.«

André, 4. Januar

Ich war erstaunt darüber, wie gut der Pomodoro funktionierte. Es war so einfach und doch effektiv.

Die App basiert auf der Pomodoro-Technik, die in den späten 1980er Jahren von einem Italiener namens Francesco Cirillo entwickelt wurde. Er benannte sie nach dem tomatenförmigen Küchenwecker, den er bei seinen ersten Versuchen benutzte, um seine fünfundzwanzigminütigen intensiven Arbeitspensa einzuhalten. Seitdem hat sie sich um die Welt verbreitet und ist besonders beliebt bei Computerprogrammierern.

Während des Tages machte ich einen Pomodoro nach dem anderen. Die Zeit verging wie im Flug, und am Ende des Tages hatte ich mich durch Dutzende Seiten gearbeitet. Anfangs fand ich es schwer, während der Fünf-Minuten-Pausen etwas Sinnvolles zu tun, aber ich fand eine Lösung. Jedes Mal, wenn der Alarm losging, verließ ich den Küchentisch, lief in den Garten und schlug auf einen Punchingball ein.

Carl, 6. Januar

Smart Drugs wie Modafinil zu nehmen, schien eine naheliegende Wahl. Ich hatte einen Berg an Arbeit vor mir und benötigte jede Hilfe, die ich kriegen konnte. Aber ich wusste nicht viel über diese Drogen.

Um mehr herauszufinden, verabredete ich mich mit einem bekannten Psychiater, der sich auf ADHS spezialisiert hat. Wir saßen uns in seinem geräumigen Büro an einem blanken Konferenztisch gegenüber. Er zählte die Drogen auf, die gewöhnlich als »smart« bezeichnet werden.

»Ritalin. Adderall. Attentin. Metamina. Concerta.«

»Würden diese Drogen bei mir wirken?«

»Ja.«

»Auch wenn ich nicht ADHS habe?«

»Vielleicht nicht so effektiv, als wenn Sie die Störung hätten, aber wirken würden sie schon.«

»Wie?«

»Sie würden Ihnen helfen, sich zu konzentrieren.«

»Wie Kaffee?«

»Besser als Kaffee! Nicht ohne Grund nehmen 20 Prozent der Elitestudenten in den USA Drogen wie diese.«

»Also würden Sie sie empfehlen?«, fragte ich.

»Nein, würde ich nicht, da Sie keine Diagnose haben«, sagte er und räusperte sich. »Aber sie würden dabei helfen, sich zu konzentrieren.«

»Angenommen, ich nehme diese Droge. Könnte jemand bemerken, dass ich unter ihrem Einfluss bin?«

»Nein.«

»Nicht einmal meine Mutter?«

»Nur dann, wenn Sie eine hohe Dosis genommen haben. Dann könnten Sie ein bisschen unruhig werden, etwa so«, sagte er und zappelte mit seinen Fingern.

»Was sind die Hauptrisiken?«

»Bei einer Droge wie Attentin besteht das Risiko, süchtig zu werden.«

»Aber wenn ich sie, sagen wir mal, drei Wochen lang einnähme, gäbe es da ein Risiko?«

»Nein, für einen so kurzen Zeitraum nicht.«

Wieder zu Hause las ich mehr über diese Drogen. Zuerst stieß ich auf eine Metaanalyse von Forschern an der Harvard Medical School. Sie behaupteten, dass Modafinil erhebliche kognitive Vorteile habe und die Fähigkeit, zu planen und Entscheidungen zu treffen, verbessere. Auch sprachen sie von einem positiven Einfluss auf Lernen und Kreativität. Als nächstes fand ich eine Studie von Forschern am Imperial College London. Sie stellten fest, dass Modafinil an Schlafentzug leidenden Chirurgen half, besser zu planen, leichter ihre Aufmerksamkeit umzulenken und weniger impulsiv Entscheidungen zu treffen. Ich las auch einige persönliche Berichte, die besagten, dass die Drogen Menschen reizbar und generell unangenehm machen. Das stellte für mich kein großes Problem dar. Ich würde die meiste Zeit dieses Monats allein vor einem Computer verbringen.

Die Risiken, die ADHS-Drogen mit sich bringen, schienen ernsthafter zu sein. Ich fand in der Fachzeitschrift *Pediatrics* eine Studie, die die Nebenwirkungen von Methylphenidat und Dexamphetamin (zwei Arten der ADHS-Medikation) verglichen, und die Studie zeigte, dass sie Schlaflosigkeit und Appetitlosigkeit verursachen können und in einigen Fällen »emotionale Symptome wie Irritabilität, Neigung zum Weinen, Ängstlichkeit, Traurigkeit/ Unglücklichsein und Albträume.«

André, 7. Januar

Wir waren in unserem Wagen auf dem Weg zum Supermarkt, als meine Schwiegermutter mir mitteilte, sie wolle ein Buch schreiben. Ich hörte mich ihr mit der Stimme eines Life-Coach antworten.

»Wichtig ist, die richtigen Gewohnheiten aufzubauen.«

»Was heißt das?«, fragte sie

»Nun, vor ein paar Jahren schrieb ein gewisser Charles Duhigg ein Buch *Die Macht der Gewohnheit: Warum wir tun, was wir tun*. Darin sagt er, ein Kernstück beim Aufbau guter Gewohnheiten ist das Erlernen neuer Routinen.«

»Wie macht man das?«

»Nun, eine Sache, die ich nützlich finde, ist Pomodoro.«

»Pomodoro.«

»Ja. Die Idee ist simpel – arbeite solide fünfundzwanzig Minuten lang, dann mach eine fünfminütige Pause.«

»Okay.«

»Denk an ein Buch in Form von Pomodori. Wenn du zwei Stunden am Tag arbeitest, dann teile sie in vier Pomodori auf. Angenommen, du machst das fünf oder sechs Tage die Woche ein Jahr lang, dann reicht das. Du wirst am Ende dein Buch haben.«

Als wir über den heißen Parkplatz des Supermarkts gingen, verkündete ich meinen ersten vollständig ausgeformten Produktivitätsslogan: »Du *denkst* dich nicht hinaus aus etwas; du *tust* es.«

Sie blieb kurz stehen und schaute mich überrascht an.

»Ja, das klingt sehr sinnvoll«, sagte sie.

Nach einer Woche hielt ich mich schon für einen Produktivitätsexperten.

Carl, 7. Januar

Heute wollte ich die Drogen zum ersten Mal nehmen. Eine Sache machte mich noch nervös: Sie waren illegal. Deshalb ging ich zuvor zum Dekan der Fakultät. Er ist die Art von Person, die sich streng an die Regeln hält. Als ich sein Büro betrat, stand er an seinem ergonomischen Schreibtisch und tippte eifrig auf der Tastatur seines Computers.

»Komm rein«, sagte er. Er setzte sich mit einem Motörhead Kaffeebecher an den Konferenztisch.

»Ich brauche deinen Rat«, sagte ich und erläuterte meine Idee, Smart Drugs als Teil eines Rechercheprojekts zu testen. Ich fragte, ob ich dadurch meinen Job verlieren könnte.

Er schaute verwirrt. »Generell gesprochen wird man in Schweden kaum jemand auf Grund von Drogenkonsum feuern. Man muss beweisen, dass jemand über einen längeren Zeitraum Drogen missbraucht und dass seine Sucht negative Auswirkungen auf seine Arbeit hat.«

Er hielt inne und kratzte sich am Bart. Seine Stimme wurde ernst: »Warte mal. Sagst du, dass du vorhast, auf der Arbeit illegale Drogen zu benutzen?«

»Nein, nicht wirklich. Es ist nur hypothetisch«, sagte ich.

»Wenn du mir sagst, dass du Drogen benutzen wirst«, fuhr er fort, »müsste ich das sofort melden.«

»Was? Wem?«

»Der Personalabteilung.« Er stieß einen langen Seufzer aus und schüttelte mit dem Kopf. »Warum können Forscher nicht mehr so sein wie in der guten alten Zeit?«

Ich dachte über die Leute in der Personalabteilung nach. Was würden sie von all dem halten? Ich wollte ja keine Drogen, um der Arbeit zu entfliehen, sondern um mich in sie hinein zu stürzen, um besser und effektiver zu werden. Geht es beim Humankapital nicht genau darum?

»Okay«, sagte ich, »hier ist ein Gedankenspiel. Angenommen, hypothetisch natürlich, dass ich dir ein Tagebuch schicke, in dem ich meinen Gebrauch dieser Drogen beschreibe, und du nimmst Kontakt mit der Personalabteilung auf, und wir alle setzen uns zusammen.«

»Verdammt noch mal, Carl«, stöhnte er und begrub sein Gesicht in den Händen. »Ist dir klar, in welche Lage du mich bringst?«

»Vielleicht sollte ich mit den Rechtsanwälten an unserer Fakultät sprechen?«

»Ich denke, du solltest das auf keinen Fall tun.«

Ich versuchte, mir das hypothetische Treffen mit den Leuten von der Personalabteilung vorzustellen.

»Wäre es schlimmer«, fragte ich, »wenn ich jenes Tagebuch aushändigen und dann mitten in dem Meeting plötzlich verkünden würde, dass das alles nur ein Scherz sei, und dass ich tatsächlich nie irgendwelche Drogen genommen und das nur behauptet habe, um zu sehen, wie du und die Personalabteilung reagieren würden?«

Er schüttelte nur den Kopf.

André, 9. Januar

Es war ein langer Flug zurück nach London. Mehr als vierundzwanzig Stunden. Um mich darauf vorzubereiten, suchte ich im Internet nach Tipps für Produktivität während des Reisens. Es gab Dutzende Artikel mit Überschriften wie »10 Tipps, wie Sie bei Ihrem nächsten Flug superproduktiv sein können«. Während ich einige davon durchlas, machte ich mir sorgfältig Notizen:

Geräte vorher aufladen, WiFi vermeiden, regelmäßig Pausen machen, Kopfhörer benutzen, um ablenkende Geräusche zu blockieren, Mikroübungen machen wie den Gang auf und ab gehen, und setze dir für jeden Flug Produktivitätsziele.

Während wir in der Abflughalle warteten, gab ich meine Ziele für diese Reise in meine neue Evernote-App ein: ein Kapitel fertigstellen, Buch zu Ende lesen, 6 Stunden schlafen, um Jetlag zu vermeiden.

Mein neues Leben als produktiver Reisender fing perfekt an. Auf dem Flug war ich tief in meine Arbeit versunken und blockierte mit meinem Kopfhörer alle störenden Geräusche. Ich machte regelmäßig Pausen und streckte mich im Gang. Als wir über Indonesien flogen, hatte ich gute acht Stunden gearbeitet und konnte den ersten Punkt auf meiner Liste abhaken.

Aber dann, als wir in Brunei auf unseren Anschlussflug warteten, begann alles, sich aufzulösen. Mel war mürrisch, meine Tochter Rita quengelte, und mir brummte der Schädel. Ich checkte meinen Jawbone und stellte fest, dass ich den ganzen Tag nur wenige Hundert Schritte gemacht hatte. Ich begann, im Kreis herumzulaufen. Der Flughafen erwies sich dafür als der perfekte Ort. Es war ein kleiner, sechseckig geformter Terminal ohne Ablenkungen. Keine Läden, keine Bars. Nur ein Duty free Store, ein geschlossener Burger King und eine Moschee.

Als wir die Maschine bestiegen, fühlte ich mich müde, und kurz nach dem Abheben schaltete ich gedanklich ab. In den nächsten Stunden dämmerte ich weg und schreckte wieder hoch. Nach einem letzten Umsteigen in Dubai machte ich mich erneut an die Arbeit. Diesmal bestand die Aufgabe darin, ein Buch zu Ende zu lesen. Als wir über dem Ärmelkanal flogen, las ich die letzten Seiten. Ich hatte zwei meiner drei Ziele erreicht. Der Schlaf musste warten.

Carl, 10. Januar

An Smart Drugs heranzukommen, erwies sich als erstaunlich einfach. Nachdem ich unter meinen Freunden herumgefragt hatte, war ich mit einer reichlichen Menge Modafinil und Attentin ausgestattet, und ich bekam alles umsonst. Was sagte das über meine Freunde?

Modafinil, erfuhr ich aus Artikeln, gilt als das erste sichere Nootropikum der Welt. Und doch spürte ich einen Anflug von Nervosität, als ich die große weiße Pille aus dem Aluminiumstreifen drückte. Kurz nachdem ich sie geschluckt hatte, dachte ich, ich könnte etwas spüren, aber die Wirkung war subtil, schwer zu beschreiben. Ich fühlte mich wach und rege, als hätte ich fünf Tassen Kaffee hinuntergeschüttet.

Ich schaffte an diesem Tag etwa 2000 Wörter. Aber am nächsten Tag, nach einem schlechten Nachtschlaf, wurde alles schlimmer. Ich fühlte mich unruhig und beklommen. Als ich versuchte, ein Buch zu lesen, rauschten die Wörter und Sätze vorbei wie rasende Autos auf einer Autobahn, und jedes Mal wenn ich etwas aufschreiben wollte, verschwanden die Wörter. Während der fünfminütigen Pomodoro-Pausen ging ich ins Badezimmer und starrte mein leeres Gesicht im Spiegel an.

War diese Erfahrung üblich? Warum war ich so unkonzentriert, wo ich doch konzentriert denken sollte? Auf der Website Reddit fand ich eine Geschichte, die der meinen ähnelte. Sie war von einem Typ, der 100 mg Modafinil geschluckt hatte. Er setzte sich dann in eine Bibliothek, um zu arbeiten, doch da begann er, sich – in seinen Worten – so zu fühlen:

Ein bisschen unbehaglicher und bedrückter als sonst. Etwa gleichzeitig fühlte ich mich auch zerstreuter. Ich schrieb einen Essay, und mir fiel auf, dass die Sätze, die ich tippte, verworren waren; so vergaß ich das letzte Wort in einem Satz oder anstatt das beabsichtigte Wort zu schreiben, tippte ich eins, das mit dem selben Buchstaben anfing.

André, 12. Januar

Die Erinnerung an die letzten zwei Tage war verschwommen. Alles begann gestern. Ich wachte mitten in der Nacht auf, schwer unter Jetlag leidend. Ich versuchte, wieder einzuschlafen, aber vergeblich. Vielleicht hatte ich das 5 Uhr-Wunder hinter mir gelassen und leistete Pionierarbeit für das 2 Uhr-Wunder. Es musste doch einen Weg geben, auch bei einem Jetlag produktiv zu sein, dachte ich und googelte »Produktivität + Jetlag«. Seitenweise erschienen Ratschläge, aber bei allen ging es darum, frisch für ein Geschäftstreffen auszusehen oder wie man überhaupt einen Jetlag vermeidet. Also musste ich mir eine eigene Strategie ausdenken. Ich beschloss, mit dem Strom zu schwimmen anstatt dagegen anzukämpfen: Ich würde mich dem Jetlag ergeben und versuchen, ihn zu meinen Gunsten zu nutzen. Ich ging in mein Arbeitszimmer und arbeitete den ganzen Morgen. Am Nachmittag, nach zwölf Stunden am Schreibtisch, skypte ich Carl und erklärte, dass ich einen vierundzwanzigstündigen Arbeitsmarathon versuchen würde.

»Wirklich? Wie?«, fragte er.

»Mit Hilfe von dem hier«, sagte ich und zeigte ihm einen Aluminiumstreifen.

»Ah, Modafinil! Das habe ich auch genommen. Wie hast du's bekommen?«

»Von einem Freund«, sagte ich und schluckte meine erste Tablette. »Er arbeitete in einem dieser Think-Tanks und hatte einen verrückten Boss, der ihm um 3 Uhr morgens Mails schickte.«

Ich kehrte zur Arbeit zurück. Bald schon hatte ich einen klareren Kopf und war fokussiert. Keine unangenehmen Nebenwirkungen. Vielleicht fühlte ich mich etwas unbeholfener als sonst, aber abgesehen davon gab es nichts, was mich beschwerte. Ich arbeitete den ganzen Abend und hörte dabei David Bowie, dessen Tod ein paar Stunden zuvor gemeldet worden war. Ich war »in der Zone«. Nichts schien es zu geben außer der Arbeit. Ich schrieb bis etwa 1 Uhr morgens. Nun war ich fast am Ziel. Vierundzwanzig Stunden ziemlich solider Arbeit kamen zum Ende. Ich hatte den Überblick verloren, wieviel ich geschafft hatte.

Als ich den letzten Song auf Bowies letztem Album hörte, wachte Rita auf. Sie hatte noch den Jetlag und war hungrig. Ich unterbrach meine Arbeit und machte ihr Rühreier. Als sie ihr Essen beendet hatte, legte ich mich neben sie ins Bett. Es war schon nach 2 Uhr. Sie schmiegte sich an mich.

Ich musste eingenickt sein, denn bevor ich mich versah, war es 4 Uhr. Aber ich war nicht müde. Ich kehrte an meinen Schreibtisch zurück und dachte, ich sollte mich vielleicht für einen achtundvierzigstündigen Arbeitsmarathon entscheiden. Die Nacht wurde zum Morgen, und ich brachte Rita zur Vorschule. Langsam ging ich die Straße entlang wie ein Geist, der durch den Raum driftet.

Zu Hause schluckte ich noch eine Tablette und arbeitete bis zum Mittag; zu diesem Zeitpunkt begann ich, mich fahrig und ruhelos zu fühlen. Ich machte einen Spaziergang, aber das half nicht viel. Ich versuchte, wieder an die Arbeit zu gehen, aber ich war nicht mehr »in der Zone«. Ich wusste nicht wirklich, wo ich war oder was ich tun sollte. Um 9 Uhr abends gab ich auf, warf mich aufs Bett und schlief sofort ein. Ich hatte die letzten vierzig Stunden gearbeitet.

Carl, 12. Januar

Um meinem Gehirn nach dem Mittagessen auf die Sprünge zu helfen, machte ich einen Spaziergang am Wasser entlang. Es war minus 15 Grad. Der Kanal war zugefroren und mit einer dünnen Schicht aus glitzerndem Eis bedeckt. Ich hörte nur das Knirschen des Schnees unter meinen Stiefeln und grübelte über die Drogen nach. Anscheinend verlangten sie Disziplin. Man konnte nicht seinen Schlaf vernachlässigen und sich dann auf sie verlassen. Gefährlich leicht blieb man auch in falschen Aktivitäten stecken. Ich hatte das mehrfach erlebt. Wenn ich etwas in einem Buch überprüfen musste, ertappte ich mich dabei, dass ich mich festlas. Wenn ich mit einer Mail begann, konnte ich oft nicht aufhören. Was natürlich eine gute Sache ist, aber nur so lange, wie man es kontrollieren kann. Ich hielt die Pille eher für etwas, das wegnahm statt hinzuzufügen. Sie verbesserte nicht so sehr das Wachsein, wie sie die Müdigkeit beseitigte.

André, 13. Januar

Ich schlief sieben Stunden durch, wachte um 4 Uhr auf und nahm die dritte und letzte Pille. Ich näherte mich dem Ende des ersten Buches.

Nachdem ich Rita zur Vorschule gebracht hatte, frühstückte ich in einem Café. Es schien eine gute Idee zu sein, eine entspannende Pause einzulegen. Aber ich war zu ruhelos, beendete das Frühstück so schnell ich konnte und eilte nach Hause, um weiterzuarbeiten.

Wenige Stunden später war ich fertig und schickte das Buch gleich an den Verlag. Die Wirkung der Droge ließ nach. Kaum zwei Wochen harter Arbeit gingen zu Ende. Aber dann dachte ich an das zweite Buch, mit dem ich nun anfangen musste. Es war kein Ende in Sicht.

Carl, 16. Januar

Modafinil war nichts für mich. Gewiss, es hatte mir neue Energie verliehen, und ich war fokussiert, aber es machte mich auch beklommen.

Aber noch war ich nicht bereit aufzugeben. Von einem Freund hatte ich eine andere Droge namens Attentin bekommen. Sie wird im Medizinlexikon als ein psychostimulierendes Medikament beschrieben, das die Konzentration und Aufmerksamkeit verbessert. Es wird Menschen mit ADHS verschrieben, besonders Kindern im Alter von sieben bis vierzehn. Es lässt sich bei Drogentests nachweisen. Der Wirkstoff, heißt es, ist Dexamphetamin.

Am Nachmittag kam meine Freundin Jenny vorbei. Sie ist Psychologin und Autorin. Letzte Woche hatten wir zusammen Modafinil probiert. Wie ich selbst war auch sie nicht beeindruckt. Wir schluckten das Attentin, setzten uns an unsere Computer und starteten einen Pomodoro.

Es dauert nicht lange, bis die Wirkung einsetzte. Sie unterschied sich ziemlich von der des Modafinil. Ich fühlte mich nicht mehr bedrückt. Ich wurde ruhig. Ablenkungen verschwanden. Ich tauchte in meinen eigenen privaten Raum ein und schrieb mühelos. Es war nicht so, als ob alles schneller ginge, sondern eher so, als ob Zeit und Raum aufhörten zu existieren. Ich war nicht sicher, ob der Text, den ich produziert hatte, etwas taugte. Während einer kurzen Pause fragte ich Jenny, ob ich ihn ihr vorlesen könne.

»Er ist gut«, sagte sie, »du musst ihn nicht einmal mehr bearbeiten.«

Ich fragte sie, was sie von der Droge halte. Sie antwortete, sie habe schon lange nicht mehr so effektiv gearbeitet. Aber ihre Erfahrung unterschied sich von meiner. Während ich abgeklärt – auf eine angenehme, solipsistische Weise – geworden war, war sie lebhafter und gesprächiger. Alles funktionierte für uns beide, außer den Pomodori, die nicht länger nützlich schienen. Jedes Mal, wenn der Wecker klingelte, waren wir irritiert und entschieden, die Pause auszulassen und weiterzuarbeiten. Um 12 Uhr 30 aßen wir schnell etwas und machten den geplanten Spaziergang. Es schneite, und wir hatten nicht wirklich Lust zu laufen, also kehrten wir nach nur fünf Minuten um. Wir arbeiteten bis 18 Uhr weiter, dann setzten wir uns hin, tranken ein Glas Wein und feierten, weil dies wohl der produktivste Tag in unserem Leben gewesen war.

Ich muss vorsichtig mit diesen Pillen umgehen, dachte ich bei mir, als ich wieder allein war. Der Arzt, mit dem ich gesprochen hatte, sagte, es bestehe kein Grund zur Sorge, wenn ich die Tabletten nur wenige Wochen nehmen wolle. Aber sie waren beunruhigend gut. Spät am Abend traf ich mich mit dem Freund, der mir das Attentin gegeben hatte. Meine Reaktion sei typisch für diejenigen, die ADHS haben, sagte er. Ich war überrascht. Ich hatte nie gedacht, dass ich ein Konzentrationsproblem habe.

André, 18. Januar

Ich hatte ein Jahr zuvor die Hälfte eines anderen Buches beendet. Nach zwei Monaten intensiver Arbeit stellte sich ein Gefühl der Lethargie ein, und ich hörte auf. Seitdem saß mir das Ding im Nacken.

Jetzt nahm ich es mir wieder vor. Bis zum Mittag hatte ich einen ganzen Abschnitt geschrieben. Aber dann ließ ich mich vom Internet ablenken. Es gab keine Tabletten mehr, also entschied ich mich stattdessen für eine Achtsamkeitssitzung. Das soll gut für die Produktivität und den Umgang mit innerer Unruhe sein. Auf YouTube fand ich eine »Body Scan Meditation«. Die Anleitung gab Jan Kabat-Zinn, ein buddhistischer Arzt und Bestsellerautor.

Ich schaltete mein Smartphone ab, zog einen Trainingsanzug an und legte mich auf den Boden meines Arbeitszimmers. Als ich die Playtaste drückte, kam Kabat-Zinns sanfte Stimme aus den Lautsprechern meines Laptops. Ich konzentrierte mich auf meinen großen Zeh – wie er es mir gesagt hatte. Danach auf meinen kleinen Zeh. Dann alle übrigen, einer nach dem anderen.

Ich hörte eine meiner Katzen in das Zimmer kommen. Sie blickte mich an, um sich zu vergewissern, dass ich noch am Leben war, dann schlich sie wieder weg. Einige Mails trafen mit einem Ping-Ton ein, aber nichts davon störte mich. Ich glitt in einen wunderbaren Zustand reinen Nichts, als wäre ich in einen klaren tiefen Teich eingetaucht. Es schien wie das Gegenteil von Produktivsein, aber sobald die Übung zu Ende war, fand ich mich am Schreibtisch wieder und beendete einen weiteren Abschnitt. Als es Zeit war, Rita von der Schule abzuholen, hatte ich 3000 Wörter geschrieben. Und das ohne Drogen.

Carl, 18. Januar

Bis jetzt hatte ich gewissenhaft an meinem Plan festgehalten und jeden Tag etwa 2000 Wörter produziert – auf einer Stufe mit Stephen King. Aber ich fühlte mich allmählich erschöpft. Ich war gestresst, ich hatte nicht genug geschlafen, ich bewegte mich zu wenig. Statt frühmorgens einen kurzen Spaziergang zu machen, wie es der Produktivitätsexperte empfohlen hatte, ging ich vom Bett geradewegs in die Küche, wo ich eine Pille schluckte und mir Kaffee kochte. Als das Koffein und die Droge anfingen zu wirken, war ich bereits in die Arbeit vertieft. Es hatte etwas Befreiendes, sich wie eine Maschine zu behandeln. Ich musste nicht fragen, wie ich mich fühlte oder ob ich in der Stimmung war zu schreiben. Ich tat einfach, was ich tun sollte.

Das erinnerte mich an Andy Warhols Worte: »Maschinen haben weniger Probleme. Ich wäre gern eine Maschine, Sie nicht?«

An guten Tagen schaffte ich fünf oder sechs Pomodori, bevor meine Frau und meine Tochter aufwachten. Nachdem ich Esther zur Schule gebracht hatte, ging ich sogleich heim und arbeitete weiter, wobei ich nochmals zehn Pomodori meinem Zeitplan hinzufügte. Ich hatte jetzt drei Kapitel fertiggestellt. Noch drei mehr.

Am Abend zuvor, als ich mit Sally in der Küche saß, spürte ich ein Vibrieren an meinem Handgelenk. Es war mein Jawbone, der mir eine persönliche Botschaft schickte:

Du bist in letzter Zeit spät schlafen gegangen. Vergiss nicht, dein Gehirn braucht viel Schlaf, um neue Informationen zu sortieren. Geh heute Abend um 21:27 Uhr ins Bett.

»Was sagt es?«, fragte Sally.

»Es sagt, ich soll bald ins Bett gehen.«

»Du machst also, was es dir sagt?«

»Vielleicht.«

»Hab ich dich richtig verstanden? Dein Armband sagt dir, wann du schlafen gehen sollst?«

Abends legte ich mich früh hin. Am nächsten Morgen, als wir frühstückten, leuchtete eine neue Botschaft auf meinem Jawbone auf. Sie kam von meinem »Smart Coach«.

Gut gemacht. Du hast das Licht pünktlich ausgemacht. Vergiss nicht, jedes bisschen Schlaf hilft der Konzentration. Heute wird es toll.

Meine Frau schaute mich fragend an. Ich zeigte ihr die nächste Mitteilung:

Bettzeit Erfolg. Du bist in der Spur. Halte an 21:27 Uhr als Bettzeit fest. Lass diesen Erfolg dich den ganzen Tag begleiten.

Darunter war ein Smiley mit beiden Händen in der Luft. Meine Frau schüttelte nur den Kopf und wandte sich wieder ihrer Zeitungslektüre zu.

André, 19. Januar

Früh am Morgen sandte Carl mir eine Mail und schlug einen Schreibwettbewerb vor. Die Herausforderung war einfach: Wer von uns beiden konnte an einem Tag die meisten Wörter produzieren?

Zur Mittagszeit hatte ich 2000 Wörter. Nach dreißig Minuten Achtsamkeit setzte ich mich wieder an die Tastatur. Die Wörter flossen. Gegen 16 Uhr hatte ich 3700 Wörter, Carl aber nur etwa 2000. Ich hatte gewonnen. Jetzt wusste er, wo der Hammer hängt!

Carl, 21. Januar

Ich war eine Maschine und lebte nur noch in Zahlen. An diesem Morgen wachte ich um 5 Uhr auf, nach sieben Stunden und sechs Minuten Schlaf. Tiefschlaf: eine Stunde, dreizehn Minuten. REM-Schlaf: eine Stunde, 58 Minuten. Leichter Schlaf: drei Stunden, 55 Minuten. Wachte einmal auf, blieb 46 Minuten wach. Am Morgen zwei Tassen Kaffee und 200 mg Modafinil. Fünf Pomodori vor dem Frühstück um 8 Uhr, dann mehr Arbeit zwischen 9 und 12. Dreißig Minuten Mittagspause und sechs weitere Pomodori. Am Ende des Tages hatte ich 2000 neue Wörter. Außerdem hatte ich mir angewöhnt, mir selbst leichte Stromschläge zu versetzen. Aber das bewirkte das Gegenteil dessen, was beabsichtigt war. Ich fing nämlich an, es zu genießen.

André, 22. Januar

Die letzten zwei Wochen waren die produktivsten, an die ich mich erinnern kann. Ich wollte keine Unterbrechung, aber Carl hatte mich bei einem dreitägigen Selbstverbesserungsseminar mit dem Namen Landmark angemeldet. Er behauptete, es werde mich produktiver machen.

Ich wusste nichts über Landmark. Carl informierte mich am Telefon. »Es ist ein Nachkomme von EST, Erhards Seminars Training«, erzählte er mir. »Ein anderes Selbsthilfeprogramm, ausgedacht von einem ehemaligen Geschäftsmann und jetzigen Guru namens Werner Erhard. Sein Motto lautet: ›Was ist, ist. Was nicht ist, ist nicht‹.«

Ich konnte die wachsende Aufregung in seiner Stimme hören.

»Es war sehr populär in den 1970er Jahren, als Hunderttausende Kalifornier zu seinen Wochenendseminaren strömten. Es ist ein bisschen wie Scientology. Du wirst gebrochen und dann wieder aufgebaut.«

Nach unserem Gespräch recherchierte ich ein bisschen und fand heraus, dass Werner Erhard nach Vorwürfen der Steuerhinterziehung und sexueller Verfehlungen 1991 sein »geistiges Eigentum« von EST an Landmark übertragen hatte. Seitdem hatten 2,4 Millionen Menschen am Landmark Forum teilgenommen. Ich war nun doch neugierig zu erfahren, was dort stattfand.

Um 9 Uhr betrat ich einen niedrigen Konferenzraum im fünften Stock eines Gebäudes in Nord-London. Über einhundert Leute saßen auf Stühlen mit Blick zur Bühne. Die meisten waren Anfang Dreißig: gesund, attraktiv und gutgekleidet. Ein großer Afroamerikaner in einem braunen Anzug saß auf der Bühne. Er sollte für die nächsten drei Tage unser Coach sein.

»Manche Leute meinen, dies sei eine Sekte«, begann Coach Brownsuit. »Landmark ist keine Sekte. Sekten nehmen dich deiner Familie weg. Wir schicken dich zu deiner

Familie.« Dann wandte er sich direkt an die Zuhörer. »Also, warum seid ihr hier?«

Einer der älteren Männer im Raum sprang auf. »Ich bin Direktor eines erfolgreichen Unternehmens, aber ich bin unzufrieden. Ich will aufhören und anfangen, mit Pferden zu arbeiten.«

Coach B. nickte emphatisch. »Ich weiß, was du meinst.«

Ein halbes Dutzend Teilnehmer standen auf und teilten, während sie erklärten, warum sie dort waren, intime Details aus ihren Leben mit. Coach B. ließ seinen Blick über die Zuhörer wandern.

»Nun wendet euch der Person neben euch zu und sprecht über das Problem, das euch hierher gebracht hat.«

Ich stellte mich einem schwarzgekleideten jungen Italiener vor, der neben mir saß. »Mein Boss hat mich in diesen Kurs geschickt«, sagte er stoisch. »Was ist mit dir?«

Ich wollte sagen, dass ich das hier Carl zu verdanken hatte – als eine fragwürdige Geste der Freundschaft. Aber ich entschied mich für etwas viel Simpleres.

»Nun, ich komme nicht mehr mit meinen vielen Verpflichtungen zurecht.«

Er nickte und schaute auf seine Hände.

Unsere Aufmerksamkeit wandte sich wieder der Bühne zu, als Coach B. sich von seinem Hämorrhoidenkissen erhob, zu dem Whiteboard ging und mit einem schwarzen Stift einen Kreis zeichnete.

»Das seid ihr«, sagte er. »Und womit ist der Kreis gefüllt?«

Er pausierte und musterte die Zuhörer.

»Mit eurem Gerede«, sagte er.

Er kritzelte in dem Kreis, bis er voll war. »Und jetzt radieren wir das aus.«

Er begann zu reiben. Mittendrin hielt er inne. »Hier werdet ihr nervös.« Er radierte etwas mehr von dem Kreis weg. »Und das ist der Moment, wo ihr wirklich ausrastet.« Dann wischte er weiter, bis der Kreis weg war. Wollte er unser

Selbstgefühl auslöschen? Ich war mir nicht sicher, ob ich das gut fand.

Nach einer fünfundzwanzigminütigen Pause stand Coach B. wieder munter auf der Bühne. »Am Ende dieses Kurses sollten wir imstande sein, diese Sätze zu vervollständigen.« Er zeigte auf das Whiteboard und las:

Ich habe so getan, als ob ...
Während in Wirklichkeit ...
Die Folge dieser nicht authentischen Lebens- und Handlungsweise ist ...
In der ganze Zeit, da ich so gelebt und gehandelt habe, fehlte jegliches Gefühl ...
Jetzt im Moment erfinde ich für mich und mein Leben die Möglichkeit, ...

Ich begann sogleich, die leeren Stellen auszufüllen.

Ich habe so getan, als ob ich hier beim Landmark Forum sein wollte,
während ich in Wirklichkeit lieber in einem Café sitzen und Joan Didion lesen würde
Die Folge dieser nicht authentischen Lebens- und Handlungsweise ist, dass ich verwirrt und wütend bin.
In der ganzen Zeit, da ich so gelebt und gehandelt habe, fehlte jegliches Gefühl intellektueller Stimulation.
Jetzt im Moment erfinde ich für mich und mein Leben die Möglichkeit, diesen Unsinn niemals ernst zu nehmen.

Während der nächsten Pause schrieb ich eine Mail an Carl und fragte ihn, woher seiner Ansicht nach meine Blockade kommt. Er antwortete kurz: von dir selbst.

Als ich wieder Platz für die nächste Sitzung nahm, wanderte Coach B. durch den Raum. »Euer Problem ist«, sagte er, »dass ihr alle zu viel Zeit damit verbringt, euch selbst Unsinn zu erzählen.« Dann begann er, in Zungen zu reden. Für einen Moment dachte ich, ich bin in einem Erweckungstreffen der Pfingstler. Er brabbelte fünf Minuten lang. »So sieht es in euren Köpfen aus«, rief er. »Und damit muss Schluss sein. Jetzt sofort!«

Eine Frau in ihren Dreißigern, teuer gekleidet, hob ihre Hand. »Ich habe vor kurzem meinen Job verloren, es aber noch niemandem gesagt.«

Die Zuhörer wandten ihr ihre Aufmerksamkeit zu.

»Du musst dein negatives Selbstgespräch loswerden«, sagte Coach B. »Das ist dein Problem. Negatives Selbstgespräch.« Die Frau schaute verwirrt. Ich war es auch. Wenn sie ihr Selbstgespräch ändern würde, würde das sicherlich wenig an ihrer Beschäftigungssituation ändern.

Nach zwei weiteren zermürbenden Sitzungen ging der Tag schließlich zu Ende. Es war 22 Uhr 30. Ich war mehr als zwölf Stunden in diesem Raum gewesen. Ich war erschöpft. Auf der Heimfahrt im Zug begann ich mit der Hausaufgabe, die Coach B. uns aufgegeben hatte: Schreib einen Brief an jemanden, mit dem du ein ungelöstes Problem hast. Dieser jemand würde Carl sein.

Carl, 22. Januar

»Glaubst du, André ist stark genug, um das durchzustehen?«, fragte mein Schwiegervater, als wir zusammen zu Mittag aßen. »Ich meine es ernst. Menschen werden dort einer Gehirnwäsche unterzogen. Sie können daran zerbrechen.«

»Ich weiß nicht«, sagte ich, konzentriert auf mein Essen. »Ich weiß es wirklich nicht.«

André, 23. Januar

Die Landmark-Sitzung des nächsten Tages begann um neun Uhr. Eine Frau in den Sechzigern, die wie eine typische Engländerin der Mittelklasse mit Empty-Nest-Syndrom aussah, sprang auf.

»Ich glaube, mein Sohn ist schwul, aber er will es mir nicht sagen.« Sie schluchzte.

»Okay«, sagte Coach B., »hol dein Telefon raus.«

Die Frau wühlte in ihrer Tasche.

»Such die Nummer deines Sohnes.«

Sie begann, an dem Ding herumzuhantieren.

»Jetzt geh raus und ruf ihn an.«

Ich sah sie mit dem Telefon am Ohr aus der Tür gehen.

Da sprang ein Typ Ende Dreißig auf, vermutlich ein ehemaliger Soldat. »Ich muss meinen Dad anrufen!«, brüllte er und griff nach seinem Smartphone, bevor er hinausrannte.

Bald schon stand fast jeder auf. »Geht und ruft jemand an, mit dem ihr noch eine Rechnung offen habt«, befahl Coach B. Einhundert Leute fummelten mit ihren Telefonen herum, während sie aus dem Raum liefen. Ich rührte mich nicht und machte mir Gedanken über das unerwartete und gewaltige emotionale Gemetzel, das auszubrechen drohte.

Später am Tag fragte Coach B. die Frau mit dem Empty-Nest-Syndrom, was passiert sei.

»Ach, mein Sohn war gerade beim Skilaufen.« Sie sah ein wenig erleichtert aus.

Ich konnte nicht umhin, an ihren Sohn zu denken, der auf einer Skipiste plötzlich einen Anruf von seiner Mutter bekommt, die fragt, ob er tatsächlich schwul ist.

Es folgte eine Frau in den Fünfzigern, die eine cremefarbene Strickjacke trug. »Mir fällt es schwer, mit meinem Sohn zu kommunizieren«, sagte sie.

»Nur mit dem Sohn? Was ist mit deinem Ehemann?«, fragte Coach B.

»Nun, die Beziehung zu meinem Mann ist wirklich gut.«

Coach B. stellte ein paar weitere Fragen, und dann brach die Frau plötzlich zusammen.

»Ich wurde als Kind von einem Familienmitglied missbraucht«, sagte sie schluchzend. Die Menge schwieg.

»Das Problem ist, dass es deine Geschichte geworden ist, die du mit dir rumschleppst.«

Sie weinte jetzt.

»Was vor achtunddreißig Jahren geschah, geschieht nicht jetzt, aber du lebst, als ob es so wäre.«

Coach B. wandte sich an die Zuhörer.

»Je von Humpty Dumpty gehört?« Er schaute sich um. »Es ist ein Märchen! Regen Märchen euch auf?«

Coach B. schaute wieder die Frau an. »Du bist in einem Märchen gefangen. Was geschah, geschah. Der wahre Schaden entsteht durch die Geschichte, die du dir selbst immer wieder erzählst.«

Ihr Gesicht veränderte sich, als hätte sie etwas Wichtiges verstanden.

»Ich bestrafe nicht meinen Vergewaltiger«, sagte sie. »Ich bestrafe mich.«

»Du musst deinem Vergewaltiger vergeben«, sagte Coach B. »Du hast alles getan. Du hast die Geschichte erschaffen, und du kannst auch Vergebung schenken.«

Während der Pause ging ich in ein nahegelegenes Café und sendete Carl eine Message: *Warum verdammt noch mal hast du mich in diesen Kurs geschickt?*

Als ich zurückkehrte, fand ich auf meinem Platz ein Blatt Papier an meinem Namensschild befestigt. Möchtest du dich für das Folgeseminar anmelden? Ich hatte früher am Tag, als wir alle gefragt wurden, mich geweigert, irgendetwas zu unterschreiben. Jetzt verdross mich die Vorstellung sogar noch mehr.

Um 22 Uhr ging ich zurück zum Bahnhof und fühlte mich leer. Konnte ich mich wirklich überwinden, morgen noch einmal zu kommen?

Carl, 23. Januar

Heute früh erhielt ich eine Mail von André. Sie war Teil seiner Hausaufgabe. Die Aufgabe bestand darin, sich mit seiner inauthentischen Lebensweise auseinanderzusetzen.

Lieber Carl,
ich habe so getan, als hätte ich alles im Griff – mehrere Arbeitsprojekte, Familienleben etc. –, während in Wirklichkeit das Gegenteil der Fall ist. Zu viele Verpflichtungen, die nicht die meinen sind, liegen wie eine Last auf mir. Ich tue eigentlich nur, was andere von mir wollen. Die Folge dieser inauthentischen Lebensweise ist, dass ich mich bedrückt fühle – als ob irgendein Desaster bevorstünde. Ich habe auch das Gefühl, dass ich nur noch versuche, andere bei Laune zu halten. Ich will mich nicht so fühlen, als wäre ich ein Zuschauer oder Taskmanager in meinem eigenen Leben.
Dein Freund André

Ich hatte André nie zuvor so reden hören. Um die Mittagszeit erhielt ich eine neue kurze Mitteilung von ihm: *Carl fick dich dafür, dass du mich das hier machen lässt!*

Und später am Nachmittag schickte er mir eine längere Mail. Die war wirrer. Im letzten Absatz schrieb er: *Stellst du mich als unentschlossen hin, nur um dich besser zu fühlen? Oder ermächtige ich dich, die Richtung unseres Projekts zu diktieren, damit ich nicht mit der Angst konfrontiert werde, für irgendetwas zu stehen?*

Vielleicht hatte Sallys Vater recht. Vielleicht stand André kurz vor einem Nervenzusammenbruch.

André, 24. Januar

Es war 9 Uhr, und ich stieg die mittlerweile vertrauten Treppen hinauf zu meinem letzten Tag im Landmark Forum. Coach B. schaute uns an und sagte: »Wenn ihr wirklich euer Leben ändern wollt, müsst ihr rekrutieren.«

Am Dienstag sollten wir unsere »Abschlussfeier« haben, und wir waren aufgefordert worden, Familie und Freunde mitzubringen und sie dazu zu ermuntern, sich auch anzumelden.

»Nun wollen wir uns mit diesem Marketingding befassen«, sagte Coach B. »Es geht nur darum, etwas Wichtiges mit Menschen zu teilen, die ihr liebt. Nicht um Umsatz.«

»Aber was ist, wenn sie denken, es ist eine Sekte?«, fragte ein Skeptiker im Publikum.

»Nun, das sind diejenigen, die wir am meisten brauchen«, erwiderte Coach B.

»Aber was ist, wenn sie Nein sagen?«, fragte jemand anderer.

»Die Feier am Dienstag ist eine Gelegenheit für euch, voranzukommen und eure Veränderung mit anderen zu teilen. Es geht nicht um Marketing«, sagte Coach B. nachdrücklich.

Nachdem er die Sache mit dem Marketing erledigt hatte, wandte sich Coach B. wieder den Zuhörern zu. Einige begannen sofort, ihre Geschichten anzubieten.

»Ich war eine Stripperin und hab es vor der Familie verborgen«, rief sie.

»Meine Eltern wissen nicht, dass ich schwul bin«, gestand ein Mann mittleren Alters.

Die tragischen Geschichten türmten sich auf. Nach dem letzten Bekenntnis wandte sich Coach B. den Zuhörern zu. »Ihr habt euer Leben mit sinnlosem Geplapper vergeudet«, sagte er bestimmt. »Ihr lauft rum und versucht, andere Leute von euren Geschichten zu überzeugen, nur damit ihr euch gut fühlt. Und das versaut euer Leben.«

War das mein Problem? War das meine beschissene Geschichte?

Während des ganzen Vormittags kam Coach B. immer wieder auf dieses Thema zu sprechen. »Ihr seid süchtig nach euren Geschichten«, sagte er. »Wenn sie verschwänden, würdet ihr glauben, sterben zu müssen. In Wahrheit würdet ihr, wenn es eure Geschichten nicht mehr gäbe, euch selbst entdecken.«

Nach einer weiteren kurzen Pause fragte Coach B., wann jeder von uns wirklich das Gefühl hat, er oder sie selbst zu sein.

»Beim Malen«, rief eine Person.

»Wenn ich nähe«, fügte die nächste hinzu.

»Beim Skilaufen«, sagte eine dritte.

»Wieviel Zeit verbringst du mit dem Skilaufen?«, blaffte Coach B.

»Ein bis zwei Wochen im Jahr«, antwortete der Skiläufer.

»Und wieviel von dieser Zeit verbringst du tatsächlich auf der Piste? Ein paar Minuten? Jedes Jahr lebst du ein paar Minuten? Dein Leben ist ein absoluter Witz.« Nun schaute er grinsend um sich. »Also ihr fragt euch, was ihr von diesem Kurs habt. Was ihr bekommen habt, ist dies: Ihr seid ein Witz. Euer Leben ist leer und sinnlos. Ihr werdet nirgendwo ankommen. Und es gibt keine Hoffnung.«

Erstaunlich! 480 £, drei Tage, und alles konnte in der Botschaft zusammengefasst werden, dass mein Leben ein absoluter Witz ist.

Coach B. fing an, auf seinem Stuhl Jazztrommeln zu praktizieren. Er wandte sich an die Teilnehmer. »Wir jagen das *Es* durch die ganze Welt. Das ist *Es*«, sagte er und machte eine weite Handbewegung durch den Raum. »Und *Es* bedeutet nichts.«

Ungefähr ein Dutzend Assistenten, die im Hintergrund gelauert hatten, verteilten kleine Blätter aus Hochglanzpapier, auf deren Vorderseite Zitate, darunter von Shakespeare und Kurt Vonnegut, gedruckt waren. Coach B. spielte einen Riff zu *Macbeth*: »Euer Leben ist voll mit Schall und Wahn, die nichts bedeuten.«

»Ich kann das immer noch nicht glauben, dass es das ist«, sagte eine Zuhörerin laut mit trauriger Stimme.

»Das ist Scheiße.«

»Das ist *Es*«, antwortete Coach B. lächelnd, als er sie umkreiste.

»Das ist *Es*, Baby«, wiederholte er.

Sie schluchzte.

»Da ist jetzt nichts mehr. Nichts zu tun. Nichts zu sagen. Wenn du es richtig verstehen kannst, bist du Zuhause. Du bist ganz. Komplett, perfekt.«

Coach B. hielt inne und wippte mit den Absätzen. Tränen rollten über die Wangen der Frau.

»Wie fühlst du dich?«, fragte der Coach.

Sie atmete aus: »Ganz entspannt.«

»Sei einfach bei mir«, sagte Coach B. und nahm ihre Hände. Sie schauten sich in die Augen wie zwei lange getrennte Familienangehörige, die an einem Abgrund stehen.

Er klopfte ihr auf die Schulter und blickte auf die Zuhörer. »Du kannst nur aus dem Nichts schaffen. Mit Worten. Aber das Wichtigste ist dies: Du machst dir die Versprechungen, von denen du weißt, wie du sie hältst.«

Als wir aus dem Raum gingen, waren die Leute tief beeindruckt. Viele schienen euphorisch zu sein, als ob sie endlich Sinn in ihrem Leben gefunden hätten. Soweit ich es verstand, war der Kern der Botschaft, dass alles nichts ist und dass es keinen Sinn gibt, so dass wir alles dadurch schaffen, dass wir es aussprechen.

Als die Show schließlich zu Ende ging, liefen die Teilnehmer herum und umarmten sich. Ich steuerte sofort auf die Tür zu. Auf dem Weg nach Hause im Zug las ich mir noch einmal die Zitate auf dem weißen Hochglanzzettel durch. Dort standen auch einige Zeilen aus einem Gedicht von E. E. Cummings: »Alles (geträumt & gehofft & gebetet für Monate & Wochen & Tage & Jahre & für immer) ist weniger als nichts (was etwas gewesen wäre) was ihn verwirrte, war nichts.«

Carl, 24. Januar

Glücklicherweise gab es heute keine weiteren verrückten Mitteilungen von André. Ich war auf Dexamphetamin, schrieb fieberhaft und hatte weder Zeit noch Lust, seine persönliche Transformation zu unterstützen.

André, 26. Januar

Das war der Tag meines Abschieds vom Landmark Forum, und ich hatte meinen engen Freund Peter mitgebracht. Wir drängten uns in den vollbesetzten Raum und fanden Plätze hinter einer Frau und ihrem Vater, der, wie ich zufällig wusste, während des Wochenendes einige verstörende Anrufe von seiner Tochter bekommen hatte.

Coach B. betrat die Bühne und hieß alle willkommen. »Nun, was waren einige der Probleme, die ihr in diesem Kurs gelöst habt?«, fragte er die Absolventen. Die Leute riefen durcheinander.

»Meine Beziehung zu meinem Vater!«

»Meine Motivation!«

»Ich kann mir nun eine Zukunft vorstellen!«

Ich wandte mich Peter zu und war überrascht zu sehen, dass er sich gut amüsierte.

»Also, was habt ihr nach dem Landmark Forum getan?«, fragte Coach B. Der Ex-Soldat stand auf: »Ich habe auf der Arbeit ein Volleyballturnier organisiert.« Eine Frau meldete sich: »Ich werde Frieden im Nahen Osten schaffen.«

»Ich muss euch ein Video zeigen«, sagte Coach B., und die Lichter wurden heruntergedimmt. Peppige Musik kam aus den Lautsprechern, und auf der Leinwand erschienen Leute mit Untertiteln wie »Wissenschaftler«, »Geschäftsführer«, »Wissenschaftler und Lehrer« und »Olympiakämpfer«. Sie alle beschrieben in glühenden Worten, wie sie von dem Landmark Forum profitiert hatten.

Als der Film zu Ende war, stand Coach B. wieder auf der Bühne. »Jetzt möchte ich, dass die Absolventen sich denjenigen zuwenden, die sie heute mitgebracht haben. Sie sollen sie einladen, mitzumachen.« Ich drehte mich zu Peter und las ihm die Fragen vor, die uns vorab gegeben worden waren. Ich versuchte, aufrichtig zu sein. Peter spielte mit und antwortete sarkastisch. Als wir schließlich gingen, dankte ich Coach B. für seine Arbeit. »Gut gemacht«, erwiderte er.

Zehn Minuten später saßen Peter und ich in einem nahegelegenen Pub. Ich bin seit fast zwanzig Jahren mit ihm befreundet, und dies war das offenste und ehrlichste Gespräch, das wir je hatten.

Carl, 28. Januar

Es war dunkel, als ich das Auto vor dem Küstenhaus meiner Eltern, etwa 60 Kilometer von Stockholm entfernt, parkte. Ich legte die Lebensmittel in den Kühlschrank, setzte mich an den Küchentisch und schrieb einen Zeitplan für morgen nieder:

5-8 Den letzten Abschnitt von Kapitel 6 beenden
8-9 Frühstück. Kurzer Spaziergang. Duschen
9-12 Einführung und Kapitel 1 schreiben
12-13 Mittagessen und kurzer Spaziergang
13-19 Das Manuskript durchlesen. Bearbeiten
19-20 Abendessen
20-21:30 Manuskript lesen. Bearbeiten
21:30 Zu Bett

André, 29. Januar

Schon früh am Morgen schlug Carl einen weiteren Schreibwettbewerb vor. Ich akzeptierte den Vorschlag und hielt den ganzen Tag durch, ohne Mittagessen. Gegen 14 Uhr 30 hatte ich 3500 Wörter. Um 16 Uhr holte ich Rita von der Schule ab und kochte dann zu Hause etwas. Nach dem Abendessen ging ich nach oben und arbeitete bis Mitternacht. Weitere 2000 Wörter. Plötzlich war ich sehr müde. Oder war meine Müdigkeit etwas, das ich mir einbildete? So oder so, 5500 Wörter waren dem Buch hinzugefügt. 2000 mehr als Carl. Das war eine Tatsache. Keine Einbildung.

Carl, 29. Januar

Ich hielt mich an meinen Zeitplan. Ich wachte um 5 Uhr auf, schluckte eine Pille und schrieb drei Stunden lang. Frühstück um 8. Dann ein kurzer Spaziergang und eine heiße Dusche. Um 9 Uhr arbeitete ich wieder. Ich machte eine kurze Mittagspause und einen raschen Spaziergang an der Küste. Dann ging es wieder zurück an die Arbeit. Es war kurz vor 19 Uhr, als ich meinen Computer runterfuhr. Das Manuskript war fast fertig. Ich hatte heute 3500 Wörter geschrieben und überarbeitet, ein neuer Rekord.

André, 30. Januar

Mel hatte ein Buch über Psychoanalyse gelesen. Sie wollte mit mir über ihre Kindheit sprechen. Selten spricht sie darüber. Ich hätte zuhören sollen, aber ich dachte, das könnte ewig dauern, und ich musste ein Buch beenden. Wir redeten fünfzehn Minuten, dann kehrte ich zu meinem Computer zurück.

Carl, 30. Januar

Ich wachte um 5 Uhr auf, nahm fünf Milligramm Dexamphetamin ein und machte mich an die Arbeit.

Fünf Stunden später begann ich, mich merkwürdig zu fühlen. Mein Gehirn arbeitete langsam. Mir fiel ein, dass ich nichts gegessen hatte. Ich hatte keinen Appetit. Ich arbeitete weiter, aber etwas stimmte nicht. Mir war kalt. Ich legte mich auf die Couch, unter eine Decke, mit dem Laptop auf dem Bauch. Ich dämmerte weg. Als ich aufwachte, war es draußen dunkel. Ich stolperte in die Küche, goss mir ein Glas Wasser ein und ging zu Bett.

André, 31. Januar

Gegen 8 Uhr skypte Carl. Er lag auf einer Couch unter einer Decke. Er sah erbärmlich aus. Ich begann, mich sofort besser zu fühlen. So ist es immer. Wenn es Carl schlecht geht, fühle ich mich gut. Euphorisiert durch Carls Zustand schrieb ich weiter. Um 4 Uhr morgens klickte ich auf »Speichern«. Das Buch war fertig.

Carl, 31. Januar

Der Wecker klingelte wie gewöhnlich um 5 Uhr, aber ich konnte nicht aufstehen. Es war zu kalt. Ich war zu schwach.

Es war nun hell. Ich taumelte in Unterwäsche durch das Haus und suchte ein Thermometer, aber fand nur eines dieser alten Rektalinstrumente.

Es zeigte 39, 8 Grad.

Sollte der Monat so enden?

Ich war an jedem Tag des Monats um 5 Uhr aufgewacht. Ich hatte keine Freunde gesehen, und ich war nicht ausgegangen. Ich hatte keine Filme angeschaut und keinen Roman gelesen. Ich hatte in meiner privaten Arbeitsblase gelebt und alles andere ausgeschlossen.

Und ich war so nahe dran.

Ich wachte wieder auf. Jetzt war es dunkel. Das Bettlaken

war durchgeschwitzt. Das Glas Wasser war leer. Ich maß wieder meine Temperatur. Sie betrug nun über 40 Grad.

Ich wusste nicht, wie spät es war, aber der Monat ging zu Ende, und ich hatte das Buch nicht an den Verlag geschickt. Ich schloss die Augen und dämmerte weg. Ich gab auf.

So sollte es eigentlich nicht enden.

Februar

Körper

André, 1. Februar

Ich saß allein zu Hause in meinem Sessel und scrollte auf meinem Smartphone gedankenlos durch das Internet. Ich öffnete meine Fitbit-App und entdeckte, dass ich den ganzen Januar im Durchschnitt weniger als 1000 Schritte gelaufen war, weit hinter meinem Ziel von 10000 Schritten. Das musste nun anders werden. Der nächste Bereich der Optimierung war der Körper. Meine Herausforderung: am Ende des Monats einen Marathon laufen.

Das war kein ungewöhnliches Ziel. 1,8 Millionen Menschen weltweit nehmen jedes Jahr an einem Marathon teil. Aber war es möglich? Ich tippte »Marathon in einem Monat« in mein Smartphone. Die erste Seite, die erschien, war betitelt: »Der 30 Tage Marathon Trainingsplan oder Bist du verrückt?« Einen Marathon nach einem Training von nur einem Monat zu laufen, sei gefährlich, hieß es. Man solle es nicht versuchen, ohne sich vorher einigen Basistests unterzogen zu haben. Ich las mir die Fragen durch. *Wie sehr ermüdet es dich, vier Stockwerke hinaufzusteigen?* Nicht sehr. *Bist du regelmäßig gelaufen?* Ja, aber nicht im letzten Jahr. *Wie schnell läufst du eine Meile?* Keine Ahnung.

Ich schaute in meinen Schubladen nach und fand enge schwarze Leggings, ein Fleecetop, eine Beanie und ein Paar Socken, die einmal weiß waren. Ich zog meine abgetragenen Laufschuhe an und nahm einen alten iPod aus der Schlafzimmerkommode.

Es war ein grauer, kalter Tag. Ich ging zum Victoria Park, eine große Parklandschaft, weniger als einen Kilometer von meinem Haus entfernt. Als der Park im neunzehnten Jahrhundert eröffnet wurde, beschrieb ihn ein Artikel in *Harper's Magazine* als einen Ort für öffentliches Predigen, wo man Anhänger des »Malthusianismus, Atheismus, Agnostizismus, Säkularismus, Calvinismus, Sozialismus, Anarchismus, Salutismus, Darwinismus und sogar in Ausnahmefällen des Swedenborgianismus und Mormonentums« finden konnte. Jetzt gab es sie alle nicht mehr. Heutzutage bevölkert eine neue Sorte Ideologen den Park: Radfahrer, CrossFitter, Skaters, Seiltänzer, Meditierende, Yogis und natürlich Läufer.

Ich drückte den Timer auf meinem iPod und lief in einem stetigen schnellen Tempo los. Zuerst fühlte es sich gut an, aber nach wenigen hundert Metern glaubte ich, mich übergeben zu müssen. Als ich eine Meile erreicht hatte, japste ich und verlangsamte auf ein Schritttempo. Weniger als sieben Minuten. Nicht schlecht. Mit diesem Tempo bekam ich die Grundfitness, um für einen Marathon in einem Monat zu trainieren.

Der ernsthafte Marathonläufer trainiert fünf oder sechs Tage pro Woche: vier Tage für kürzere Distanzen zwischen fünf und zehn Kilometern, einen Tag für eine lange Strecke und einen Tag für einen Mittelstreckenlauf. Am siebten Tag soll man sich ausruhen. Mein Plan bestand darin, mit kurzen Distanzen zu beginnen, danach mich auf ein Maximum von 35 Kilometern zu steigern und dann die Distanzen bis kurz vor dem großen Tag zu verringern.

Carl, 1. Februar

Ich lag noch in dem Küstenhaus auf der Couch unter einer Decke mit meinem Laptop auf dem Bauch. Mittags schickte ich eine kurze Mitteilung an meinen Verleger: *Hier ist das fertige Manuskript*. Ich fügte es als Anhang hinzu und drückte auf »Senden«. Geschafft!

Ich räumte auf und fuhr zurück in die Stadt.

André, 3. Februar

Als ich heute im Dämmerlicht des Winters neun Kilometer durch den Park lief, versuchte ich, mich zu erinnern, wie ich überhaupt zum Rennen gekommen war. Während meiner Jugendzeit fälschte ich Entschuldigungen, um nicht am Sportunterricht teilnehmen zu müssen. Erst als ich an der Uni war, fing ich an zu laufen, um mich in Form zu bringen. Aber nach einigen Monaten verlor ich das Interesse. Jahre später, als ich nach England zog, nahm ich es als ein Heilmittel gegen die Langeweile in der Provinzstadt wieder auf. Und dann, nochmals Jahre später, als die beruflichen Verpflichtungen zunahmen, wurde das Laufen eine Möglichkeit, mit der inneren Unruhe fertig zu werden.

Nach einem besonders harten Winter begann ich, längere Strecken zu rennen. Fünf oder zehn Kilometer erlaubten eine Flucht vor dem Druck, ein kleines Kind und einen zunehmend anstrengenden Job zu haben. In jenem Sommer überraschte ich mich selbst damit, dass ich mich für einen Halbmarathon anmeldete. Als ich die 21 Kilometer durch die Straßen von Hackney an einem ungewöhnlich heißen Tag lief, brach vor mir ein Mann mittleren Alters zusammen. Ich schwor mir, dies nicht noch einmal zu tun. Aber nach dem Rennen zeigte ich stolz meine Medaille einigen Zeugen Jehovas, die mich auf der Straße ansprachen. Es war wohl unangebrachter Stolz, der mich dazu brachte, mich für einen Marathon in Amsterdam anzumelden. Im Jahr darauf nahm ich am London-Marathon teil.

Aber das war es dann auch. Nach dem Lauf sagte Mel, sie sei es leid, dass ich meine Freizeit mit Laufen verbrachte. Also gab ich es auf. Das war vor fast einem Jahr, und nun trainierte ich wieder. In der Vergangenheit hatte es drei bis vier Monate gedauert, bis ich fit für einen Marathon war. Diesmal hatte ich nur einen Monat.

Carl, 5. Februar

Ich fühlte mich nun besser, und es war Zeit, dem Fitnessstudio einen Besuch abzustatten. Zuvor war ich nur einmal in einem richtigen Fitnessstudio gewesen, im Alter von fünfzehn, nachdem ich mir beim Snowboarding das Knie verletzt hatte. Ich erinnere mich, dass ich an einer Sprossenwand stand und mein linkes Bein wie ein Eiskunstläufer beugte und streckte – wie vom Arzt angeordnet –, als mich eine Gruppe von Bodybuildern in der Hantelabteilung erblickte. Sie deuteten auf mich und lachten verächtlich. Ich ging nie wieder hin.

Ich packte meine Sachen in eine Sporttasche und zog los. Als ich das Fitnessstudio betrat, sah ich keine Krafttrainingsgeräte, keine Laufbänder und keine Spiegel. Es war einfach nur ein großer Kellerraum mit Betonwänden und einem schwarzen Teppich. Auf einer Seite des Raumes standen Metallgestelle, auf der anderen lagen Hanteln und Kettlebells. So sah ein Fitnessstudio 2016 aus. Ein echtes CrossFit-Studio. Vor Ort erfuhr ich, dass CrossFit im Jahr 2000 von zwei kalifornischen Fitness-Unternehmern entwickelt worden war und sich seitdem weltweit in über 13000 Fitnessstudios ausgebreitet hatte.

Ich fand die beiden Männer, die meine persönlichen Trainer sein sollten, in einer kleinen Küche. Sie unterhielten sich, auf dem Tisch stand eine Kanne dampfender Kaffee. Der eine war groß und agil; der andere klein und stämmig.

Nach einem kurzen Vortrag über ihre Philosophie führten sie mich in den Hauptraum, wo ich verschiedene Stellungen einnahm: auf den Knien, auf dem Rücken, flach auf dem Bauch, die Beine in der Luft, auf der Seite und auf dem

Kopf. Die ganze Zeit fotografierten sie, machten sich Notizen und flüsterten miteinander.

»Stell dich mal da drauf«, sagte der stämmige Trainer und zeigte auf ein Gerät, das wie ein Sci-Fi Hoverboard aussah. »Wann bist du geboren? Jahr und Monat?«

»Oktober 1980«, sagte ich. Der Coach tippte es in seinen Laptop.

»Wie groß bist du?«

»1 Meter 95.«

»Jetzt zieh die Griffe raus und halt sie fest in den Händen.«

Er kam zu mir, sorgte dafür, dass mein Körper aufrecht stand und meine Arme gerade waren, und dann ging er zurück zu seinem Computer. »77,6 Kilogramm«, las er ab. »11,3 % Körperfett, 65,4 Kilogramm Muskeln.«

Ich stieg von der Waage und beugte mich über den Computer.

»Siebenundsiebzig!«, sagte ich. »Wahrscheinlich muss ich etwas zunehmen.«

»Ja. Du musst mehr essen. Ich meine, *wirklich* essen.«

»Wieviel?«

»Wenn du tatsächlich eine Veränderung willst: 750 Gramm Proteine täglich. Fisch, Hähnchen, Fleisch. Es gibt keinen anderen Weg.«

André, 6. Februar

Sie nennen es Baby Disco.

Samstagmorgen, unter dem Bahnhof Waterloo. Wir gingen durch eine kleine Tür, die mit Graffiti bedeckt war. Nur wenigen Stunden zuvor flirteten und tanzten an diesem Ort noch glückliche, schöne junge Menschen. Jetzt befanden sich in dem Raum ängstliche Eltern, die ihren Kindern hinterherrannten.

Ich ging mit Rita zur Tanzfläche. Der DJ spielte House

und nickte dazu. Näher würde ich wahrscheinlich der Hölle nicht kommen. Aber dann, nach etwa zwanzig Minuten angestrengten Tanzens, begriff ich, dass dies tatsächlich der perfekte Workout war. Ich bewegte mich mit fünfzehn Kilo (alias meine Tochter) auf den Schultern hin und her. Dafür muss man normalerweise ins Fitnessstudio gehen! Ich sprang auf und ab und bewegte mich durch den Raum. Schweiß lief mir den Rücken hinunter. Meine Tochter liebte es. Ich liebte es. Mein Jawbone liebte es so sehr, dass er mir einen Summton gab. 10000 Schritte. Fitnessziel erreicht!

Carl, 7. Februar

Über das Wochenende fuhr ich zurück in das Haus an der Küste. Aber diesmal war ich nicht allein. Meine Schwester und unsere Kinder begleiteten mich.

Als wir unterwegs hielten, um ein paar Einkäufe zu machen, erklärte ich meiner Schwester, dass ich ab sofort große Mengen Nahrung zu mir nehmen würde.

»Warum?«

»Ich baue meine Muskeln auf«, sagte ich und steuerte die Fleischabteilung an.

Später am Abend, als die Kinder ihr Essen beendet hatten, war mein Teller immer noch randvoll mit Bratkartoffeln und gegartem Lammragout. Ich aß methodisch weiter und schaufelte große Fleischstücke in meinen Mund. Ich war wieder im Robotermodus und versuchte zu vergessen, dass ich satt war von gestern, vom Frühstück, vom Mittagessen und von den zwei Tellern, die ich gerade gegessen hatte.

Als ich meine dritte Portion verschlungen hatte, machte ich ein Foto von meinem leeren Teller. »Was machst du?«, fragte meine Schwester.

»Ich protokolliere mein Essen. Schau mal«. Ich zeigte ihr meine neue App MyFitnessPal. Sie schien die beliebteste Kalorienzähler-App auf dem Markt zu sein, mit erstaunlichen 85 Millionen Benutzern. Sie half mir dabei, den Überblick über das zu behalten, was ich aß, indem sie alles in Kalorien, Kohlehydrate, Proteine und Fett aufschlüsselte.

»Nimm zum Beispiel dieses Abendessen: 2242 Kalorien, 100,6 Gramm Kohlehydrate, 117,1 Gramm Fett, 114,7 Gramm Proteine. Für den Tag insgesamt: 4349 Kalorien.«

Meine Schwester schaute auf den Bildschirm, unbeeindruckt, und sagte kein Wort.

»Ich habe auch eine App für meinen Stuhlgang heruntergeladen«, teilte ich ihr mit. »Sie heißt Poo Keeper.«

André, 8. Februar

Ich hatte in dem Magazin *Runner's World* über das hochintensive Intervalltraining gelesen und war fasziniert von einer besonderen Technik namens Mona Fartlek. Nach ihrer Anweisung fing ich an, zuerst langsam zu laufen, dann so schnell ich konnte, dann wieder langsam und so weiter. Die wenigen ersten Beschleunigungen waren einfach, aber dann, nach einigen Beschleunigungen über sechzig Sekunden, wurde mir übel. Eine Frau, die ihren Hund ausführte, schaute mich besorgt an. Ich rannte und japste, joggte und keuchte und wiederholte das Muster bis zum Ende. Dann fiel ich auf den Boden.

Carl, 8. Februar

Ich machte Huevos Ranchos zum Frühstück. Ich schnitt eine Zwiebel klein und briet sie mit zerdrücktem Knoblauch. Dann kamen drei große Chorizo Würste (jede 150 g) hinein, in kleine Stücke geschnitten. Während sie anbräunten, fügte ich eine Dose (400g) Tomaten und etwas Chipotle Paste hinzu. Als die Sauce schön dick war, schlug ich drei Eier auf und streute eine Handvoll geriebenen Käse darüber. Ich tippte die Zutaten in meine App: 1800 Kalorien. Ein erfreuliches Mahl für vier Personen. Für mich ein perfekter Start in den Tag.

Ich erreichte André über Skype. Während ich mich zwangsernährte, erklärte er, was er vorhatte. Er sagte, er fokussiere sich diesen Monat auf das Laufen. Ich bemühte mich, meine Enttäuschung zu verbergen. *Rennen?* Das machte er doch schon so lange, wie ich ihn kannte. Er sagte, dass er vielleicht einen Marathon laufen werde. *Marathon?* Er war doch schon bei einem verdammten Marathon mitgelaufen.

Ich beendete mein Monsterfrühstück und ging wieder für einen weiteren Test zu dem Fitnessstudio. Sie wickelten mir ein Band um die Brust und baten mich, an einem Kasten rauf und runter zu steigen. Nach zehn langen Minuten nahmen sie das Band ab und schrieben flüsternd ein paar Zahlen nieder. Dann holte der agile Trainer eine Zwanzig-Kilo-Hantel hervor und forderte mich auf, damit ganz unvertraute Bewegungen zu machen. Für jede neue Übung fügten sie mehr Gewichte hinzu, notierten Zahlen und sahen dabei unbeeindruckt aus.

Als ich unter der Dusche war, immer noch erschöpft, tauchte der stämmige Coach mit einem Plastikbecher auf.

»Proteinshake. Trink das!«, sagte er.

André, 9. Februar

Nach drei Runden im Park blieb ich stehen und streckte meine Beine. Ich checkte meine neue App Runkeeper. Ich war einer von vierzig Millionen, die diese Fitness-App benutzten. *Aktivität beendet*, sagte eine Frauenstimme und teilte mir die genaue Strecke und Zeit mit. Eine Meldung erschien auf dem Bildschirm und fragte mich, ob ich ein Foto machen wolle. *Warum nicht?* dachte ich. Die App fragte: *Möchtest du deinen Lauf mit deinen Freunden tei-*

len? Nein danke, erwiderte ich. Ich konnte mir nicht vorstellen, dass sich meine Freunde über meine Fitnessaktivitäten auf dem Laufenden halten wollten.

Carl, 9. Februar

Ich lag in dem Fitnessstudio auf dem Boden, im Mund der Geschmack von Blut.

Ich war bereits zwei Stunden dort, als der stämmige Coach vorschlug, ich solle den Tag mit einer speziellen Übungstechnik namens Tabata abrunden. Sie wurde in den 1990er Jahren von dem japanischen Wissenschaftler Izumi Tabata entwickelt, der damals mit Japans Eisschnelllaufteam arbeitete. Der Wissenschaftler hatte zwei Gruppen miteinander verglichen: Die eine übte über einen längeren Zeitraum auf einem gemäßigten Niveau; die andere übte mit regelmäßigen hochintensiven Belastungen. Es stellte sich heraus, erklärte der Coach, dass das Intensivtraining weitaus effektiver war.

Die Technik ist einfach: zwanzig Sekunden intensiver Übung, gefolgt von zehn Sekunden Pause – und das achtmal hintereinander.

Ich kletterte in die Rudermaschine und schnallte meine Füße fest.

»Rudere, wie du nie zuvor gerudert hast«, rief der stämmige Coach. Ich folgte seinen Anweisungen und glitt auf der Maschine vor und zurück, schnaubend und stöhnend. Nach zwanzig Sekunden ließ ich den Griff keuchend los.

»Rudere!«, schrie er wieder. Nach fünf Runden wusste ich nicht mehr, wo ich war. Als ich die achte Runde beendet hatte, war mein Körper von meinem Geist getrennt. Meine Arme und Beine zitterten, Schweiß rann mir über das Gesicht. Als der Trainer meine Füße aus der Maschine befreite, fiel ich zu Boden wie eine klatschnasse Unterhose.

André, 10. Februar

Ich sah, wie das letzte Licht vom Winterhimmel wich, als Carl mich anrief. Wieder warf er mir vor, ich sei nicht engagiert genug. Während er auf seiner verrückten Diät war und Unmengen Geld für persönliche Trainer verschwendete, hatte ich das gemacht, was ich normalerweise machte: durch den Park rennen.

»Hör mal, ich folge einfach meinem Trainingsplan.«

»Aber das ist langweilig. Du hast schon einen Marathon gemacht. Versuch etwas Neues.«

»Was zum Beispiel?«

»Wie wäre es mit einem Magnetimplantat im Finger?«

»Was?«

»Ich hab gestern eine Mail an einen Body-Hacker geschickt, und er sagte, Magnetimplantate seien die neue coole Sache. Es fügt einen sechsten Sinn hinzu!«

»Wozu braucht ein Marathonläufer einen sechsten Sinn?«, erwiderte ich.

»Darum geht es nicht«, antwortete Carl. »Du sollst deine Grenzen austesten.«

Ich sagte nichts.

»Ein Ironman also?«

»Carl, Leute trainieren ein Jahr lang, um an einem Ironman teilzunehmen. Ich habe nur einen Monat. Ich glaube schon, dass ein Marathonlauf an die Grenzen geht. Oder etwa nicht?«

»Wie auch immer«, sagte er und legte auf.

Carl, 10. Februar

»Wir haben eine Überraschung für dich«, sagte der agile Coach.

»Und die wäre?«, fragte ich und ließ die Hantel auf den Boden fallen.

»Wir haben dich für einen Wettkampf im Gewichtheben angemeldet.«

»Ihr habt was getan?«

André, 12. Februar

Vor dem Bagel Shop, Brick Lane, 6 Uhr 30. Einige von uns waren schon da und warteten, als ein Typ mittleren Alters in fluoreszierender Laufbekleidung und mit Blinklicht an den Schuhen angejoggt kam. »Hallo, Leute«, rief er; Popmusik tönte aus seinem Smartphone. Er arbeitete sich durch die Gruppe und umarmte jeden. Ich sah es kommen und wich der unerwünschten Intimität mit einem präventiven High five aus.

Ich hatte mich einer von Hunderten Laufgruppen in Großbritannien angeschlossen. Die Gruppe war Teil einer neuen Welle kollektiver Fitnessgruppen, die Workouts mit anderen Aktivitäten kombinierten. Es gab GoodGym, wo man rannte und sich sozial engagierte, Run Dem Crew, die Rennen mit HipHop verbanden, und die Midnight Runners, die abwechselnd rannten und Partys feierten. Die Bagel Läufer kombinierten einen Zehn-Kilometer-Lauf mit anschließendem Beisammensein bei Kaffee und Bagels.

Wir brachen um Punkt 7 Uhr auf und schlängelten uns an Pendlern vorbei Richtung Flussufer. Alle paar hundert Meter blieben wir stehen, und der Anführer machte Fotos. »Springt!«, rief er. »Breitet eure Arme aus!« Später fand ich diese Fotos auf der Facebook-Seite der Gruppe.

Wir durchquerten die Stadt in einer Schleife, und nach etwa einer Stunde kamen wir wieder vor dem Bagel Shop an. Ich fühlte mich müde, aber zufrieden. Die meisten aus der Gruppe gingen in den Laden, um sich einen Bagel zu kaufen. Ich nicht. Ich war auf einer kohlenhydratarmen Diät, und Brot war verboten.

Carl, 12. Februar

Neun Tage bis zu dem Wettkampf. Es gab zwei Techniken, die ich lernen musste. Die erste heißt »Reißen«. In einer einzigen Bewegung muss die Hantel über dem Kopf sein. Nur mit vollständig gestreckten Armen ist der Versuch gültig. Die zweite Technik heißt »Umsetzen und Stoßen«. Zuerst ruht die Stange auf der Brust, und dann wird sie in einer zweiten Bewegung über den Kopf gehoben. Wir übten das mit Besen und gingen die Technik Schritt für Schritt durch. Gerader Rücken, Brust raus, Arme gestreckt. Zieh die Hantel in Höhe der Knie und dann mach einen Ausfallschritt. Während die Hantel nach oben geht, musst du unter der Stange hocken und sie mit gestreckten Armen halten.

Auf dem Rückweg vom Fitnessstudio ging ich in ein Textilgeschäft und kaufte zehn T-Shirts, zehn Paar lange Strümpfe und zwei Shorts. Ich duschte jetzt zweimal am Tag und wechselte ständig die Kleidung. Unsere Wohnung sah wie ein Umkleideraum aus. Über den Türen hingen feuchte T-Shirts zum Trocknen.

Und ich schwitzte die ganze Zeit, nicht nur, wenn ich mich anstrengte, sondern auch wenn ich schlief, aß oder auf der Couch lag.

André, 13. Februar

Morning Gloryville ist ein merkwürdiges Zwischending zwischen Tanzparty und Wellnessoase. Die Website rät, »sich so anzuziehen, dass man schwitzt«. Mir war nicht ganz klar, was das hieß; deshalb schaute ich mir einige Videos früherer Events im Morning Gloryville an. Fitnesskleidung der 1980er Jahre schien in zu sein. Ich entschied mich für Jogginghose, Muskel-Shirt und einen Hoodie, um mich warmzuhalten. Ich vervollständigte mein Outfit mit einer Baseballkappe, die ich in der untersten Schublade fand.

Der Veranstaltungsort befindet sich unter einer Hochstraße, die in die Londoner Innenstadt führt. Am Eingang wurde ich von einem als Gondoliere verkleideten Hipster begrüßt, der mir einen Bindi-Aufkleber auf die Stirn drückte. Dann kam eine Frau in einem rosa Tierkostüm auf mich zu und umarmte mich fest und herzlich. Ich überreichte ihr einen Zwanzig-Pfund-Schein. Zwei weitere Umarmungen, und ich war drin.

Nachdem eine Frau in rosa Hotpants mein Gesicht geschminkt hatte, stürmte ich die Tanzfläche. Bunte Gebetsfahnen, riesige Liebesherzen und übergroße Hindugötter hingen von der Decke. Noch waren nicht viele Leute da, aber nach und nach kamen immer mehr Tänzer. Die meisten sahen aus wie regelmäßige Fitnessstudiobesucher.

Als ich zu tanzen begann, vibrierte mein Jawbone beifällig. Bald erschien ein Conférencier auf der Bühne und würzte die Musik mit Motivationsslogans: »Wir sind eine Rave-olution! Nüchternes Raving! Fühlt euch großartig!«

Nachdem ich eine Stunde getanzt hatte, begab ich mich zur »Smoothie Station« und bestellte einen grünen Gesundheitssaft und einen Protein-Drink mit Rote Beete. Ein Feuertänzer trat auf. Die Musik wurde ein bisschen lauter, die Menge jauchzte.

»Dies ist der perfekteste Moment in eurem Leben!«, überschrie der Conférencier die Musik. »Wir sind nüchtern. Unsere Herzen sind offen. Es ist 11 Uhr an einem Samstagmorgen!«

Gegen Mittag machte ich mich auf den Heimweg. Als ich an der professionellen Umarmerin im rosa Tierkostüm vorbeiging, schien sie irgendwie enttäuscht von mir zu sein. Zwei Mitarbeiter standen draußen und rauchten. Ich hörte, wie sie zynische Kommentare austauschten. Ich checkte meinen Jawbone. Ich hatte meine Fitnessziele für diesen Tag mehr als erreicht.

Carl, 15. Februar

Vor einigen Tagen betrug mein Gewicht 77,6 Kilogramm. Nach einer Woche intensiven Trainings und einer 4000 Kalorien Diät wog ich 82,9 Kilogramm. Ich hatte mehr Körperfett (12,8 Prozent), aber auch die Muskelmasse war stark gewachsen. Insgesamt hatte ich 5,3 Kilogramm zugelegt. Es war eine bemerkenswerte Steigerung. Wenn ich so weiter machen würde, jede Woche fünf Kilo mehr, könnte ich mich bis zum Sommer wahrscheinlich für einen Sumo-Wettkampf qualifizieren.

Zu Hause bereitete ich mir ein Mittagessen aus 400 g gebratenem Hähnchen und 250 g gedünsteten Brokkoli zu, und dann setzte ich mich hin und schaute mir auf YouTube Gewichtheben an, während ich mich mechanisch durch das Essen arbeitete.

André, 15. Februar

Dies war mein Ruhetag, und nach einer Sitzung mit dynamischem Yoga saß ich entspannt in einem buddhistischen Café. Laut meiner neuen Bibel, *Runner's World*, ist Yoga die ideale Ergänzung zum Marathontraining. Als ich mich zum Essen hinsetzte, schickte Carl mir ein Foto mit einem großen Teller Hähnchen. Ich postete ein Foto mit meinem grünen Smoothie und veganen Käsekuchen zurück in der Hoffnung, dass er daraus vielleicht etwas lernte.

Carl, 16. Februar

Nach einigen Stunden im Fitnessstudio ging ich mit dem stämmigen Coach ein Trikothemd kaufen. Sie sind bei Gewichthebewettkämpfen vorgeschrieben. Ich schaute mich im Spiegel an. Das Trikot war schwarz und dehnbar, hatte keine Ärmel und einen tiefen Ausschnitt. Leider waren darunter nicht viel Muskeln.

Wir trennten uns, und ich lief langsam durch die Stadt und fühlte mich beklommen und paranoid bei dem Gedanken, dass es bei dem bevorstehenden Wettkampf einen Drogentest geben könnte. Was, wenn man Spuren der Smart Drugs fände, die ich letzten Monat konsumiert hatte?

Ich sandte dem Freund, der mir die Pillen gegeben hatte, einen Text. Er antwortete, dass die Drogen schon nach wenigen Tagen nicht mehr im Körpersystem sein sollten, empfahl aber, nach genaueren Informationen zu googeln. Er hatte Recht. Nach etwa vier oder fünf Tagen ließen sich die Substanzen weder im Urin noch durch Bluttests nachweisen. Im Haar jedoch könnten sie gefunden werden.

Später am Abend saß ich am Küchentisch und fühlte mich immer noch beklommen. All die Arbeiten, die ich vernachlässigt hatte. Ich hatte aufgehört, weitere Punkte der To-do-Liste hinzufügen. Meine Mail-App teilte mir mit, dass ich bereits 6000 ungelesene Mails hatte. Ich rutschte auf meinem Stuhl hin und her und schaute auf den großen Beutel Proteinpulver, der das halbe Spülbecken in Beschlag nahm. Es war Zeit für meinen dritten und letzten Proteinshake. Aber ich war nicht in der Stimmung. Ich entschied, gegen mich zu rebellieren und den Drink auszulassen. Das war ein kleiner, aber symbolischer Akt des Ungehorsams, und ich fühlte mich gut.

André, 16. Februar

Ich glitt in das heiße Bad und öffnete ein Buch über das Laufen von dem berühmten japanischen Schriftsteller Haruki Murakami. Ich war gerade von einem Neunundzwanzig Kilometer-Lauf heimgekehrt. Mein längster bis jetzt. Murakami schreibt, er hasste Wettkämpfe und sehnte sich nach Einsamkeit, weshalb Laufen perfekt für ihn war. Das gefiel mir, und ich markierte die Seite mit einem Eselsohr. Er beschrieb dann, wie er einen Hundert Kilometer-Ultramarathon lief. Als er die Zweiundvierzig Kilometer-Marke überschritt, musste er gegen jeden Teil seines Körpers kämpfen, aber als er erst einmal die Schmerzgrenze durchbrochen hatte, konnte er in einem Zustand weiterlaufen, in dem er »ich und gleichzeitig nicht ich« war. Es sei ein »sehr ruhiges Gefühl« gewesen, schrieb er. Laufen war anscheinend nicht nur eine Flucht vor zu Hause oder dem Tod, sondern auch ein Rückzug in eine existentielle Weise des Nichtseins. Ich fragte mich, ob ich am Ende des Monats diese Erfahrung auch machen würde.

Carl, 17. Februar

Um 4 Uhr morgens erwachte ich aus einem schrecklichen Albtraum. Ich war in einem Gewichtheber-Turnier. Drei Männer betraten den Raum. Sie waren Schiedsrichter und trugen schwarz-weiß gestreifte Hemden.

»Dopingkontrolle«, flüsterte mir der Coach ins Ohr.

Die Schiedsrichter kamen auf uns zu. Sie liefen in einer Reihe. Sie kamen näher. Sie schauten mich an. Dann holten sie Scheren hervor. Sie wollten mir Haare abschneiden und sie ins Labor schicken. Dort würde man die Drogen nachweisen. Ich würde disqualifiziert werden, und vielleicht würden sie mich der Polizei übergeben.

André, 17. Februar

Spätnachmittag. Regen. Ich war noch nicht für einen Lauf rausgegangen. Dunkle Gedanken wirbelten in meinem Kopf. Aber dann erinnerte ich mich an die Schlüsselerkenntnis vom Landmark Forum: *Das Narrativ ist dein Feind.* Denk nicht nach. Renn einfach.

Ich stellte den Autopilot ein: *Zieh deine Laufsachen an, mach dich auf in den Park, lauf!*

Als ich auf dem Heimweg an einer Gruppe rauchender Jugendlicher vorbeikam, sagte eine Stimme in meinem Kopf: *Wenn sie doch nur zu Verstand kämen, nicht länger ihr Leben vergeudeten und begännen, Sport zu treiben!*

Zwei Wochen Training, und schon war ich ein joggender Moralist.

Carl, 18. Februar

Am späten Nachmittag im Supermarkt. Nach einem weiteren langen Tag im Fitnessstudio ging ich in den Gängen auf und ab und deckte mich mit Hähnchen und Milch ein, als mein Smartphone vibrierte. Es war eine Mail vom Wissenschaftsverlag.

»Wir haben nun Ihr Manuskript gelesen«, begann sie, »aber zu unserem Bedauern haben wir entschieden, dass das Manuskript in seinem jetzigen Zustand den Anforderungen für eine Publikation nicht genügt.« Der Lektor erklärte, dass »es für eine wissenschaftliche Arbeit nicht solide genug« sei und fügte in einem, wie mir schien, herablassenden Ton hinzu, dass »wir Sie bitten müssen, das Ganze noch einmal durchzuarbeiten.«

Als ich nach Hause kam, öffnete ich meinen Laptop und schrieb eine kurze Mail an den Verlag mit der Aufforderung, den Vertrag zu zerreißen. Was hatte diese heftige Reaktion ausgelöst? Das fragte ich mich, als ich abends meine Zähne putzte. Vielleicht waren es all die Hähnchen, die ich aß. Oder das Kreatinpulver. Oder die Proteinshakes. Oder einfach die Tatsache, dass ich alle meine Tage in einem Fitnessstudio verbrachte.

André, 19. Februar

Ich arbeitete zu Hause, als es an der Tür klopfte. Ein Auslieferer überreichte mir ein schweres Paket. Ich ging zurück in mein Arbeitszimmer und riss es auf. Drei Bücher. Das erste: *Lore of Running* (vierte Auflage) von Dr. med. Tim Noakes. Ein medizinisches Lehrbuch für Läufer. Fast tausend Seiten und vier Pfund schwer. Ich durchblätterte die dünnen Seiten. Darstellungen von Knochenstrukturen. Diagramme, die die maximale Sauerstoffkapazität verschiedener Spitzenläufer verglichen. Trainingstabellen.

Das zweite Buch war *Running and Being* von Dr. George Sheehan. Ein viel schmalerer Band mit Kapiteln über »Begreifen«, »Werden« und »Leiden«. Der Autor (ein joggender Arzt) beschrieb sich selbst als Nachfolger von Philosophen wie Kierkegaard, Emerson und Bertrand Russell. Das Buch kam 1978 heraus, am Ende des Laufbooms der 1970er Jahre, als Millionen Amerikaner mit dem Joggen anfingen. Dies war die Periode, die Tom Wolfe die »Ich-Dekade« nannte, eine Zeit, da viele Menschen von der Idee der Selbstverbesserung besessen waren. Ich erinnerte mich an ein Zitat von Jerry Rubin, einem Yippie der 1960er Jahre. In *Growing (Up) at Thirty-Seven*, seiner Autobiographie von 1976, erklärte er, dass er nach Jahren des zügellosen Hippie-Hedonismus »sich ›die Erlaubnis, gesund zu sein‹ gab und schnell dreißig Pfund an Gewicht verlor«. Jogging, erläuterte Rubin, war Teil seiner »Reise zu mir selbst«. Eine Reise, die Kritiker wie Tom Wolfe zweifellos für narzisstisch hielten.

Das dritte Buch, *Laufen: Von den Wettkämpfen der Antike zu den Städtemarathons von heute* von Thor Gotass, steckt eine längere Zeitspanne ab. Hier spielt der Laufboom der 70er Jahre nur eine Nebenrolle. Gotass' Text ist vollgepackt mit faszinierenden Geschichten: japanische Mönche, die auf der Suche nach Erleuchtung jahrelang um einen besonderen Berg laufen, Boten, die im alten Inkareich lange Strecken zurücklegten, nackte Läufer im England des siebzehnten Jahrhunderts oder die Gründung des ersten modernen Freizeitklubs für Läufer 1960 in Auckland (Neuseeland). Die Wurzeln des Laufens reichen viel tiefer zurück, als ich mir hätte vorstellen können.

Carl, 19. Februar

Die Waage zeigte einen leichten Gewichtsverlust an. Von 82,9 auf 81,7. Aber ich hatte mehr Muskeln: 70,5 Kilogramm, verglichen mit 68,8 beim letzten Mal und 65,4 Kilogramm davor.

»Das sind nicht alles Muskeln«, sagte der stämmige Coach.

»Wasser?«

»Nun, es ist auch nicht alles nur Wasser«, sagte er lächelnd.

André, 21. Februar

Heute war mein erster richtiger Test. Konnte ich fünfunddreißig Kilometer laufen? Gestern Abend, bevor ich zu Bett ging, hatte ich meinen Lauf mit Hilfe einer Website namens mapmyrun.com geplant. Dort erfuhr ich die präzise Distanz, die ungefähre Zeit, entsprechend meinem Tempo, und die Zahl der Kalorien, die ich verbrennen würde.

In Richmond stieg ich aus dem Zug, ging zu meinem Startpunkt am Flussufer und rannte los.

Fast genau drei Stunden später, als ich die Ziellinie auf der anderen Seite Londons überquerte, überkam mich ein starkes Gefühl, etwas Besonderes erreicht zu haben. Wenn ich *das* konnte, sollte ich auch fähig sein, einen Marathon zu laufen. Ich öffnete meine Lauf-App, checkte meine Daten, schoss ein Selfie und ging nach Hause.

Carl, 21. Februar

Es war früh am Sonntagmorgen, als wir über einen jungen Mann stiegen, der vor einem Vorort-Bahnhof von Stockholm schlief. Die Straßen waren leer und trostlos. Der Himmel war grau. Auf der Erde lag eine dünne Schneedecke.

Wir fanden die Tür, auf einem kleinen Schild darüber stand »Sportclub«, und wir stiegen die steile Treppe hinunter. Ich stellte meine frisch geputzten Blundstones neben einen Haufen Sportschuhe und ging in einen Raum, an dessen Wände Bänke und Spinde standen. Einige muskulöse Gewichtheber in grauen Hoodies schauten in meine Richtung. Ich zog das Trikothemd an und wärmte mich auf. Aus den Lautsprechern ertönte mein Name. Ich marschierte durch einen langen Korridor und ein paar Stufen hinunter in die Haupthalle. Meine Trainer folgten mir.

Eine Minute, sagte der Sprecher.

Ich ging hinunter in die große Sporthalle, blieb an der Schüssel stehen und rieb meine Hände mit Magnesium ein. Dann trat ich hinaus auf die Bühne, hinter mir die schwedische Flagge. Ich hielt Ausschau nach den drei Schiedsrichtern. Sie saßen nur wenige Meter von mir entfernt, und hinter ihnen waren die Zuschauer.

Piiiep. Dreißig Sekunden.

Ich packte die Hantel, der Rücken gerade, die Brust nach vorn. Ich zog die Hantel senkrecht hoch, und als sie sich auf der Höhe meiner Knie befand, machte ich einen Ausfallschritt und ließ das Gewicht nach oben fliegen. Dabei brachte ich mich mit gebeugten Knien und gestreckten Armen unter die Hantel und hielt sie über meinem Kopf.

Piiiep.

Ich ließ die Hantel auf den Boden fallen, schaute zu den Kampfrichtern und dann auf die Anzeigetafel. Bestanden. An der Seite jubelten meine beiden Trainer. Ich hatte offiziell meine erste korrekte Hebung geschafft, und es fühlte sich großartig an.

Nach einer Pause von zwei Minuten kehrte ich auf das Podium zurück und versuchte nun 40 Kilogramm. Der gleiche Ablauf – Hantel über die Knie, Arme gestreckt, Ausfallschritt –, ein zweiter korrekter Versuch.

Dann fünfundvierzig Kilo. Das wäre meine persönliche Bestleistung. Ich zog die Hantel mit all meiner Kraft nach oben und bekam sie über meinen Kopf, aber als ich sie mit gestreckten Armen festhalten wollte, ging etwas schief. Sie war zu schwer. Meine Arme knickten ein, und die Hantel fiel mit bedrohlicher Wucht hinunter, wobei die Stange meinen Kopf streifte.

Peng!

Dann auf den Boden.

Bumm!

Ich drehte mich um und wankte von dannen. Mir war schwindlig. Einer der Funktionäre rannte zu mir und fragte, wie es mir geht.

»Gut«, sagte ich mit brüchiger Stimme. Ich berührte meinen Kopf. Kein Blut.

»Versuch gescheitert. Die Hantel fiel ihm auf den Kopf«, hörte ich über die Lautsprecher, als ich im Korridor verschwand und zurück in die kleine Sporthalle ging.

Ich war enttäuscht. Gedemütigt. Meine Trainer versuchten, mich aufzuheitern.

Keine Zeit für Tränen. Ich musste für die nächste Runde bereit sein. Das Stoßen.

Die Lautsprecher riefen mich auf die Bühne. Ich schaffte vierzig Kilogramm ohne Problem. Dann erhöhte ich auf fünfzig Kilogramm, mein persönlicher Rekord bis dahin. Es war leicht. Ich fühlte mich stark. Mein Selbstvertrauen kehrte zurück.

»Legt sechzig auf«, hörte ich mich zu den Funktionären sagen. Das war nicht der Plan. Der Plan war, fünfundvierzig Kilogramm im Reißen zu schaffen (woran ich gerade gescheitert war) und fünfundfünfzig Kilogramm im Stoßen (und so insgesamt hundert Kilo zu erreichen).

»Bleib locker. Ganz ruhig«, sagte der agile Coach.

»Nein, Carl, entspann dich nicht. Benutz das Adrenalin, geh raus und zeig's ihnen«, fuhr der stämmige Coach dazwischen. »Du schaffst das!«

Ich fühlte mich stark. Mein Adrenalin pumpte. Ja, los, zeigen wir's ihnen.

Ich ging hinaus, geradewegs auf die Bühne, mit etwas mehr als einer Minute Zeit.

»Komm schon, Carl, du kannst das!«, hörte ich Leute aus dem Publikum rufen, einige klatschten in die Hände. Ich packte die Hantel und starrte geradeaus. Alle Geräusche verschwanden. Nichts war mehr da; nichts außer dem Gewicht und meinem Körper, der sich stark fühlte, stärker denn je.

Ich nahm die Grundstellung ein. Brust raus. Arme gestreckt. Schultern über der Hantel. Und dann zog ich mit aller Kraft das Gewicht, gab ihm mit meinen Hüften einen perfekten Stoß und sprang so hoch, wie ich konnte. Das Timing war gut. Ich merkte, wie die Hantel in die Höhe flog und auf meiner Brust landete. Mehr Rufe von den Zuschauern. Applaus. *Los, du schaffst das.* Aus der Hocke sprang ich noch einmal so hoch, wie ich konnte, stieß die Hantel nach oben und stellte mich mit ausgestreckten Armen darunter. Das Adrenalin pumpte immer noch. Die Hantel war da. Ich konnte sie fühlen, über meinem Kopf. Ich spürte, wie mein Gesicht rot wurde. Meine Hände umklammerten fest den Stahl.

Piiiep.

Ich ließ die Hantel auf den Boden fallen. Ich hatte mit den sechzig Kilogramm meinen persönlichen Rekord gebrochen. Als ich von der Bühne joggte, konnte ich meine Freude nicht verbergen. Ich reckte die Arme in die Höhe.

Ich rannte auf meine Trainer zu. Sie umarmten mich. War das der glücklichste Moment in meinem Leben? In dem Wettkampf wurde ich insgesamt der Vorletzte. In meiner Gewichtsgruppe war ich der Letzte. Aber das spielte keine

Rolle. Es fühlte sich großartig an. Wie ein Sieg. Ich hatte insgesamt hundert Kilogramm geschafft. Vierzig im Stoßen, sechzig im Reißen. Mich überkam ein seltsamer Impuls, einen Brief an die Leute in dem Verlag zu schreiben, die mein Buch abgelehnt hatten, und ihnen zu sagen, dass ich gerade insgesamt hundert Kilogramm gestemmt hatte. *Ihr könnt mich mal, ihr Arschlöcher!*

André, 22. Februar

Gestern schaffte ich fünfunddreißig Kilometer, aber das bedeutete nicht, dass ich die 42,195 Kilometer eines Marathons laufen konnte. Unter Läufern gilt allgemein der Grundsatz, dass die ersten fünfunddreißig Kilometer der leichte Teil sind. Erst während der letzten sieben Kilometer scheitern viele. An diesem Punkt, wenn der Körper nicht mehr weiter will, muss der Geist stark sein.

Wenn ich in der nächste Woche meinen Marathon laufe, wird es keine Zuschauermenge und keine anderen Läufer geben, die mich mitreißen. Ich kann mich nur auf meine Willenskraft verlassen.

Als Teil meiner mentalen Vorbereitung studierte ich die Psychologie des Marathons. Entscheidend ist, sich die letzten 25 Prozent des Rennens bildlich vorzustellen. An diesem Punkt muss man sein Gehirn abschalten. Eine Technik besteht darin, sich immer wieder ein positives Mantra vorzusagen. Murakamis Mantra, das er bei seinem Ultramarathon anwandte, lautete: *Ich bin kein Mensch. Ich bin eine Maschine. Ich muss nichts fühlen. Mach einfach weiter*. Das erschien mir ein bisschen lang und kompliziert, deshalb entschied ich mich, vielleicht unter dem Einfluss dessen, was ich im Landmark Forum gelernt hatte, für: *Denk nicht nach, lauf einfach.*

Ein anderer wichtiger »Mind-Hack« für Marathonläufer besteht darin, einen längeren Lauf in kleinere Ziele aufzuteilen. Das hatte sich Roger Bannister, der erste Mensch, der eine Meile in vier Minuten lief, ausgedacht. Mental lief er vier Rennen über 400 Meter jeweils in einer Minute statt einer Meile in vier Minuten.

Abends im Bett, stellte ich mir eine psychologische Aufgabe: Ich malte mir die letzten 25 Prozent meines bevorstehenden Marathons aus und benannte die Orientierungspunkte: das House of Parliament, das National Theatre in Southbank, die Tower Bridge, die alten Hafenspeicher in Wapping. Ich würde durch die Londoner Innenstadt laufen, als steuerte ich eine Drohne, und mich, ohne nachzudenken, meinem Ziel nähern.

Carl, 26. Februar

Der Monat ging zu Ende, und es war an der Zeit, meine Fortschritte festzuhalten. Meine Trainer ließen mich die gleichen Tests machen, denen ich mich zu Beginn des Monats unterzogen hatte.

»Das ist *erstaunlich*. Schau her«, sagte der agile Coach und zeigte aufgeregt auf den Bildschirm.

Bankdrücken (10 Wdh.): von 40 auf 47,5
Kniebeugen (10 Wdh.): von 45 auf 60
Reißen: von 30 auf 45
Stoßen: von 40 auf 60
Trainingspuls: von 170 auf 155

»Du hast fast alle Indikatoren um 50 Prozent verbessert.«

Ich errötete. Sicher, die Opfer waren beträchtlich. Ich hatte kaum mehr getan, als über meinen Körper nachzudenken, an meinem Körper zu arbeiten, meinen Körper zu protokollieren und sogar von meinem Körper zu träumen.

Aber es hatte sich gelohnt. Es war alles da. Die Zahlen logen nicht.

André, 27. Februar

Ich hatte mir ein neues Gerät gekauft. Eine Sportuhr. Sie kostete 159£, ein winziger Bruchteil der 9,6 Milliarden Euro, die jedes Jahr in Europa für Fitness ausgegeben werden. Sie sah aus wie ein breites Schweißband, aus Gummi und mit einem digitalen Zifferblatt. Ich band sie um mein Handgelenk. Mel kam ins Wohnzimmer.

»Was zum Teufel ist das?«

»Eine Sportuhr.«

»Für was?«

»Vieles«, sagte ich. »Sie misst meine Laufstrecken und mein Tempo. Sie bildet meinen Lauf ab. Sie kann sogar Musik spielen. Hör mal.«

Aber Mel hatte bereits das Zimmer verlassen.

Carl, 27. Februar

Ich war gerade in London angekommen, und morgen war Andrés großer Tag. Er würde einen Marathon laufen. Es sollte eine große Sache sein, aber dann auch wieder nicht, zumindest was mich anging.

Ich hatte einigen Leuten erzählt, dass André als ein Teil unseres Projekts einen Marathon laufen wollte. Zuerst waren sie alle beeindruckt. Als ich ihnen aber sagte, dass er das schon zweimal zuvor getan hatte, schienen sie weniger beeindruckt zu sein, als hätte das Ganze seinen Reiz verloren.

André, 28. Februar

Heute war der ultimative Test. 42,195 Kilometer. Von Hampton Court den ganzen Weg zurück nach Hause bis Mile End.

Ich lief die Themse entlang. Aber sie sah nicht aus wie der

ominöse Fluss, den ich aus der Innenstadt kannte. Hier ähnelte sie einem hübschen Wasserweg.

Los. Ich drückte meine Uhr. Nach etwa einer Stunde, als ich Richmond erreichte, war ich wirklich im Laufrhythmus. Ich umrundete Kew Gardens, meine Uhr zählte die Schritte herunter. 21,2 Kilometer. Ein halber Marathon beendet; nun noch die zweite Hälfte.

Ich überquerte den Fluss hinüber zur Uferstraße in Chelsea. Hier begann meine mentale Visualisierung: die letzten 25 Prozent. Ich kam am Parlament (Station1) vorbei, dann Southbank (Station 2), und als ich die Tower Bridge (Station 3) erreichte, wusste ich, dass ich es schaffen würde. Meine Uhr zeigte 42,2 Kilometer an. Ich lief in Wapping ein. Jetzt war ich praktisch da.

Ich stand vor meinem endgültigen Ziel: das Prospect of Whitby, ein altes Pub am Ufer der Themse. Ich hatte es geschafft. *Ich hatte es geschafft!*

Ich machte ein Selfie und betrat das Pub, bereit, den Erfolg mit einem wohlverdienten Bier zu feiern. Doch plötzlich überfiel mich ein starkes Gefühl der Enttäuschung.

Carl hatte mehr als einmal gesagt, dass ich für diesen Monat nicht genug tun würde. *Scheiß drauf!* dachte ich. *Ich werde fünfzig Kilometer machen. Ein richtiger Ultramarathon. Das wird ihm zeigen, wie ernst es mir damit ist!*

Ich brach wieder auf, David Bowie in meinem Kopfhörer, und rannte zum Victoria Park. Ich fühlte mich wie eine Maschine. Es war einfach nur ein Schritt nach dem anderen. Innerlich jetzt völlig leer ließ ich mich durch den Park treiben.

Nachdem ich das Tor, meine Ziellinie, berührt hatte, starrte ich ausdruckslos auf einen Eiswagen. Fünfzig Kilometer. Geschafft. Und was nun? Ich machte ein Selfie. Dann noch eins und noch eins. Danach schleppte ich mich wie ein Krüppel nach Hause.

Carl, 28. Februar

Als ich am Abend zu Andrés Wohnung kam, öffnete er die Tür in Trainingskleidung. Er sah angeschlagen, aber glücklich aus.

»Ich bin einen Ultramarathon gelaufen«, sagte er.

»Wow, einen Ultra – wieviel?«

»Fünfzig Kilometer!«

»Toll! Komm her«, sagte ich und umarmte ihn. Er wusste, dass ich auf etwas mehr als einen Marathon hoffte, und das war, genau genommen, etwas mehr. Auch wenn es keinesfalls ein Ironman war.

André streckte sich auf der Couch aus. Seine Füße waren lädiert. Sie hatten viel durchgemacht.

Später am Abend, als wir in einem Pub unsere jeweiligen Erfolge feierten und uns siegreich und erleichtert zugleich fühlten, fragte André mich, was das Lächerlichste gewesen sei, das ich während des vergangenen Monats getan hatte.

Ich hielt inne, holte dann mein Smartphone hervor und zeigte ihm ein Bild. Es war meine Kacke. Ich hatte sie bei Poo Keeper eingestellt.

März

Gehirn

André, 1. März

Früher Morgen, auf dem Weg nach Heathrow und dann Hamburg. Die Sonne lugte durch das Fenster des Taxis. Der Frühling nahte. Vor uns lag ein neuer Monat, der diesmal für das Gehirn bestimmt war.

Ich tippte *Neurohacks* in mein Smartphone, und eine lange Liste von Artikeln erschien. »Koffein, Alkohol, freiverkäufliche Medikamente und andere Drogen sind alles Formen des Neurohackings«, las ich. »Jede dieser Substanzen verändert oder ›trickst‹ das Gehirn in erwünschte Zustände.« Als ich vor dem Flughafengebäude aus dem Taxi stieg, hatte ich eine beachtliche Liste mit Hacks zusammengestellt, die versprachen, mich schlauer zu machen. Einige waren simpel: Vermeide mentales Chaos, halte Nachrichten und soziale Medien auf einem Minimum, höre klassische Musik. Manche klangen etwas seltsam: Sprich im Präsens, mach alle vier Stunden ein dreißigminütiges Kraftnickerchen. Andere erschienen mir geradezu gefährlich: zum Beispiel transkranielle Gleichstromsimulation oder tCDS, wobei über, auf der Kopfhaut angebrachte Elektroden, Gleichstrom appliziert wird.

Nachdem ich die Sicherheitskontrolle passiert hatte, ging ich direkt in den Buchladen. Ich fand ein Regal mit dem Schild »Intelligentes Denken« und wählte drei Bücher aus: *The Organized Mind*, *Mindsets* und *Thinking Fast and Slow*. Im Flugzeug öffnete ich zuerst *The Organized Mind*. Ich las

Geschichten über unglückselige Menschen, deren Schubladen zugemüllt sind, die oft ihre Schlüssel verlieren, die sich nicht an ihre Passwörter erinnern können, die von Mails überwältigt sind und die ständig Termine versäumen. Das klang alles sehr vertraut: Es war die Offenlegung meines traurigen desorganisierten Lebens.

Carl, 1. März

Ich verabschiedete mich von André und sprang in ein Taxi nach Heathrow, von wo aus es nach New York City ging.

Während ich am Flughafen frühstückte, lud ich brain.fm herunter, eine App, die in eigenen Worten »Musik mit auditorischer Neurowissenschaft verbindet, um eine innovative, nicht-invasive digitale Therapieapplikation für Abnehmer zu erstellen«. Ich lud den Informationsbericht »Hinter Brain.fm: Theorie & Algorithmen« herunter und begann zu lesen: »Brain.fm beeinflusst kognitive Zustände mit Hilfe neuronaler Oszillationen«. Es gab Bilder von Gehirnen in verschiedenen Farben und Diagramme und Zahlen zu Schallwellen und Hirnströmen. Ich verstand gar nichts, aber unterschrieb trotzdem einen Vertrag über ein Jahr. Ich öffnete die App. Es gab drei Modi: Konzentration, Entspannung, Schlaf.

Ich beendete mein Essen und ging in einen Buchladen, wobei ich die ganze Zeit brain.fm im »Entspannungs-Modus« hörte. Ich wählte zwei Titel aus: *Brainhack: Tips and Tricks to Unleash Your Brain's Full Potential* und *The Idiot Brain: A Neuroscientist Explains What Your Head Is Really Up To.*

Ich hatte noch eine Stunde Wartezeit und hörte eine weitere dreißigminütige Sitzung von brain.fm. Diesmal entschied ich mich für den »Fokussier-Modus«. Als es Zeit war, an Bord zu gehen, hatte ich bereits mehr als die Hälfte des *Brainhack*-Buches überflogen, aber es war alles Geschwafel. Alte Klischees wurden wiedergekäut, etwa die wahnhafte Behauptung, dass wir nur 10 Prozent unserer mentalen Fähigkeiten benutzten. Als ich in der Schlange wartete, sandte André (der gerade in Heathrow angekommen war, aber an einem anderen Terminal) einen Link zu einem Podcast. Es ging um den Journalisten Joshua Foer, der, nachdem er ein Jahr lang Memorierungstechniken trainiert hatte, an der Gedächtnisweltmeisterschaft in den USA teilnahm – und gewann. Ich nahm mein Tablet und lud sein Buch *Moonwalk mit Einstein: Wie aus einem vergesslichen Mann ein Gedächtnis-Champion wurde* (2011) herunter.

Als wir über JFK einflogen, war ich tief in die Geschichten von Memorierungsexperten eingetaucht. Sie konnten sich beispielsweise die Reihenfolge eines Kartenspiels in weniger als einer Minute merken, Namenslisten von Präsidenten und Hauptstädte oder endlose Zahlenreihen einprägen und lange Passagen aus Büchern auswendig aufsagen. Könnte ich das auch lernen?

André, 2. März

Meine Herausforderung für diesen Monat bestand darin, Computerprogrammierung zu lernen. Aber welche Sprache sollte ich in Angriff nehmen? Eine Woche zuvor hatte ich mich mit einem Freund in einer Bierhalle für Hipster getroffen. Er hatte sich das Programmieren selbst beigebracht. Er schob sein Bier zur Seite und holte einen silbernen Laptop hervor, der vollgeklebt war mit anarchistischen Stickern. »Dies hier musst du lernen«, sagte er. »Python. Es ist so leicht, dass selbst Kinder es kapieren.« Er klappte einen schwarzen Bildschirm auf, tippte einige Zeilen in grün ein und drückte dann ENTER. »Hello world!« leuchtete auf. Dann öffnete er eine Website: learnpython.org. »Dies wird dir beim Lernen helfen. Mach alle Lektionen, und schon bald wirst du die Basics haben.«

Python wurde 1989 von dem Niederländer Guido van Rossum erfunden – aus Langeweile während der Weihnachtswoche. Python-Programmierer gaben dem Niederländer den Titel »Wohlwollender Diktator auf Lebenszeit«.

Ich fand ein Onlinebuch, gedacht für Highschool-Schüler: *How to Think Like a Computer Programmer*. Es erklärte einige elementare Fragen wie etwa den Unterschied zwischen formaler und natürlicher Sprache und die Grundlagen der Syntax. Über das Programmieren zu lesen, war eine Sache, aber ich wusste, wenn ich mich einen Programmierer nennen wollte, musste ich anfangen, es zu tun.

Carl, 2. März

»Wo bin ich hier gelandet!«, rief der Professor aus und wies mit seinen Händen theatralisch auf die leere lange Bar. Ursprünglich hatten wir geplant, irgendwo gut zu Abend zu essen. Aber nachdem er mein Buch abgelehnt hatte, schlug ich vor, dass wir uns nur kurz auf einen Drink treffen.

»Ich bin mir nicht sicher, ob Sie Bücher schreiben sollten«, sagte er.

»Warum?«

»Ich meine, ein *Buch*.«

»Was meinen Sie damit? *Buch*?« Ich imitierte seine Betonung.

»Für mich ist ein *Buch* eine Intervention unter anderen Interventionen, die Spuren *auf Dauer* hinterlässt. Ich glaube nicht, dass das etwas für Sie ist.«

Ich sagte nichts.

»Vielleicht sollten Sie stattdessen mit einem Blog beginnen«, schlug er vor.

Ich schüttete mein Bier runter und bestellte noch eins.

»Mein Plan war, diesen Monat eine Sprache zu lernen, vielleicht Französisch.«

»Französisch?«

»Ja, als Teil eines Projekts, das ich mit einem Freund mache.«

»Ha, Französisch. Das ist *zu* leicht. Warum nicht Arabisch oder Russisch? Das wäre eine *echte* Herausforderung.«

Ich schaute aus dem Fenster auf die Sixth Avenue. Elegante Frauen gingen vorbei. Der Professor redete immer weiter, aber ich hörte nicht mehr zu. Wir saßen an der Bar, niemand sonst war in dem weiträumigen Bistro. Der Spiegel reflektierte Flaschen und Gläser.

»Wissen Sie, wo ich ein Gehirn finden kann?«, unterbrach ich ihn schließlich.

»Ein Gehirn?«

»Ja. Ich würde wirklich gerne mal ein Gehirn sehen. Ich habe noch nie eins gesehen.«

André, 3. März

Heute begann ich mit meiner ersten Programmierlektion. Ich saß in meinem Arbeitszimmer und loggte mich bei learnpython.com ein. Die erste Übung war nicht schwierig. Ich folgte den Anweisungen, und bald schon leuchteten die Worte »Hello world!« auf. Ich nahm bei dem Programm eine kleine Veränderung vor und hatte: »Fuck you Carl!« Ich kicherte wie ein Schuljunge, machte einen Screenshot und mailte ihn an Carl.

Carl, 3. März

»Entschuldigen Sie«, sagte ich. »Könnten Sie mir sagen, ob es hier ein Gehirn gibt, das ich mir anschauen kann?«

»Versuchen Sie es im Saal *Menschliche Ursprünge*«, sagte die Frau an der Rezeption. Ich war auf Gehirnjagd im American Museum of Natural History, das sich neben dem Central Park in Manhattan befindet.

Ich ging vorbei an riesigen Vitrinen mit wilden Tieren, dann eine Treppe runter, durch einen leeren Raum, an dessen Decke ein sehr langes altes Kanu hing, und hinein in einen dunklen Raum. Ausgestopfte menschliche Vorfahren starrten mich an. Jeder war größer als der nächste, und sie hatten weniger Haare und standen aufrechter, je näher sie zeitlich waren.

Und dann erblickte ich endlich hinter Schaukästen mit Schädeln ein menschliches Gehirn. Es war beleuchtet in einem Blauton. Als ich näher kam, sah ich, dass es nur ein Stück Plastik mit einer Lampe im Inneren war.

Enttäuscht ging ich zurück und sah ein Schild. *Begegnen Sie den Neurowissenschaftlern.* Ich schaute in ein grell erleuchtetes Labor.

»Haben Sie geöffnet?«

»Ja«, antwortete eine Frau in weißem Kittel.

»Ich suche ein Gehirn.«

»Dann sind Sie am richtigen Ort.«

Neben Unterlagen auf ihrem Schreibtisch standen drei kleine Schaukästen.

»Hier«, sagte sie und zeigte auf einen davon. Ich trat näher. Ein kleiner Aufkleber auf der Schachtel lautete: *Echtes menschliches Gehirn.*

Daneben lag ein anderes, in zwei Hälften geschnitten. In jedem Teil steckten kleine Zettel mit Zahlen. Sie gab mir ein laminiertes Blatt Papier, das die Namen der verschiedenen Gehirnteile auflistete.

»Berühren Sie das mal«, sagte die Neurowissenschaftlerin und reichte mir einen kleinen Plastikbeutel. Er enthielt offensichtlich ein Gehirn.

»Das Gehirn eines Schafs?«, fragte ich mit Blick auf den Aufkleber.

»Nein, ich glaub nicht. Ich fand ihn hier im Labor. Er muss falsch beschriftet worden sein. Zu groß für ein Schaf. Ziemlich sicher ist es ein menschliches Gehirn. Ich werde es gleich analysieren.«

»Es ist so hart, wie getrockneter Lehm«, sagte ich und presste den Beutel mit meinen Fingern. »Ich vermute, es fühlt sich ganz anders an, wenn es frisch aus dem Kopf entfernt wird?«

»Ja, es ist dann viel weicher.«

Ich musste an Ulrike Meinhofs Gehirn denken. Ein Vierteljahrhundert lang war es in Formaldehyd konserviert worden, dann verschwand es spurlos. Wissenschaftler wollten verstehen, wie eine friedliche Journalistin und Mutter sich in eine Revolutionärin verwandelte, die Gewaltakte gegen den Staat beging, und sie glaubten, das Gehirn würde ihnen die Antwort geben.

»Schau Mami, ein Gehirn!«, hörte ich ein Kind hinter mir rufen. Es lief zu dem Arbeitstisch. Die Neurowissenschaftlerin verlor das Interesse an mir und wandte sich stattdessen dem Jungen zu.

André, 4. März

Ich schaute von meinem Computerbildschirm auf, meine Augen brannten. Zwei Stunden lang hatte ich dieselbe einfache Übung gemacht und war nicht vorangekommen. Programmieren war viel schwerer, als ich erwartet hatte.

Carl, 4. März

Ich hatte das Buch über Memorierung beendet, und nun galt es, in die Praxis umzusetzen, was ich gelernt hatte. Meine erste Herausforderung: die Namen aller amerikanischen Präsidenten auswendig lernen. Dafür musste ich einen Gedächtnispalast konstruieren, der auf einem Raum basierte, den ich gut kannte. Ich wählte den Ort, wo ich aufgewachsen war, ein zweistöckiges Vorstadthaus mit Garage.

Ich stellte mir vor, dass ich auf das Haus zuging. Eine

große Waschmaschine (wegen Washington) blockierte die Zufahrt. Ich spähte in das kleine runde Fenster; im Inneren wirbelte ein gefangener *George* Costanza hin und her. *George Washington.* Ich ging weiter die Auffahrt hinauf, öffnete den Briefkasten und holte einen Laptop heraus. Auf dem Bildschirm erschien das Bild eines zweiköpfigen Monsters: Ein Gesicht gehörte meinem Freund *John*, das andere *Adam*. *John Adams* (mein Computer erinnerte mich daran, dass ich auf ihm die TV-Serie John Adams gesehen hatte). Ich stieg die wenigen Stufen zur Veranda empor, wo unser Nachbar *Thomas* fest schlief. *Thomas Jefferson.* Ich ging hinein. Zu meiner Linken stand ein kleiner Schrank. Darauf war eine Miniaturszene, die dem *Madison* Square ähnelte, und im Zentrum auf einer Bühne sang *James* Brown. *James Madison.* Ich ging in den Flur. *James* Bond tanzte Walzer mit Marilyn *Monroe*. *James Monroe.*

Ich legte eine kurze Pause von der Gehirnarbeit ein und schaute mich in dem Café um. Überall in den Nischen saßen Leute und redeten, aber ich hatte sie in den letzten dreißig Minuten weder gehört noch gesehen. Ich fuhr fort, meinen Gedächtnispalast mit seltsamen Szenen auszufüllen. Mein altes Zimmer stellte ich mir als einen dunklen Nachtclub vor, wo ein chinesischer Punk Frank Sinatra (genannt *Frank-lin*) imitierte. Sein Gesicht war voller Piercings. *Franklin Pierce.* Als nur noch elf weitere Präsidenten unterzubringen waren, fand ich keine Räume mehr. Ich ging wieder aus dem Haus. Neben der Garage lag Franklin D. Roosevelt auf einem Haufen Rosen. Die letzten zehn Präsidenten mussten irgendwie in die beiden Wagen hineingepackt werden, die in der Garage standen.

André, 7. März

Spätnachmittag am Piccadilly Circus. Ein dünner Typ mit knochigem Gesicht kam auf mich zu und begrüßte mich.

»Hallo«, sagte er mit Nachdruck.

Ein paar Tage zuvor hatte ich eine Mail an einen Neurohacker geschickt, und wir hatten vereinbart, uns zu treffen.

»Wollen wir ein Bier trinken?«, fragte ich.

»Kaffee«, gab er barsch zurück.

Fünf Minuten später waren wir im Nordic Café, mit zwei Kaffee und einem Zimtbrötchen. Er verschwand auf die Toilette und kam nach einer Minute zurück.

»Ich denke, sportliche Betätigung ist der beste Mindhack. Ich bin Bergsteiger, und ich laufe jeden Tag. Mein Ziel ist es, die sieben höchsten Gipfel der Welt zu besteigen. Auch einen in der Antarktis! Mein zweites Ziel ist es, innerhalb eines Jahres einen TED-Vortrag zu halten.«

Er war ein Doktorand, der über menschliche Aufmerksamkeit forschte. Während ich das Zimtbrötchen aß, zog er sich wieder auf die Toilette zurück. Es gab mindestens drei weitere Toilettengänge, bevor unser Treffen vorbei war.

»Hast du schon mal von 23andMe gehört?«, fragte er.

Ich schüttelte den Kopf.

»Das ist ein DNS-Test, den man per Post machen kann.« Er griff nach seinem Laptop, loggte bei einer Website ein und zeigte mir sein genetisches Profil. »Du solltest auch einen Bluttest machen. Sie können dabei helfen, deine Körperfunktionen zu optimieren. Ich mach einen alle sechs oder acht Monate.«

Er hielt einen Moment inne und dachte angestrengt nach, wobei er an die Decke schaute. »Was könntest du noch tun? Mal sehen. Hm? Nun, du könntest natürlich verschiedene Diäten ausprobieren. Was noch? Oh ja, deine Körperhaltung ist wichtig. Du musst gerade sitzen. Das verstärkt deine Gehirnwellen«, er streckte seinen Rücken und suchte nach mehr Mindhacks. »Und ja, natürlich musst du weniger Zucker essen und auf alle Fälle verarbeitete Lebensmittel meiden. Was noch, was noch?« Wieder dachte er nach. Ich schob den letzten Bissen Zimtbrötchen in den Mund und schaute mich im Café um.

»Ja, das ist noch wichtig, du brauchst eine gesunde soziale Umgebung.«

Ich hatte Ratschläge erwartet wie zum Beispiel Elektrizität durch das Gehirn strömen lassen. Doch dieser Typ gab mir nur Lifestyle-Tipps.

Carl, 10. März

Ich war wieder zurück in Stockholm und hatte eine Menge Lektüre im Gepäck: fünfzig Essays von Studenten und zwei Bücher. Aber statt die Aufgabe sogleich anzugehen, hielt ich ein anderes Buch in den Händen: Tony Buzans *The Speed Reading Book*, das versprach, ich könne es schaffen, 1000 Wörter pro Minute zu lesen.

Neben mir stand Marcel Prousts *Auf der Suche nach der verlorenen Zeit*, alle sieben Bände. Ich hatte die ersten vier Bände gelesen und dafür mehr als ein Jahr gebraucht. Der Roman enthält auf viertausend Seiten 1267069 Wörter. Könnte ich 1000 Wörter pro Minute lesen, bräuchte ich nicht mehr als einundzwanzig Stunden für das ganze Ding. Die derzeitige Weltrekordhalterin im Schnelllesen, Anne Jones, schafft 4000 Wörter pro Minute. Mit dem Tempo könnte sie Prousts Roman in weniger als fünf Stunden beenden.

Das Geheimnis dieser Technik besteht darin, die »Stimme« aus dem Kopf zu bekommen. Wenn wir lesen lernen, erklärte Buzan, vokalisieren wir Wörter. Beginnen wir dann, leise zu lesen, vokalisieren wir weiterhin im Kopf. Hat man erst einmal diese »schlechte Gewohnheit« abgelegt, kann man damit beginnen, Wörter »in Brocken zu schlucken« und eben nicht nur ein Wort auf einmal.

Begierig, die Methode anzuwenden, lud ich die Schnelllese-App Acceleread auf mein Smartphone runter und startete die erste Lektion:

Konzentriere dich auf die Mitte des Bildschirms und ver-

suche, die Wörter auf einmal zu lesen statt von links nach rechts.

Gegen einen weißen Hintergrund leuchteten in der Mitte Gruppen von zwei bis drei Wörtern kurz auf. Ich musste sie alle auf einmal verarbeiten, ohne meine Augen zu bewegen. Aber blinkende Wörter auf einem Bildschirm anschauen, fühlte sich nicht wie Lesen an, eher so, als ob man in ein Stroboskop starrte.

Nächste Lektion:

Folge der Anleitung, während Wörter von links nach rechts hervorgehoben werden. Versuch, die ganze Gruppe markierter Wörter zu lesen, statt ein Wort auf einmal.

Der Text war in drei Spalten aufgeteilt, jede wurde jeweils einmal hervorgehoben. Ich musste meine Augen von der linken Spalte mit einer Gruppe von Wörtern zur mittleren und dann zur rechten Spalte bewegen.

Nach einigen Übungsrunden war es an der Zeit, meine eigene Lesegeschwindigkeit zu messen. Ich überflog einen kurzen Text über die Schlacht am Pea Ridge und beantwortete dann eine Reihe von Fragen. Ich las so schnell ich konnte, sprang von einer Wortgruppe zur nächsten und blätterte nicht zurück, so wie ich es von Buzan gelernt hatte.

425 Wörter pro Minute, Verständnis 66%

Verstand ich den Text, den ich gerade gelesen hatte? Nicht wirklich, aber gut genug, um eine Verständnisquote von 66% zu erreichen, die dem entsprach, was die Weltrekordhalterin geschafft hatte, obwohl sie zehnmal schneller las ich. Es war schon spät am Nachmittag, und die fünfzig Essays und die beiden Bücher waren noch ungelesen.

André, 11. März

Ich war ratlos. Ich hatte die meisten der modischen Neuro-Hacks, die ich finden konnte, ausprobiert, und ich wurde kein bisschen schlauer. Ich benötigte eine Alternative.

Während meines Treffens mit dem jungen Neuro-Hacker vor ein paar Tagen hatte er auch kurz tCDS erwähnt. Da hatte ich noch keine Ahnung, was das sein soll. Also recherchierte ich ein wenig von zu Hause. tCds steht für transkranielle Gleichstromstimulation, das heißt, Elektroden werden auf der Kopfhaut befestigt, und dann lässt man einen stetigen leichten Strom durch das Gehirn fließen.

In einem im *New Scientist* veröffentlichten Artikel beschrieb eine Journalistin, wie sie tCDS benutzt hatte, während sie in einer Schießanlage mit einem M4 Sturmgewehr auf Scheiben schoss. Ihre Trefferrate verbesserte sich dramatisch, wenn der Strom an war. Andere Artikel berichteten darüber, wie Sportmannschaften tCDS benutzten, um die Spielerleistung zu verbessern, wie Computerspieler Elektrizität durch ihre Gehirne laufen ließen, um ihre virtuelle Tötungsrate zu erhöhen, oder wie Versuchspersonen in einem Labor bei kognitiven Aufgaben ihre Ergebnisse steigerten, wenn tCDS appliziert wurde

Aus Sorge, dass diese Sache gefährlich sein könnte, vergrub ich mich in die medizinische Literatur. Ich erfuhr, dass tCDS keine ernsten Nebenwirkungen hat. Sie hat jedoch eine positive Wirkung auf Menschen mit Depression, Alkoholismus, Fibromyalgie, Parkinson und Schizophrenie. Meine wachsende Begeisterung wurde gedämpft, als ich auf eine Metaanalyse stieß, die zu dem Schluss kommt, dass die transkranielle Gleichstromstimulation so gut wie wirkungslos ist. Könnte die Einleitung von Strom in mein Gehirn meine Programmierversuche befördern? Oder war das nur ein weiterer Neuro-Schwindel? Ich war verwirrt.

Carl, 13. März

Ich saß im Auto mit meiner Mutter; wir wollten Skifahren in den Bergen. Die Fahrt dauerte drei Stunden, und um die Zeit effektiv zu nutzen, beschloss ich, die sechzehn Ziffern meiner Kreditkarte auswendig zu lernen. In dem Buch *Moonwalk mit Einstein* hatte ich ein System kennengelernt, mit dem man Zahlen in Symbole umwandeln kann, und das prägte ich mir jetzt ein:

0 = C oder S
1 = D oder T
2 = N
3 = M
4 = R
5 = L
6 = Ch, sh
7 = G oder K
8 = V oder F
9 = B oder P

Ich lernte vier Zahlen auf einmal auswendig, indem ich sie in einem neuen Gedächtnisort deponierte, der diesmal unsere Küche war. Ich benutzte die Herdplatte und »legte« die erste Gruppe in eine Teflonpfanne, die zweite in eine große Pastaschüssel, die dritte Zahlengruppe in einen kleineren Saucentopf und schließlich die vierte in eine Gusspfanne.

Nach etwa einer halben Stunde intensiven Schweigens öffnete ich den Mund und sagte die sechzehn Ziffern her.

»Richtig«, bemerkte meine Mutter. Aber sie war bereits gelangweilt.

»Möchtest du wissen, wie ich das gemacht hab?«

»Äh, nicht wirklich.«

»Nun, zuerst muss ich jede Ziffer in einen Konsonanten umwandeln, also 0 ist S, 5 ist L und 6 sh.«

»Okay.«

»Und dann muss ich diese Zahlen irgendwo platzieren, und ich hab den Herd zu Hause benutzt, und rate mal, wie ich mir die letzten vier Ziffern eingeprägt habe.«

»Ach weißt du«, seufzte meine Mutter, »lass es gut sein.«

Ich wollte noch nicht aufgeben.

»Könntest du meine anderen Bankkarten rausnehmen?«, sagte ich und gab ihr meine Brieftasche. »Ich möchte die Nummern auch auswendig lernen.«

»Dies wird zweifellos die ödeste Autofahrt meines Lebens«, erwiderte sie.

André, 13. März

Heute wurde mein Gehirn von einem Russen gehackt. Ich hatte in zahlreichen Artikeln über ihn gelesen und auf Videos gesehen, wie er die Gehirne von Menschen hackte.

Ich kam am Nachmittag zu seinem Apartment. An der Tür hielt er mir Plastiklatschen hin, und wir gingen in ein Wohnzimmer, das in ein Labor verwandelt worden war. Auf mehreren Arbeitstischen waren technische Geräte und Bücher verstreut. An einer Wand hing neben einem Samuraischwert ein gerahmtes Poster, das die Regionen des Gehirns abbildete.

»Menschen haben seit über einem Jahrhundert Gleichstromstimulation angewandt« erklärte er und griff nach einem kleinen dunklen Holzkasten mit einigen Kabeln darin. »Das ist ein elektrischer Gehirnstimulator aus dem neunzehnten Jahrhundert.« Er reichte mir den Kasten. »Russischen Kindern mit ADHS wurde seit Ende der 1960er Jahre tCDS gegeben«, fügte er hinzu.

»Ich interessiere mich für Technologie aus der Sowjetära wie etwa Laser und Magnetspulen«, fuhr er fort und zeigte auf verschiedene Geräte im Zimmer. Eines sah aus wie ein weißer kleiner Kegel, andere waren in Kästen.

»Kann ich welche ausprobieren?«, fragte ich.

»Klar«. Er hatte diese Frage erwartet. »Wir können einen Laser auf Ihren visuellen Cortex richten und mit einer Kasina-Simulation, einer visuellen Klangsimulation, verbinden. Es ist der gleiche Laser, der bei der Behandlung von depressiven ukrainischen Rentnern eingesetzt wurde.«

Lachend verschwand er im Nebenzimmer. Eine Minute später kehrte er mit einem Kasten zurück. Er holte den Laser heraus, der wie ein weißer, übergroßer Plastiklöffel mit einer Leuchtdiode am einen Ende aussah. Dann klappte er einen Liegestuhl auf. »Den benutze ich für meine Versuchspersonen.«

Ich lehnte mich zurück. Er legte ein Band um meinen Kopf. »Das ist ein Muse Scanner«, erklärte er. Dann gab er mir ein Tablet in die Hand. Auf dem Bildschirm erschien ein hufeisenförmiges Bild. Als es ganz mit Lichtern ausgefüllt war, drückte er »scannen«. Das Gerät lief etwa zwanzig Sekunden. Ich fühlte nichts. Sechs mit verschiedenen Farben marmorierte Kreise waren auf dem Screen zu sehen.

»Es gibt viel Aktivität in der Alphasektion der Vorderseite Ihrer linken Hirnhälfte«, sagte er. »Sie haben wahrscheinlich einige Sorgen.«

»Nicht, dass ich wüsste«, erwiderte ich.

»Nun, wir wissen von Freud und Jung, dass Gefühle unbewusst sein können.«

Dann setzte der Russe mir eine Brille und Kopfhörer auf. Das sanfte Geräusch seines Atems löste die Erinnerung aus, wie ich als Kind von unserem Hausarzt untersucht wurde. Er hielt den löffelähnlichen Laser an meinen Hinterkopf. Ich lehnte mich zurück.

Ich wartete etwa zehn Minuten. Dann kamen aus den Kopfhörern hypnotische Technoklänge. Die Brille leuchtete. Zuerst war da ein gelbes Feld mit kaum unterscheidbaren Mustern, die sich langsam zu bewegen begannen. Die Bilder und Töne wurden intensiver. Die Farben änderten sich, und die Simulation wurde allumfassend. Ich konnte die Blutkapillaren in meinem Augenhintergrund sehen. Es war wie ein LSD-Trip.

Irgendwann ging mir durch den Kopf, dass ich in der Wohnung eines Russen war, den ich gerade erst kennengelernt hatte und von dem ich nicht wusste, was er vorhatte. Nach einer gefühlten Stunde ließ die Simulation nach. Ein neutraler Klang und weiche Farben kehrten zurück. Ich begann, mit den Fingern und Zehen zu wackeln.

»Also, was denken und fühlen Sie?«, fragte er, als er die Brille und das Headset entfernte.

»Das war sehr intensiv«, antwortete ich.

»Hm«, sagte er, als er mit Hilfe des Muse Scanners eine weitere Messung an meinem Gehirn vornahm. Meine Gehirnaktivität war jetzt zwischen beiden Hälften viel ausgeglichener. Die Beklemmung war weg, der visuelle Cortex im Hinterkopf aktiver.

»Was ist das?«, fragte ich und zeigte auf einen Helm, aus dem Drähte herausragten.

»Ein Gott-Helm. Er stimuliert alle Regionen des Gehirns gleichzeitig und ermöglicht eine religiöse Erfahrung.« Er erzählte mir von einer Durchbruchserfahrung, die er vor einigen Jahren hatte, als er für etwa zwanzig Minuten sechzehn Magnetspulen an seinem Kopf anbrachte.

»Danach hatte ich eine intensive Individuationserfahrung«, erklärte er. »Ich fühlte mich wie Superman. Ich las 600 Seiten aus schwierigen technischen Handbüchern in einer Nacht. Ich schlief nicht. Das ging so eine Woche lang. In dieser Zeit entwickelte ich die Kernhypothesen, an denen ich immer noch arbeite. Am Ende jener Woche versuchte ich es mit vierundsechzig Spulen.«

»Wow«, rief ich.

»Ja, aber das Ergebnis war nicht gut. Ich wurde einen Monat lang depressiv. Mir wurde klar, dass es nicht zwangsläufig die Ergebnisse verbessert, wenn man einfach mehr Magnetspulen benutzt.«

Einige Stunden später, als ich durch die Nacht zurück zur U-Bahn-Station ging, schien meine Einbildungskraft klar und stark zu sein. Zu Hause erledigte ich Hausarbeiten, wusch das Geschirr ab, machte mir etwas zu essen und räumte auf, alles mit großer Effizienz. Ich hatte ein ungewöhnliches Maß an Energie und Konzentration, ähnlich den Erfahrungen bei der Einnahme von Modafinil.

Carl, 15. März

Heute las ich ein Buch und fünfzig Studentenessays, wobei ich die gerade angeeignete Schnelllesemethode benutzte. Wahrscheinlich sollte ich den Satz umformulieren: Heute überflog ich ein Buch und fünfzig Studentenessays.

André, 15. März

Wie ein Teenager mit einem neuen Pornoheft lief ich in mein Arbeitszimmer und riss das Paket auf, das gerade mit der Post gekommen war. Darin war eine weiße Box mit durchsichtigem Gehäuse, das meinen ganz eigenen Muse Scanner enthielt.

Ich lud einige Apps herunter, gab meine persönlichen Daten ein und legte den Muse an. Er sah aus wie ein Stirnband aus Kunststoff, wie etwas, das der junge David Beckham benutzt hätte, um seine Haare zusammenzuhalten.

Auf meinem iPad erschien das Bild eines hawaiianischen Strandes. Sanfte Wellen rollten heran.

Mach es dir bequem. Nimm dir ein paar Augenblicke zum Entspannen, indem du dir deines Atmens bewusst wirst, sagte eine Frau mit kalifornischem Akzent. *Es ist nicht nötig, dein Atmen zu ändern, dein Körper weiß, wie er atmet.*

Die sanft plätschernden Wellen wurden stürmisch, ein Zeichen, dass mein Geist überaktiv war. *Um dich auf deine Atmung zu konzentrieren, zähle beim Ausatmen bis zehn.* Ich versuchte konzentriert, meine Atemzüge zu zählen. Der Wind legte sich für einen Moment. Dann kehrte der Sturm zurück.

Wenn der Wind stärker wird, ist dein Geist überaktiv. Mach dir keine Gedanken. Fang noch einmal von vorn an zu zählen, ohne zu beurteilen, wie du dich fühlst. Ich atmete tief und versuchte, die Wellen zu beruhigen.

Geschafft. Tipp auf den Screen, um deine Daten zu sehen,

sagte die ruhige Stimme. Ein Diagramm zeigte mein Gehirnaktivität in den letzten fünf Minuten, in denen ich meditiert hatte. Es gab ein paar Momente, wo die Kurve in die Entspannungszone abfiel, aber meistens verlief sie oben in dem Überaktiv-Bereich.

Ich öffnete eine andre App namens Opti Brain, und das gleiche hufeisenförmige Diagramm erschien, das ich bei dem Russen gesehen hatte. Ich drückte »scannen«, und sechs Gehirnbilder, ausgefüllt mit verschiedenen Farben, tauchten auf. Ich hatte keine Ahnung, was das bedeutete, aber war begeistert, dass ich nun mein Gehirn scannen konnte.

Carl, 15. März

Zu Hause testete ich online meinen IQ mit dem Mensa Spieltest. Nachdem ich vierundzwanzig Fragen in zehn Minuten beantwortet hatte, leuchtete diese Mitteilung auf dem Bildschirm auf:

Ihr IQ wird auf 116 geschätzt.
Das entspricht der 85ten Percentile, d.h.
85% der Bevölkerung haben einen IQ geringer als 116.
Um Mitglied bei Mensa zu werden, ist ein IQ von 131 oder mehr erforderlich, der von 2% der Bevölkerung erreicht wird, also der 98ten Percentile.
Die Wahrscheinlichkeit, dass Sie sich für die Mitgliedschaft bei Mensa qualifizieren, ist gering.

André, 16. März

Der russische Gehirnhacker bat mich, ihn an einem Ort mit dem Namen Hackspace zu treffen. Ich schaute mir die Website an, die ihn als einen »gemeinsam geführten Workshop, wo Menschen hinkommen, um Werkzeuge und Wissen zu teilen« beschrieb. Ich erkannte die Adresse in einer belebten Straße an der mit Graffiti bedeckten Tür. Empfangen wurde ich von einem jungen Typ, der wie ein amerikanischer Professor aussah: Marineblazer, Chinohose und Chambrayhemd, darunter ein weißes T-Shirt.

In einem offenen Raum saßen etwa zwanzig Computerfreaks in Gespräche vertieft. Ich sah den Russen. Er stand an einem Tisch mit einem Freund, der den typischen Grufti-Look hatte: schwarze Haare, Schminke, schwarze Kleidung und einen dieser stöpselähnlichen Ohrringe. Der Russe führte mich in ein separates Zimmer und packte seine Tasche aus. Heraus kamen Drähte, Kabel, ein Muse Scanner, ein Laptop, eine Brille und viele andere nicht identifizierbare Objekte.

»Was möchten Sie heute tun?«, fragte er.

Ich gab die Frage zurück und bat ihn, mir etwas zu empfehlen.

»Eine Kasina Simulation mit tCDS.«

»Okay«, erwiderte ich.

»Kurz gesagt, ich werde schwachen elektrischen Strom durch Ihr Gehirn fließen lassen.«

»Gut«, sagte ich, zog einen Bürostuhl heran und setzte mich darauf. Mit seinem Muse machte der Russe einige Scans meines Gehirns. Meine Hirnströme seien heute ausgeglichener, sagte er, klebte zwei Pads auf meine Stirn und wickelte Gaze um meinen Kopf. *Ich muss wie ein Psychiatriepatient aus den fünfziger Jahren aussehen*, dachte ich, als ich mich zurücklehnte. Der Russe half mir beim Aufsetzen der Brille und Kopfhörer. Ich ergab mich dem Gerät, als es anfing, an meinem Gehirn zu arbeiten. Ich konnte an den

Schläfen ein pulsierendes Licht spüren, bevor rosa und blaue Muster vor meinen Augen erschienen.

Nach gefühlten Stunden begann ich, mich zu fragen, ob der Russe nach draußen gegangen war, vielleicht um eine Zigarette zu rauchen, und mich vergessen hatte.

Das Rauschen ließ nach, und ich hörte in einer Ecke des Zimmers zwei Leute über Immobilienpreise sprechen. Da stand der Russe auch schon neben mir und nahm mir die Brille ab.

»Was haben Sie gedacht?«, fragte er.

»Nun, es war länger und ein bisschen langweiliger als beim letzten Mal. Und da waren Rosa und Blau statt Gelb.«

»Seltsam«, sagte er. »Es war genau die gleiche Simulation, die wir zuvor gemacht haben.«

Ich war überrascht. Er machte mit seinem Muse noch einige Scans und erklärte mir dann, was sie bedeuteten. Er zeigte auf einen Teil des Diagramms und sagte: »Das könnten Anzeichen von Depression sein.«

Nun wandte der Russe seine Aufmerksamkeit dem Grufti zu. Er befeuchtete zwei Wattepads mit einer flüssigen Droge namens Piracetam und schob sie in die Nasenlöcher des Mannes. Aus der Watte hingen zwei Kabel, die mit einem Gerät verbunden waren. Dann befestigte er einen kleinen Computerchip an der Stirn des Mannes und einen weiteren Draht an seinem Nacken. Als alles an seinem Platz war, ließ er den elektrischen Strom fließen.

Es war schon spät und Zeit für mich, nach Hause zu gehen. Als ich den Ort verließ, saß der Grufti mit der elektrifizierten Watte in der Nase immer noch ruhig auf seinem Stuhl. Der Russe studierte die Daten auf seinem Computer, die von dem Chip an der Stirn des Gruftis übertragen wurden.

Carl, 16. März

In meinem Büro bereitete ich mich auf den für den nächsten Tag geplanten IQ-Test vor.

Ihr IQ wird auf 119 geschätzt.
90 % der Bevölkerung haben einen IQ geringer als 119.

Zum zweiten Mal hatte ich den Test gemacht, was streng genommen nicht anging, weil ich die gleichen Fragen wie zuvor beantwortete. Trotz dieser Mogelei hatte ich mich nur um drei Punkte verbessert, und immer noch war ich weit weg von Mensas Eintrittsbarriere.

In einem verzweifelten Versuch, meinen IQ zu erhöhen, hatte ich *The Ultimate IQ Test Book: 1000 Practice Questions to Boost your Brain Power* gekauft. Es behauptete, dass es tatsächlich möglich ist, den Geist zu trainieren und die Gehirnleistung zu steigern, auch wenn allgemein akzeptiert wird, dass der IQ sich ab dem Alter von achtzehn kaum mehr verändert.

Ich verbrachte die nächsten fünf Stunden damit, mich durch lange und langweilige Tests durchzuarbeiten. Am Ende des Tages, als ich mich angemessen vorbereitet fühlte, kehrte ich ein letztes Mal zu dem Mensa Test zurück.

Ihr IQ wird auf 126 oder darüber geschätzt.

Das war die beste Punktzahl, die man erreichen konnte, und mir wurde mitgeteilt, dass ich gute Chance hätte, mich für Mensa zu qualifizieren. Der Pfeil auf der Glockenkurve in der unteren rechten Ecke deutete an: Ich war da, in Gesellschaft von Einstein, Sherlock Holmes und E.T. Ich machte einen Screenshot und sandte ihn André.

André, 17. März

Am Abend traf ich mich mit einem Freund, der über gegenwärtige Probleme in seinem Leben sprach. Um ihn von seinem Kummer ein wenig abzulenken, bot ich ihm an, sein Gehirn zu scannen. Er war einverstanden. Ich holte das Muse-Band aus meiner Ledertasche und stülpte es über seinen Kopf. Fünf Minuten lang mühte ich mich ab, dann bekam ich endlich ein Signal. Ich machte den Scan und zeigte ihn ihm.

»Was bedeutet das?«, fragte er.

»Ich habe keine Ahnung«, erwiderte ich.

Carl, 17. März

Ich stand im Foyer einer neuen Universität, zwei Autostunden von Stockholm entfernt. Eine Gruppe junger Männer starrte auf ihre Mobiltelefone und gab vor, beschäftigt zu sein.

»Machen Sie auch den Mensa Test?«, fragte ich einen Mann Anfang Zwanzig.

»Äh, ja, ganz recht.« Er sah nervös aus und fuhr fort: »Es war mein Freund, ich meine, mein Freund machte es zuerst, vor ein paar Monaten, und dann dachte ich, ich sollte es auch tun. Wissen Sie, es ist gut, wenn man sich für eine Stelle bewirbt. Es macht sich gut im Lebenslauf.«

Ein älterer Mann kam die Treppen herunter; er trug Birkenstock-Sandalen und weiße Socken. »Warten Sie auf mich?« Er stopfte sein kariertes Hemd in die Hose, zog sie hoch und schnallte den Gürtel enger.

Wir folgten ihm nach oben und dann über einen Korridor mit Linoleumfliesen. Niemand sagte ein Wort. Alle blickten starr auf den Boden.

Der Testraum war ein Physiklabor, vollgestellt mit Apparaten. Der Leiter setzte sich an einen Tisch, uns gegenüber.

Er lächelte und schob seine Brille zurecht. »Sie haben den Probetest auf unserer Website gemacht?«

Wir nickten.

»Und Sie hatten gute Ergebnisse?«

Wir nickten wieder.

»Es hat keinen Sinn, denselben Test mehr als einmal zu machen. Manche Leute machen ihn drei- oder vier Mal.«

Alle lachten, ich auch, aber nervöser als die anderen.

»Ihren dortigen Testergebnissen zufolge«, sagte der Testleiter weiter, »sind Sie alle außergewöhnlich begabt.«

Er hielt eine kurze emotionale Rede über die Schwierigkeiten, die ein hoher IQ mit sich bringt: »Sie haben es wahrscheinlich in der Schule schwer gehabt, oder? Keine Anregungen? Wahrscheinlich waren Sie mit den Matheübungen immer vor allen anderen fertig?« Er hielt inne und ließ uns zustimmend nicken. »Ja, so war es auch bei mir.«

Er las drei Probefragen vor, und dann begann der Test. Wir hatten zwanzig Minuten Zeit.

Die ersten Fragen bewältigte ich mit Leichtigkeit, aber als es schwerer wurde, begann ich, mich seltsam nervös zu fühlen. Noch mussten fünfzehn Fragen beantwortet werden, aber die Zeit wurde knapp. *Fuck!* Ich ging zurück zu den unbeantworteten Fragen und schrieb irgendetwas hin, die letzten Fragen beantwortete ich aufs Geratewohl.

Die Zeit war um, und ich hatte es vermasselt. Welch naive Fantasien, den Test zu bestehen, ich auch gehabt haben mochte, sie hatten sich nun erledigt.

Während die anderen den Raum verließen, blieb ich noch.

»Haben Sie eine Minute Zeit?«, fragte ich den Testleiter, sobald wir alleine waren.

»Sicher.«

Ich erzählte ihm von unserem Projekt und dass ich daran interessiert sei, an einigen Veranstaltungen von Mensa teilzunehmen.

»Dann kommen Sie doch jetzt mit mir. Ich treffe mich gleich in einem Pub mit anderen Mitgliedern.«

Es war nur ein kurzer Gang dorthin. Es war dunkel, aber nicht kalt. Frühling lag in der Luft. In einer Ecke des Pubs saßen schon ein Mann und eine Frau und tranken Bier.

Ich stellte mich vor und fragte dann, was sie dazu gebracht hatte, Mitglied von Mensa werden zu wollen.

Alle schienen ähnliche Geschichten zu haben: Sie hatten eine harte Zeit in der Schule, sie konnten sich nicht anpassen, und die Sportskanonen machten ihnen das Leben schwer. Auch nach dem Schulabschluss blieben sie Außenseiter. Als sie das erste Mal von Mensa erfuhren, dachten sie, dass das ein Ort für sie sein könnte. Und sie hatten recht. Der Mann beschrieb seine erste Zusammenkunft bei Mensa. Er hatte sich mit einem anderen Mitglied getroffen, und eigentlich sollten sie mit dem Rest der Gruppe ausgehen und zu Abend essen. Mehrere Stunden später fiel ihnen auf, dass sie das Abendessen verpasst hatten. Und als er später andere Mitglieder kennenlernte, berichteten sie von ähnlichen Erfahrungen. Es war, als wären sie zum ersten Mal wirklich frei.

»Werden Sie wegen Ihrer Mitgliedschaft manchmal verspottet?«

»Ständig«, sagten sie gleichzeitig. Die Frau erzählte, dass ihre Kollegen, wenn sie einen Fehler begeht, es nie unterlassen, sich lustig über sie zu machen und zu sagen: *Oh, aber ich dachte, du wärst so intelligent.* Ich fragte, was sie von der Anschuldigung hielten, dass Mensa ein elitärer Club sei. Sie erwiderten, nichts könne der Wahrheit ferner sein. Der Mann sagte, unter sich würden sie Mensa oft einen Club für die sozial Beeinträchtigten nennen.

Ich wollte wissen, ob sie viel Zeit mit Gedankenspielen und anderen den IQ steigernden Aktivitäten verbrächten. Nur einer von ihnen, der Testleiter, tat es. Die anderen beiden schienen daran überhaupt nicht interessiert zu sein.

»Also, was machen Sie?«, fragte ich.

»Wir hängen rum. Es ist eine soziale Sache«, sagte der Mann.

»Und eine großartige Gelegenheit, jemanden kennenzulernen«, sagte die Frau lachend, wobei sie auf das zahlenmäßige Missverhältnis zwischen Männern und Frauen anspielte. Ich verbrachte ein paar angenehme Stunden mit den drei Mensa-Mitgliedern. Gerade als ich aufbrechen wollte, sagte der Mann, dass er gerne wieder mit mir im Pub plaudern würde, sobald ich die schriftliche Zusage erhalten hätte.

»Gewiss«, sagte ich, wohl wissend, dass das nie geschehen wird. Es gefiel mir, dass sie mich für ebenbürtig hielten, aber die bittere Wahrheit war, dass mein IQ nur etwas über dem Durchschnitt liegt.

André, 18. März

Ein paar Tage zuvor war mir auf der Speisekarte eines Cafés in der Londoner Innenstadt Bulletproof Coffee aufgefallen, und ich fragte mich, was zum Teufel das sein konnte. Ich erfuhr, dass sein Erfinder, Dave Asprey, versprach, das Getränk könne den IQ um zwanzig Punkte steigern. Er stieß auf die Idee, während er in Nepal trekkte. Er hatte den einheimischen Yakbuttertee getrunken und fand sich auf ungeahnte Weise gestärkt. Nach seiner Rückkehr in die USA entwickelte der IT-Unternehmer ein Rezept aus Kaffee, Butter und Kokosnussöl. Jede Tasse hat über 400 Kalorien. Aber trotz des hohen Fettgehalts behauptete Asprey, dass das Getränk einen schlanker und schlauer macht.

Ich besorgte die nötigen Zutaten, kochte den Kaffee, nahm einen Löffel Butter und schälte aus einem Glas etwas Kokosfett. Dann mischte ich alles mit einem neu erworbenen Handmixer zusammen. Als es fertig war, sah es ungefähr aus wie etwas, das man bei Starbucks bestellen konnte. Der erste Schluck war angenehmer als erwartet. Er schmeckte leicht tropisch und sehr gesund. Zehn Minuten, nachdem ich das Getränk zu mir genommen hatte, bemerkte ich eine deutliche Verbesserung meiner bis dahin lauen Stimmung. Wurde ich »kugelsicher«?

Noch am selben Tag begann ich mit der Lektüre von Aspreys neuem Buch *Head Strong: The Bullet Proof Plan to Activate Untapped Brain Energy to Work Smarter and Faster – In Just Two Weeks*. Der Kaffee, stellte sich heraus, war nur Teil eines viel größeren Systems. Wenn ich wirklich meine Gehirnleistung steigern wollte, musste ich einem strikten Ritual folgen. Jeden Morgen sollte ich meine nackte Haut dem Sonnenlicht für zehn bis zwanzig Minuten aussetzen, gefolgt von fünfundzwanzig Kniebeugen und fünf Runden tiefen Atmens. Und ich musste meine Ernährung ändern: Zucker vermeiden, viel farbenfrohe Lebensmittel essen und Bulletproof Coffee trinken. Um vollständig »kugelsicher« zu werden, sollte ich jeden Tag Sport treiben, meditieren und alle digitalen Ablenkungen reduzieren. Unerlässlich war, dass ich meine Schlafenszeit maximierte, indem ich jeden Bildschirm vermied, bevor ich mich für einen achtstündigen Schlaf in ein völlig abgedunkeltes und klimatisiertes Zimmer zurückzog.

Carl, 18. März

Ich hatte gerade kapiert, wie man den Zauberwürfel löst, als ich zu einem Treffen mit Mattias Ribbing, dem dreifachen schwedischen Gedächtnischampion, aufbrechen musste.

Im Café erzählte ich ihm von meinen Memorierungsübungen. Er sagte, ich müsse effektiver beim Gebrauch der Symbole werden. Die Geschichten seien zu lang. Ich sollte auch Wege finden, wie ich diese Techniken in mein Leben integriere, so dass ich anfangen könne, alles zu jeder Zeit zu erinnern.

Ich fragte ihn, wie er sich die Reihenfolge eines gemischten Kartenspiels einprägte. Sein persönlicher Rekord lag knapp über einer Minute.

»Solche Sachen interessieren mich nicht mehr.«
»Nein?«
»Das sind nur Partytricks.«
Mir war das egal.
»Ich will die ersten fünfhundert Ziffern von Pi auswendig lernen«, sagte ich.
»Das wird wirklich schwierig. Sie brauchen dafür ein ganzes System von Symbolen, von 1 bis 100. Es braucht Zeit, so etwas zu konstruieren«, erwiderte er.
Er erklärte mir, wie er vor Jahren als Vorbereitung auf die schwedische Meisterschaft sein eigenes System entworfen hatte – von 1 bis 1000.

André, 20. März

Ich hasse Programmieren! Keine noch so »kugelsichere« Existenz könnte das ändern.

Carl, 21. März

Also, wenn ich Dezimalzahlen von Pi auswendig lernen wollte, musste ich zuerst ein Symbolsystem von 1 bis 100 konstruieren, und die Symbole sollten persönlich sein, um sie leichter zu erinnern.
Ich wusste schon, wie man Zahlen in Schriftzeichen umwandelt: 0=S, 2=N, 3=M und so weiter. Aber das war der leichte Teil.
Was ich jetzt tun musste, war, zwei Konsonanten nehmen, sie mit Vokalen verbinden und daraus ein einprägsames Substantiv machen. Es würde mein eigenes idiosynkratisches Symbol werden.
Ich begann mit 11, 12, 13, 14, 15, 16. Elf wurde »tits« (11=tt). Ich musste nur ein i zwischen die beiden ts quetschen und ein s anhängen. Eine »Titte« sollte einprägsam

genug sein, und sie konnte kleiner oder größer gemacht werden. Außerdem hatte ich von *Moonwalk mit Einstein* gelernt, dass sich ein Symbol umso leichter erinnern lässt, je bizarrer und obszöner es ist. Sexuell aufgeladene Symbole sind besonders stark. Ich konstruierte dann eine Reihe von Substantiven auf Schwedisch: 12=Fass (tunna), 13=Daumen (tumme), 14=Schlüpfer (trosa), 15=Scheißhaufen (tolle) und 16=Tarzan.

Nach etwa sechs Stunden intensiver Arbeit hatte ich für alle Zahlen von 1 bis 99 individuelle Symbole konstruiert. Jetzt kam der Moment, mit dem Memorieren der Zahlen zu beginnen. Ich wählte unsere Wohnung als Gedächtnispalast, startete draußen an der Eingangstür und prägte mir die ersten sechs Ziffern (3, 141592) ein. An der Türklinke hing ein Schlüpfer (trosa=14) und dort hinein deponierte ich einen Scheißhaufen (tolle=15) und eine Banane (banan=92). Ich konnte es vor meinem geistigen Auge sehen, und ja, dies würde in meinem Gedächtnis haften bleiben. Ich öffnete die Tür, füllte zunächst die Schränke auf unserem Flur und machte auf diese Weise weiter.

Als ich kurz vor Mitternacht zu Bett ging, hatte ich 204 Dezimale im Kopf.

André, 22. März

Heute machte ich online einige IQ-Tests. Der erste war leicht. Ich erzielte ein Ergebnis von 100%, das ich sofort an Carl schickte. Dann versuchte ich einen längeren Test bei iq-test.dk. Neununddreißig Fragen mussten in vierzig Minuten beantwortet werden. Der erste Teil war simpel, aber nach etwa zwanzig Minuten tat ich mir schwer. Ich versuchte, Meditationstechniken zu benutzen, um mich wieder zu konzentrieren, aber eigentlich wollte ich nur flüchten.

Als ich fertig war, erhielt ich das Ergebnis: 106. Was gerade noch über dem Durchschnitt liegt und weit weg von der

Punktzahl eines Genies. Ich schickte es Carl, denn ich wusste, dass es ihn freuen würde.

Carl, 22. März

Ich hatte nun die ersten 300 Ziffern im Kopf.

Angela Merkel (10) war in unserem Badezimmer, Nonnen (22) balancierten auf dem Duschkopf und rutschten einen langen Ledergürtel (64) herunter in den Abfluss. George W. Bush (96) saß auf der Toilette und aß eine Nabelschnur (28). Unsere Wohnung hatte sich in eine Irrenanstalt verwandelt, vollgestopft mit wilden Tieren und Promis, die sich an den verstörendsten Aktivitäten beteiligten. War ich im Begriff, mein eigenes Geisterhaus zu entwerfen, ähnlich dem Hotel in Kubricks Film *Shining* – ein Ort zum Verrücktwerden?

André, 23. März

Den Mensa Test musste ich absagen. Mel war krank, und sie brauchte meine Hilfe. Ich fühlte mich zusehends hin- und hergerissen zwischen Carls und Mels Ansprüchen. Was auch immer ich tat, ich schien zu enttäuschen.

Carl, 23. März

Gleich nach dem Aufwachen um sechs Uhr ging ich in die Küche und machte mit dem Memorieren weiter. Ich schrieb alles nieder: die Zahlen, die Symbole und wie sie verbunden waren. Es war wie das Storyboard für einen Film. Mittlerweile gab es zu viele Zahlen und Symbole, um sie ausschließlich in meinem Kopf zu behalten. Nach dem Mittagessen hatte ich 500 Ziffern geschafft. Ich sandte André eine

Mail und teilte ihm mit, dass ich nun auf die 1000 losgehen würde.

Als ich spät am Abend in der Küche saß und mit starrem Blick auf die Wand immer mehr Ziffern auswendig lernte, dämmerte mir: André würde nie tun, was ich tue. Er würde nie die gleiche Menge an Zeit in dieses Projekt investieren. Wahrscheinlich sah er es als bloße Verschwendung an. Ich hatte letzten Monat Hunderte von Stunden in dem Fitnessstudio verbracht (die Rechnung betrug fast 2000 Dollar). Und in diesem Monat hatte ich mich stundenlang mit Memorieren beschäftigt. Allein das Lösen des Zauberwürfels hatte mich mindestens zwanzig Stunden gekostet, wahrscheinlich mehr.

Ich fühlte mich im Stich gelassen. Er arbeitete mit anderen Leuten an anderen Projekten, während dies hier meine einzige Beschäftigung war.

André, 24. März

Heute bekam ich ein langes Schreiben von Carl. Er verlangte, dass ich alle anderen Projekte, in die ich involviert war, beende und mich nur auf unser Projekt konzentriere. Er gebrauchte das Wort »Monogamie«. Das schien mir eine merkwürdige Wortwahl zu sein. Aber ich hatte jetzt nicht die Zeit, über unsere Beziehung nachzudenken. Mir blieben nur noch wenige Tage, um Python zu lernen. Wir konnten das nächsten Monat klären.

Carl, 25. März

Hi, André, geschafft! Ich habe jetzt 1000 Dezimalzahlen auswendig gelernt. Beste Grüße

Carl

P.S.: Was hast du diesen Monat erreicht?

André, 25. März

Dies war der bis jetzt schlimmste Tag des Jahres. Meine schreiende Tochter weckte mich gegen sechs Uhr auf. Ich gab ihr etwas zu essen und ein iPad und machte mich wieder an das Programmieren. Ich ging eine ziemlich einfache Übung durch. Zu Beginn des Monats hatte ich sie scheinbar beherrscht. Aber jetzt ergab sie keinen Sinn mehr. Mein Hirn fühlte sich wie ein abgestandener Teich auf einer Müllkippe. Der ganze Monat war ein einziger Misserfolg.

Am späten Nachmittag fiel mir ein, dass Rita den ganzen Tag nicht draußen gewesen war; also ging ich mit ihr zum Spielplatz. Sie spielte im Sandkasten, während ich in die Ferne starrte und über meine Erfolglosigkeit nachdachte. Ich war den Tränen nahe.

Carl, 26. März

Ich hatte die Hauptstädte der Welt, die amerikanischen Präsidenten, die schwedischen Premierminister und die ersten 1000 Dezimalzahlen von Pi auswendig gelernt. Ich konnte nun den Zauberwürfel lösen, und ich hatte den Mensa Test absolviert (und höchstwahrscheinlich nicht bestanden).

Aber ich hatte noch nicht Französisch gelernt. War es zu spät dafür? Der Akademiker, den ich in New York traf, hatte gesagt, es sei leicht.

André, 29. März

Heute akzeptierte ich die Tatsache, dass ich versagt habe. Das bedeutete, dass eine Bestrafung unausweichlich war. Während des Tages mailte ich Carl und schlug eine dieser maoistischen Selbstkritiksitzungen vor, wo man vor einer Menschenmenge seine Fehler eingesteht. Carl reagierte enthusiastisch und schrieb zurück, dass er das für eine tolle Idee halte.

Ich fragte ihn, wie der Titel lauten könnte.

»Warum ich ein Arschloch bin«, schlug er vor. Ich erklärte mich bereit, es in der Speakers' Corner im Hyde Park zu tun.

»Großartig«, sagte Carl, und es folgte der Nagel in meinen Sarg: »Wann?«

Wie war aus diesem Scherz ein Plan mit vorgesehener Frist geworden?

Carl, 30. März

André war mit seinem Vorhaben, Programmieren zu lernen, gescheitert und wollte sich in der Speakers' Corner dafür bestrafen. Mein Ziel für diesen Monat war es eigentlich gewesen, Französisch zu lernen, was ich nicht getan hatte; also schlug ich als meine Strafe vor, dass ich es im April lerne. Um sicher zu gehen, dass ich nicht kniff, musste ich eine Einladung akzeptieren, Ende April im französischen Radio aufzutreten und ein Interview auf Französisch zu geben.

André, 31. März

Carl skypte, und ich schaute zu, wie er in fast einer Stunde mit verbundenen Augen 1000 Dezimalzahlen von Pi aufsagte. Dann nannte er alle amerikanischen Präsidenten, während er den Zauberwürfel löste.

Was hatte ich vorzuweisen?

Ich hatte über einhundert Stunden mit dem Versuch verbracht, Programmieren zu lernen. Ich hatte einen Haufen Selbsthilfebücher über die Verbesserung der Gehirnleistung gelesen. Ich hatte Bulletproof Coffee probiert. Ich hatte mich einem festen Trainingsprogramm unterworfen. Ich hatte versucht, eine ordentliche Menge Schlaf zu bekommen. Ich hatte Neurofeedback ausprobiert. Ich hatte meditiert. Ich hatte tCdS angewandt und meinen Hinterkopf einem Laser ausgesetzt. Ich hatte Gehirnnahrung zu mir genommen. Ich hatte Achtsamkeit erprobt. Und das einzige Ergebnis all dieser schlauen Interventionen war, dass ich mich dümmer fühlte als zuvor.

April

Beziehungen

André, 1. April

Der März war vorüber, und ich konnte die Sache mit dem Programmieren vergessen. Aber da war etwas, das mich nicht losließ – meine stagnierende Beziehung zu Carl. Wir hatten in der Vergangenheit unsere Konflikte. Aber jetzt, nach drei Monaten in diesem Projekt, war ein Allzeittief erreicht.

Wir mussten uns mit unserer Beziehung befassen, und das bedeutete wahrscheinlich Therapie. Ich wusste, dass wir beide insgeheim die Vorstellung hassten, aber etwas musste geschehen, wenn wir dieses Jahr durchstehen wollten.

Carl, 1. April

»Ich würde eine Frau vorziehen«, sagte ich zu André, als wir die lange Liste von Therapeuten auf skypetherapies.co.uk durchgingen.

»Warum?«

»Ich habe Männer gründlich satt. Bis jetzt ging es in diesem Projekt nur um Männer.«

»Wohl wahr.«

»Und ich will eine Therapeutin, die sich auf kognitive Verhaltenstherapie spezialisiert hat.«

»KVT?«, sagte André und klang ehrlich überrascht.

»Ja, warum?«

»Es ist halt so, dass …«, er hielt inne. »Nun, es ist ein bisschen komisch, dass ausgerechnet du KVT vorschlägst.«

Er hatte recht. Ich hatte meine Doktorarbeit über den französischen Psychoanalytiker Jacques Lacan geschrieben, der wie keiner sonst die Sorte Therapeuten verachtete, die sich der Verbesserung des Menschen verschrieben. Menscheningenieure, nannte er sie verächtlich. Lacan und KVT passten etwa so zusammen wie Austern und Kaugummi. In der Theorie war ich auf der Seite Lacans. Aber nun, wo wir unsere Beziehung schnell kitten mussten, schien KVT der richtige Weg zu sein. Kritiker wie Oliver James nannten sie eine Quick-Fix-Phantasie ohne nachhaltige Wirkung. Aber der Markt sagte etwas anderes. Seit Jahren war sie die populärste Therapiemethode, mit einem jährlichen Umsatz von 8 Milliarden Dollar, und alle Berichte schienen nahezulegen, dass die Methode auch weiterhin an Beliebtheit wuchs, während Depression und Erschöpfung von der Arbeit zunahmen. In einem Zeitalter, das von Arbeit und Produktivität besessen ist, wollen die meisten Menschen nicht die unergründliche Tiefe der menschlichen Natur philosophisch begrübeln, sondern sie wollen »No-Nonsense«-Strategien, die sie besser, effizienter und funktionsfähiger machen.

»Das ist die Richtige«, sagte ich.

»Bist du sicher?«

»Ja, hör dir das an. *Erfahrene kognitive Verhaltenstherapeutin. Staatlich anerkannt.* Und hier: *Ich biete individuelle Programme für Klienten an, die sie befähigen, ihre Schwierigkeiten zu lösen und in ihrem Leben weiterzumachen.* Nun, würdest du nicht sagen, das ist genau das, was wir brauchen?«

»Okay«, sagte André, und wir beendeten die Suche.

Ich schickte über die Website eine Mail an die Therapeutin, in der ich unsere Situation beschrieb. Eine Stunde später meldete sie sich bei uns, und wir vereinbarten unser erstes Treffen für Montag nächster Woche. André und ich würden zunächst jeweils allein mit ihr reden.

André, 2. April

Ich hatte es nicht geschafft, Programmieren zu lernen, und gemäß dem Pakt, den ich mit Carl zu Beginn des Jahres geschlossen hatte, bedeutete Scheitern Bestrafung. Während der letzten Märztage hatte ich darüber gescherzt, in der Öffentlichkeit eine Rede über »Warum ich ein Arschloch bin« zu halten. Carl nahm mich beim Wort.

Als ich bei schönem Frühlingswetter in der Speakers's Corner ankam, sah ich einige hundert Menschen herumlaufen. Viele drängten sich um einen muslimischen Prediger. Es gab kleinere Gruppen, die einem Christen im Anzug, einem bärtigen Libertären und einem fetten Kerl zuhörten, der über die britische Politik redete.

Meine steigende Nervosität ließ etwas nach, als mein Freund Simon aufkreuzte.

»Jeder hat hier etwas, auf dem er steht«, erklärte er. »Und du?«

»Oh je«, erwiderte ich.

»Keine Sorge. Ich kümmere mich drum«, sagte er und verschwand. Ein paar Minuten später kam er mit einer kleinen Trittleiter zurück.

»Der Typ da drüben hat sie mir geliehen«, sagte er und zeigte auf einen älteren Moslem. »Ich hab ihm versprochen, dass du nichts Schlechtes über den Islam sagst.«

Überhaupt kein Problem. Ich würde nur schlecht über mich selbst reden.

Ich wählte eine Stelle zwischen dem islamischen Prediger und dem Libertären. Ich stieg auf die Leiter und begann. »Ich werde über ein Thema sprechen, von dem Sie hier noch nie gehört haben. Warum ich ein Arschloch bin.« Innerhalb einer Minute standen etwa fünfzig Leute vor mir. Sie lachten, als ich meine Fehler zu beschreiben begann. »Ich nutze andere aus«, erklärte ich. »Ich tu das systematisch, und ich habe eine tiefverwurzelte Anspruchshaltung.« Mein Skript hatte ich von Aaron James' Buch *Arschlöcher –*

eine Theorie geklaut. Die Menge vor mir verlor schnell das Interesse, als ich damit begann, Beweise zu liefern. Einer nach dem anderen wanderte ab und ging hinüber zu einem islamischen Prediger, der gerade mit seiner Rede begonnen hatte. Einer meiner Zuhörer trank aus einer Dose Jack Daniel's & Coke und hielt eine Videokamera in meine Richtung. Am Ende wurde ich von den zehn Zuhörern, die geblieben waren, mit höflichem Applaus belohnt. Als ich von der Trittleiter stieg, fühlte ich eine seltsame Mischung aus Begeisterung und Scham.

Carl, 2. April

Ich war wieder in dem Haus an der Küste. Es war nasskalt, und der Himmel bewölkt. Sally und Esther waren im Garten und harkten Laub. Ich lag unter einer Decke auf der Couch und schaute mir auf meinem Smartphone einen Videoclip an. André erklärte einer Menschenmenge, warum er ein Arschloch ist. Es war eine wunderbare Szene, nicht weil er sich zum Affen machte, sondern weil er seine Hingabe an das Projekt zeigte.

Meine Strafe war anders, aber nicht weniger demütigend. Unser vorheriges Buch war gerade ins Französische übersetzt worden, und wir waren zu seiner Vorstellung nach Paris eingeladen worden. Als ich heute Morgen mit der Pressesprecherin sprach, fragte sie mich, ob ich bereit sei, Interviews auf Französisch zu geben. Ich sagte Ja.

Das war absurd. Ich hatte Französisch zwei Jahre lang gelernt – im Alter von vierzehn und fünfzehn, aber auch nur ein- oder zweimal die Woche, lustlos, und ehrlich gesagt, ich konnte mich nicht mehr an viel erinnern. Ich würde sagen, mein Französisch war so gut wie mein Deutsch oder Spanisch, was so viel heißt wie ein klein wenig besser als mein Russisch oder Arabisch oder Esperanto.

Ich musste schnell lernen, und der beste Ort, damit zu beginnen, vermutete ich, war die Website von Tim Ferriss. Dort fand ich gleich, was ich suchte: *12 Rules for Learning Foreign Languages in Record Time – The Only Post You'll Ever Need.* Es war ein Gastbeitrag, geschrieben von einem Mann namens Benny Lewis, der erst als Erwachsener mit dem Lernen von Fremdsprachen begonnen hatte, aber nun, ein paar Jahre später, elf Sprachen beherrschte.

Zuerst hatte ich viele Wörter zu lernen. Er empfahl die Lernkarten-App Anki, und ich lud die 5000 gebräuchlichsten Wörter im Französischen herunter und begann zu üben. Theoretisch sollte mich das weit bringen, weil etwa im Englischen nur 300 Wörter 65 Prozent allen geschriebenen Materials ausmachen.

Der andere Trick bestehe darin, sich ganz in die Sprache zu vertiefen, sagte Benny. Wenn du Französisch lernen willst, höre französisches Radio, schau französisches Fernsehen, lies französische Nachrichten, sprich online mit Franzosen. Kurzum, kreiere dein eigenes privates Frankreich.

Dann empfahl Benny die Sprachenlern-App Duolingo, die er als »wunderbar und völlig kostenlos« beschrieb. Ich lud sie herunter und setzte mir als tägliches Ziel fünf Lektionen. Dies war das ehrgeizigste Ziel, das verfügbar war und »verrückt« hieß.

Viele Stunden später, als Sally und Esther aus der Kälte hereinkamen, bemerkte ich, dass ich mich den ganzen Tag überhaupt nicht bewegt hatte. Ich hatte nicht fünf, sondern fünfzig Lektionen gemacht und fünfhundert Punkte bekommen.

Bevor ich zu Bett ging, schrieb ich eine Reihe von Regeln für diesen Monat auf:

Nur französisches Radio hören (France Culture)
Nur französische Zeitungen lesen (Le Monde)
Nur französisches Fernsehen und französische Filme gucken (France 24)
Nur französische Musik hören

Nur Bücher auf Französisch lesen
Zweimal die Woche mit einer französischsprachigen Person zu Mittag essen
Dreimal die Woche mit einer französischsprachigen Person telefonieren
Jeden Tag fünfzig Lektionen bei Duolingo machen

André, 4. April

Heute hatte ich meine erste Sitzung bei der Therapeutin. Ich hatte nur einmal vor vielen Jahren einen Therapeuten besucht, und daher war ich nervös, weil ich nicht wusste, was mir bevorstand. Vor der Sitzung füllte ich das A4 Formular aus, das die Therapeutin uns geschickt hatte. *Denk an ein Schlüsselereignis, das dich belastet hat*, stand dort. »Die Konfrontation mit Carl, wenn ich nicht seinen Erwartungen gerecht geworden bin«, schrieb ich nieder. Nächste Frage: *Welche Emotionen löste das in mir aus?* »Beklemmung«. Ich ging über zur nächsten Frage: *Zu welchem Verhalten führte das?* »Ausweichen«, schrieb ich. Die letzte Frage: *Was waren deine körperlichen Reaktionen?* Ich dachte lange nach und schrieb dann: »Fühle mich nervös, Unruhe, spüle Geschirr.«

Ich ging hinauf in mein Schlafzimmer, zog einen Hocker heran und setzte mich vor den Bildschirm. Ich skypte mit der Therapeutin. Am anderen Ende der Leitung war eine leise sprechende Frau mittleren Alters, die in ihrem Haus auf einer Couch saß. Sie stellte sich vor und fragte, warum ich eine Therapie machen wolle.

»Nun, ich arbeite mit Carl an einem einjährigen Projekt. Wir haben zur Zeit eine Menge Konflikte«, erklärte ich.

»Wie lange kennen Sie ihn schon?«

»Etwa zehn Jahre.«

»Und wie war es zwischen ihnen in der Vergangenheit?«

»Als wir an unserem ersten Buch arbeiteten, gab es ein

paar Auseinandersetzungen. Aber als wir mit diesem Projekt begannen, war es anders. Von Anfang an unterstellte Carl, dass ich nicht genug tun würde. Ich habe nicht das Gefühl, dass irgendeine meiner Anstrengungen von Carl wirklich geschätzt wird.«

»Was ist in letzter Zeit passiert?«

»Letzten Monat warf Carl mir vor, dass ich nicht engagiert genug sei.«

»Was haben Sie darüber gedacht?«

»Es war unfair«, sagte ich. »Ich denke schon, dass ich in diesem Jahr einiges erreicht habe – ich habe ein Buch geschrieben, ich bin einen Ultramarathon gelaufen, ich habe versucht, das Programmieren zu lernen. Aber Carl nimmt das alles nicht wahr. Er scheint zu denken, dass ich alles Mögliche getan habe, außer an diesem Projekt zu arbeiten.«

»Hmm«, sagte sie.

»Ich habe mir auch Gedanken gemacht, ob ich wirklich gut genug bin, um dieses Projekt zu schaffen. Ich habe im letzten Monat hart gearbeitet, aber es hat nichts gebracht.«

»Nun, was bedeutet das für die Therapie, die wir zusammen machen werden?«, fragte sie.

Ich dachte einen Moment nach: »Ich nehme an, die wirkliche Frage ist, ob ich weitermachen soll, und wenn ja, wie.«

Carl, 4. April

Heute hatte ich die erste Sitzung bei der Therapeutin. Ich erzählte ihr meine Seite der Geschichte. Was ziemlich einfach war. Ich hatte mindestens vier Mal so viel Zeit für dieses Projekt aufgewendet wie André. Ich hatte alles andere beiseitegeschoben. Er nicht. Ich erzählte der Therapeutin, dass es genauso war, als wir unser vorheriges Buch schrieben. Wir verabredeten Treffen auf Skype, die er verpasste. Dann versprach er, Kapitel zu schicken, tat es aber nicht. Und wenn sie endlich eintrafen, waren sie oft unzulänglich.

Wenn ich auf solche Dinge hinwies, wehrte er ab, machte Ausflüchte und warf mir vor, ich sei schuld daran, dass er sich schlecht fühle.

»Haben Sie die Führung beim vorherigen Buch übernommen?«, fragte sie.

»Führung übernommen? Nun ja, ich glaube schon.«

»Und auch jetzt bei diesem Projekt spielen Sie die führende Rolle?«

»Äh, ja, wahrscheinlich.«

»Was würden Sie davon halten, die Rollen zu tauschen, also dass André die Führung übernimmt?«

»Das fände ich toll!«

»Und was würden Sie davon halten, weiterhin der Leiter des Projekts zu sein?«

»Nun, das wäre auch in Ordnung. Aber nicht, wenn er nicht bereit ist, hart zu arbeiten, und nicht, wenn er mir vorwirft, ich brächte ihn dazu, dass er sich schlecht fühlt.«

»Ich verstehe. Sie denken, das ist unfair.«

»Ja, ich opfere viel für dieses Projekt.«

»Und Sie glauben, André investiert nicht ebenso viel in dieses Projekt?«

»Genau. Heute zum Beispiel. Ich wurde gebeten, einen Artikel für eine Zeitschrift zu schreiben, was ich wirklich gerne tun würde, aber ich sagte Nein, weil es unser Projekt beeinträchtigen würde. Völlig unmöglich, dass André das Gleiche getan hätte.«

Sie sagte nichts.

»Verstehen Sie, für mich ist dieses Projekt etwas ganz Besonderes. Ich hatte einfach gehofft, dass er genauso denkt.«

André, 5. April

Als ich in einem riesigen Verkaufsraum von IKEA vor einem Bildschirm saß und Küchenzeilen anschaute, kam mir eine Szene aus dem Roman *Fight Club* in den Sinn. Edward

Norton bestellte Möbel aus einem IKEA Katalog, und plötzlich wurde ihm klar, wie erbärmlich sein Leben war.

Ich spürte eine wachsende Beklemmung. Ich holte mein Smartphone heraus und schickte Carl eine Message mit der Frage, ob es ein schwedisches Wort für IKEA-Angst gebe. Er antwortete: »Nein, aber letzten Sommer erstach ein Typ zwei Menschen in einem IKEA Laden.« Inzwischen war ich so aufgewühlt, dass ich wahllos Dinge in den Einkaufswagen legte: zwei Regenschirme, vier Glühbirnen, drei Plastikbeutel und einen Klapphocker.

Als Mel und ich nach Hause kamen, lief ich gleich nach oben und suchte im Internet Informationen über Selbsthilfe für den verwirrten und ängstlichen modernen Mann. Eine Website weckte mein Interesse. Sie warb für ein Männercamp, das versprach, jemanden wie mich in einen »neuen Krieger« zu verwandeln. Das klang perfekt. Ich schickte eine Mail ab. Ein Typ namens Brett antwortete sogleich und schrieb, dass in einigen Wochen ein Platz frei sei und ich dazustoßen könne. Aus irgendeinem Grund hatte ich das Gefühl, dass ein Aufenthalt bei einer Kriegersekte der beste Weg war, mit Carls verrückten Ansprüchen und meiner IKEA-Angst fertigzuwerden. Schließlich war es das, was Edward Norton im *Fight Club* erfolgreich tat. Dann kam mir noch ein anderer Gedanke: Macht das nun Carl zu dem verrückten Tyler Durden – meinem Doppelgänger?

Carl, 5. April

Ich war zu Hause, blätterte in Baudelaires *Fleurs du Mal* und verstand kein Wort, als Sam, unsere französische Presseagentin, anrief.

»Hör zu, ich bin in Eile. Ich wollte dir nur Bescheid geben, dass ich ein Radiointerview arrangiert habe.«

»Auf Französisch?«

»Ja natürlich. Ist doch okay oder?«

»Äh, ja.«

»Und du wirst euer Buch in einem schönen Buchladen vorstellen.«

Nach dem Anruf ging ich in die Küche und wärmte in der Mikrowelle ein französisches Gericht auf, Confit de lamb, und goss mir ein Glas französischen Weißwein ein, um meine Nerven zu beruhigen. Aus den Lautsprechern floss Musik von Serge Gainsbourg. Auf dem Tisch neben meinem Teller lag ein Stapel Bücher, die ich gerade gekauft hatte. Balzacs *Vater Goriot*, Françoise Sagans *Bonjour Tristesse*, Albert Camus' *Der Fremde* und David Bissons *Das Kind hinter der Tür*, der für mich, obwohl als leichte Lektüre etikettiert, viel zu kompliziert war.

Es lebte sich nicht unangenehm in dieser französisierten Blase. Was mir nicht gefiel, war der Gedanke, daraus ausbrechen und mich dem realen französischen Leben aussetzen zu müssen.

André, 7. April

Gegen vier Uhr nachmittags meldete sich die Therapeutin auf Skype.

»Wie ist es Ihnen seit unserem letzten Gespräch ergangen?«, fragte sie.

»Gut«, sagte ich. »Ich habe nur das Gefühl, die Orientierung zu verlieren.«

»Wie das?«, erwiderte sie.

Ich beschrieb, wie die letzten Monate scheinbar nach einem vertrauten Muster abliefen. Wir begannen ein neues Thema mit Begeisterung. Carl hängte sich voll rein, aber meine Anstrengungen blieben halbherzig. Carl wurde wütend. Ich wurde beklommen. Erst dann begann ich, wirklich etwas zu versuchen.

»Und wo in diesem Prozess bricht der Konflikt aus?«, fragte sie.

»In der Mitte, vermute ich.«

»Könnten Sie das nicht früher angehen?«

»Ich denke schon, aber wie sollten wir das tun?«

Sie erklärte mir, wie wir vielleicht unsere Interaktionen neu strukturieren könnten.

Als das Gespräch beendet war, ging ich etwas erleichtert nach unten. Mel schaute mich mit einer Mischung aus Belustigung und Verachtung an.

»Was hast du gemacht?«, fragte sie,

»Hatte eine Sitzung mit meiner Therapeutin«, antwortete ich.

»Worüber?«

»Wie ich meine Beziehung zu Carl verbessern kann.«

»Das ist deprimierend«, sagte sie und schaltete den Fernseher ein.

Carl, 7. April

Unsere Skype-Therapeutin saß auf ihrer Couch. Sie wollte über Ideen sprechen.

»Allgemein betrachtet …«, sie hielt inne, »wer von Ihnen beiden liefert die Ideen?«

Ich dachte zurück an den Anfang des Projekts, wie es vor ein paar Jahren begann, in einem Flughafentaxi. Ich redete, und André machte Notizen. Und mit dem vorherigen Buch – war das nicht auch meine Idee? Wo war André?

»Ich denke, die meisten Ideen stammen von mir«, sagte ich.

»Mhmmm. Okay«, sagte sie leise. »Ist das immer der Fall gewesen?«

»Nicht immer, aber meistens.«

»Mhmmm. Verstehe. Und warum denken Sie, ist das so?«

»Nun, hier ist eine Theorie.« Es fühlte sich komisch an, mit einer total Fremden über André zu sprechen, aber ich bezahlte Geld dafür, sechzig Pfund pro Stunde, deshalb war ich nicht bereit, mich selbst zu zensieren. »Er sieht so ziemlich alles in seinem Leben als etwas, das er tun muss. Dinge, die andere Leute von ihm verlangen. So schickte er mir vor kurzem einen Text aus einem IKEA Laden. Er war dort mit Mel, seiner Partnerin, und schaute sich Küchen an. Er klagte darüber, dort zu sein. Sagte, sie habe ihn gezwungen, mitzugehen.«

»Er mag es also nicht, die Initiative zu ergreifen?«

»Nun, es ist komplizierter, denke ich. So hat er sein ganzes Leben strukturiert. Er macht aus allem eine Verpflichtung. Das heißt, er *erledigt* Dinge. Er benutzt das Wort sehr viel. *Erledigen.*«

»Und jetzt muss er auf Sie hören?«

»Ja, und das ist ziemlich deprimierend, ehrlich gesagt.«

André, 8. April

Carl hat mich zu einem Boxkampf am Ende des Monats in Paris herausgefordert. Das war eine schreckliche Idee. Er ist mehr als zwanzig Zentimeter größer als ich und hat eine viel größere Reichweite. Aber sollte der Kampf tatsächlich stattfinden, wollte ich vorbereitet sein. Also machte ich heute meine erste Kickbox-Übung und meldete mich dann für zehn weitere an.

Carl, 8. April

Heute war mein erster wirklicher Test. Mittagessen mit einem Franzosen, ein Typ, der in dem Französischinstitut der Universität arbeitet. Seit einer Woche, Tag ein, Tag aus, hatte ich mein Französisch geübt und mich an die Regeln gehalten: Ich hörte keinen anderen Radiosender als France Culture, las keine andere Zeitung als *Le Monde* und kochte nichts anderes als französische Gerichte.

Nach kaum fünfzehn Minuten war ich erschöpft, und wir wechselten zu Schwedisch.

Später am Nachmittag, ich war in der U-Bahn auf dem Weg zu meinem ersten Boxtraining, rief André an. Er klang niedergeschlagen. Er sagte, er habe keine Orientierung.

»Aber ich dachte, du wolltest etwas über Kindererziehung machen.«

»Ja, aber ich hab mir das ganze Zeug angeschaut, und es führt zu nichts.«

»Aber es gibt so viel, was du tun könntest.«

»Was zum Beispiel?«

»Du könntest dieses Tiger Mom-Ding machen und deiner Tochter Computerprogrammieren beibringen.«

»Carl, sie ist drei Jahre alt.«

»Das ist nicht der Punkt. Es geht darum, dass du es versuchen musst.«

André klang immer deprimierter, je länger wir miteinander sprachen. Ich stand nun draußen vor dem Boxclub und fühlte mich zunehmend frustriert.

»Aber ich habe nur noch zwei Wochen.«

»Der Monat hat gerade erst begonnen, du hast noch drei Wochen. Schau, ich lerne Scheißfranzösisch diesen Monat.«

André schwieg. Ich schwieg.

»Mein Boxtraining beginnt in zwei Minuten«, sagte ich und beendete das Gespräch.

André, 9. April

Ich bin es leid, Tag und Nacht in diesem Projekt zu stecken. Die ganze Zeit an nichts anderes zu denken, nichts anderes zu tun. Als mir diese Gedanken im Kopf herumwirbelten, fiel mir ein Rat der Therapeutin ein: »Versuchen Sie, eine realistische Perspektive einzunehmen.« Ich fragte mich, *was für diesen Monat geplant ist und was tatsächlich getan werden muss*. Ich machte eine Liste: *Speakers' Corner, Thera-*

pie, Kickboxen, Männercamp, Paris. Das war schon eine Menge. Und dennoch wurde ich das Gefühl nicht los, dass ich nicht genug tat. Warum war das so? Ich konnte Carl nicht für alles die Schuld geben. Ich musste über meine eigene Motivation nachdenken. Das war der einzige Weg, um die Dinge in Ordnung zu bringen

Carl, 10. April

Ich öffnete den Briefumschlag mit dem Mensa Logo, das in der oberen rechten Ecke prangte. Ich las:

Testergebnis: 35/45
Ihr Ergebnis ist höher als das von 82 % der Bevölkerung.
Dies entspricht einem IQ von 114

Ich hatte nicht bestanden. Es fehlten fast zwanzig Punkte für die Zugangsbedingung von 131. Aber das war mir egal. Ich dachte zurück an den Abend, an dem ich den Test machte. Sally war auf der Arbeit. Ich musste jemanden finden, der sich um unsere Tochter kümmerte, während ich für einige Stunden weg war. André hatte sich auch für den Test angemeldet, aber in letzter Minute abgesagt. Irgendetwas war dazwischengekommen, eine weitere Verpflichtung, etwas, das er unbedingt *erledigen* musste.

André, 13. April

»Also, wie läuft es zwischen Ihnen und Carl?«, fragte die Therapeutin. »Haben Sie in letzter Zeit miteinander gesprochen?«

»Ja, am Freitag. Es begann ganz positiv, aber dann fielen wir wieder in die alten Muster.«

»Wie fühlen Sie sich im Moment?«

»Ziemlich überwältigt. Das Projekt übernimmt mein ganzes Leben. Ich wünschte, ich könnte mich manchmal einfach zurückziehen.«

»Worum geht es in diesem Projekt – für Sie?«

Ich wusste nicht, was ich sagen sollte. Ich gab eine vage, abstrakte Beschreibung. Worte kamen aus meinem Mund, aber ich hatte keine Ahnung, was sie bedeuteten. Hatte ich irgendeine Idee, womit ich dieses Jahr verbrachte und warum?

»Was ist Ihre Rolle dabei?«, fragte sie.

Wieder hatte ich keine Ahnung. War ich der Edward Norton aus *Fight Club*, dessen Leben von meiner schwedischen Version des Tyler Durden übernommen wurde?

Carl, 11. April

»Nun, wie ist es Ihnen ergangen?«, fragte die Therapeutin.

»Nicht gut.«

»Nein, warum?«

Ich erklärte die Situation. André warf mir alles Mögliche vor. Ich hätte ihn gezwungen, in Speakers' Corner zu reden, was nicht stimmte, ich hätte es genossen, ihn gedemütigt zu sehen, was nicht stimmte, und ich würde jetzt in einem Boxclub trainieren, um ihn verprügeln zu können, wenn wir uns in Paris träfen. Noch eine Lüge.

»Wissen Sie was, ich hab genug davon. Ich werde jetzt Schluss machen. Das Projekt beenden.«

»Sind Sie sicher?«

»Ich weiß nicht. Alles, was ich weiß, ist, so kann es nicht weitergehen. Ich habe auch erfahren, dass er mit einem gemeinsamen Freund über mich gesprochen und ihm erklärt hat, wie ich ihn herumkommandiere und alles tue, was ich kann, damit er sich schlecht fühlt.«

»Wie geht es Ihnen damit?«, fragte sie.

»Schrecklich.«

»Vielleicht brauchen Sie eine Pause. Vielleicht sollten Sie mal eine Woche oder so nicht mit André sprechen.«

André, 18. April

Als die Therapeutin anrief, begann sie mit der Frage, wie meine Woche gewesen sei.

»Die Dinge haben sich gebessert«, sagte ich. Ich wollte nicht die Tatsache erwähnen, dass Carl fast die ganze Woche nicht mit mir gesprochen hatte. »Ich habe versucht, mich auf meine Verhaltensmuster zu konzentrieren, besonders meinen Hang zur Vermeidung.«

»Warum Vermeidung?«

»Nun, ich denke, ich weiche oft Sachen aus, die schwierig sind. Selbst kleinen Sachen. Ich schiebe sie oft raus, bis es fast zu spät ist.«

»Warum, denken Sie, ist das so?«

»Ich verpflichte mich zu etwas, und dann mache ich einen Rückzieher. Es endet damit, dass ich mich frage, ob die Sache ohne mich gemacht werden kann. Falls ja, ziehe ich mich zurück.«

»Ist das möglicherweise ein Versuch, sich das Gefühl zu geben, gebraucht zu werden?«

Ich dachte einen Augenblick nach. Erst zehn Minuten waren vergangen, da wünschte ich schon, die Sitzung möge zu Ende sein. Sobald wir uns verabschiedeten, eilte ich zum Fitnessstudio und trainierte meine Faustschläge und Roundhouse-Kicks. Was verdammt viel befriedigender war, als an meiner Beziehung zu Carl zu arbeiten.

Carl, 18. April

»Und – wie war Ihre Woche?« Die Therapeutin saß wieder auf ihrer Couch.

»Besser«, sagte ich. »Ihre Idee, nicht mit André zu sprechen, hat wirklich geholfen. Ich brauchte Abstand.«

»Gut.«

Es war komisch. Ich hatte das Gefühl, die Therapeutin war auf meiner Seite. Es schien, als wäre auch sie von André frustriert. Vielleicht war es auch nur eine Projektion. Vielleicht war es ein Therapeutentrick. So oder so, ich fing an, sie zu mögen.

Die Therapie half mir zu verstehen, dass ich in der Situation nichts tun konnte. André würde sich nicht ändern. Ich musste akzeptieren, dass er gleichzeitig an anderen Sachen arbeitete und dass ich das Projekt weiter vorantreibe. Und ich musste auch akzeptieren, dass er mir das vorwerfen würde. Gerne hätte ich es anders gemacht, aber wann immer wir es versucht hatten, war es gescheitert.

»Ich denke, Sie können nun wieder mit André sprechen«, sagte sie am Ende der Sitzung.

Ging es darum bei der kognitiven Verhaltenstherapie? Die Situation so zu akzeptieren, wie sie ist?

André, 21. April

Als Teil der Vorbereitung auf das Männercamp hatte ich eine Mahlzeit für drei Männer zu kochen. Etwas »Gesundes«, hieß es. Ich entschied mich für Risotto. Kein besonders männliches Mahl, aber es musste genügen. Als ich meine Tasche packte, fiel mir ein, wie sehr ich Camping hasste.

Carl, 22. April

Während Mails von André ausblieben, erfreuten mich die ermutigenden Nachrichten von Duolingo. Heute wurde ich beglückwünscht, weil ich seit zweiundzwanzig Tagen un-

unterbrochen gelernt habe, und dort stand auch, dass ich »heiß« sei. Ich sollte noch einen weiteren Tag mit der App verbringen und Level Vierzehn erreichen – eine Herausforderung, die ich sofort annahm.

André, 22. April

Die Tür öffnete sich, und ich wurde in einen abgedunkelten Raum geführt. Mehr als ein Dutzend Männer stand herum; sie trugen schwarze Kleidung, ihre Gesichter waren mit schwarzer Farbe beschmiert. Schwarzer Stoff bedeckte die Wände.

»Du bist Nummer 21«, sagte ein schemenhafter Mann, als er mich zu einem Tisch schob, wo ich meine persönlichen Gegenstände aushändigen musste. Als sie in einen schwarzen Plastikeimer geworfen wurden, fragte ich mich, worauf zum Teufel ich mich eingelassen hatte.

Ein Mann mit zerfurchtem Gesicht in einem Kilt führte mich einen Treppengang hinauf und in einen pechschwarzen Raum. »Setz dich hin«, sagte er. Kurz bevor das Licht ausging, bemerkte ich, dass etwa dreißig weitere Männer mit mir auf dem Boden saßen. Mich beschlich das Gefühl, dass wir alle gleich exekutiert würden.

Nach einer halben Stunde wurden wir aus der Dunkelheit hinausgeführt. »In einer Reihe aufstellen!«, brüllte eine der schwarzen Gestalten. »Bindet das vor die Augen!« Halstücher wurden uns in die Hände gedrückt. Sollten wir irgendeiner antiken Gottheit geopfert werden?

Mit verbundenen Augen marschierten wir los. Die Trommelschläge wurden lauter, und wir beschleunigten das Tempo.

»Nehmt die Augenbinden ab!«, brüllte jemand. Ich befand mich in einem großen Raum, umgeben von etwa fünfzig Männern. Alle waren schwarz gekleidet, die Gesichter geschwärzt.

»Wer hat kein Essen mitgebracht?«, rief eine dunkle Gestalt auf der Bühne.

Ein kleiner Mann in der hinteren Reihe hob langsam seine Hand.

»Warum hast du dich den anderen vorgezogen?«, schrie die dunkle Gestalt auf der Bühne zurück.

Der Mann ohne Suppe versuchte, sich zu rechtfertigen. Aber nach einem Trommelfeuer von Beschimpfungen knickte er ein. »Tut mir leid. Ich hätte an die anderen Männer denken sollen.«

Dann hielt eine andere dunkle Gestalt eine zeremonielle Rede. »Seit Tausenden von Jahren haben Männer Initiationsrituale ausgeführt. Aber heute ist die Maskulinität gebrochen. Sie ist eingesperrt. Wir müssen das ändern, indem wir Männer werden, die eine Mission haben.«

Das Letzte, was ich werden wollte, war ein Mann mit einer Mission. Aber nach all den Qualen, die ich in den letzten Monaten durchgemacht hatte, war ich überzeugt, dass ich etwas Drastisches tun musste, wenn ich dieses Jahr überstehen wollte. Vielleicht war dieser Crashkurs in Männlichkeit genau das.

Ein Deutscher mit schulterlangem Haar betrat die Bühne. »Schließt die Augen«, sagte er. »Stell dir vor, du bist ein Abenteurer. Nimm seine Haltung ein.«

Ich streckte meine Arme aus und stand da wie Leonardo DiCaprio am Bug der *Titanic*.

»Nun stell dir vor, du bist ein Wilder! Finde deinen inneren wilden Mann! Steh wie dein wilder Mann!«

Ich spreizte meine Beine und schob meinen Unterleib vor.

»Schrei wie dein innerer wilder Mann!«

Arrrrrrrrrrrggghhhhhh. Ich versuchte es noch tiefer. *Arrggghhhhh! Oh yeah! Aaaarrrrrgggggghhhhhhh!*

»Sei ein kleiner Junge«, kommandierte er als nächstes. »Wirf deinen Ball in die Luft!«

Ich warf einen imaginären Ball in die Luft.

»Mach das Geräusch eines Jungen!«

Weeee, ahhhhhhh, yaahhhhh. Ich fühlte mich großartig.

Während einer kurzen Pause schlürfte ich einen Kräutertee und versuchte, mit einem Glatzkopf mittleren Alters zu reden. Die einzige Antwort auf meine Frage, warum er hier war, lautete: »Iron John.« Zu dem Zeitpunkt hatte ich keine Ahnung, was er meinte. Die Geschichte von Iron John (»Eisenhans«), erfuhr ich später, stammt aus einem Klassiker über Maskulinität des amerikanischen Dichters Robert Bly. Es stand sechsunddreißig Wochen auf den Bestsellerlisten und war eine wichtige Inspiration für die Männerbewegung. Diese Bewegung bildete sich in den 1980er Jahren als Reaktion auf den Aufstieg des Feminismus. Männer, so lautete die Behauptung, hätten die Verbindung zu dem verloren, was es bedeutet, ein Mann zu sein. Um ihre Männlichkeit wiederzugewinnen, müssten sie die Gemeinschaft mit anderen Männer teilen und in Kontakt kommen mit dem, was Bly »Zeus-Energie« nannte. Ich nahm jetzt teil an einer solchen Initiation.

Wir wurden zurückgerufen. Einer der Männer in Schwarz forderte uns auf, uns unser inneres Tier vorzustellen. Ein Affe fiel mir ein.

»Beschreibe die Eigenschaften dieses Tiers«, befahl er. *Nachdenklich?* Ja, nachdenklich müsste gehen. »Thoughtful Monkey« war mein Name.

Einer nach dem anderen sprangen wir in die Mitte eines großen Kreises, riefen unseren neuen Tiernamen und agierten ihn aus. Es gab Wölfe, Habichte, Adler, Tiger, Löwen und Füchse. Ich sprang in die Mitte und rief: »Thoughtful Monkey«. Als ich in der Mitte des Kreises herumhüpfte, brüllten die Männer unisono: »Du bist nachdenklicher Affe. Aho!«

Am Abend, als ich in einer großen offenen Scheune auf meinem Campingbett lag, wollte ich weinen wie mein innerer kleiner Junge. War das ein Anzeichen, dass ich Verbindung aufnahm zu meiner Zeus-Energie?

Carl, 22. April

Ich war wieder in dem Haus an der Küste, lag auf der Couch und las *Le Monde diplomatique*, als Sam, unsere französische Agentin, anrief.

»Carl, ça va?«

»Ça va bien, et toi?«

Sam sprach Französisch mit mir. Schnell. Worte strömten aus dem Telefon.

»Sam, entschuldige, könntest du das noch mal auf Englisch sagen? Das Verstehen fällt mir immer noch schwer.«

»Ja, sorry. Ich habe gerade gesagt, dass ich dich für drei Radiointerviews gebucht habe. Das erste wird gleich am Tag deiner Ankunft stattfinden.«

Nach dem Gespräch raste mein Herz, und meine Hände zitterten. Worauf zum Teufel hatte ich mich eingelassen?

André, 23. April

Bang Bang Bang. Trommelschläge.

»Aufstehen!«, brüllten zwei Männer. »Zum Duschen.«

Wir stolperten hinaus in das frostige Morgenlicht.

»Zieht euch aus!«

Vor uns an einer düster wirkenden Betonwand waren drei Duschköpfe angebracht.

»In einer Reihe aufstellen!«

Wir waren alle nackt und zitterten. Die erste Gruppe von drei Männern stand schreiend unter den Duschen, während wir Übrigen laut bis sechzig zählten. Bald war ich an der Reihe. Das kalte Wasser nahm mir den Atem. Sobald es vorbei war, drängten wir uns aneinander, um uns warm zu halten. Ich verspürte ein starkes Gefühl der Brüderlichkeit. Ich fragte mich, ob dies (des amerikanischen Bestsellerautors und Trainers) Anthony Robbins' Inspiration für seine kalte Morgendusche war.

Wir gingen wieder hinein. Der Deutsche war auf der Bühne. »Lehnt euch zurück und stellt euch vor, ihr schwebt hinauf in die Luft und fliegt dann durch den Himmel«, sagte er. Disney-Musik kam aus der Stereoanlage. »Ihr kommt zu einem Wald. Dort ist eine Höhle. Ihr geht hinein. Immer weiter hinunter. Plötzlich steckt ihr fest.« Die Disney-Musik erreichte ihren Höhepunkt. »Beginnt zu graben«, brüllte der Deutsche. »Grabt um euer Leben!«

Ich grub, als machte ich Zirkeltraining mit einem sadistischen Coach.

»Bewegt euch auf das Licht zu! Dort ist er. Das bist du … als kleiner Junge.«

Ich suchte nach Erinnerungen an mich als Achtjährigen.

»Jetzt versuch dir vorzustellen, was der kleine Junge wollte, tief in dir.«

Mir fielen ein paar Wörter ein: Mut, Spiel, Erfindung.

»Sie werden deine Mission werden«, sagte er.

Als ich mir diese Wörter vorsagte, klangen sie wie ein schales Statement über Unternehmenswerte.

»Stell dir ein Bild vor, das an den Himmel projiziert ist. Das ist die perfekte Welt deines kleinen Jungen. Wie würde sie aussehen?«

Zuerst kam mir meine kindliche Obsession mit dem Entwerfen hoher Gebäude in den Sinn. Ich erinnerte mich, wie ich als Achtjähriger auf einem leeren Grundstück in der Nähe meines Geburtshauses ein Einkaufszentrum errichten wollte. Ich war ein kleiner Howard Roark, der selbstbewusste Architekt im Zentrum von Ayn Rands libertärem Klassiker *The Fountainhead.*

Später am Nachmittag, als wir schweigend über ein frisch gepflügtes Feld marschierten, dachte ich über den kleinen Howard Roark in mir nach. *Was war mit diesem kleinen Bauunternehmer geschehen? Warum hatte ich ihn so viele Jahre lang nicht beachtet?* Dann riss ich mich zusammen. *Was zum Teufel war los mit mir?* Ich kam hierher, um meine Zeus-Energie zu entdecken, nicht meinen inneren Libertären aus der Kindheit! Als wir wieder zurückkehrten, wurden uns Trommeln gegeben. Bald fanden wir einen gemeinsamen Rhythmus. Dutzende von Männern, die bereits initiiert waren, kamen in den Raum und umkreisten uns, wobei sie »guts, guts, guts, guts [Mumm]« skandierten. Der Chor wurde leiser, und ein Mann brüllte: »Holt die Teppiche!« Drei runde große Teppiche wurden hereingetragen, und wir teilten uns in Gruppen auf. Ein Neuinitiierter trat vor.

»Was ist deine Mission?«, fragte unser Gruppenleiter mit einem schweren Cockneyakzent.

»Ich möchte eine Welt voller Liebe erschaffen«, antwortete ein grüblerischer Initiierter.

»Wer war die erste Person, die dich fühlen ließ, dass das nicht möglich ist?«

»Meine Mutter.«

»Er wird deine Mutter sein«, sagte der Cockney und zeigte auf einen anderen Mann. »Sag ihr, wie du dich fühlst.«

Der Grübler fing an, seine Ersatzmutter anzuschreien. Und dann schluchzte er hemmungslos.

»Möchtest du dich jetzt davon befreien?«, fragte der Cockney.

»Ja«, erwiderte der Grübler.

Die erfahreneren Männer versammelten sich, flüsterten und holten dann Gegenstände aus einer großen Holzkiste. Sportpolster, einen Hockeyschläger, große Decken. Sie gaben dem deprimierten Mann den Hockeyschläger. Er nahm ihn und schlug auf seine gepolsterte Ersatzmutter ein.

Ich bekam einen Schreck. Ich wollte weder meine Mutter noch meinen Vater mit einem Hockeyschläger attackieren. Selbst Carl verdiente nicht die Hockeyschlägerbehandlung.

Für jeden neuen Initiierten wiederholte sich ein ähnlicher Ablauf. Einer wurde durch einen Geburtstunnel – einen zusammengerollten Teppich – wiedergeboren. Einen anderen hielten wir in unseren Armen und sangen dabei »Amazing Grace«. Es gab Momente, da fühlte ich mich wie in einem Caravaggio-Gemälde – Männer brüllten und schrien um ihr

Leben. Ich war an der Reihe, aber wie einem Schauspieler ohne Text fiel mir nichts ein, was ich sagen konnte.

»Komm raus aus dem Kopf«, brüllte der Cockney.

Ich dachte scharf nach.

»Ich brauche Mut«, sagte ich.

»Ich weiß, was wir machen«, antwortete der Cockney. Mir wurden die Augen verbunden, und ich wurde auf einen Stapel Kisten hinaufgeführt. Ich musste einen Schritt zurück tun, fiel rückwärts und wurde unten von zehn Männern aufgefangen. Ich fühlte mich enttäuscht. War das nicht eine plumpe Teambildungsübung?

Aber gerade als ich ein Schuldgefühl wegen meiner Undankbarkeit zu verspüren begann, hoben mich meine Brüder über ihre Köpfe. Ich brüllte wie ein Tenor in vollem Flug. Ich bin mir nicht sicher, ob ich einen großartigen Durchbruch erlebt hatte, aber zweifellos fühlte ich, wie etwas von jener Zeus-Energie durch mich pulsierte.

Als sich die Abenddämmerung über die schottischen Berge legte, war es Zeit für die Initiationszeremonie.

»Was war dein Name?«, fragte ein alter Mann mit weißem Bart.

»Einsamer Wolf«, antwortete der Initiierte.

»Wie lautet dein Name jetzt?«

»Liebender Wolf.«

Die ganze Gruppe skandierte »Liebender Wolf, Liebender Wolf, Liebender Wolf. Aho!« Ich betrat die Bühne und hörte den alten Mann sagen: »Du warst Nachdenklicher Affe. Jetzt bist du Mutiger Affe.« Die anderen Männer riefen: »Mutiger Affe!«

Nachdem wir unsere neuen Namen empfangen hatten, bekamen wir einen Stift und Papier, und jeder sollte einen Brief schreiben und ihn in sechs Monaten an sich selbst schicken. Ich schrieb den Brief und beendete ihn mit einer Zeile des Dichters Rilke. *Du mußt dein Leben ändern.*

Es war dunkel, als wir hinausgeführt wurden, nackt und mit verbundenen Augen. Die Kälte traf mich. Langsam liefen wir etwa zehn Minuten. Dann hörte ich Trommelschläge und Knistern eines Feuers.

»Nehmt eure Augenbinden ab«, rief ein Mann.

Ich sah ein großes Feuer, um das fünfzig Männer standen. Alle waren nackt, alle trugen die gleiche Halskette. Wir stießen zu ihnen und begannen, immer schneller um das Feuer zu laufen. Nach etwa fünfzehn Minuten blieben wir Schulter an Schulter stehen. Wir waren ein Stamm nackter Männer, die sich in einem Kreis gegenüberstanden.

»Jahrtausendelang haben Männer dies getan«, sagte ein weißbärtiger alter Mann. Dann bekam jeder neue Rekrut eine Halskette. Das sei unser heiliger Talisman, wurde uns gesagt. Unsere Gesichter wurden mit Asche markiert, und unsere neuen Namen wurden ausgerufen. Als ich an der Reihe war, empfing ich meinen Talisman und hörte meine Brüder rufen: »Mutiger Affe, du bist ein Krieger!«

Carl, 23. April

Heute beendete ich die letzte Lektion bei Duolingo. Ich hatte die App jeden Tag des Monats benutzt, vom Morgen bis zum Abend, und mit nur noch ein paar Tagen vor dem großen Auftritt war ich an das Ende des »Lernbaums« gekommen und erreichte 51 Prozent Sprachbeherrschung.

Ich war neugierig darauf, wie ich verglichen mit anderen abgeschnitten hatte. Ich loggte mich in die soziale Gemeinschaft ein, wo Duolingo-Enthusiasten mit ihren Großtaten prahlten. Ich fand User, die den ganzen Baum in zwei oder drei Monaten geschafft hatten. Dann stieß ich auf einen Mann, der neunzehn Sprachen, darunter Norwegisch und Walisisch, gleichzeitig lernte. »Für meinen ersten Baum brauchte ich drei Monate«, schrieb der digitale Polyglotter, »die nächsten beendete ich in oder zwei Monaten.«

Ich wollte auch mit meinen Leistungen angeben. Aber bei wem? Meiner Frau und meinem Kind konnte ich nichts erzählen, sie waren es leid, dass ich seit Wochen nur noch aufs Smartphone oder den Computer starrte. André konnte ich nicht erreichen. Er war in irgendeinem Männercamp. Ich erwog, ob ich der »Community-Website« von Duolingo einen Post hinzufügen sollte, aber das erschien mir sinnlos.

André, 24. April

Es war früh am Morgen, und wir tanzten zu »Mr. Brightside« von den Killers durch einen großen Raum. Nackt. Nachdem wir unseren inneren wilden Mann freigelassen hatten, bildeten wir zwei Kreise und setzten uns hin, immer noch nackt. Ein Mann mittleren Alters, der verdächtig aussah wie [der britische TV-Moderator] Jeremy Clarkson, saß oben am Kreis, vor sich zwei große hölzerne Phalli. Jeder nahm abwechselnd einen Phallus in die Hand und sprach über seine Sexualität. Nach und nach wurden Stückchen individueller Sexualgeschichten enthüllt. Als ich an der Reihe war, sagte ich, dass ich, obwohl ich in einer liberalen Familie aufwuchs, die Sex gegenüber offen war, nicht gerne darüber sprechen würde. »Amen«, sagte der Clarkson-Typ.

Immer noch nackt, aber nun mit Schuhen, liefen wir über gefrorene Felder, bis wir zu einer kleinen Lichtung mit einem großen Feuer in der Mitte kamen. Als wir das Feuer umkreisten, verschwand die Gänsehaut. Papierstücke wurden in das Feuer geworfen. Das waren die Fragebögen, die wir zu Beginn des Wochenendes ausgefüllt hatten. Ging dort mein altes Ich in Flammen auf?

Einige Stunden später saß ich in einem Taxi auf dem Weg zum Flughafen. In der Hand hielt ich meinen Talisman. Ich war mir immer noch nicht sicher, was ich von dem Erlebnis der letzten zwei Tage halten sollte oder was es für meine Beziehung zu Carl bedeuten mochte. Aber zum ersten Mal seit Jahren fühlte ich mich ein wenig mehr der Vorstellung von Männlichkeit verbunden, was auch immer das war.

Carl, 27. April

Im Zug vom Flughafen Charles de Gaulle ins Zentrum von Paris versuchte ich, mit Sam Französisch zu sprechen. Aber ich war zu langsam und zu schlecht. Sie wechselte zu Englisch.

»Planänderung. Das Interview, das du heute geben solltest, wurde abgesagt.«

»Gott sei Dank«, sagte ich.

»Morgen wirst du euer Buch in einem Buchladen präsentieren. Und dann am Freitag gibt es ein längeres Radiointerview.«

Puh. Das bedeutete, dass ich noch etwas Zeit zum Üben hatte.

André, 28. April

Ich war nach Paris gekommen, um ein paar Tage mit Carl zu verbringen – in der Hoffnung, unsere Beziehungskrise beilegen zu können.

Am Abend hatten wir unsere Buchvorstellung in einem kleinen Buchladen, der sich versteckt in einer kleinen Seitenstraße befand. Etwa vierzig Stühle füllten den engen Raum. Sie waren alle besetzt, und hinten standen noch mehr Leute.

Carl las seine ganze Rede auf Französisch vor. Anschließend beantwortete er ein paar Fragen auf Französisch, wechselte dann aber zu Englisch. Es war kaum zu glauben, dass er erst vor weniger als einem Monat ernsthaft mit dem Französischlernen begonnen hatte. Ich war stolz darauf, mit ihm zusammenzuarbeiten. Aber insgeheim fühlte ich mich ein wenig beschämt. Carl hatte in kaum vier Wochen eine Sprache gelernt. Was hatte ich getan? Mit fünfzig anderen Männern nackt um ein Lagerfeuer getanzt?

Carl, 28. April

»Je suis très heureux d'etre ici«, begann ich. André und ich saßen dem Publikum gegenüber in bequemen Sesseln. Der kleine Buchladen war gerammelt voll. Mein Herz raste.

»J'ai une confession que je veux faire.« Ja. Ich hatte ein Geständnis zu machen. Über mein Französisch. Mein dürftiges gebrochenes Französisch. Vor einem Monat, erklärte ich, war es noch schlimmer. Es war nicht vorhanden. »Je n'ai pas parle un mot de Français il y a un mois.« Aber ich hätte schwer gearbeitet, um es zu verbessern, versicherte ich den Zuhörern. Und dennoch verstünde ich gut, wenn sie meine Art zu sprechen nervig fänden. Es klang wie eine notwendige Vorsichtsmaßnahme.

Ich hatte Angst. Der ganze Tag war eine Qual gewesen. Ich hatte die Rede in einem Bistro vorbereitet und versucht, meine Nerven mit kleinen Mengen Rotwein zu beruhigen.

»D'apres l'application de Duolingo je parle 51 percent Française.«

Die Leute lachten nun, gaben mir sogar einen kurzen Applaus. Ich erzählte von Andrés Ultramarathon und meinen eigenen Abenteuern in der Welt der Gewichtheber und erläuterte dann das Hauptargument unseres vorherigen Buches über das *Wellness-Syndrom*.

Ich war erleichtert, als es vorbei war. Aber es war nicht vorbei. Morgen würde es schlimmer werden.

André, 29. April

Den ganzen Monat lang hatten wir versucht, an unserer Beziehung zu arbeiten, während wir uns in zwei verschiedenen Ländern aufhielten. Aber heute waren wir zusammen, und wir hatten eine Sitzung mit unserer Therapeutin vereinbart.

Wir beide saßen nebeneinander auf einer Couch und sprachen mit unserer Therapeutin auf dem Bildschirm. »Ich glaube, ich werde das Jahr durchhalten«, sagte Carl. »Und außerdem wird André zum zweiten Mal Vater.« Ich war bestürzt. Ich hatte Carl diese Nachricht im Vertrauen erzählt. Nun gab es schon fünf Menschen, die von unserem ungeborenen Kind wussten: Mel, ich, der Arzt, Carl und unsere Therapeutin. Wenn alles gutging, würde das Kind kurz vor Weihnachten ankommen.

Später am Tag gingen wir in ein Gebäude, das nach Pot roch. Dort war ein kleiner alternativer Radiosender untergebracht. Zwei ältere Damen begrüßten uns. Sie wollten Carl auf Französisch interviewen. Ich war erstaunt, dass er sich darauf eingelassen hatte. Wir saßen in dem Studio, wo Carl Fragen beantwortete. Als die Musikpause kam, gratulierte ich ihm.

Am Abend gingen wir nach einem langen, teuren Abendessen in einen Nachtclub. Als wir tanzten, spürte ich meine Zeus-Energie. Ich begann, wie ein Wilder zu grunzen – *huh, uhhh huh, AHHHHH! Uhh, huh, huh, AHHHHHH!* Eine Gruppe von Männern scharte sich um mich. Einer schloss sich meinem Geheul an. Nach einer Weile nahm ich ihn beiseite, starrte ihm in die Augen und vertraute ihm an, ich sei ein Mann. Diese Nachricht schien ihn zu erfreuen. Aus dem Gefühl einer männlichen Verbundenheit heraus schenkte ich ihm meinen Talisman und ging.

Carl, 29. April

»Worüber sollen wir mit der Therapeutin reden?«, fragte ich André, als wir in einem klassischen Pariser Bistro frühstückten.

»Hmm. Sie scheint sich doch besonders für Verhaltensmuster zu interessieren, also denke ich, wir könnten darüber sprechen.«

Ich lachte.

»Was?«, sagte André und schaute verwirrt.
»Das bist sooo typisch du!«
»Was?«
»Wir bezahlen für eine Therapie. Sie soll für *uns* sein. Und du kannst an nichts anderes denken als: Was hat *sie* davon?«
Eine Stunde später, in der Wohnung, begannen wir mit unserer Sitzung:
»Nun, wie fühlen Sie sich jetzt? Hat sich etwas geändert?«, fragte die Therapeutin.
»Ich würde sagen, nichts hat sich geändert. Und alles hat sich geändert«, sagte ich.
»Wie das?«
»Ich fühle mich wie eine dieser unglücklichen, aber resignierten Frauen, die akzeptieren, dass ihr Ehemann fremdgeht, weil sie tief im Innersten wissen, dass er am Ende des Tages sowieso zurückkommen wird.« André und die Therapeutin schauten verwirrt. Aber es fühlte sich gut an, es laut gesagt zu haben.
»Und André, was denken Sie darüber?«
»Ähm, ich weiß nicht«, sagte er.
Nachdem wir das Gespräch beendet hatten, musste ich mich auf das Interview vorbereiten.
Einige Stunden später gingen wir zu dem Radiosender. Ich traf die beiden Moderatoren in einem kleinen Zimmer. Sie waren gutgelaunt und redeten zwanglos mit mir in der Annahme, dass ich tatsächlich Französisch konnte. Als ihnen klar wurde, dass das nicht der Fall war, begannen sie, besorgte Gesichter zu machen. Sam griff ein und bot ihre Hilfe an.
Nun waren wir im Studio. Sam war weg. Die Moderatoren stellten mir eine Frage, die ich nicht ganz verstand, hatte aber eine Vermutung und antwortete mit Hilfe meiner Notizen so gut ich konnte. Ich zögerte, ganze Sätze einfach vorzulesen, wiederholte mich, stolperte über die Wörter, hielt inne und überflog wieder meine Notizen. Ich saß in der

Falle. Es gab kein Entrinnen. Dann kam Sam ins Studio. Sie trug eine Tüte mit Bier. Sie gab mir eins. Bald schon fand ich einen neuen Tonfall. Wurde theatralischer. Ich stellte mich als einen betrunkenen Serge Gainsbourg vor. So müsste es gehen, dachte ich, aber die Moderatoren schauten verwirrt drein. Dann bestand ich darauf, eine längere Passage vorzulesen.

Nach einer Stunde war es geschafft. Ich hatte das Gefühl, ich müsse mich übergeben. Mir drehte sich der Kopf. André stürzte auf mich zu und umarmte mich. Ich wollte weinen.

Mai

Spiritualität

André, 1. Mai

Als ich über die Schwelle der neogotischen Kirche trat, wurde mir die Standardausgabe des Gesangsbuchs der Church of England in die Hand gedrückt. Etwa dreißig Menschen saßen still in den Bänken. Ich fand einen unauffälligen Platz und setzte mich. Der Kirchenbesuch an einem Sonntagmorgen ist immer noch für viele Menschen die normalste Sache der Welt. Jeden Sonntag nehmen in Großbritannien etwa 760000 Menschen an einem Gottesdienst der Church of England teil. Für mich aber war es etwas Besonderes. Ich wuchs in einer atheistischen Familie auf und konnte mich nicht erinnern, je eine Kirche betreten zu haben, bis ich ungefähr zwanzig war.

Der Pfarrer bestieg die Kanzel und die Gemeindemitglieder begannen zu singen. Ich summte mit, während ich verzweifelt in dem Gesangbuch das richtige Lied suchte. Ein älterer Mann stand auf und las aus der Bibel, wobei er Namen erwähnte, die ich nicht kannte. Nach dem Gottesdienst kamen einige ältere Leute zu mir, um mich zu begrüßen. Ich grinste und schüttelte Hände.

Als ich aus der Kirche hinaus in das strahlende Morgenlicht ging, fühlte ich mich leichter. Mein Kopf war klarer, aber ich hatte nicht die Art transzendenter Erfahrung, auf die ich gehofft hatte. Als ich durch den Park lief, fragte ich mich, ob es für mich möglich war, bis zum Ende dieses Monats eine wirklich spirituelle Erfahrung zu machen.

Carl, 1. Mai

Ich lag im Bett, Smartphone in der Hand, und suchte nach spirituellen Aktivitäten. Sonnenlicht fiel schräg durch das Fenster und wärmte meine Beine. Es war jetzt Frühling.

Eine Stunde später hatte ich einen dreitägigen New Age-Retreat gebucht. Dieser Monat würde schwierig werden. Ich war so spirituell wie ein Toaster. Ich hatte keine religiösen Überzeugungen und hielt New Age-Theorien über Energie und Chakra für wahnhaft. Und ich hasste den Geruch von Weihrauch. Gewiss, es gab einige spirituelle Dinge, die ich mochte. Die Filme von Andrej Tarkowski, Alexander Sukurow und Terrence Malick. Als ich Anfang zwanzig war, gefielen mir die Romane von Hermann Hesse. Ich las etwa zur selben Zeit auch die Upanischaden und die Bhagavad Gita. Aber barfuß in einem Wald tanzen und Fremde umarmen? Das war nichts für mich. Jedenfalls noch nicht.

Am Nachmittag nahm ich mit einem Freund ein spätes Mittagessen in einem vegetarischen Restaurant mit Aussicht auf den Hafen.

»Ich werde diesen Monat wahrscheinlich Vegetarier werden«, sagte ich, als wir Platz nahmen.

»Ja? Warum?«

»Als Teil meiner spirituellen Reise. Danach werde ich vielleicht vegan.«

»Okay«

»Und ich werde wohl auch Rohkost probieren.«

Mein Freund sagte nichts.

»Und wer weiß, vielleicht beende ich den Monat, indem ich überhaupt nichts mehr esse.«

»Du glaubst also, dass dich das spiritueller machen wird?«

Ich schaute auf ein Holzschild an der Wand, auf dem stand: *Leben, Lachen, Lieben. Die wichtigsten Dinge im Leben sind keine Dinge.*

»Ich denke schon, ja«, sagte ich.

André, 2. Mai

»Schau dir das mal an«, sagte Carl über Skype und sandte mir einen Link zu einem New Age-Retreat, an dem er teilnehmen wollte. Hippies saßen im Schneidersitz auf dem Boden, vor ihnen ein Lehrer. »Mein Plan für diesen Monat ist, kopfüber in die New Age-Spiritualität einzutauchen.«

»Aber du hasst das New-Age-Zeug, oder?«, sagte ich.

»Nun, ich habe es nie ernsthaft versucht.« Er machte eine Pause. »Und was ist dein Plan?«

»Ich werde die etablierten Religionen ausprobieren.«

»Äh, okay«, sagte Carl. Er klang skeptisch.

»Ich dachte, ich könnte in diesem Monat jede Woche in eine andere Religion reinschnuppern.«

Er schwieg.

»Ich würde mich auf die populärsten Religionen der Welt konzentrieren. Christentum, Islam, Buddhismus und Hinduismus.«

»Okay.«

»Und am Ende des Monats werde ich alle meine spirituellen Erkenntnisse sammeln und auf den Gipfel des höchsten Berges in Großbritannien klettern, wo ich hoffentlich eine spirituelle Erfahrung mache. Bis jetzt hatte ich noch keine.«

»Tut mir leid, aber ich kapier's nicht. Was hat das mit Selbstverbesserung zu tun?«

»Mensch, Carl. Religion ist die älteste Form der Selbstverbesserung. Das ganze Selbsthilfezeug ist doch nur ein schlecht verhülltes Plagiat der Dinge, die Religionen schon vor Jahrhunderten empfahlen.«

Meine Stimme wurde lauter.

»Was sind zur Zeit die tollen Sachen in der Selbsthilfe? Achtsamkeit, richtig? Das ist nur umbenannte Meditation – etwas, das Buddhisten seit Jahrtausenden tun. Um 5 Uhr aufstehen? Millionen Moslems machen das jeden Tag. Sich selbst Aphorismen vorsagen? Hindus tun das seit Jahrtausenden. Lange kontemplative Wanderungen machen? Christliche Pilger haben das schon im Mittelalter getan.«

Carl schwieg.

»Und die Botschaft ist im Wesentlichen die gleiche. Nimm nur die klassischen Selbsthilfebücher. Norman Vincent Peales *Die Kraft positiven Denkens*. Da geht es nur um Gott. Oder *Der Alchimist* von Paul Coelho. Da geht es um einen Jungen, der sich auf eine persönliche Pilgerreise durch Nordafrika begibt. Gott wird auf jeder zweiten Seite erwähnt.«

Ich konnte hören, dass Carl noch da war, also fuhr ich fort:

»Und umgekehrt haben sich die Religionen inzwischen auch alle Techniken der Selbstverbesserungsindustrie einverleibt. Ich las gerade einen Artikel in der *Financial Times*, in dem stand, dass sich Kirchen im Zentrum von London von TED-Talks inspirieren lassen, um ihre Gottesdienste ansprechender zu machen.«

»Gut«, sagte er und beendete das Gespräch.

Carl, 2. Mai

Ich saß neben meiner Tochter auf der Couch und browste auf meinem Smartphone durch Tim Ferriss' Blog. »Nie fähig gewesen zu meditieren?«, fragte er. »Diese Meditations-Apps machen den entscheidenden Unterschied.« Er empfahl Calm und Headspace. Ich lud beide runter und meldete mich dann für ein zehntägiges Programm bei Calm an.

Nun saß ich mit gekreuzten Beinen auf dem Teppich, Kopfhörer auf den Ohren.

»Was tust du?«, fragte Esther.

»Ich meditiere.«

»Warum?«

»Um ruhig zu werden. Um inneren Frieden zu finden. Es dauert nur zehn Minuten.«

Ich schloss die Augen und ergab mich der sanften Stimme in meinen Ohren. Sie sprach über Arbeit und wachsenden Druck. Die Forderung, immer eingeschaltet zu sein, von einer Sache zur nächsten zu eilen. Sie sprach über das Bedürfnis, zu entspannen, zur Ruhe zu kommen, zu meditieren. Mich überraschten diese Äußerungen. War sie eine Gesellschaftskritikerin? Es erschien merkwürdig, dass eine App mich vor den Gefahren des Kapitalismus retten wollte.

Die geführte Meditation begann, und ich folgte den Anweisungen: durch die Nase ein- und durch den Mund ausatmen, den Körper scannen, Empfindungen wahrnehmen, die Atemzüge zählen. Nach zehn Minuten forderte mich die Stimme auf, die Augen wieder zu öffnen. Ich fühlte mich bemerkenswert ruhig. Esther war noch auf der Couch, schaute sich einen Film an, sah lächelnd in meine Richtung und fragte, ob ich nun ruhig sei.

»Ja, ich glaube schon.«

Am Abend hörte ich einen Podcast mit dem Titel *The Seven Chakras,* die Geschichte eines gewöhnlichen Amerikaners, der mit Hilfe von Achtsamkeit sein altes Leben in Armut und Depression hinter sich gelassen und eine neue Zeit voller Erfolg und persönlicher Erfüllung begonnen hatte.

Ich setzte meine Recherche fort. Achtsamkeit helfe nicht nur dabei, sich besser zu konzentrieren, las ich in einem *Forbes*-Artikel, sie könne auch Angst, Depression, Körperscham, Rassismus und Altersdiskriminierung bekämpfen. Das Einüben von Achtsamkeit mache mich zu einem besseren Vater, einem konzentrierteren Mitarbeiter, einem nachsichtigen Freund und einem leidenschaftlichen Liebhaber. Von der *Huffington Post* erfuhr ich, dass Achtsamkeit mir dabei helfe, »umwerfenden Sex« zu erleben.

Wenn das alles stimmte, dann war es kein Wunder, dass Meditation zu einem großen Geschäft geworden ist. 2015 war der Markt für Meditation und Achtsamkeit fast eine Milliarde Dollar wert. Headspace, die beliebteste App, wurde sechs Millionen Mal heruntergeladen.

André, 5. Mai

Nachdem ich durch ein idyllisches Dorf mit vielen kleinen Teeläden gelaufen war, kam ich zu dem Pilgrims' Way, ein Fußweg aus keltischer Zeit, der fast zweihundert Kilometer zwischen Winchester und Canterbury verläuft. Teile von Chaucers *Canterbury Tales* spielen in dieser Gegend.

Während die Woche sich hinzog, mühte ich mich ab, einen Weg zu finden, der mich mit Jesus verbindet. Ich hatte die Bibel gelesen und Kirchen besucht. Aber das war nicht genug. WikiHow schlug vor, ich solle Qualitätszeit mit ihm verbringen, indem ich Gottesdienste besuchte, die Sakramente empfing, die Bibel las und durch Gebete direkt mit ihm sprach. Ich konnte auch fasten, genügsam sein, Almosen geben, singen, einen Rosenkranz nehmen ... oder mich peitschen. Dann fand ich etwas, das eine perfekte Option zu sein schien: eine Pilgerreise. Sie versprach die ideale Verbindung von Spiritualität und Workout. Es gab sogar eine Studie von Neurowissenschaftlern aus Stanford, die herausgefunden hatten, dass Wanderungen in der Natur das Maß an negativen Gedanken erheblich reduzierten.

Als ich meine Mini-Pilgerreise von dreißig Kilometern Richtung Canterbury begann, versuchte ich, den Kopf freizuhalten, mich auf meine Schritte, meinen Atem, den Wind und das gesprenkelte Licht zu konzentrieren. Als ich über ein offenes Feld lief, machte ich ein Selfie und sandte es an Carl. Nach einigen Kilometern kam ich zu einem Schild, das mir sagte, ich sei auf einem Weg von europäischer Bedeutung, der bis nach Rom führt.

Unterwegs sah ich einen Farmladen, Erdbeerfelder, ein totes Kaninchen, einen Radfahrer, der in eine Landkarte vertieft war, und ein älteres Paar, das mit seinem Hund schimpfte.

Dann ein anderes Schild: Von hier aus kann man die Kathedrale von Canterbury sehen. Ich konnte sie in der Ferne ausmachen, aber es waren noch zehn Kilometer bis dahin.

Ich wusste, ich würde zu spät zum Abendgottesdienst kommen, wenn ich gemächlich weiterging, also begann ich zu rennen.

Der Weg wurde zu einer breiteren Straße, die in ein hübsches Dorf führte. Die Kirchenglocke schlug sechs. Ich lief durch ein Hopfenfeld und einen verlassen Campingplatz, der von Wanderarbeitern bewohnt wurde, und überquerte eine Schnellstraße. Meine Energie ließ nach. Ich versuchte, meinen inneren wilden Mann zu finden, und lief schreiend einen steilen Hügel hinauf.

Als ich die Kathedrale betrat, hatte der Gottesdienst bereits begonnen, und ich war in Schweiß gebadet. Eine Frau in einem schwarzen Umhang wies mir einen Platz in den hinteren Reihen zu, weit weg von den Menschen, die den Gottesdienst besuchten. Ich trug nur Shorts und ein T-Shirt und keuchte immer noch. Vorne stand ein großer Chor. Um den Altar saßen zehn Priester in ihren feinsten Gewändern. Es war der Tag eines wichtigen Heiligen.

In einem Zug, der mich zurückbrachte, trank ich eine Dose Bier. Ich fühlte mich, als ob ich von einem harten Arbeitstag heimkehrte. Aber worin bestand meine Arbeit? Mich um meine Seele kümmern? Hatte die lange Wanderung dabei geholfen, dass meine Seele aufblühte? Hatte sie mich einer spirituellen Erfahrung näher gebracht? Ich hatte Zweifel. Aber eines war sicher: Ich war froh, einen herrlichen Frühlingstag in der englischen Landschaft verbracht zu haben.

Carl, 7. Mai

Ich war an der Küste, hinter dem Haus, allein, die Augen geschlossen, und hörte der sanften Stimme der virtuellen Achtsamkeitsfrau zu. In diesem Moment war ich ganz versunken, spürte meinen Körper und zählte meine Atemzüge. Doch plötzlich stürzte von hinten jemand auf mich zu, schüttelte meine Schultern und schrie »Buh!« direkt in mein Ohr. Es war Esther; sie hatte mich gefunden.

»Sehr komisch«, sagte ich irritiert.

Am Nachmittag, als ich die ersten fünfzig Seiten von Paulo Coelhos *Der Alchimist* gelesen hatte, kletterte ich ohne Hemd auf das Dach unseres Hauses, setzte mich an den Rand und machte meine Meditation. Zehn Minuten später, ich war ruhig und erfrischt, summte mein Smartphone. Facebook benachrichtigte mich, dass ich in einem Post getaggt wurde. Ich öffnete ihn. Ein Bild von mir halbnackt auf dem Dach, vor wenigen Minuten von der Terrasse aus aufgenommen. Diesmal war es nicht Esther, die sich lustig über mich machte, sondern meine Schwester.

Am nächsten Tag fuhr ich um die Mittagszeit mit dem Fahrrad zu einem Spiritualitätszentrum, das sich in einer Seitenstraße mitten in Stockholm befand. Ich ging einige Treppen hoch, an den Wänden hingen, fein säuberlich aufgereiht, gerahmte Poster mit Bildern von Buddha und Blumen und Worten der Weisheit. Ich zog meine Schuhe aus und ging in den Aufenthaltsraum mit blaugestrichenem Boden. Auf einer langen Couch mit vielen Kissen saß meditierend ein junger Mann. Er trug nur Unterwäsche. Seine Beine waren gekreuzt, die Hände ruhten auf den Knien. Seine Zeigefinger und Daumen bildeten zwei kleine Kreise. Die übrigen Finger waren gerade, ausgestreckt in die Luft, in das Universum, in den Kosmos. Er war schlank, gelenkig und gutaussehend. Lockiges braunes Haar fiel ihm über die Schultern.

Ich ging zu dem kleinen Empfangsbereich; der Mann hinter mir ließ sich nicht stören.

»Ich möchte gern Mitglied werden.«

»Ja, natürlich«, sagte die blonde junge Frau. »Sie können alle unsere Kurse einen Monat lang für hundert Dollar ausprobieren.«

»Gut. Danke. Gibt es etwas, das ich schon jetzt machen kann?«

»Achtsamkeit. Es beginnt in fünfundzwanzig Minuten. Sie können sich Tee nehmen, während Sie warten.« Ich ging in die Lounge, goss mir etwas Ingwertee ein, setzte mich an einen großen Esstisch und blätterte in einem Buch über Chakras.

Fünfundzwanzig Minuten später betrat ich einen kleinen Raum mit weißen Wänden und setzte mich in einen Meditationsstuhl, die Beine gekreuzt, der Lehrerin gegenüber. Sie war eine ältere Frau mit weißem Haar und weißer Kleidung. Sie sprach mit der gleichen ruhigen, besänftigenden Stimme wie die Frau auf der Calm-App und der Mann bei Headspace. Wir saßen dreißig Minuten da, scannten unsere Körper, achteten auf unseren Atem, ließen unsere Gedanken frei. Wir waren nur zu viert: ich und drei andere Männer mittleren Alters, die dort in ihrer Mittagspause zu sein schienen.

Als ich mich im Umkleideraum umzog, fragte mich ein deutscher Banker, warum ich dort sei.

»Ich war neugierig, ich wollte etwas Neues auszuprobieren«, sagte ich.

»Man kommt hier nicht zufällig her«, sagte er. Ich hatte das Gefühl, dass er mich testete.

»Nein?«

»Nein, dies ist ein ganz besonderer Ort.«

Er schaute mir direkt in die Augen und gab mir das Gefühl, ich sei ein Verräter, ein Maulwurf, ein Spion, der gleich auffliegen würde.

André, 8. Mai

Als es ruhig im Haus war, zog ich mich nach oben zurück und öffnete meine Bibel. In den vergangenen Tagen hatte ich in verschiedenen Kirchen Momente innerer Ruhe erlebt. Ich hatte ein tiefes Gefühl der Zielstrebigkeit, als ich durch die Landschaft auf die Kathedrale von Canterbury zuging.

Aber noch hatte ich nicht die transzendente spirituelle Erfahrung gemacht, auf die ich hoffte.

Bevor meine Woche als Christ endete, wollte ich wenigstens das Neue Testament gelesen haben. Ich hatte die Evangelien, die Apostelgeschichte und die Briefe geschafft. Die Botschaften schienen so vertraut, denn sie waren eingewoben in das Gewebe unserer Kultur: das Ringen mit dem Tod, die Freude, zu einer Gemeinschaft von Gläubigen zu gehören, das Versprechen auf Hoffnung jenseits des Leidens. Jede dieser Botschaften zeigte sich nicht nur in christlicher Kunst, sondern in vielen der Selbstverbesserungsbücher, die Carl und ich in den letzten Monaten gelesen hatten. Der einzige Unterschied schien zu sein, dass die Bibel verlangt, an Gott zu glauben, während die meisten Selbsthilfebücher dazu auffordern, an sich selbst zu glauben.

Am Ende dieser Woche las ich den letzten Teil des Neuen Testaments, das Buch der Offenbarung. Es ließ mich ausflippen. Die Szenen waren entsetzlich, als hätte sie sich ein »Dungeon & Dragon«-Spielleiter auf LSD ausgedacht. Als ich die letzten Worte gelesen hatte, schloss ich meine grüne kleine Bibel.

Wie ließen sich diese bizarren Visionen von Zerstörung in Einklang bringen mit der sanften Ruhe des Sonntagsgottesdienstes, an dem ich zu Beginn der Woche teilgenommen hatte? Mir gefiel das sanfte Christentum weitaus besser als diese apokalyptische Horrorshow.

Carl, 9. Mai

Es war spät am Nachmittag, als ich für eine Sitzung mit Tanzmeditation das Spiritualitätszentrum betrat. Von einer Website namens chakradance.com hatte ich erfahren, dass man »spontanen Tanz zu spezifisch Chakra-resonanter Musik« anwandte, um das ganze Energiesystem neu zu stimmen und die Teilnehmer in Kontakt mit dem Heiligen in ihnen zu bringen. Mir war nicht klar, was das hieß, aber ich dachte, es sei einen Versuch wert.

Ich zog eine Trainingshose und ein T-Shirt an und ging in einen weißen großen Raum, an dessen Wände und Decke inspirierende Wörter gemalt waren:

CONNECT, RADICAL, ENGAGE

Wir standen barfuß dem Lehrer gegenüber, hinter ihm eine Ganesha Statue. Er war groß und schlank und trug eine ausgebeulte Jogginghose und ein T-Shirt mit der Aufschrift STAY TRUE. Seine langen grauen Haare waren zu einem Pferdeschwanz zusammengebunden.

»Wir müssen in Kontakt mit unserem Zorn stehen«, erklärte er. »Die Gesellschaft hat den Zorn verbannt. Er ist aber Leben. Er ist Energie.«

Er sagte weiter, hier in diesem Raum seien wir frei. Wir seien alle Individuen. Wir könnten tun, was wir wollten. Wir könnten schreien oder rufen oder weinen. Wir könnten wir selbst sein, wahr und wirklich.

»Es geht einzig und allein um Mama und Papa«, sagte er. »Von ihnen müsst ihr euch befreien.« Ich war verwirrt. Ich hatte gerade am Meer ein angenehmes Wochenende mit meinen Eltern verbracht, entspannt und mit gutem Essen.

Aus den Lautsprechern plärrte indische Musik. Er tanzte dazu. Ich beobachtete seine Bewegungen, mit den Armen in der Luft winkte er, ließ los, drückte sich aus und stimulierte dann sein drittes Chakra, den Bereich des Solarplexus.

Wir tanzen auch alle, aber auf verschiedene Weise, blieben uns treu und ahmten einander nicht nach. Er drehte die Lautstärke auf. Eine junge Frau in Jeansshorts und einem Top lief in Kreisen durch den Raum, wobei sie ihre Arme wie eine Windmühle drehte. Ich war neben einer älteren Frau, die bleich und schwach aussah und einen viel zu großen Kaftan trug. Sie blieb auf ihrem Platz stehen, in ihrem eigenen Universum, und tanzte mit geschlossenen Augen.

Dann kam Jon Bon Jovi aus den Lautsprechern.

IT'S MY LIFE

Ein bärtiger Mann in den Mittvierzigern mit schulterlangen Haaren marschierte herum wie ein Soldat und schrie zu der Musik.

IT'S NOW OR NEVER

Schweiß strömte über sein Gesicht. Sein Mund zuckte, und er warf die Beine in die Luft. Jon Bon Jovi ging ihm direkt ins Herz. Er zeigte mit einem Finger auf sich selbst, berührte seine Brust und schrie:

I AIN'T GONNA LIVE FOREVER

Ich tanzte für mich am Fenster, schwitzte und fühlte mich beklommen.

Jetzt spielten sie Queen, und der Raum tobte. Alle schrien und brüllten und fuchtelten mit Armen und Beinen wild herum. Der Lehrer rannte in Kreisen, berührte uns, blieb dann vor der Ganesha Statue stehen und begann, seine Hüften vor und zurück zu stoßen, schnell und kraftvoll, als ob er Raum und Zeit fickte.

Irgendwann lagen wir auf dem Boden, keuchend unter schweren Decken. Aus den Lautsprechern kam leise meditative Musik. Ich starrte hinauf zur Decke, durch das Fenster in den blauen Himmel, dachte über dieses Projekt nach und versuchte zu verstehen, warum ich hier war, mich diesem Wahnsinn unterwarf.

André, 9. Mai

Als eine neue Woche begann, verließ ich das Christentum und war bereit, den Islam zu erkunden.

Laut productivemuslim.com, eine Website, die von einem Mann aus Dallas mit dem Namen Abu Productive geführt wird, ist der Koran das ultimative Selbsthilfebuch. Ich browste durch die Website und fand »The Ultimate Productive Muslim Goal Planner«, ein Leitfaden, der mir dabei half, meine Ziele in verschiedenen Kategorien zu umreißen: Islam, Persönliches, Familie, Arbeit, Gemeinschaft, Umma (die Gemeinschaft der Muslime). Ganz oben standen Zeitintervalle: sechs Monate, zwölf Monate bis zu zwanzig Jahren und dann Akhira (das Nachleben).

Zu diesem Zeitpunkt erschien es mir ein bisschen zu ehrgeizig, Ziele für das Leben nach dem Tod zu planen; daher entschied ich mich für einen kürzeren Zeithorizont: eine Woche.

Es gibt fünf Pflichten für einen guten Muslim: Schahada (das Bekenntnis des Glaubens an den Propheten Mohammed), Salāt (fünf Mal am Tag beten), Zakāt (Almosensteuer), Saum (Fasten im Monat Ramadan) und Hadsch (die Pilgerfahrt nach Mekka).

Einige dieser Pflichten waren für mich unerfüllbar. Ich konnte mich nicht zu einer Religion bekennen, über die ich kaum etwas wusste. Es war nicht Ramadan, also kam auch Fasten nicht in Frage. Und als Nicht-Muslim konnte ich auch am Hadsch nicht teilnehmen.

Übrig blieben Gebet und Wohltätigkeit. Darüber hinaus wollte ich durch Lektüre mehr über den Islam herausfinden. Um loszulegen, erwarb ich eine Penguin-Ausgabe des Korans. Er ist in 114 Suren aufgeteilt. Die längste, *Die Kuh*, steht am Anfang, die kürzeste, *Die Menschen*, kommt zuletzt.

Carl, 10. Mai

Ich ging in die Küche und goss mir eine Tasse Kaffee ohne Milch ein. Ich war jetzt ein Veganer. Dann rief ich André an.

»Ich habe etwas auf der Website von Tim Ferriss gefunden, das dich vielleicht interessiert«, sagte ich.

»Was denn?« André schien nur mäßig begeistert zu sein. Vermutlich betrachtete er Ferriss immer noch mit Skepsis.

»Die 30 Tage-Herausforderung. Kein Alkohol, keine Masturbation für einen Monat.«

»Okay.«

»Du wirst gerade ein Muslim, richtig?«

»Ja, das ist der Plan.«

»Also, bist du dabei? Nimmst du die Herausforderung an?«

»Ja, ja, was immer du willst.«

André, 11. Mai

Um vier Uhr dreißig ging ich ins Badezimmer, unter den Füßen die kalten Fliesen, und begann, mich vor den Gebeten zu reinigen. Ich wusch meine Arme und Hände drei Mal, dann mein Gesicht. Ich spülte den Mund drei Mal aus und zog Wasser durch die Nase hoch. Ich goss Wasser über meinen Kopf, die Beine und die Füße. Wieder drei Mal. Danach fühlte ich mich frisch und wach. Erneut fiel mir das Bild von Anthony Robbins unter der kalten Morgendusche ein. Ich zog mich an, ging nach unten und legte einen kleinen türkischen Teppich so aus, dass er in Richtung Mekka zeigte.

Am Abend zuvor hatte ich auf YouTube einen islamischen Gebetsführer gefunden, der von einer Gruppe aus Australien betrieben wurde. Ich folgte ihren Anweisungen für das erste Gebet des Tages, das Fajr heißt.

Ich hob meine Hände, beugte mich dann vor und richtete mich mit einer Hand auf dem Herzen wieder auf. Dann zurück in eine Verbeugung und auf die Knie. Die Stimme eines Australiers leitete mich die ganze Zeit. Ich machte die letzte Bewegung, wobei ich den Engel zu meiner Rechten und dann den Engel zu meiner Linken grüßte.

Es war noch nicht fünf Uhr am Morgen, und ich saß bereits am Schreibtisch, belebt und konzentriert. Vielleicht war dies die islamische Version des »5 Uhr-Wunders«.

75 Prozent aller Amerikaner beten mindestens einmal in der Woche. Sogar 17 Prozent der Agnostiker und Atheisten

geben an, dass sie regelmäßig beten. Nach einem Forschungsbericht, den ich im Internet fand, stärkt das Beten die Selbstkontrolle, reduziert den Angstlevel und lässt einen leichter mit Stresssituationen umgehen.

Kurz nach 13 Uhr rollte ich meine Matte für Dhur, das Mittagsgebet, aus. Nach 18 Uhr machte ich das Asr, und als die Abenddämmerung einsetzte, war es Zeit für Maghrib. Nachdem ich um 22 Uhr das Isha beendet hatte, schmerzten meine Beine von all den Prostrationen. Aber ich fühlte mich ruhig und müde und war erstaunt, wie diese Gebete mein Zeitgefühl veränderten, und es gefiel mir, den ganzen Tag über an meine spirituelle Essenz erinnert zu werden.

Carl, 12. Mai

Nach der CrossFit-Klasse um sechs Uhr und einer Achtsamkeitssitzung fuhr ich zu dem Spiritualitätszentrum, um zum ersten Mal in meinem Leben Yoga zu versuchen.

Von seinen uralten indischen Wurzeln hat sich Yoga in eine mächtige Industrie mit einem jährlichen Umsatz von 27 Milliarden Dollar entwickelt. 2012 praktizierten es über 20 Millionen Amerikaner, ein 29-prozentiger Anstieg seit 2008. In demselben Zeitraum stiegen die Ausgaben für Yoga-Produkte um 87 Prozent. Die Yoga-Anhängerschaft besteht zu 83 Prozent aus Frauen mit einem Mittelklassehintergrund (über 30 Prozent der Leserschaft des *Yoga Journal* haben ein Jahreseinkommen von mehr als 100000 Dollar).

Ich rollte meine Yogamatte aus und setzte mich hin, dem Leiter gegenüber, einem gutaussehenden Typ Mitte Vierzig, der gerade von einem langen Inspirationstrip durch Kalifornien zurückgekehrt war. Der Leiter zeigte zur Decke über seinem Kopf, wo die Worte LET GO standen. Um diesen Zustand des Loslassens zu erreichen, erklärte er, müssten wir drei Stufen durchlaufen: erstens »im Körper sein«, zweitens »real sein« und drittens »zusammen sein«.

»Was dich hierher gebracht hat, wird dich nicht dorthin bringen«, sagte er. Pause. Dann wieder: »Was dich *hierher* gebracht hat«, sein Finger zeigte nach unten, »wird dich nicht *dorthin* bringen!« Er zeigte nun nach oben und grinste.

»Wenn du tust, was du immer getan hast«, wieder eine Pause, »bekommst du, was du immer bekommen hast.«

Wir nickten dankbar.

»Ich will herausholen, was schon in euch ist.«

Die Yogaübung begann, und ich guckte nervös zu den anderen und ahmte ihre Haltungen nach. Ich hatte gerade eine neue Position mit ausgestreckten Beinen eingenommen, als der Lehrer wieder sprach.

»Nun denkt einen Augenblick nach. Habt ihr das jetzt gemacht, weil ich es euch gesagt habe oder weil ihr es wirklich wolltet?«

Diese Frage ließ mich in den nächsten anderthalb Stunden, während ich seinen Anweisungen folgte, nicht los. Schließlich sagte er *Namaste* und forderte uns auf, die Matten einzurollen und nach Hause zu gehen.

Am Abend kehrte ich für eine Kundalini-Meditation in das Spiritualitätszentrum zurück. Die Lounge war ziemlich voll, und einige Leute von dem Chakra-Tanz saßen auf der Couch und tranken Ingwertee. Ich hatte keine Lust, dort herumzuhängen. Stattdessen zog ich mich um und ging geradewegs in das Studio.

Wir standen in einem Kreis, barfuß. Ich, fünf Frauen und ein älterer Mann, der mir Angst machte. Er grinste und starrte uns alle an. Plötzlich stürzte er auf eine der Frauen zu, umarmte sie und wollte nicht loslassen. Die Szene beunruhigte mich. Er schien wirklich geil zu sein.

Kundalini verweist auf eine Art ursprünglicher libidinöser Kraft. Es ist ein Wort aus dem Sanskrit und bedeutet »zusammengerollte Schlange«. Ich hatte vormittags mit einer engen Freundin gesprochen, und sie hatte mich gebeten, vorsichtig zu sein. Sie erzählte mir, dass der Kundalini-Geist von einer Freundin Besitz ergriffen hatte und sie wahnsinnig geworden war. Die Musik war laut und repetitiv; sie erinnerte mich an Steve Reich. Ich ahmte die Bewegungen der Lehrerin nach, eine blassen älteren Frau in weißem Kleid. Sie wippte mit ihren Sohlen auf und ab, während ihr Körper entspannt war.

Indem wir mit den Füßen auf den Boden stampften, peitschten wir angeblich eine besondere Energie auf, die wie eine zusammengerollte Schlange durch den Körper wandern sollte, den ganzen Weg hinauf bis zum Kopf. So würde der Kundalini-Geist aufwachen und diese sexuelle Urkraft zum Leben bringen. Ich las später auf kundaliniguide.com, dass das Erwachen dieses Geistes »überraschend und chaotisch, erschreckend und herrlich sein kann, und es löst in der Person, die ihn wachruft, Monate und Jahre neuer Empfindungen und Veränderungen aus.«

Die Musik wurde schneller. Wir tanzten in Kreisen durch den Raum. Ich war allmählich erschöpft, denn es war ein langer Tag gewesen. Die Musik hörte auf, und wir setzten uns hin. Es folgte die Anweisung, still zu sein und sich fünfzehn Minuten nicht zu bewegen. Das erwies sich als schwierig, weil mein Körper von dem CrossFit-Training zwölf Stunden zuvor und dem Yoga vor sechs Stunden schmerzte. Dann durften wir uns flach auf den Boden legen und etwas bewegen, falls wir es wollten. Als ich dort lag, unter der schweren Decke, fielen mir die Worte des Yogalehrers ein:

Hast du das getan, weil du es wirklich tun wolltest?

André, 13. Mai

Als ich den Zug in Canary Wharf bestieg, bemerkte ich zwei ältere Bangladescher, die zwischen den Bankern standen. Ihre Kleidung verriet mir, dass sie das Gleiche vorhatten wie ich und Hunderttausende der drei Millionen Muslime in dem Vereinigten Königreich: am Freitagsgebet in einer Moschee teilnehmen. Bis dahin hatte ich den Islam allein erkundet, meine einzigen Führer waren der Koran und der australische Imam, dessen Videos ich auf YouTube angeschaut hatte. Heute wollte ich zum ersten Mal zusammen mit anderen Muslimen beten. Bis dahin hatte ich nur wenige Male eine Moschee besucht.

Als ich an der East London Moschee ankam, zog ich meine Schuhe aus und stellte sie in ein riesiges Schuhregal. Dies ist eine der größten Moscheen des Landes mit einem Fassungsvermögen von 5000 Menschen. Ich war nervös und ahnungslos, was man mir angesehen haben muss, denn ein Mann kam zu mir und führte mich an der Hand in den Hauptgebetssaal. Hunderte Männer waren auf den Knien und warteten auf den Beginn der Gebete. Plötzlich tippte mir mein Begleiter auf den Rücken und führte mich aus dem Saal über eine enge Treppe in einen langen niedrigen Raum. Durch die großen Fenster konnte ich hinunter in den Hauptsaal sehen, der sich immer mehr füllte. Man hatte bemerkt, dass ich überfordert war. Hier oben konnte ich keinen Schaden anrichten.

»Möchten Sie Kaffee oder Tee?«, fragte der höfliche junge Mann.

»Nein danke«, erwiderte ich.

»Was hat Sie hierhergeführt?«

»Ich wohne in der Gegend, und ich wollte immer schon mehr über den Islam wissen.«

Mitarbeiter der Moschee kamen nacheinander in den Raum, und die Menge unten verstummte allmählich.

Es müssen einige tausend Männer in dem riesigen Saal gewesen sein, als das Gebet begann. Ich hätte mit ihnen beten sollen, fühlte mich aber nicht kompetent genug und blieb unsicher an der Seite stehen.

Als der Gottesdienst zu Ende war, führte mich der einzige weiße Mitarbeiter aus der Moschee, vorbei an Hunderten von Männern, die Broschüren verteilten und Parfum verkauften. Inmitten des geschäftigen Treibens spürte ich ein

Gefühl des Friedens und des Wohlwollens. Trotz meiner Ignoranz hatte ich das Gefühl, willkommen zu sein.

Carl, 14. Mai

Alles wurde immer schlimmer, das Seltsame ging in Wahnsinn über, ein Abstieg vom Fegefeuer in die Hölle.

Es war Samstagmorgen sieben Uhr, und ich hatte mich für die Oshos Dynamische Meditation angemeldet. »Diese Meditation«, las ich auf osho.com, »ist eine schnelle, intensive und umfassende Methode, alte, tiefsitzende Muster im Körpergeist, die einen in der Vergangenheit gefangen halten, zu brechen und die Freiheit und den Frieden zu erfahren, die sich hinter diesen Gefängnismauern befinden.« Sie wurde von Chandra Mohan Jain alias Osho erfunden, der in den 1960er Jahren zu Ruhm kam, als er durch Indien reiste und eine offene Haltung zur Sexualität predigte. Im Westen kannte man ihn auch als »Sexguru«.

Auf dem Weg zum Meditationsraum nahm ich ein Kissen und eine Schlafmaske mit und fand einen Platz in der Ecke. Als ich mich umschaute, fiel mir auf, dass jeder der Anwesenden die Nase zu schnäuzen schien, was merkwürdig war, weil es Mai war und nicht Januar oder Februar, wenn sich die Leute normalerweise erkälten.

Das Naseschnäuzen, stellte sich heraus, war die notwendige Vorbereitung auf die Meditation, denn – wie der Lehrer erklärte – während der ersten fünfzehn Minuten sollten wir heftig durch die Nase atmen und die Luft aus dem Körper pressen, als wären wir Ziehharmonikas. Mit verbundenen Augen beugte ich mich nach vorn, stieß meine Ellbogen auf und ab und versuchte, nicht in ein festes Muster zu geraten. Rotz lief mir aus der Nase. Mir wurde schwindlig.

Tat ich dies, weil es mir gesagt wurde oder weil ich es wollte? Die Worte aus der Yogasitzung dröhnten wieder in meinem Kopf.

Bong!!!

Der Gong ertönte, und es war Zeit für die nächste Phase: Katharsis. Nun begann jeder zu schreien, zu springen, zu rufen und auf die Kissen einzuschlagen.

»Ich hasse dich, du Scheißkerl«, schrie die Frau neben mir.

Auch ich schrie. Was konnte ich sonst tun? Ich schrie, ohne zu wissen warum, und ich war mir nicht sicher, was für eine Art von Schreien das war, aber es war laut und gebrochen.

Bong!!!

Jetzt sprangen wir auf der Stelle auf und ab, mit den Handflächen an den Ohren wie ein Torwart vor dem Elfmeter. Jedes Mal wenn wir auf den Füßen landeten, stöhnten wir laut.

Uuh! Uuh! Uuh!

Zusammen klangen wir wie ein Indianerstamm aus dem Amazonas, der sich auf den Kampf vorbereitet und mit lautem Stampfen den Feind einschüchtert.

Bong!!!

Die Musik brach ab, und es wurde still im Raum. Wir wurden aufgefordert, uns nicht zu rühren. Schweiß lief mir in Strömen die Stirn herunter, kitzelte meine Nase und tropfte auf den Boden. Mit den Händen immer noch in der Luft sahen wir wie Torwartpuppen aus. Wir keuchten, und meine Arme fielen langsam runter. Ich wurde immer schwächer und hatte Angst zusammenzubrechen.

Bong!!!

Wieder kam Musik aus den Lautsprechern, Sitars diesmal. Wir wurden aufgefordert, zu tanzen und zu jubeln. Ich spähte unter meiner Maske hervor. Die Frau neben mir massierte ihre Brüste, bewegte sich wie eine Schlange und erregte sich selbst. Nun rieb sie sich mit ihrem Arm. Ich zog mich wieder in die Dunkelheit hinter meiner Maske zurück und hoffte zu verschwinden.

Ich fühlte mich nicht erregt, ich fühlte mich nicht ruhig,

ich fühlte mich nicht frei oder erleuchtet. Ich fühlte mich leer und bedrückt. *Tat ich dies, weil es mir gesagt wurde oder weil ich es wollte?*

André, 14. Mai

Ein junger Bangladescher sprach mich an. »Hey, Kumpel!« Ich schätzte ihn auf fünfzehn. »Kannst du mir 'n Päckchen Zigaretten kaufen?« sagte er und hielt mir eine zerknitterte Fünf-Pfund-Note hin.

Ich ging in den Laden und holte ihm die Zigaretten. Als ich ihm die Schachtel reichte, gab ich ihm auch den Geldschein zurück. Er schaute überrascht.

Auf dem Heimweg war ich stolz, einem Muslim in einer Notlage geholfen zu haben. Ich hatte für diese Woche Zakāt gegeben und damit eine der fünf Grundpflichten des Islams erfüllt. Zu Hause erzählte ich Mel von meiner guten Tat.

»Warum hast du das gemacht?«, fragte sie. »Stell dir mal vor, irgendwelche Leute kaufen Rita Sachen, die wir für gefährlich halten.«

»Warum schimpfst du mit Daddy?«, fragte Rita vom Wohnzimmer.

»Daddy war ungezogen«, antwortete Mel.

Carl, 15. Mai

Das war schmerzhaft. Paulo Coelho lesen, tat wirklich weh. *Der Alchimist* war das ärgerlichste Buch, das ich in meinem Leben gelesen hatte. In einem Raum mit schreienden und brüllenden Menschen mittleren Alters zu tanzen, war schmerzhaft. Gurus zuzuhören, die über »Mama und Papa«, »loslassen« und »real sein« sprechen, war schmerzhaft.

Ich setzte mich hin und schrieb André eine Nachricht, um ihm zu sagen, wie sehr ich diesen Monat hasste.

André antwortete mit einem Link. Ich öffnete ihn. Eine weitere Herausforderung von Tim Ferriss. »Real Mind Control: The 21-Day No-Complaint Experiment.«

Gut, ich werde aufhören, mich zu beklagen.

André, 15. Mai

Es war kurz nach Mitternacht, als ich die letzte Sure des Korans las. Sie war nur ein paar Zeilen lang, aber ich fühlte mich, als hätte ich einen Berg erklommen.

Die Botschaft des Koran schien ziemlich einfach zu sein: Bekenne dich zu Allah und nimm seine Botschaft an, wie sie Mohammed offenbart und im Koran niedergeschrieben ist. Wenn du das tust, kannst du dich in einem schattigen Garten glücklich zurücklehnen und einen lebenslangen Vorrat an kühlem Wasser mit einer Scheibe Ingwer genießen. Die Alternative: Du brennst in der Hölle auf die schlimmste erdenkliche Weise.

Ich legte den Koran beiseite und dachte über die vergangene Woche nach. Fünf Mal am Tag beten erschien mir seltsam vertraut, wie eine Mischung aus intensivem Yoga, Achtsamkeit und Religion.

Die Lektüre des Korans war eine weitaus merkwürdigere Erfahrung als die der Bibel. Es war wie eine Botschaft aus einer anderen Welt, die ich nicht ganz begreifen konnte. Von dem Teil, den ich verstand, war es ziemlich klar, dass ich, wenn ich wirklich gerettet werden wollte, einen großen Glaubenssprung machen musste. Und dazu fühlte ich mich jetzt noch nicht bereit.

Carl, 16. Mai

Ich war vom Vegetarier zum Veganer geworden, und nun, da eine neue Woche begann, wollte ich eine neue Diät ausprobieren: roh-vegan. Das Erste, was ich sah, als ich das lokale Rohkost-Restaurant betrat, das sich nur ein paar Blocks von meiner Wohnung befindet, war ein Stapel Faltblätter von dem New-Age-Retreat, für den ich mich Ende der Woche angemeldet hatte.

Ich bestellte einen Rote-Beete-Burger und ein No-Nut Wrap, setzte mich auf eine weiße Bank und blätterte in einem Buch über Rohkost. Sie wurde als die Nahrung beschrieben, die unserem Körper ursprünglich angepasst war.

»Wir sind die einzigen Lebewesen auf diesem Planeten, die gekochte Nahrung essen«, stand dort. »Und wir sind höchstwahrscheinlich die kränksten.«

Während des Lesens fragte ich mich, wie hoch die Lebenserwartung gewesen sein mochte – »damals«, als alles natürlich war und wir keine Öfen hatten, Pflanzen aus dem Boden rissen und mit bloßen Händen aßen.

Die Rezepte waren lang und kompliziert und erforderten riesige Mengen an Kräutern und Nüssen. Um die Nährstoffe zu erhalten, sollte nichts über 49 Grad erhitzt werden. Die Herstellung von Knäckebrot dauerte etwa zwei Tage. Rohe Auberginen, in schmale Streifen geschnitten, hießen »Spaghetti«, und rohe Pastinaken, von einer Küchenmaschine zerkleinert, hießen »Reis«. Das erinnerte mich an die Chipstüten in Großbritannien, wo ein Marketing-Genie die Werbung für frittierte Kartoffeln wie ein dreigängiges Weihnachtsessen klingen lassen konnte.

Nach etwa einstündigem Kauen verließ ich das Restaurant, ging zu einem nahegelegenen Buchladen und fragte nach einem Kochbuch für Rohkost. In einem Supermarkt kaufte ich dann fünf Beutel Nüsse, einen Korb voll Gemüse und einen kleinen Garten Kräuter.

Die nächsten vier Stunden verbrachte ich mit Kochen, machte »Spaghetti« (dünn geschnittene Zucchini), gewendet in Pesto (ohne Parmesan), einen Erdbeer-Walnuss-Salat mit roten Zwiebeln, eine Romesco Sauce aus Tomaten, Paprika, Knoblauch und Koriander und einen großen Salat.

Es schmeckte gut. Aber als wir einige Stunden später den Tisch verließen, fühlten wir uns immer noch hungrig.

André, 16. Mai

Eine neue Woche, also Zeit für eine neue Religion.

Ich war in dem Buddhistischen Zentrum, vor mir stand ein Inder mit einer weißen Schärpe um den Hals. Leute schlichen herum und bauten kleine Türme aus Kissen, um darauf zu sitzen.

Obwohl es nur etwa 150000 Buddhisten im Vereinigten Königreich gibt, ist dies ein Glaubenssystem, mit dem ich mich vertrauter fühle. Ein Freund hatte mir *Die Lehren Buddhas* geschenkt, als ich ein Teenager war, und es war mein erstes religiöses Buch. In meinen Zwanzigern begannen einige meiner Freunde, sich ernsthafter mit dem Buddhismus zu beschäftigen. Eine Freundin war sogar eine buddhistische Nonne geworden. Buddhismus schien die einzige Religion zu sein, über die ein Mitglied des Kognitariats mit Stolz sprechen konnte. Tim Ferriss diskutierte mit dem bekannten Neurowissenschaftler Sam Harris über einige Lehren des Buddhismus. Für einen im Kern irreligiösen Menschen wie mich war es offensichtlich die perfekte Religion.

Der Sprechgesang begann: »Konzentrier dich auf den Atem«, sagte der Inder mit einer sanften Stimme. Ich zählte meine Atemzüge. *Ein ... Aus. Ein ... Aus. Ein ... Aus.*

Ich saß da mit gekreuzten Beinen und fühlte mich ruhig und entspannt, bis ich eines meiner Beine nicht mehr spürte. Es war eingeschlafen. Ich versuchte, es wach zu stupsen, aber vergeblich. Der Inder las ein Gedicht von Rumi vor:

Ich bin ein Fisch. Du bist der Mond.
Du kannst mich nicht berühren, aber
dein Licht füllt das Meer, in dem ich lebe.

Ich zappelte wie ein Fisch und versuchte, wieder Leben in mein Bein zu bekommen. Ein Gong durchdrang die Stille. Es war vorbei. Die Menschen um mich herum sprangen auf, aber ich nicht. Ich konnte mich nicht bewegen. Ich saß nur da und massierte mein Bein.

Carl, 21. Mai

Seit einem Tag war ich nun hier. Ich war in einem Wald, dreieinhalb Autostunden von Zuhause entfernt, und untergebracht in einem alten Bahnhof. Mein Zimmer lag im obersten Stock und hatte zwei Etagenbetten auf jeder Seite. Vom Fenster aus sah man die Bahngleise, die Felder und den Wald.

Ich lag auf meinem Bett und las Eckhart Tolles Buch *Jetzt! Die Kraft der Gegenwart*: »Unruhe, Besorgnis, Spannungen, Stress, Sorgen – alle Formen der Angst – entstehen durch zu viel Zukunft und zu wenig Gegenwart.«

Im Bett unter mir lag ein dickbäuchiger älterer Mann. Er war fest eingeschlafen und atmete schwer. Ich wusste, dass er sehr krank war. Er hatte gestern, kurz nachdem wir angekommen waren und uns versammelt hatten, mit mir über seinen Zustand gesprochen. Wir hatten in einem anderen Haus mit dem Guru, einem leise sprechenden Engländer, im Kreis auf dem Boden gesessen. Er sprach über die Weisheit von Eckhart Tolle und Meister Mooji, einem anderen spirituellen Führer aus Jamaica. Dann hatten die Teilnehmer das Wort. Der Dicke sagte, er habe Angst. Er habe nicht den Mut, dem, was mit ihm geschah, ins Auge zu sehen und sich mit den brutalen Tatsachen seiner Situation abzufinden. Ich fühlte viel Sympathie für ihn und hätte ihn gerne umarmt. Als ich an der Reihe war, sagte ich nur, ich sei dort, um zu lernen, wie man loslässt und in der Gegenwart lebt.

Ich hatte gleich bei der Ankunft mein Smartphone ausgeschaltet. Vielleicht hatte ich deshalb so gut geschlafen. Das

Fenster war offen, und Vögel sangen. Es war immer noch früh, und der Himmel war weiß. Ich blieb noch eine Stunde im Bett und beendete das Buch. Dann ging ich hinunter zum Frühstück.

Eine Stunde später saßen wir wieder im Meditationshaus auf dem Boden und hörten Musik. Als sie aufhörte, öffnete der Guru seine Augen.

»Willkommen«, sagte er lächelnd. Er saß an der Stirnseite des Raums auf einem Stuhl. Er zitierte eine Passage von Mooji: »Wenn deine Autobiographie auf die Rückseite einer Briefmarke passt und immer noch Platz ist, dann will ich dich treffen.«

Neben dem Lehrer stand ein leerer Stuhl. Wir wurden eingeladen, dort Platz zu nehmen und ihm von unseren Problemen zu erzählen.

Eine Frau Anfang Dreißig stand auf und setzte sich auf den Stuhl. Sie fing an zu weinen, als sie erklärte, wie sie Leute immer wieder vergraulte. Alle Männer, die sie kennenlernte, würden sie verlassen, und nun hätten sich selbst ihre Freunde von ihr abgewandt.

Dann kam eine ältere Frau. Sie sagte, sie habe ihren Ehemann verlassen, und seitdem sie das letzte Mal hier gewesen sei, habe sie begonnen, authentisch zu leben. Es interessiere sie nicht mehr, was andere Leute über sie sagten. Als nächster sprach ein junger Mann in den Dreißigern. Er weinte. Er sagte, alles sei Scheiße, und er könne nicht mehr lange so weitermachen.

Nach dem Mittagessen machten wir einen Spaziergang durch den Wald. Ich fühlte mich nun ruhig und friedvoll. Wir setzten uns auf eine Lichtung, meditierten und versuchten, die Mücken, die um uns schwirrten, zu ignorieren.

Den Nachmittag verbrachte ich im Bett und las *White Fire: Spiritual Insights and Teachings of Advaita Zen Master Mooji*. Seine Botschaft ähnelte der Tolles, war aber verfeinerter. »Wer gab uns diese verrückte Idee, dass wir wissen sollen, wie man leben muss?«, fragte Mooji. Das klang wie eine scharfe Kritik an dem Begriff der Selbstverbesserung. Was ziemlich ironisch war, denn schließlich war ich hier, um meine spirituellen Kräfte zu verbessern. Oder etwa nicht? Ein paar Seiten weiter: »Das Beste ist, einfach nichts zu sein.«

Am Abend waren wir wieder in dem Meditationsraum. Eine Frau in den Fünfzigern saß auf dem Stuhl.

»Ich habe Angst, allein zu sein«, sagte sie.

»Könntest du das Gefühl beschreiben?«, fragte der Guru.

Sie schloss die Augen. Ihre Arme stützten sich auf die Knie.

»Wie fühlt es sich an?«

Sie weinte, Tränen strömten über ihre Wangen.

»Das ist okay«, sagte der Guru. »Wir sind bei dir.«

Wir saßen auf dem Boden und beobachteten sie oder, wie der Guru es ausdrückte, »wachten über sie«.

Sie zitterte am ganzen Körper. Sie konnte nicht sprechen. Sie warf ihren Kopf vor und zurück, als sie schluchzte. Es sah aus, als müsste sie sich übergeben. Anscheinend hatte sie eine richtige Panikattacke.

»Ist schon okay. Bleib in dem Gefühl. Wir sind bei dir.«

Als ich in mein Zimmer zurückkehrte, kam am Eingang einer der Männer auf mich zu. Er war groß, wahrscheinlich ein ehemaliger Gewichtheber. Er hatte ein freundliches Gesicht und Hundeaugen. Er erinnerte mich an Meat Loaf in dem Roman *Fight Club*. Wortlos umarmte er mich. Er drückte fest und lange, und ich drückte zurück, fest und lange. Ein anderes Zitat von Mooji kam mir in den Sinn: »Was auch immer kommt, stoße es nicht weg.«

André, 21. Mai

Das Dhammapada lag seit einigen Tagen auf meinem Schreibtisch. Heute Morgen blätterte ich zum ersten Mal darin. Plötzlich wurde meine Aufmerksamkeit von dem

Ping einer Mail abgelenkt. Sie kam von einem Unternehmen namens 23andme, und in der Betreffzeile stand: »Ihre Berichte sind fertig.«

Es war noch nicht lange her, als der junge Neurohacker mir vorschlug, ich solle meine DNA analysieren lassen. Ich hatte mich gleich am nächsten Tag auf der Website des Unternehmens eingeloggt und etwas über 100 Dollar überwiesen. Einige Wochen später erhielt ich mit der Post ein Plastikfläschchen, das ich mit meiner Spucke füllte und zur Analyse an ein Labor in den Niederlanden schickte.

Ich öffnete den Bericht und klickte auf »Abstammung«. Ein vielfarbiges Rad poppte auf und bildete meine DNA ab. 99,9 Prozent europäisch und 0,1 Prozent nahöstlich und nordafrikanisch. 41, 6 Prozent britisch und irisch, 19,9 Prozent französisch und deutsch, 5,6 Prozent skandinavisch und 2, 9 Prozent Neandertaler. Ich klickte auf Gesundheitsstatus, und eine lange Liste schrecklicher Krankheiten erschien: Brust- und Eierstockkrebs, Alzheimer, Parkinson, Herzerkrankungen. Jede war mit Sternchen gekennzeichnet. Mein Herz sank. Oh Gott! Hatte ich eine genetische Prädisposition für Alzheimer? Herzkrankheit? Parkinson?

Ich fühlte mich, als hätte ich gerade mein Todesurteil gelesen. Mich packten Bilder von einem jähen Herzinfarkt, ich sah mein älteres Ich zitternd in einem Sessel sitzen oder verloren durch eine Wohngegend laufen.

Ich hatte den Morgen mit der Lektüre des Dhammapada verbracht und gelernt, dass das Leben ein unbeständiger Fluss und der Tod Teil des Lebensprozesses ist. Ja, alles war unbeständig, aber mir machte das Angst.

Carl, 22. Mai

Ich saß im Auto. Das Bahnhofsgebäude verschwand langsam in meinem Rückspiegel. Ich fuhr an einem meiner Zimmerbewohner vorbei, der zur Bushaltestelle lief. Wahrscheinlich würde ich ihn nie wiedersehen. Ich war jetzt auf der Autobahn. Fuhr langsam. Kein Radio, keine Musik. Nur Stille. »Auf die Stille zu lauschen, wo immer du bist, ist ein einfacher und direkter Weg, gegenwärtig zu werden«, schrieb Tolle.

Dieses Wochenende hatte mich emotional überwältigt. Da war so viel Schmerz. Ich setzte mich nicht auf den Stuhl neben dem Guru. Ich glaubte nicht, dass ich etwas zu sagen hatte. Was auch immer meine Probleme waren, sie waren nichts verglichen mit den Problemen der Menschen, mit denen ich während der letzten zwei Tage zusammen gewesen war.

Vor dem Retreat hielt ich spirituelles Training für einen Luxus der Mittelklasse. Aber nun, da ich den Schmerz sah, den diese Menschen erleiden und wie verzweifelt sie versuchten, geheilt zu werden, konnte ich nicht mehr an der Seite stehen und lachen.

Ich schämte mich und kam mir durch meine Teilnahme zynisch und ausbeuterisch vor.

André, 22. Mai

Ich saß in dem Hauptgebetsraum des Buddhistischen Zentrums und schaute auf einen riesigen goldenen Buddha. Er sah aus, als hätte er viel trainiert. Der Gruppenleiter begann, aus einem großen Buch vorzulesen, und nach jedem Abschnitt wiederholten wir die Worte. Nacheinander nährten wir uns dem Altar und verbeugten uns vor dem muskulösen Buddha. Dann zündete jeder ein Räucherstäbchen an, drehte es über dem Kopf und verbeugte sich noch einmal.

Bevor ich ging, erwarb ich ein Buch (*Das Diamant-Sutra*), das während der Lesungen mehrmals erwähnt worden war. Ich fand einen abgelegenen Park, setzte mich unter einen Baum und las. Kleine Insekten landeten auf den Seiten. Ich achtete darauf, sie nicht zu zerquetschen. Als ich bei der letzten Strophe angekommen war, blieb ich noch eine Weile sitzen und lernte sie auswendig, bis am Himmel Regenwolken aufzogen:

Dies sollst du denken von der flüchtigen Welt
Ein Stern bei Tagesanbruch, eine Blase in einem Bach;
Ein Blitzstrahl in einer Sommerwolke,
Eine flackernde Lampe, ein Phantom und ein Traum

Auf dem Heimweg sagte ich mir diese Strophe vor. Dann sah ich zwei Jungen, die in gleichen grauen Trainingsanzügen durch den Park liefen *Dies wird das einzige Mal sein, das dies geschieht,* dachte ich. *Diese beiden Jungen werden nie wieder genauso dort stehen und miteinander sprechen, wie sie es gerade getan haben.* Es war absolut einmalig, völlig unbeständig.

Vielleicht hatte ich doch noch eine spirituelle Erfahrung, indem ich die beiden Jungen in ihren Trainingsanzügen beobachtete und die völlige Einzigartigkeit des Moments erwog, während ich das Todesurteil, das in die Ergebnisse meines DNA-Tests eingeschrieben war, nicht vergessen konnte.

Carl, 23. Mai

Ich hatte nun aufgehört, noch irgendetwas zu essen. Ich trank nur Wasser und versuchte, meinen Hunger zu besiegen, indem ich Mahatma Gandhis Autobiographie las. Fasten, schrieb er, ist ein Mittel zur Selbstbeherrschung, das dabei hilft, die animalische Lust zu zügeln. Er pries alle Formen kollektiver Selbstbeschränkung. Was mich an die Herausforderungen erinnerte, die André und ich eingegangen waren: für einen Monat kein Alkohol, keine Masturbation und keine Klagen.

André, 23. Mai

Ich hatte meine Woche als Buddhist genossen, aber nun war es Zeit, weiterzugehen zum Hinduismus, einer Religion, über die ich fast nichts wusste.

Ich war in einem vegetarischen indischen Restaurant in Soho und blätterte in der Bhagavad Gita, als ein übergewichtiger Inder im Anzug mich fragte, ob ich schon oben gewesen sei.

»Nein«, sagte ich. »Warum?«

»Dort ist ein Tempel«, erklärte er. »Er ist sehr sauber.«

Ich beendete mein Essen und folgte ihm nach draußen zu einem Nebeneingang und eine schmale steile Treppe hinauf. Mein neuer Freund zog seine Schuhe aus und führte mich in den Tempel, der etwa so groß wie ein Konferenzraum in einem Büro war. Ländliche Szenen waren zwischen den Säulen auf die Wände gemalt. An dem einen Ende des Raumes stand eine große Statue von, wie ich später erfuhr, A. C. Bhaktivedanta Swami Prabhupada, dem Gründer der Internationalen Gesellschaft für Krishna-Bewusstsein, besser bekannt unter dem Namen Hare Krishna. Am anderen Ende hingen schwere Vorhänge.

Mein pummeliger Freund bat mich, auf einem der vielen Kissen Platz zu nehmen. Nach und nach trudelten etwa zwanzig Leute ein.

Eine Glocke läutete und die Vorhänge öffneten sich. Zwischen zwei lebensgroßen Porzellanfiguren stand auf einem Blumenbeet ein Schrein. Jeder stand auf und begann zu tanzen.

Hare Krishna, Krishna Krishna, Hare Hare, Hare Rama, Rama Rama.

Ich fiel mit ein, und wir tanzten von einer Seite zur anderen.

Carl, 24. Mai

Ich war in einem Haus, eine Autostunde nördlich von Stockholm, und lag unter einer Decke auf einer Yogamatte. Ich war dort zusammen mit sieben Frauen. Wir waren um einen Schamanen gruppiert, der die Trommeln spielte.

Ich hatte über das schamanische Reisen oder den Seelenflug auf der Website shamanicdrumming.com gelesen. Die Vorstellung dahinter ist, dass es jenseits unseres gewöhnlichen Bewusstseins noch »ein zweites, nicht-gewöhnliches Bewusstsein« gibt, das »durch veränderte Bewusstseinszustände oder ekstatische Trance, ausgelöst durch schamanische Praktiken wie repetitives Trommeln, zugänglich sein« kann.

Wir reisten durch die Unterwelt, um unserem Krafttier zu begegnen. Zuerst war da ein rasselndes Geräusch, dann kam der Klang der Trommel. Ich schloss meine Augen und tauchte kopfüber in ein schlammiges Loch, krabbelte durch die Wurzeln und grub mich immer tiefer in den Boden ein, bis ich an einem dunklen großen Platz herauskam. Blauer Rauch stieg hinter mir auf. Ich konnte mich von oben sehen, klein und einsam. Ich zoomte mich wieder ran, wechselte die Perspektive wie in einem Videospiel und kehrte zu meinem eigenen Standpunkt zurück.

Trommeln dröhnten im Hintergrund, und ich sah mich auf einem Motorrad durch die Dunkelheit fahren, immer tiefer hinab in die Unterwelt. Als ich einen Hügel hinauffuhr, wurde die Szenerie heller, pastellfarben. Ich hielt an, um einen zerbrochenen Stuhl aufzuheben, als ich Geräusche aus einem Busch hinter mir hörte. Ich schnellte herum und stand meinem Krafttier gegenüber, einem Tiger. Ein Tiger? Ich war enttäuscht. Es war so vorhersagbar. Aber ich wagte nicht, mich meiner Vision zu verweigern. Ich musste sie akzeptieren.

Nun ritt ich auf dem Tiger, hielt mich an seinem Fell fest und fragte ihn, ob es wehtut, aber der Tiger erklärte, er könne keinen Schmerz empfinden. Er trug mich durch eine versteckte Pforte in eine futuristische Anlage mit Säulen und Türmen, die aussah wie etwas, was meine Tochter hätte erbaut haben können.

Wir stiegen in ein heißes Bad, und seine Freunde gesellten sich zu uns: ein Alligator und ein Eisbär.

Sieben laute Schläge erklangen, und dann hörte das Trommeln auf. Es war Zeit zurückzukehren. Ich flog über den Hügel hinein in den dunklen Raum, hinauf durch die Wurzeln, quetschte mich durch den Schlamm und tauchte wieder auf. Ich war wieder in dem Raum.

»Erzähl uns von deiner Reise, Carl«, sagte der Schamane.

Ich sprach begeistert über den Tiger, den Alligator und den Eisbär.

»Und wie war *deine* Reise?« Der Schamane wandte sich einer der Frauen zu.

»Heute konnte ich nicht in die Unterwelt gelangen«, sagte sie. »Unmöglich.«

»Mir ging es auch so«, beklagte sich eine andere Frau. »Die Energie … Es ist so … Irgendetwas stimmt nicht. Es kommt von dort.« Sie zeigte in meine Richtung.

»Vielleicht ist es Carl …«, schlug eine dritte vor.

Sie schauten mich alle vorwurfsvoll an. Ich sagte nichts.

»Nein, es ist nicht Carl«, kam der Schamane mir schließlich zu Hilfe. »Die Energie war schon da, bevor er eintraf. Ich hab sie auch gefühlt.«

André, 24. Mai

Ich hatte versucht, nicht an mein DNA-Untersuchungsergebnis zu denken, aber heute loggte ich mich bei 23andme ein, und ein genauerer Blick machte mir klar, dass ich mich geirrt hatte. Ich hatte meine Ergebnisse falsch interpretiert und hatte keine Prädisposition für ein Sammelsurium schrecklicher Krankheiten. Mein Todesurteil war verfrüht.

War dies das Ergebnis meines buddhistischen Nachsinnens über die Unbeständigkeit des Lebens?

Carl, 27. Mai

Es war der fünfte und letzte Tag meines Fastens, und ich lag, umgeben von Salzwasser, in einem dunklen großen Behälter und versuchte, in eine meditative Stimmung zu gelangen.

Der Floating-Tank wurde in den 1950er Jahren von John C. Lilly erfunden, einem Neurophysiologen, der die Erfahrung des Nichtseins durch das Nachempfinden des Augenblicks vor der Geburt simulieren wollte. Das beste Ergebnis, erklärte er, wurde erzielt, wenn man sich in den Floating-Tank legte, während man auf LSD war.

Vielleicht war es das fehlende LSD, aber ich erlebte nichts Derartiges. Ich fühlte mich einfach ruhelos und hungrig, während ich in dem Tank hin und her schwappte.

Als nach etwa anderthalb Stunden die Musik einsetzte, öffnete ich den Deckel, duschte das Salzwasser ab, zog mich an, bezahlte 80 Dollar und fuhr zu einem anderen Teil der Stadt, wo ich ein Treffen mit einer Hellseherin verabredet hatte.

Sie hatte ein freundliches Gesicht und trug ein langes, buntes Gewand. Sie führte mich in einen Kellerraum mit rosa Wänden und bot mir einen Platz an einem kleinen Tisch an, neben einem Bett, das mit einer goldfarbenen Samtdecke bedeckt war.

»Sie sind angespannt«, sagte sie, als sie meine Aura und Energie studierte. »Da oben ist eine Menge los«, und zeigte auf meinen Kopf. »Sie können gut Probleme lösen.« Sie schwieg für einen Moment. »Manchmal ärgern Sie sich über Menschen, von denen sie glauben, dass sie im Weg stehen.«

Sie holte tief Luft und sagte dann: »Sie haben große kreative Kräfte. Aber Sie fühlen sich, als ob Sie nicht die Möglichkeit bekämen, ihr Potential voll auszuschöpfen.« Dann verstummte sie wieder.

Als nächstes legte sie Tarotkarten auf den Tisch. In der Mitte lag eine dunkle und bedrohliche Karte mit einem Schädel und einem schwarzen Raben. Ich fragte, ob das ein schlechtes Omen sei.

»Nein«, sagte sie. Sie ging alle Karten durch und erklärte, ich sei ein treuer und liebender Hund. Ich gäbe viel Liebe. Sie fügte hinzu, es gebe Geber und Nehmer und ich sei ein Geber. Und dann verglich sie die Menschen mit Autos.

»Autos brauchen Kraftstoff. Wir auch.« So wie Autos Tankstellen benötigten, brauchten auch Menschen Orte, wo sie Energie bekommen konnten. Sie sagte, ich müsse besser darin werden, Liebe anzunehmen. Ich könne nicht immer nur geben.

Mehr Karten. Das Bild einer Frau erschien.

»Sie werden sich verlieben. Sie werden eine Frau kennenlernen. Jemand auf der Arbeit.«

Ich nickte, als hätte sie etwas Wichtiges herausgefunden. Ich wollte sie nicht verletzen, aber sie irrte sich. Ich war glücklich verheiratet.

Bevor ich nach Hause ging, hielt ich bei dem Fitnessstudio an. Es war nett, meine persönlichen Trainer wiederzusehen. In der letzten Woche war ich nicht dort gewesen, weil ich mich zu schwach für CrossFit fühlte. Sie holten die Waage, und ich stellte mich drauf. Ich hatte in den letzten Wochen mehr als sechs Kilogramm verloren.

André, 28. Mai

Ich stieg die schmale Treppe zum Tempel hinauf. Als ich Anfang der Woche dort war, war kaum jemand da. Jetzt war er voll.

Dass es die Hare Krishnas gab, war mir schon lange bewusst. Man sah sie mit ihren gelben Roben und merkwürdigen Frisuren in fast jeder Großstadt. Aber bis jetzt hatte ich mich nicht für ihre Glaubenssätze interessiert. Sie waren in einem Buch mit dem Titel *Die Wissenschaft der Selbstverwirklichung* enthalten. Indem ich ein Krishna-Bewusstsein annehme, lernte ich, ist es möglich, mich vor dem spirituellen Tod zu retten. Man musste sich mit dem wieder verbinden, was sie die »oberste Gottheit« nannten. Es gab viele Wege, der Gottheit zu dienen. Der eine war das Studium der Bhagavad Gita, was ich in der vergangenen Woche getan hatte. Ein anderer war das rituelle Singen des Maha Mantra. »Wer dieses Mantra singt«, stand dort, »wird niemals müde. Je mehr man singt, desto mehr wird das Herz von materiellem Schmutz gereinigt und desto mehr Probleme des Lebens in dieser materiellen Welt werden gelöst.« Heute wollte ich diese Behauptung überprüfen.

Der Gesang wurde von einer blonden Frau in einem Sari geleitet, die einen ekstatischen Gesichtsausdruck hatte. Neben ihr saß ein junger Mann und schlug eine Trommel. Ganz in den Rhythmus vertieft, warf er seinen Kopf hin und her. Auf der anderen Seite spielte ein anderer junger Mann ein Harmonium. Auch er schien in der Musik verschwunden zu sein. Die Frau sang die Worte wieder und wieder.

Hare Krishna, Krishna Krishna, Hare Hare, Hare Rama, Rama Rama, Hare Hare.

Der Gesang bewegte sich mit der Musik. Manchmal schnell, manchmal langsam.

Ich schaute mich im Raum um und fand einen leeren Platz auf dem Boden. Ich begann, langsam meine Lippen zu bewegen, und formte die Worte *Hare Krishna, Hare Rama.* Anfangs fühlte es sich etwas gezwungen an. Aber allmählich, mit jedem neuen Zyklus, wurde mein Gesang lauter und kräftiger. Das Tempo stieg und fiel. Nach etwa einer Stunde sang ich so intensiv wie die Frau. Meine Augen waren geschlossen, so dass ich nicht bemerkte, dass sich die Vorhänge des Schreins geöffnet und die Teilnehmer sich von den Musikern abgewandt hatten und ihren Gesang auf die Kultobjekte richteten. Es war egal, denn mittlerweile hatte ich mein Selbstgefühl verloren und war völlig in den Gesang eingetaucht.

Nach stundenlangem Singen stand ich auf und ging. Auf dem Heimweg fragte ich mich, warum das Singen der immer gleichen wenigen Worte eine so seltsame Wirkung auf mich hatte. Ich fand die Antwort in einer neueren Studie, die in der Zeitschrift *Genes, Brain and Behavior* veröffentlicht wurde. Dort stand, dass die Gedanken von Versuchspersonen erheblich weniger abschweiften, wenn sie aufgefordert wurden, ein Mantra zu singen. Statt über die Vergangenheit oder die Zukunft nachzugrübeln, waren die Personen fähig, ihre geistige Aktivität auf die Gegenwart zu konzentrieren, was eine beruhigende Wirkung auf sie hatte.

Als ich zur Tür hereinkam, zeigte ich Mel mein neues Outfit und die Gebetskette, die ich im Tempelladen gekauft hatte. Sie stöhnte.

»Du siehst aus wie ein Geographielehrer«, sagte sie.

Mir war das egal.

Ich zog mich nach oben zurück, legte ein Album von Ravi Shankar auf, setzte mich hin und sang 108 Maha Mantras.

Carl, 30. Mai

Nachdem ich mein Fasten abgebrochen hatte, kam ich allmählich wieder zur Vernunft. Dieser Monat war hart. Das meiste davon hatte ich gehasst. Einzig die Achtsamkeitsübungen gefielen mir. Sie hatten sich als ziemlich nützlich erwiesen. Ironischerweise half diese Technik mir dabei, all den anderen Wahnsinn durchzustehen. Als Gurus ihre lächerlichen Theorien über Chakren und Lebensenergie erklärten, achtete ich besonders auf mein Atmen. Als ich umgeben war von Menschen, die schrien und auf Kissen einschlugen, rief ich mir die Philosophie der Achtsamkeit ins Gedächtnis: Urteile nicht vorschnell.

Trotz allem war ich jetzt weniger zynisch als zuvor. Die Teilnahme an dem New-Age-Retreat hatte mich mit dem Leid und Schmerz dieser Menschen in Berührung gebracht. Viele fühlten sich einsam und traurig. Einige waren sterbenskrank. Nichts an ihnen war lächerlich. Sie wollten nur ein bisschen besser leben und weniger leiden.

André, 31. Mai

Es war morgens Viertel vor vier an meinem neununddreißigsten Geburtstag, als ich mich aufmachte, den Ben Nevis zu besteigen, den höchsten Berg in Großbritannien.

Es war gerade hell genug, um den Weg zu sehen. Die leichte Steigung ging schnell in einen steilen unebenen Aufstieg über. Nach etwa einer Stunde kam ich zu einem Plateau in der Nähe eines kleinen Sees. Die Sonne ging langsam auf. Es war eine wahrhaft schöne Szene. Ich stieg weiter aufwärts. Der Weg ebnete sich, als ich kleine Wasserfälle passierte, die von Berghängen herabstürzten.

Oben angekommen, fand ich eine weite, flache Ebene. Auf der einen Seite waren Wolken, auf der anderen von der Sonne angestrahlte Berge. Ich war am höchsten Punkt und konnte kilometerweit in alle Richtungen sehen.

Ich legte meinen Rucksack ab, schloss instinktiv die Augen und nahm eine Mediationshaltung ein. Als ich meine Stirn abtastete, spürte ich eine gewisse Spannung, die ich zu mildern versuchte. Ich tastete meine Schultern ab und zählte meine Atemzüge. Ich spürte die Wärme der Sonne auf meinem Gesicht. Zeit bedeutete nicht mehr viel. Ein Glücksgefühl breitete sich langsam in mir aus. Die reine Stille wurde noch verstärkt durch das gelegentliche Zwitschern eines kleinen Vogels. Ich hielt die Augen geschlossen und schwebte lange in diesem Ich-losen Zustand. Als ich die Augen wieder öffnete, holte ich meine Gebetskette hervor und fing an zu singen.

OM OM OM OM OM OM OM

Ich schaute einer einsamen Wolke nach, die am Himmel vorüberzog. Alles schien sich langsam und unmerklich zu bewegen. Diesen Moment wollte ich für den Rest meines Lebens festhalten: die warme Sonne auf meinem Gesicht, die Stille, der zwitschernde Vogel, die einzelne Wolke.

Der Monat ging zu Ende, und als ich auf die Berge in der Ferne schaute, dachte ich, dass dies vielleicht die spirituelle Erfahrung war, um die ich mich so sehr bemüht hatte.

Juni

Sex

Carl, 1. Juni

Während unserer zehnjährigen Freundschaft hatten André und ich nicht ein Mal über Sex gesprochen. Es war daher nicht überraschend, dass wir diesen Monat überspringen wollten. Aber es führte kein Weg daran vorbei.

Ich war zufrieden mit meinem Sexleben und einfach nicht daran interessiert, es zu begutachten und zu diskutieren.

Einige Monate zuvor, als ich Sally zum ersten Mal davon erzählte, dass Sexoptimierung Teil unseres Projekts sei, sagte sie nur »viel Spaß, aber ich bin nicht dabei«. Für einen monogamen Menschen wie mich blieb da wirklich nur eine Option: Masturbation. Ich beschloss, den ganzen Monat damit zu verbringen, dass ich mein privates autoerotisches Sexleben verbesserte. Ich würde sozusagen ein professioneller Wichser werden.

In der U-Bahn, auf dem Weg zu meiner wöchentlichen Tennisstunde, fand ich einen beliebten Podcast namens »Sex with Emily«.

»Happy masturbation month«, verkündete Emily mit schriller Stimme.

Fröhlicher Masturbationsmonat?

Ich suchte im Internet und fand heraus, dass der Mai gemeint war. Aber was soll's? Der Juni war *mein* Masturbationsmonat.

Ich hörte mir die ersten zwei Episoden an, und schon bald tauchte eine neue Welt vor mir auf. Masturbation sei mehr als bloß »Erleichterung«, erklärte Emily. Es gehe dabei um Gesundheit und Wohlbefinden. Wenn du masturbierst, solltest du mindestens zwanzig Minuten mit dir selbst verbringen. Massiere deine Sexualzonen mit Gleitmitteln. Lerne deine Erregungszyklen kennen. Emily empfahl auch Sexspielzeug, besonders das Fleshlight, eine künstliche Vagina aus Silikon, die in einer wie eine Taschenlampe (»flashlight«) aussehenden Röhre verpackt war. Ich hatte schon Leute über Fleshlight reden hören, aber nur spöttisch, als das ultimative Symbol männlichen Verfalls. So etwas zu benutzen, wäre mir nie eingefallen.

Am Nachmittag fuhr ich mit dem Fahrrad vom Büro in die Stadt, um einige Sexshops zu besuchen. Ich war noch nie zuvor in einem gewesen, aber fand heraus, dass es im Stadtzentrum drei davon gab, ganz in der Nähe voneinander.

Ich schloss mein Fahrrad ab und betrat den ersten Laden. Es war, als spazierte man in die Lobby eines Hotels in Las Vegas. Auf dem Boden lag ein roter Samtteppich. Rosa Lampenschirme hingen von der Decke. Der Samtteppich ging weiter hinunter zu einer Stripteaseshow im Untergeschoss. Es war noch früher Nachmittag, und die Show begann erst nach Mitternacht.

Ich war der einzige Kunde. Die Frau hinter dem Tresen starrte auf einen großen Computer. Ich räusperte mich, und als sie sich mir zuwandte, erzählte ich ihr von meinem Projekt und erklärte, dass ich diesen Monat versuche wolle, meinen Sex zu optimieren. Sie schaute mich mit gleichgültiger Miene an. Ich listete die Sachen auf, die ich bisher in diesem Jahr gemacht hatte: Gewichtheben, Französisch, Memorierungstechniken, Achtsamkeit. Dann fügte ich hinzu, dass ich diesen Monat etwas Ähnliches tun wolle.

»Ich dachte, dass ich vielleicht, falls es möglich ist, lernen könnte, wie ich einen Orgasmus bekomme, ohne … nun ja … mich selbst zu berühren?«, sagte ich.

Endlich reagierte sie. Sie kam hinter dem Tresen hervor und ging über den Teppich. Ich folgte ihr.

»Dann brauchen Sie einen von diesen«, sagte sie und zeigte auf einen kleinen Karton.

»Was ist das?«, fragte ich. Es sah aus wie ein Schaltknüppel von einem Sportwagen.

»Das ist ein Prostatavibrator.«

Ich verstummte.

»Ein Prostatavibrator?« Ich wurde nervös.

»Ja.«

»Also, äh, man steckt den einfach rein?«, fragte ich.

»Ja, das ist die Idee.«

»Und wartet?«

»Ja.«

»Und dann ... äh … komme ich?«

»Ja.«

»Schaut man dabei einen Porno?«

»Keine schlechte Idee.«

Einen schwarzen Gummigriff in meinen Hintern zu schieben und passiv darauf zu warten, dass etwas geschieht, erschien mir nicht gerade als eine Großtat der Selbstverbesserung.

»Könnten Sie mir noch etwas anderes empfehlen?«

Sie nahm mich mit zur anderen Seite des Ladens, zu einem großen Regal mit Hunderten von Kästen. Halbnackte Pornostars schmückten die Deckel. Auf einer Box stand: Fleshlight.

»Dies ist der Klassiker«, sagte sie und nahm eine heraus. »Es ist das weltweit am meisten verkaufte Spielzeug für Männer.« Die Box sah aus wie eine Schachtel für eine Barbiepuppe, nur dass sich keine Plastikpuppe darin befand.

»Dann gibt es noch die hier.« Sie ging weiter nach links und nahm einige Schachteln heraus. »Sie sind nach bekannten Pornostars geformt«, sagte sie und reichte mir die Schachteln.

Ich sagte ihr, dass ich wahrscheinlich in ein oder zwei Tagen wiederkommen würde. Ich ging hinaus auf die Straße und radelte zum nächsten Sexshop.

Ein Freund von mir wartete schon dort. Ich hatte ihn am Vormittag angerufen und gefragt, ob er bereit sei, mich moralisch zu unterstützen. Wir gingen die steilen Treppen ins Untergeschoss hinunter, dann durch einen engen Korridor, in dem sich Masturbationskabinen befanden. Dieser Ort war viel rauer und bediente diejenigen, die an extremerem Sex interessiert waren. So hatte ich mir einen Sexshop vorgestellt, mit einem rot angemalten Betonboden und einem Hauch von Dekadenz. Wir schauten uns die großen Vitrinen mit Ketten, Ledermasken und Analplugs in der Größe amerikanischer Footballs an. An einem Ende des Raums war eine Tür mit einem roten Leuchtzeichen: GAY CINEMA, CRUISING.

Zwanzig Minuten später waren wir wieder auf der Straße. Wir gingen ein paar Blocks weiter und betraten den dritten und letzten Sexshop auf meiner Liste. Dieser war ganz anders. Er war ausgestattet mit Holzböden, persischen Teppichen, Leuchtern aus Kristallglas, alten Schränken und weißen Stuckwänden.

Die Zielgruppe des Ladens waren Frauen. Verkauft wurden Dessous, Dildos, erotische Bücher und Massageöle. Es gab nur ein Regal für Männer. Die Auswahl war vertraut – Fleshlights und Prostatavibratoren. Wir schauten uns um, da kam eine Frau auf uns zu und fragte, ob wir Hilfe bräuchten. Ich erzählte ihr von dem Projekt, und sofort war sie interessiert. Sie erklärte uns, wie der Prostatavibrator funktioniert, und ich stellte ihr einige Fragen zu Masturbationsgeräten und -techniken.

Bevor ich ging, zeigte sie mir zwei Bücher. Eines war über Taoismus und Sex, und das andere war eine Anleitung, wie man multiple Orgasmen bekommen konnte. Ich kaufte beide und fühlte mich wieder hoffnungsvoll. Jetzt schien ich ein konkretes Ziel zu haben: zu lernen, wie ich multiple Orgasmen bekomme.

André, 2. Juni

Sex. Er war überall um mich herum, aber ich hatte gelernt, ihn zu ignorieren. Mein Verhältnis dazu war nicht gerade viktorianisch, ich verhielt mich eher wie ein Wittgensteinianer: *Wovon man nicht reden kann, darüber muß man schweigen.*

Mich hatten immer Menschen verblüfft, die Sex als eine Art Hobby behandelten so wie Gärtnern, italienisch Kochen oder Tennis.

Also ja, ich hatte einige Bedenken, einen ganzen Monat mit dem Versuch zu verbringen, mein Sexleben zu optimieren.

Ich musste an unsere Therapeutin und ihren Vorschlag denken, dass ich eine realistische Haltung einnehmen sollte. Als erstes beschloss ich, über Sex zu lesen und zu sprechen. Ich hatte schon einen kleinen Schritt getan, als ich in jenem Camp war, nackt in einem Kreis von Männern saß, einen Holzphallus in der Hand hielt und darüber sprach, was Sex für mich bedeutete. Aber das war eine einmalige Sache. Ich musste weitergehen. Viel weiter.

Ich machte mich auf den Weg zum nächsten Buchladen, wo ich eine Ausgabe des Kamasutra fand. Dies war wahrscheinlich einer der populärsten Sexartikel, die man kaufen konnte, und doch war es mir peinlich, als ich an der Kasse bezahlte. Am Abend zeigte ich zögernd Mel mein neues Buch.

»Warum hast du das angeschafft? Es geht wieder um dein blödes Projekt, nicht wahr?« Sie sah unbeeindruckt aus. »Also, was machst du diesen Monat?«

»Sex«, sagte ich ruhig.

»Sex?«

»Ja. Ich denke, ich sollte lernen, darüber zu sprechen.«

»Nun, ich vermute, das fällt dir leichter als es tatsächlich zu machen«, sagte sie.

Ich blieb stumm, fühlte mich unbehaglich.

»Wir haben Sex nur etwa einmal im Monat«, sagte sie, »und dann auch nur, wenn ich dich zwinge.«

Ich sagte nichts.

»Nimm nur die letzten drei Male, da wir Sex hatten. Zweimal versuchten wir, ein Kind zu zeugen, und das andere Mal habe ich angefangen«, sagte sie.

Schweigen. Ich wusste, dass ich etwas sagen musste. Schließlich hatte ich das Thema aufgebracht.

»Was denkst du darüber?«, fragte ich.

»Nun, ich denke nicht, dass du daran interessiert bist, Sex zu haben.«

»Da hast du wahrscheinlich recht«, erwiderte ich.

»Tja, du scheinst nicht sehr interessiert daran zu sein, Sex mit *mir* zu haben. Nur mit dir selbst.«

Wieder hatte sie recht.

»Warum ist das so?«, fragte sie.

Die Frage blieb im Raum stehen.

Nach einem Moment unangenehmer Stille versuchte ich zu erklären, dass Masturbation eine langweilige Arbeit sei – so wie Zähneputzen oder Duschen. Die Befriedigung eines natürlichen Bedürfnisses.

»Weißt du, als Teil meiner spirituellen Entwicklung habe ich jetzt seit fast einem Monat nicht mehr masturbiert«, teilte ich ihr mit.

»Äh, okay.«

»Wie fühlst *du* dich dabei?«, fragte ich.

»Frustriert«, sagte sie.

Das ganze Gespräch war mir peinlich. Ich zog mich daher mit dem Kamasutra nach oben zurück. Als ich die vielen verschiedenen Arten entdeckte, wie man beim Sex seine Fingernägel gebrauchen kann, wurde mir klar, dass ich mich wohler fühlte, über Sex zu lesen als darüber zu sprechen, geschweige denn, es zu machen.

Carl, 2. Juni

»Warum können heterosexuelle Männer nicht über Sex reden?«, fragte eine Kolumne in der *Vogue*. Wenn Frauen über Sex redeten, werde das als »grenzüberschreitend« angesehen, erklärte die Kolumnistin, weil es soziale Sitten herausfordere. Wenn Männer über Sex redeten, gelte das als reaktionär, als wollten sie entweder ihren Status quo bewahren oder nur angeben. Positioniere sich ein Hetero als Sexperte, schrieb sie weiter, »wird er im Allgemeinen für einen Widerling gehalten, der versucht, Frauen dazu zu bringen, Sex mit ihm zu haben.«

Sie hatte nicht ganz unrecht. Ich fühlte mich immer unwohl, wenn ich über Sex sprach. Deshalb vermied ich normalerweise auch das Thema. Ich versuchte, diese Einstellung meiner Freundin Jenni zu erklären, die regelmäßig für Zeitschriften über Sex schreibt. Im Gegensatz zu mir hatte sie eine beeindruckende Fähigkeit, über das Thema mit Einsicht und Witz zu reden.

»Schau, ich kann über Sex reden, wenn ich muss«, sagte ich, als wir in einem indischen Imbiss gleich um die Ecke meines Hauses zu Mittag aßen. »Es ist nur so, weißt du, ich bin nicht besonders interessiert daran.«

Je mehr wir uns in das Thema vertieften, desto klarer wurde es, dass ich nie mit irgendwem von meinen Freunden über Sex geredet hatte. Die Jungen, die darüber sprachen, als ich aufwuchs, waren meist Arschlöcher und prahlten mit ihren Eroberungen. Mich hatte das immer angewidert. Aber jetzt, nach zwei Jahrzehnten des Schweigens, dachte ich, es müsse doch einen Weg geben, über Sex zu sprechen, ohne dass es mich zu einem Arschloch machte.

Am Abend, bevor ich mich mit einigen Kollegen auf einen Drink traf, hielt ich an dem eleganteren Sexshop mit dem Parkettboden und der sachkundigen Frau. Ich hatte mich entschieden, den Prostatavibrator und das Fleshlight zu kaufen. Wie schwer konnte es sein? Ich war doch, was

Sex anging, cool und entspannt, oder? Als ich hineinging, sah ich, dass eine andere Frau hinter dem Tresen arbeitete. Sie sagte, dass meine Bekannte schon weg sei. Ich ging die wenigen Stufen hinunter zu dem Regal mit den Fleshlights und Prostatavibratoren. Ich streckte meine Arme aus, um die Schachteln vom Regal zu nehmen, als ich jäh erstarrte. Ich hörte hinter mir Gekicher. Als ich mich langsam umdrehte, sah ich drei männliche Teenager, die sich übergroße Dildos anschauten. Dann sahen sie zu mir und lachten spöttisch.

Mein Herz begann zu rasen. Ich glaubte, vor Scham im Boden zu versinken. Schweißtropfen fielen mir von den Augenbrauen. Die wenigen Sekunden, die ich dort stand, dehnten sich endlos. Ich musste hier raus. Ich warf meinen leeren Rucksack auf den Rücken und stürzte die Treppen hinauf, vorbei an der Verkäuferin und hinaus auf die Straße. Ich lief ein paar Blocks weiter, setzte mich in eine Kneipe und bestellte ein Bier. Ich rief André an und sagte, dass ich es nicht geschafft habe. Ich kam mir vor wie ein Widerling.

André, 4. Juni

Allmählich verstand ich, dass meine Gedanken über Sex ganz falsch waren. Er ist nicht nur ein natürlicher Drang, mit dem man dann und wann fertig werden muss. Vielmehr ist er ein Verhalten, das Disziplin und sorgfältige Übung erfordert. In diesem Sinne suchte ich nach Wegen, um mein Liebesleben zu verbessern. Bald entdeckte ich Sexercise, eine Technik, die intensiveren Geschlechtsverkehr, erhöhte Fitnesslevels und verbesserte spirituelle Gesundheit versprach. Es stellte sich heraus, dass sie Kim Kardashians bevorzugter Workout war.

Auf YouTube fand ich ein Video eines Sexercise-Lehrers namens Ash. Auf einem Arm hatte er ein riesiges Tattoo. Seine Brustwarzen waren gepierct. Er war sehr muskulös. Die Hälfte seiner Wohnung stand voll mit Fitnessgeräten.

Als Ash zum Ende seiner Übungen kam, legte er die Hände in einer Gebetspose zusammen und sagte »blessings«. Ich klappte den Laptop zu, zog meine Fitnesskleidung an und joggte zu meinem Park. Wohin würde Ash für seine Sexübungen gehen, fragte ich mich. Zu einem nachgebauten chinesischen Tempel in der Mitte eines künstlichen Sees natürlich.

Ich fand einen Platz auf dem Gras in der Nähe des Parktempels und ging alle Übungen durch, wobei ich abwechselte zwischen Unterleibsstößen in die Luft und Anspannung des PC-Muskels.

Als ich zum Ende kam, nahm ich automatisch eine Meditationshaltung ein, atmete langsam und dachte über die Verbindungen zwischen Spiritualität, Sex und Fitness nach. Dann ganz plötzlich: »Buh!«

Ein gottloses Kind war hinter mir aufgetaucht und wollte mich zu Tode erschrecken. Aber ich war entspannt und ruhig wie Ash und nicht so leicht zu beeindrucken. Stattdessen kehrte ich zu meinem Zustand des sexuellen Nirwana zurück, atmete tief, erst durch den Mund, dann durch die Nase, bis ich etwas roch. Ich schnüffelte angestrengt. Es roch wie … was war das? Ich schaute mich um. Scheiße! Mein Sexercise-Platz, sah ich nun, diente auch einem Gänseschwarm als Klo.

Carl, 8. Juni

Sexuelles Kung Fu wurde als ein Zweig der chinesischen Medizin entwickelt, las ich in *The Multi-Orgasmic Man*, einem Bestseller, den das Männermagazin *GQ* als »schnörkellosen Ratgeber für moderne Männer« beschrieb.

»Um zu lernen, wie du multiorgasmisch wirst, musst du dir bewusst sein, wie schnell du erregt wirst«, erfuhr ich. »Oft gehen Männer mit der Beschleunigung eines Rennwagens von der Erektion zur Ejakulation über.«

Ich hatte eine Woche masturbierend verbracht und versucht, meine Technik zu verbessern. Ich lernte, in Kontakt mit meinen Erregungszyklen zu kommen und wie man Orgasmus und Ejakulation unterscheidet. Ich hatte beide für ein und dasselbe gehalten. Ganz falsch. Ein Orgasmus war gut, eine Ejakulation schlecht. Beim Orgasmus ging es um das Leben, Ejakulation bedeutete Tod. Wie hieß es in dem Buch? Ich müsse vermeiden, »über den Rand zu fallen und hinunter in die Schlucht postejakulatorischen Stupors«.

Begeistert las ich über die Meister des sexuellen Kung Fu, wie sie sich selbst nannten. Sie rühmten sich, wieder und wieder Orgasmen zu haben, bis ihr ganzer Körper orgasmisch wurde. Selbst das Gehirn konnte einen Orgasmus haben. Der Trick bestand darin, die sexuelle Energie in den Körper zu leiten und sie den ganzen Orgasmus hindurch zirkulieren zu lassen. Ich hatte jedoch meine Zweifel, dass ich sehr spirituell aussah, als ich dort lag und diese Techniken praktizierte.

Ich folgte einer Fünf-Schritte-Übung. Erstens: Ich machte meinen Penis gleitfähig (»Öl ist generell besser als Lotion«). Zweitens: Ich befriedigte mich selbst (»vergiss nicht, deinen ganzen Penis, dein Skrotum und dein Perineum zu massieren und zu stimulieren«). Drittens: Ich beobachtete aufmerksam meine Erregungszustände (»achte auf das Kribbeln an der Wurzel deines Penis, achte auf die Stadien der Erektion, achte auf die Beschleunigung deines Herzschlags«). Viertens: Als ich mich der Ejakulation näherte, hielt ich inne (»achte auf die Kontraktion deines PC-Muskels und Anus während der Kontraktionsphase des Orgasmus« und »versuche, deinen PC-Muskel um die Prostata zu pressen«). Fünftens: Erlange wieder die Kontrolle und beginne von neuem (»so oft wie du möchtest«).

Das Buch über den Multi-Orgasmus lag offen neben mir, so dass ich die Zeichnungen eines erigierten Penis sehen konnte und die Hand, die verschiedene Squeeze-Techniken wie etwa den »Hodenzug« illustrierte. Ich stellte einen Timer auf zwanzig Minuten und legte einen konventionellen Porno ein. Pornos seien ein ausgezeichneter Weg, um zu beginnen, erklärte das Buch. Aber sobald ich erregt sei, müsse ich den Film ausstellen. Pornos seien dann nur noch eine Ablenkung, hieß es. »Nun musst du in dich gehen und deine eigene Lust erleben und nicht eines anderen Vorstellung von Lust.«

Ich klappte den Laptop zu und begann, mich ganz auf mich zu konzentrieren. Ich versuchte, der Anweisung des Buches folgend, mich so zu verwöhnen, als wäre ich mein eigner Liebhaber, aber in dem Moment, da ich den Laptop wegstellte, wurde ich meiner selbst bewusst und leicht angewidert. Ich stellte das Video wieder an. Doch ich fühlte mich unbehaglich, wie ich da auf dem Bett lag, eingeschmiert mit Gleitmittel, und angestrengt versuchte, mich selbst zu befriedigen. Mir fielen viele Menschen ein, mit denen ich ungern Sex hätte, und ich war einer von ihnen.

André, 10. Juni

Meinen ersten Pornofilm sah ich im Haus eines Nachbarn, als ich zwölf war. Er war auf einer VHS-Kassette und gehörte dem Vater des Nachbarjungen. Für den Rest meiner Teenagerjahre kann ich mich nur noch daran erinnern, gelegentlich Pornomagazine durchgeblättert zu haben. Als Zwanzigjähriger hielt ich Pornos für kulturellen Müll, der die Ausbeutung von Frauen einschloss. In meinem bisherigen Leben hatte ich nur wenige Pornofilme gesehen. Wenn Leute über Pornografie redeten, versuche ich, mich cool zu geben und das Thema so bald wie möglich zu wechseln.

Ich wusste, dass meine Aversion gegenüber Pornos mich von einem Großteil der Gesellschaft trennt. Vierzig Millionen Amerikaner besuchen regelmäßig pornografische Websites. 35 Prozent des Internetinhalts sind pornografisch, und 25 Prozent der Suchanfragen beziehen sich auf Pornografie. Es ist eine riesige Industrie, in der allein in den USA jede Sekunde 3000 Dollar ausgeben werden. Ich dachte immer, Pornografie sei Männersache, aber offensichtlich sind ein Drittel der Pornokonsumenten Frauen. Angesichts dieser gewaltigen Popularität fragte ich mich, ob das Anschauen von Pornofilmen mir dabei helfen konnte, das Thema Sex anzugehen.

Um das herauszufinden, loggte ich mich bei Pornhub ein, eine der größten pornografischen Websites weltweit. Jedes Jahr schauen sich auf dieser Website User für 4,5 Milliarden Stunden 92 Milliarden Videos an. Als erstes sah ich die fünfundachtzig Kategorien an Pornos. Emily Witt beschrieb das in ihrem Buch *Future Sex* als »das umfassendste Archiv sexueller Fantasien in der Menschheitsgeschichte«. Angesichts so vieler Arten von Erregung fühlte ich mich von der Auswahl überwältigt. Es gab unbegrenzte Optionen, aber ich verstand die Sprache nicht. Anscheinend fehlten mir die genauen Worte, um meinen eigenen Geschmack mit dem schier endlosen Angebot an verfügbaren Fantasien zu verbinden.

Ich stellte rasch eine Berechnung an. Wenn ich einen Pomodoro von fünfundzwanzig Minuten für jede Kategorie verbrauchte, würde das auf ungefähr siebenunddreißig Stunden hinauslaufen. Eine ganze Arbeitswoche lang nur schauen. So mancher hätte daran vielleicht Gefallen gefunden. Ich nicht. Es klang so deprimierend wie zwei Tage hintereinander morgens, mittags und nachmittags fernzusehen. Und außerdem wären fünfundzwanzig Minuten für jede Kategorie mehr als doppelt so viel wie die neun Minuten und vierzig Sekunden, die der durchschnittliche britische Benutzer während jedes Besuchs auf der Website verbringt.

Als erstes klickte ich die Kategorie »Britisch« an. Die Hauptdarsteller waren Taxifahrer, Polizisten, Sekretärinnen und Omas. Willkürlich wählte ich einen Film aus. Eine Taxifahrerin holt einen Fahrgast ab. Sie sprechen über das Wetter. Was könnte britischer sein? Nach einigem Smalltalk über den »Gummiknüppel des Polizisten« erfolgt ein Schnitt, und sie sind auf einem Parkplatz. Im Wagen streichelt sie seinen Penis und lutscht daran, und dann haben sie Sex in verschiedenen Stellungen. Das Ganze kommt zum Höhepunkt, als er masturbiert und sie ihren Mund offen hält, als ob sie eine ekelhafte Medizin schlucken müsste. Der Film endet damit, dass die Frau den Samen wie ein Mundwasser gurgelt. Ich hatte kaum eine halbe Stunde zugeschaut und war schon gelangweilt. Mit stoischem Pflichtgefühl ging ich zur nächsten Kategorie über.

In den nächsten Tagen guckte ich mir Pornos an, von denen ich keine Ahnung hatte, dass es sie gab: reif, MILF, »für Frauen«, Omas, Cartoons, 60FPS, Asiatin, Amateure, Araberin – um nur ein paar zu nennen. Später fand ich heraus, dass die beliebtesten Kategorien auf Pornhub in Großbritannien Lesben, Teens und MILF sind. Weltweit sind die häufigsten Suchbegriffe für Männer MILF, Stiefmutter und Stiefschwester. Im Gegensatz dazu stehen bei den Frauen Lesben, Scherensex und Dreier ganz oben auf der Beliebtheitsliste.

Je mehr ich sah, desto weniger interessierte ich mich. Mein Internetbrowser schien plötzlich voll zu sein mit Anzeigen für »heiße Omas«, die in der Nähe wohnten und »scharf darauf waren zu ficken«. Ich wartete auf irgendeine Art der Erregung, aber nichts geschah. Offensichtlich stand ich vor dem genau entgegengesetzten Problem der 200000 Menschen in den USA, die als Pornosüchtige gelten. Meine Herausforderung bestand nicht darin, mit dem Schauen aufzuhören; ich musste mich dazu zwingen, dabei zu bleiben. Ich hoffte, dass mein strikter, durch den Pomodoro bestimmter Zeitplan mir helfen würde.

Es gab andere Genres, die ich genießbarer fand. Hentai, japanische Cartoon-Pornos, hatten eine merkwürdige ästhetische Anziehungskraft. Manche Genres waren leicht lustig. Eine Figur mit dem Namen »MILF Hunter« ragte heraus. Er war eine pornografische Version des Crocodile Hunter, der seine Tage damit verbrachte, durch Florida zu kurven und nach »geilen Müttern« Ausschau zu halten, mit denen er »Party machen« konnte.

Es gab andere Genres, die weniger anziehend waren wie etwa ein Film, in dem eine siebzigjährige Deutsche die Hauptrolle spielte. Sie stand in der Mitte eines Planschbeckens in einer Garage aus Schlackenbeton. Um sie herum streichelten zehn Männer unterschiedlichen Alters, die schwarze Skimasken trugen, ihre Schwänze und warteten, bis sie an der Reihe waren.

Nach Stunden des Anguckens verschwammen alle diese Filme ineinander. Ich fand es immer schwerer, den Überblick zu behalten; also rief ich Carl an, um mit ihm mein Problem zu diskutieren.

»Du musst da wissenschaftlicher rangehen«, schlug er vor.

»Was meinst du?«

»Führe eine Liste aller Filme, die du anschaust«, riet er. »Vielleicht könntest du deinen Gehirnscanner benutzen.«

Ich folgte seinem Rat und erstellte eine Excel-Tabelle. Ich machte Spalten für Genres, Ästhetik, ethische Fragen, Anzahl der Ständer, die ich hatte, und den Grad der erreichten sexuellen Erregung. Dann setzte ich mein Muse EEG-Headset auf und verfolgte meine Hirnaktivität, während ich Pornos anguckte.

Als ich einige Tage später zum Ende meines Seh-Marathons kam, überprüfte ich meine Tabelle, übertrug sorgfältig meine Notizen und betrachtete meine EEG-Bilder. Ich versuchte, einige Schlüsse zu ziehen. Was hatte mir tatsächlich gefallen? Es war viel leichter zu sagen, was ich nicht mochte. Als ich die Zahlen addierte, schnitten Pornofilme für Frauen am besten ab. Warum? Weil diese Filme angeblich für Frauen waren, gaben sie mir vielleicht eine Art Freibrief, sie anzuschauen.

Carl, 15. Juni

Die Hälfte des Monats war vergangen, als ich mich mit einer Freundin zum Mittageessen traf. Sie war die einzige multi-orgasmische Person, die ich kannte. Ich hatte ihr erzählt, wie mein anfänglicher Optimismus, ein Meister in der Kunst des autoerotischen Liebesspiels zu werden, geschwunden war. Ich war ein hingebungsvoller Schüler gewesen. Ich hatte die Anweisungen genau befolgt, Atmen- und Kontraktionsübungen praktiziert und die vorgeschriebenen zwanzig Minuten für Masturbation jeden Tag eingehalten. Trotz größter Anstrengungen kam ich nicht weiter. Multi-orgasmisch zu werden, erwies sich als eine beängstigende Aufgabe. Sie erforderte mehr als äußerste Disziplin und harte Arbeit. Offensichtlich war so etwas wie eine existentielle Veränderung nötig.

Während des Essens erklärte die Freundin, wie sie gelernt hatte, multi-orgasmisch zu werden.

»Es ist wie Meditation. Wenn du es gelernt hast, ist es einfach«, erklärte sie.

»Du kannst also so gut wie immer kommen, wo und wann du willst?«

»Ja, sogar hier und jetzt.«

»Was? Wie?«

»Ich habe ein besonderes mentales Bild von mir und meinem Boyfriend.« Sie beschrieb es mit einigen Einzelheiten und fügte dann hinzu: »Ich stelle mir vor, dass ich dieses Bild sehe, und masturbiere. Ich konzentriere mich ganz auf mich selbst und werde durch das Bild erregt. Mehr brauche ich nicht.«

»Der Trick besteht also darin, mich selbst zu beobachten, wenn ich zu einem fiktiven Bild von mir beim Sex masturbiere.« Wie könnte ich das lernen, wollte ich wissen.

»Du musst besser verstehen, wie du Lust bekommst. Könntest du dich filmen, während du Sex mit Sally hast? Das würde helfen.«

»Ich kann sie fragen, aber es wäre heikel.«

»Du könntest es auch tun, während du masturbierst. Entweder du filmst dich selbst oder benutzt einen Spiegel. Entscheidend ist, dass du dich selbst verstehst und eine Vorstellung von dir hast, wenn du im Zustand der Ekstase bist.«

Erst jetzt begann ich zu verstehen, was mich blockierte. Für mich bedeutete Sex Flucht. Wenn ich mit meiner Frau schlief, dachte ich an sie und nicht an mich. Jedes Mal, wenn ich masturbierte, dachte ich an etwas anderes. Nicht an mich. Ich hatte das Problem erkannt: Es war ich selbst und die Tatsache, dass ich mich aus der Sexgleichung ausradieren wollte, egal ob andere Menschen involviert waren oder nur ich.

Als ich nach Hause kam, fragte ich meine Frau, ob wir uns filmen könnten, wenn wir miteinander schliefen.

»Auf gar keinen Fall«, sagte sie barsch.

Ich musste also eine andere Strategie finden.

André, 16. Juni

Zu Beginn des Monats war ich bei einem Freund zu Hause. Während unsere Kinder miteinander spielten, fragte er mich, an welchen Projekten ich arbeitete. Ich erzählte ihm, dass ich versuchte, mein Sexleben zu optimieren. Er war einer der wenigen, die nicht sofort das Thema wechselten.

»Hast du dir schon mal die Pick-up-Kunst näher angeschaut?«, fragte er.

»Was ist das?«

»Kurz gesagt sind es Männer, die besondere Techniken anwenden, um Frauen zu verführen, die sie nicht kennen.«

Ich war zuerst skeptisch. Ich hatte eine Partnerin und ein kleines Kind und war nicht daran interessiert, Fremde abzuschleppen. Und doch konnte ich eine gewisse Neugier nicht leugnen.

Ich hatte mich Frauen immer nur zögernd genähert, und

die Vorstellung, das Aufreißen in eine Kunst zu verwandeln, war mir völlig fremd. Aber ich wollte mehr darüber herausfinden und begann mit Neil Strauss' Klassiker *The Game: Penetrating the Secret Society of Pick-Up Artists*. Darin erzählt der Autor, wie er zu einer kleinen Gruppe von Verführungskünstlern in LA stieß und dann daran beteiligt war, ihre Masche zu einer globalen Industrie zu machen. Strauss beschrieb sich selbst als »transformationellen Journalisten« und hatte über alles Mögliche geschrieben: von Tourneen mit Mötley Crüe bis zu Nächten mit einem Pornostar. Ich entdeckte, dass Strauss mit Tim Ferriss, Carls Guru, befreundet war. Das war mein Mann.

Als ich mehr über die vielen Techniken der Anmache las, fiel mir auf, dass sich Pick-Up Artists vieler der Selbstverbesserungspraktiken bedienten, die Carl und ich in diesem Jahr erprobt hatten. Ein ernsthafter PUA (Pick-Up Artist) sollte ins Fitnessstudio gehen, authentisch sein, positive Aphorismen zitieren, an seinem »inneren Spiel« arbeiten, neuro-linguistisches Programmieren anwenden, um die Macht der Suggestion zu beherrschen, und Hypnose praktizieren. Wirklich engagierte Pick-Up Artists lernten Tantra, Zen und Achtsamkeit.

Ich erfuhr auch einiges über »chick crack« (jede Art von psychologischem Test), »soul gazing« (jemandem für längere Zeit in die Augen schauen), Visualisierungstechniken (sich Orte vorstellen, wo man sich wirklich wohlfühlt) und die Wichtigkeit einer guten Haltung (ein Kurs in Alexander-Technik wurde empfohlen)

Auch wenn diese Typen abstoßend waren, war ich doch erstaunt, wie sehr sie sich der Selbstverbesserung verschrieben. Es war allerdings eine merkwürdige Art der Selbsthilfe, weil sie sie nur als ein Mittel sahen, Frauen aufzureißen.

Carl, 17. Juni

Allein in den USA setzt die Sexspielzeugindustrie pro Jahr über 15 Milliarden Dollar um. Vibratoren sind die beliebtesten Produkte und machen 20 Prozent des Gesamtumsatzes aus. 44 Prozent der amerikanischen Frauen haben sie benutzt, und 20 Prozent der Männer.

Ich selbst hatte keinerlei Erfahrung. Ich hatte nie einen Vibrator in der Hand gehalten.

Es war noch früher Nachmittag, als ich zum dritten Mal in den exquisiten Sexshop ging. Die Ladenbesitzerin war alleine da und faltete Unterwäsche.

»Ich habe mich nun entschieden und möchte einen Prostatavibrator kaufen.«

»Oh, gut. Lassen Sie mich Ihnen helfen«, sagte sie und holte eine Box hervor. »Dies ist das Standardmodell.« Es war schwarz und gebogen und einschüchternd.

»Es ist ein bisschen groß, oder?«, fragte ich.

»Die Größe macht nicht viel Unterschied, sobald er drin ist.«

»Nein?« Meine Stimme brach.

»Und dann haben wir noch dieses Modell.« Sie nahm einen blauen Vibrator heraus. Er kam aus Japan und sah eher wie ein modernes Küchengerät aus.

»Moment«, sagte sie. »Ich glaube, ich habe noch etwas Besseres.« Sie wühlte in einem Korb mit Produkten im Angebot und kam mit einer großen luxuriösen Schachtel zurück.

»Ich wusste doch, dass es dort ist«, sagte sie. »Den habe ich schon ein Jahr, und niemand hat ihn gekauft. Das ist der Rolls-Royce der Prostatavibratoren.«

»Rolls-Royce«, wiederholte ich, während ich die Schachtel begutachtete, die mich an teure belgische Pralinen erinnerte.

»Er kostet nur noch die Hälfte. Er soll superb sein.«

Am späten Abend lag ich allein mit meinem Rolls-Royce

Vibrator im Bett. Ich nahm ihn aus der Schachtel, schloss ihn zum Aufladen an und las die Bedienungsanleitung.

Nexus Revo Stealth, das ferngesteuerte Prostata-Massagegerät, ist der nächste Schritt in der Technologie zur Steigerung männlicher Lust. Unter Verwendung innovativer Technik zeichnet sich der wieder aufladbare Revo Stealth durch unvergleichliche Funktionalität aus, die den Benutzer befähigt, neue Höhen orgasmischer Glückseligkeit zu erreichen.

Danach genau hatte ich gesucht. *Orgasmische Glückseligkeit. Nächster Schritt in der Technologie zur Steigerung männlicher Lust.* Ich las weiter:

Er kombiniert einen zweistufigen Rotationsschaft, der eine tiefe, gründliche Massage des Perineums ermöglicht, mit einer Auswahl von sechs Stimulationsfunktionen. Dazu hat Nexus Revo Stealth eine äußerst benutzerfreundliche Fernbedienung, die Ihnen größere Freiheit gibt, ihn allein oder mit einer Partnerin zu verwenden. Der Revo Stealth liefert diskrete, gezielte Stimulation, wo Sie sie am meisten wollen.

Als ich die Anleitung im Detail durchgelesen hatte, war mein Rolls-Royce-Gerät voll aufgeladen. Ich hatte ein bisschen Angst. Ich saß eine Weile da und begutachtete den schwarzen Gummikopf, während er sich wie ein tanzender Wurm in Kreisen bewegte.

Ich zog mich aus, öffnete meinen Laptop, schob irgendeinen Pornoclip rein, stellte den Timer auf zwanzig Minuten, applizierte eine großzügige Menge Gleitmittel und begann, mich zu berühren. Ich versuchte, so sinnlich und selbstverliebt zu sein, wie ich konnte. Nach ein oder zwei Minuten, als ich erregt genug war, nahm ich den Rolls-Royce und führte ihn langsam und sanft in die vorgesehene Stelle ein.

Es war ein unerforschtes Gebiet meines Körpers. Das Gefühl war unwirklich. Sobald er am Platz war, griff ich nach der Fernbedienung und drückte einen der Knöpfe. Der Schaft begann, sich in Kreisen zu bewegen. Im Magen hatte ich das Gefühl, als würde ich mich einer internistischen Untersuchung unterziehen. Ich drückte den anderen Knopf. Eine leichte Vibration begann. Ich drückte wieder auf den Knopf in der Hoffnung, sie würde langsamer werden. Das Ding vibrierte noch mehr. Ich versuchte, mich auf den Film zu konzentrieren und meine eigenen Empfindungen zu vergessen, aber das Brummen in meinem Hintern war überwältigend. Ich drückte wieder auf die Fernbedienung. Die Vibration ging in den Impulsmodus über. Ich drückte noch einmal, was härtere und stärkere Impulse auslöste. Ein weiterer Knopfdruck beschleunigte die Impulse. Ich drückte den anderen Knopf, und nun bewegte sich der Schaft schneller. Ich drückte beide Knöpfe gleichzeitig und hoffte, das Gerät würde ausgehen. Aber das tat es nicht. Ich verlor die Kontrolle. Ich wollte schreien.

Gerade als ich im Begriff war, mich von dem rektalen Terror zu befreien, stoppte das Gerät. Ich war erleichtert. Ich konnte wieder atmen.

Erneut musste ich versuchen, in die richtige Stimmung zu kommen. Ich konzentrierte mich auf den Film und streichelte mich sanft und langsam, als ob ich mich bei meinem Körper für die seltsamen Dinge entschuldigen wollte, die ich ihm antat.

Der Vibrator war immer noch an seinem Platz, ruhig und still, und wartete auf meine nächsten Anweisungen. Ich drückte auf beide Knöpfe je einmal. Leichte Vibration wie eine milde Brise. Der Schaft bewegte sich langsam und massierte mich sanft. So war es viel besser. Gerade als ich in Fahrt kam, geschah etwas wirklich Merkwürdiges. Ich sah den Mann und die Frau auf dem Bildschirm. Sie waren noch beim Vorspiel. Sie ließ einen Finger in sich hineingleiten. Ich sah ihn verschwinden, schaute dann auf ihr Gesicht, als sie ihre Augen schloss, und hatte das starke Gefühl, dass ich ihr sehr nahe war, als wäre sie ich oder ich sie.

Ich machte so fünfzehn Minuten weiter: langsame Schaftbewegung und leichte Vibration. Ich nahm mehr Gleitmittel, streichelte mich sanft und achtete darauf, nicht den Punkt zu erreichen, von dem es kein Zurück mehr gibt. Zwei Wochen Praxis machten sich bezahlt. Ich war nun vertraut mit meinen Erregungszyklen, und ich wusste, wann ich langsamer werden musste, wie meine Finger zu gebrauchen waren und wo ich pressen musste. Ich würde nicht so weit gehen und behaupten, dass ich nun ein Meister des sexuellen Kung Fu war, aber ganz sicher tat ich etwas, das ich noch nie zuvor getan hatte. Ich hatte Sex mit mir selbst. Er was intensiv, ja leidenschaftlich.

Und dann, nach zwanzig Minuten, piepste der Timer. Es war Zeit, loszulassen. Ich stieß mich über die metaphorische Klippe und gab einen tiefen Seufzer der Erleichterung von mir. Ich war geistig und körperlich erschöpft. Ich wollte mich nur umdrehen und einschlafen. Aber es ging nicht. Denn das Gerät in mir bewegte sich und vibrierte immer noch, und ich konnte es nicht herausziehen. Ich versuchte, mich zu beruhigen, war aber verkrampft und gestresst und musste an Geschichten über Patienten denken, die mit fremden, in ihren Hintern festsitzenden Gegenständen in die Notaufnahme kamen. Ich atmete noch einmal tief ein, entspannte meine Muskeln und zog so fest ich konnte. Das Ding floppte raus wie ein Weinkorken. Ich war befreit. Angewidert und stolz zugleich rannte ich ins Badezimmer und wusch mich.

André, 17. Juni

Es war Zeit, die Kunst des Aufreißens zu praktizieren. Bevor ich mich auf das Gebiet wagte, musste ich vorbereitet sein. Der erste Schritt war »peacocking«. Die besten Pick-

Up-Artists sahen eher aus wie Straßenkünstler als wie Männer auf Beutezug. Für mich war das neu, daher begnügte ich mich mit einem langen Schal, einem tief ausgeschnittenen T-Shirt und meiner Gebetskette. Ich hatte einen Spickzettel vorbereitet, auf dem eine Auswahl an Standarderöffnungen stand: »Hey, ich hab nur eine Frage – mein Freund ist immer noch mit seiner Ex-Freundin befreundet, und das gefällt seiner jetzigen Freundin überhaupt nicht – was soll er tun?« Es gab auch ein paar Randnotizen über Körpersprache (»lehn dich zurück, Brust raus, übernimm die Kontrolle«) und Stimme (»leise, langsam, laut«).

Ich war bereit.

Ich hatte ein bisschen recherchiert und den perfekten Ort gefunden, um meine Verführungskünste auszuprobieren: ein großer Innenhof in der City of London mit Dutzenden Bars. Bei dem Gedanken, zu einer Gruppe von Frauen zu gehen und einen »Opener« zu benutzen, überkam mich ein mulmiges Gefühl. Ich zog mich an die Bar zurück und trank ein Glas überteuerten Wein, während ich auf meinen Freund wartete, der mein Flügelmann sein sollte. Offensichtlich eine wichtige Inspirationsquelle für die Pick-Up-Community war der Film *Top Gun*, von dem Ausdrücke wie »wingman« und »target« herstammten.

Als mein Flügelmann endlich aufkreuzte, gingen wir nach draußen, und ich gab ihm einen Crashkurs in PUA. Ich zog meinen Notizen heraus und las ihm den Ablauf einer perfekten Anmache vor:

1. Lächle und zeig deine Präsenz. Wann immer du einen Raum betrittst, musst du einen positiven Eindruck machen.

2. Die Drei-Sekunden-Regel. Siehst du eine Frau, die dich interessiert, nähere dich ihr in drei Sekunden.

3. Benutze einen auswendig gelernten »Opener«. Idealerweise mit einer offenen Frage.

4. Konzentriere dich auf die Gruppe, besonders auf das Alpha-Männchen. Ignoriere die Frau, die du »anvisierst«.

5. »Neg« [eine negative Bemerkung machen] das Ziel. Verwende einen positiven Kommentar, gefolgt von einem negativen. Zum Beispiel: »Das sind hübsche Fingernägel. Sind die echt?«

6. Vermittle der Gruppe Persönlichkeit. Du kannst eine vorgeübte Nummer benutzen wie etwa Fotos aus verschiedenen Zeiten deines Lebens zeigen.

7. Gib dem Ziel ein weiteres »Neg«.

8. Isoliere das Ziel. Bring sie zu einem ruhigen Ort und finde IOUs (Interessenindikatoren) heraus. Dazu gehört, dass das Ziel dich nach persönlichen Details fragt wie deinem Namen, deinem Job oder wo du lebst.

9. Zeige deinen Wert, indem du etwas Ungewöhnliches tust. Du kannst einen Zaubertrick vorführen, einen psychologischen Test machen oder sogar vorgeben, du hättest ASW [Außersinnliche Wahrnehmung].

10. Konzentriere dich auf die inneren Qualitäten des Ziels. Lieblingsgesprächsthema der Menschen sind sie selbst.

11. Hör auf zu reden. Nimmt das Ziel das Gespräch wieder auf? Falls ja, bist du auf einem guten Weg.

12. Ende. Entweder mit einem Kuss oder sag, du musst gehen, und lass dir ihre Nummer geben.

Als ich ans Ende meiner Liste kam, lehnte sich mein Flügelmann über den Tisch zu mir.

»Siehst du die Frau dort an dem anderen Tisch?«

»Ja, warum?«

»Sie hat dir zugehört.«

»Wirklich?«

»Sie sieht geschockt aus«, sagte er lachend.

»Oh, Scheiße!« Ich schämte mich und wechselte das Thema.

Kurze Zeit später fing es an, heftig zu regnen, und alle verschwanden. Ich überzeugte meinen Begleiter, dass wir irgendwo anders hingehen sollten.

»Ja gut. Ich kenne einen perfekten Ort«, sagte er.

Etwa eine halbe Stunde später führte er mich in ein Pub in Nord-London. Es unterschied sich sehr von unserem vorherigen Jagdgebiet. Es war einer dieser Orte, die ältere Männer anziehen, die allein trinken wollen, und jüngere Leute, die sich verstecken wollen. Aber meine anfängliche Enttäuschung wich, als ich bemerkte, dass an mehreren Tischen Frauen zusammensaßen.

Wir setzten uns an die Bar, bestellten ein Bier und unterhielten uns eine Weile. Einige Pints später hatte ich genug Mut gefasst, um meine erste Annäherung zu wagen: eine Gruppe von Frauen in ihren Dreißigern und Vierzigern. Ich begann mit einer vorbereiteten Frage: »Ich recherchiere über Tattoos – hat jemand von euch eins?« Da war kein Alpha-Männchen, auf das ich achten musste, also wandte ich mich direkt dem Alpha-Weibchen zu. Die Frage schien ein gewisses Interesse zu wecken. Einige hatten Tattoos, andere nicht. Nach dieser Eröffnung musste ich versuchen, eine Beziehung herzustellen. Sie waren freundlich, aber machten mir schnell klar, dass sie nicht besonders interessiert waren. Deshalb gab ich auf und kehrte zur Bar zurück. Mein Flügelmann lachte. Ich sagte ihm, dass er als mein Flügelmann mich unterstützen und nicht verspotten sollte.

Ich nahm erneut all meinen Mut zusammen und näherte mich der nächste Gruppe. Diesmal waren die Frauen viel attraktiver und jünger. Doch niemand von ihnen interessierte sich für meine Tattoo-Frage, und nach etwa drei Minuten einsilbiger Antworten ging ich weg. Ich schaute in mein Bier, besiegt. Mein Flügelmann lachte mich grausam aus.

Aber dann kam eine Frau aus der ersten Gruppe zu uns herüber. Sie war die bei weitem attraktivste. Sie schien wirklich interessiert zu sein und sprach etwa zwanzig Minuten mit uns. Vielleicht funktionierte es, dass ich sie ignoriert hatte.

Als sie wegging, schaute ich auf den Typ hinter der Theke. Er trug eine dieser abgeschnittenen Jeansshorts, die bei deutschen Wanderern beliebt waren. Er pumpte seinen Körper zu der Musik auf und ab wie ein zehnjähriges Mädchen mit einer neuen Poledance-Ausrüstung. Ich schaute auf die anderen Männer an der Bar. Die meisten von ihnen waren wahrscheinlich schwul. Ich sah hinüber zu den beiden Gruppen von Frauen, mit denen ich gesprochen hatte. Das Alpha-Weibchen ließ besitzergreifend ihre Hand auf einem Bein des Beta-Weibchens ruhen. »Ist dies eine Schwulenbar?«, fragte ich. Wieder lachte mein Flügelmann über mich.

Die Sperrstunde nahte. Doch noch war nicht alles verloren, denn um die Ecke gab es einen Nachtclub. Ich warf einen Blick auf meinen Spickzettel: »Zeige Präsenz«, stand dort. Also versuchte ich, als wir den Club betraten, mit einem breiten Lächeln eine positive Einstellung zu vermitteln. Um zu vermitteln, dass ich das Sagen hatte, ging ich geradewegs zu einem Mann, der mir völlig unbekannt war, und forderte ihn auf, mir ein Bier zu bezahlen. Ich lachte, als er fragte warum, und ging weiter zur nächsten Gruppe. Dann zur nächsten.

Bald fiel mir eine attraktive Frau auf. Ich sprach sie mit einem »direkten Opener«: »Du siehst interessant aus.« Sie schien sehr offen zu sein, aber nach zwei Minuten sagte sie mir, sie habe einen festen Freund. Auf der Website »Venusian Arts« hatte ich gelesen, dass jeder hartnäckige Pick-Up-Artist Langzeitbeziehungen nur für ein vorläufiges Hindernis hielt. Die Musik war laut, und die Frau machte sich davon. Nun verstand ich, warum viele PUAs das »Spiel bei Tag« bevorzugten.

Ich tanzte mit Hingabe, und ein paar Frauen und sogar noch mehr Männer näherten sich mir. Aber ich erspähte wieder mein attraktives »Ziel« und ging zu ihr. Diesmal war ihr Freund bei ihr. »Konzentrier dich auf ihn«, dachte ich. Er sagte, er sei ein israelischer Soldat. Nicht jemand, mit dem man sich wirklich anlegen will. Aber ich versuchte, positiv zu denken, so wie es PUA-Experten rieten: *Ich bag-*

gere nicht die Freundin dieses Typs an. Ich tue ihm einen Gefallen, indem ich sie begehrenswert erscheinen lasse.

Zu diesem Zeitpunkt bemerkte ich, dass mein Flügelmann versuchte, aus dem Club zu entkommen. Ich packte ihn und zog ihn zur Tanzfläche zurück. »Ich brauche dich!«, rief ich. Widerwillig kam er mit. Aber sobald ich mich umgedreht hatte, verschwand er. Vermutlich reichte es ihm zuzusehen, wie ich mich zum Deppen machte. Zum Glück hörte die Musik nach etwa einer Stunde auf. Ich rannte sofort erleichtert hinaus und nahm ein Taxi nach Hause.

Carl, 22. Juni

Nach einem erfolglosen zweiten Versuch mit dem Prostata-Vibrator, eine Erfahrung, die sich mehr wie Selbstvergewaltigung als Selbstliebe anfühlte, kehrte ich zu dem exquisiten Sexshop zurück. Ich war froh, meine Vertraute dort zu finden. Ich erzählte ihr von meinem Widerwillen, den Vibrator zu benutzen. Sie sagte, man benötige meist etwas Zeit, um sich daran zu gewöhnen. Ich plante aber, etwas Neues zu versuchen, vielleicht ein Fleshlight.

Seit ihrer Erfindung im Jahr 1998 sind mehr als vier Millionen Fleshlights verkauft worden, und 45 Prozent der Käufer besitzen mehrere. Auf der offiziellen Website wurde das Fleshlight als das »#1 male sex toy« beschrieben, das »die realistischste Simulation des Geschlechtsverkehr« bietet.

»Sie sollten eine von diesen ausprobieren«, sagte sie und zeigte mir eine transparente Version. »Sie ist wirklich cool, weil man sich selbst sehen kann, wenn man drin ist.«

Das hörte sich nicht gut an. Was konnte abstoßender sein, als sich selbst dabei zu beobachten, wie man in eine durchsichtige Plastikröhre rein- und rausgleitet? Aber ich folgte ihrem Rat und kaufte das Gerät. Ich radelte zurück nach Hause und ging sogleich ins Badezimmer. Es war ein großes schleimiges Ding in einem zylinderförmigen Behälter. Ich nahm das schleimige Teil heraus und wog es in meiner Hand. Es war feucht und klebrig wie eine Qualle.

Ich las die Gebrauchsanweisung sorgfältig durch und füllte dann das Fleshlight mit heißem Wasser, was ihr ein natürliches Gefühl geben sollte. Ich ging ins Schlafzimmer und brachte mich in die richtige Stimmung. Ich rieb mich und dann das Gerät mit Gleitgel ein, bevor ich mich mit dem Schleim verband. Ich lag auf meinem Rücken mit einer großen Plastikröhre auf meinem Penis, die gerade in die Luft ragte. Ich konnte mir gut vorstellen, wie lächerlich ich aussah.

Ich folgte dem Rat der Verkäuferin und blickte nach unten. Aber alles, was ich durch das dicke Plastik sehen konnte, war ein verschwommenes Stück Fleisch. Das half meiner Lust nicht. Ich schaute wieder nach oben, starrte auf den Computerbildschirm und tat so, als ob er nicht da wäre. Langsam bekam ich ein schönes, warmes Gefühl, und ich verstand allmählich, warum das Ding ein Hit geworden war.

Und danach überfiel mich mit bemerkenswerter Wucht die Scham. Als ich wieder ins Badezimmer ging, verließ mich mein Mut. Ich fühlte mich ekelhaft. Ich nahm die schleimige Qualle aus dem Behälter und öffnete die künstlichen Schamlippen mit den Fingern, hielt sie unter den Hahn und spülte heißes Wasser durch die Röhre. Ich tauchte sie in Reinigungsalkohol, spülte sie noch einmal durch und ließ sie dann zum Trocknen im Waschbecken. Eine Stunde später kam ich zurück, tupfte Pulver auf die Öffnung, stopfte das Ding in den Plastikbehälter und steckte die Schachtel in einen Beutel, den ich im Kleiderschrank versteckte.

André, 22. Juni

Laut einigen Stammgästen bei »Venusian Arts«, dem von Pick-Up-Artists besuchten Web-Forum, war Tantra großartig, um »das innere Spiel« zu beherrschen. Neil Strauss beschrieb Tantra als eine spirituelle Erfahrung, die »eine Befreiung vom Ich, eine Vereinigung mit anderen, eine Auflösung in die Atome, die um uns vibrieren, und eine Verbindung zu der universellen, alles durchströmenden Energie ermöglicht.« Nach meinen religiösen Erfahrungen im Mai wollte ich unbedingt mehr darüber herausfinden.

Ein bei Pick-Up-Artists beliebtes Buch war *Der Weg des wahren Mannes* von David Deida, einem ehemaligen Neurophysiologen und jetzigen spirituellen Sex-Lehrer. Ich hatte immer angenommen, dass es bei Tantra um das Hinauszögern und Intensivieren des Orgasmus geht. Aber bei Deida entdeckte ich etwas ganz Anderes. Indem ich meine männliche Essenz annahm, konnte ich mehr sein als entweder ein hypermaskuliner King Kong oder ein New Age-Schlaffi. Seine Worte erinnerten mich an das Männercamp. »Die Suche nach Freiheit«, schrieb er, sei »der sexuelle Wesenskern des Mannes.« Aus dem ersten Kapitel seines Buches erfuhr ich, dass ich meine innere Gabe noch nicht befreit hatte. Ich musste aufhören, mich immer nur zurückzunehmen, stattdessen meine Arme ausstrecken und mich der Welt öffnen. Ich musste meine innere Schwelle entdekken und über sie hinausgehen. Wenn ich seinen Anweisungen folgte, konnte ich lernen, »zu ficken, dass die Fetzen fliegen«.

Das war etwas, das ich ausprobieren musste. Eine schnelle Suche im Internet führte mich zu einem Tantra-Workshop, der in einigen Tagen stattfand. Ich meldete mich sofort an.

Carl, 25. Juni

Ich griff tief in den Schrank hinein und holte die beiden großen Schachteln hervor. Die eine enthielt den Prostata-Vibrator, die andere mein Fleshlight. Ich nahm auch das Gleitmittel und meinen Laptop und warf mich aufs Bett.

Nach etwa fünf Minuten fand der Vibrator seinen Platz, und ich begann, mit der Fernbedienung herumzuzappen. Dann langte ich nach meinem Fleshlight, gab Gleitmittel dazu und stülpte sie über den Penis. Diesmal konnte ich ihn durch das transparente Plastik sehen.

Ich lag einfach da und wartete, dass etwas geschah. Ich dachte an die Frau in dem ersten Sexshop, die gesagt hatte, es reiche, den Vibrator nur reinzustecken und dann werde der Orgasmus schon kommen. Wie Unrecht sie doch hatte!

Nach zehn Minuten gab ich auf. Ich packte die Röhre mit beiden Händen und bewegte sie auf und ab. Gerade als ich den Höhepunkt erreichte, hörte ich auf. Aus irgendeinem Grund kam mir der Gedanke, mich zu filmen und den Film André zu zeigen. Vielleicht wollte ich, dass er die Demütigung sah, die ich mir antat. Ich drückte auf Aufnahme und starrte in die eingebaute Kamera, während ich mich langsam über die Klippe brachte. Wie lächerlich musste ich da auf dem Bett aussehen bei dem vergeblichen Versuch, meine Masturbationstechnik zu optimieren.

André, 26. Juni

Es war früher Sonntagmorgen, und ich war auf dem Weg zu dem Tantra-Workshop. Mel und Esther blieben zu Hause.

Eine Frau in ihren Vierzigern öffnete die Tür, und ich folgte ihr in einen großen Gemeindesaal, der vollstand mit seltsamen Möbeln. In der Mitte des Raumes saßen vierzig Menschen in einem Kreis auf dem Boden.

»Komm und setz dich dazu«, sagte die Leiterin.

Ihr Name war Samantha Sunsister. Neben ihr saß ein ganz in Weiß gekleideter Typ, der einen Talisman aus dem Männercamp um den Hals trug. In der Mitte des Kreises stand auf einem gebatikten Stoff eine kleine Hindu-Figur aus Messing.

»Nun lasst uns mit dem Tanzen beginnen.«

Der Klang eines Didgeridoo kam aus der Stereoanlage.

»Achtet auf die Hüfte.«

Wir begannen zu tanzen.

»Lasst euch von der Hüfte führen.«

Eine Frau neben mir gähnte. Als die Musik aufhörte, stand die Gelangweilte direkt vor mir.

»Okay, ihr arbeitet zusammen mit der Person vor euch. Wir machen eine Übung, bei der es um Abgrenzung geht«, sagte Samantha.

Alle Frauen gingen auf eine Seite des Raumes, und die Männer zur anderen Seite. Statt des Didgediroos war nun tropfendes Wasser zu hören. Ich sollte langsam auf meine Partnerin zugehen. Ich konzentrierte mich auf die Gelangweilte und machte mich auf den Weg. Aber dann hielt sie ihre Hand hoch, und ich blieb stehen. Es kam mir wie Minuten vor, erst dann senkte sie ihre Hand, und ich setzte meine langsame Annäherung fort. Einige weitere Schritte, und ihre Hand ging wieder hoch. Sie war ganz auf Abwehr eingestellt. Als sie ihre Hand runternahm, ging ich weiter. Die zehn Meter schienen eine halbe Stunde zu dauern. Sie stoppte mich, als ich einen Meter entfernt war. *Was zum Teufel ging im Kopf dieser Frau vor?*

Während der Teepause fragte sie mich, warum ich dort sei.

»Nun, ich bin irgendwie getrennt von meiner Sexualität«, sagte ich. »Ich will sie neu entdecken.«

»Hmm. Du bist also in einer Langzeitbeziehung?«, fragte sie.

»Ja.«

»Wo ist deine Partnerin?«

»Oh, zu Hause … Logistik, du weißt schon.«

Schweigen.

»Was du heute lernst, wird also deine Beziehung beeinflussen«, sagte sie.

»Äh, ja, ich schätze schon.«

Nachdem wir unsere Gedanken geteilt hatten, kehrte die

Didgeridoo-Musik zurück, und wir begannen, wieder zu tanzen. Diesmal fand ich eine attraktive und athletische Frau in ihren Vierzigern. Bei dieser Übung sollten wir unsere Gefühle erkunden, wenn es darum geht, die Führung zu übernehmen. Sie war zuerst dran. Sie knurrte mich an wie ein Panther, und ich konnte die sexuelle Energie in ihren Augen aufblitzen sehen. Ich verhielt mich wie ihre Beute. Sie richtete sich auf, bereit zum Angriff. Ich unterwarf mich. Unsere Bewegungen ähnelten einem Totentanz.

Als das Didgeridoo verklang, waren wir beide erschöpft und in Hochstimmung. Ich war überrascht von dem jähen Ausbruch an Energie und Intimität, die ich gerade mit einer Fremden geteilt hatte. Als wir verschnauften, erzählte sie mir, dass sie in der Vergangenheit schon an vielen Tantra-Workshops teilgenommen habe, sowohl mit Kleidung als auch ohne. Vermutlich bedeutete das, dass man immer nackter wird, je mehr Fortschritte man macht.

Am Nachmittag bildeten die Männer einen kleinen Kreis, während die Frauen an der Außenseite standen. Mein Gegenüber war eine lässig gekleidete junge Frau. Über die Anlage gab uns Samantha Anweisungen:

»Ich möchte, dass ihr den Mann vor euch ehrt – sein Wesen und Potential als Vater.«

Die Frau vor mir war zweifellos verwirrt. Sie schaute mich intensiv an. Sie war nahe daran zu weinen.

»Knie nieder zu seinen Füßen und preise ihn«, sagte die Vermittlerin, »preise deinen Vater.«

Meine Partnerin verkrampfte sich, dann zitterte sie.

»Du musst das nicht tun«, sagte ich.

»Nein«, sagte sie stoisch. »Ich tue es.«

Sie kniete nieder und betete zu meinen Füßen. Als sie sich wieder erhob, sagte sie:

»Du hast die gleichen Augen wie mein Vater.« Sie war den Tränen nahe.

Wir bewegten uns im Uhrzeigersinn um den Kreis, und dann stand ich der Frau gegenüber, die mir bei der Ankunft die Tür geöffnet hatte. Wir wurden aufgefordert, uns einen Platz zu suchen und aus einigen Kissen und Schafsfellen ein Nest zu bauen. Mir gefiel nicht wirklich, wohin das führte.

Wieder kam die Stimme über den Lautsprecher: »Schau auf die Frau vor dir – sie ist eine Göttin – verehre ihre innere Göttin – verehre ihre innere Shakti. Was willst du deiner Shakti anbieten?«

Zu meiner Überraschung hörte ich mich sagen:

»Shakti, darf ich für dich tanzen?«

»Ja«, schnurrte sie.

Ich stand auf und improvisierte einen erotischen indischen Tanz.

»Darf ich mich hinlegen?«, fragte Shakti.

»Ja, Shakti«, erwiderte ich.

Sie lag da wie im Bett an einem Sommernachmittag und als wollte sie von der Lektüre eines Erotikromans zu einer Sitzung mit ihrem Vibrator wechseln. Während ich mit meinen Armen fuchtelte, schien ihre Lust stärker zu werden. Ich begann, ihre Schultern und Beine zu streicheln.

Wieder kam die Stimme über den Lautsprecher:

»Nun vertauscht die Rollen. Shakti, preise deinen Shiva.«

»Darf ich dich streicheln?«, fragte sie.

»Ja«, antwortete ich.

Sie streichelte mein Gesicht und dann meine Schultern. Sie streichelte meine Brust, meine Füße, meine Schenkel. Dann fing sie an zu schnurren. Sie wuchs immer mehr in die Rolle hinein, stupste mich an und fauchte dabei. Wir bewegten uns heftig hin und her. Jetzt hatte ich einen Ständer.

»Es wäre großartig, wenn man dies jede Woche machen könnte«, flüstere sie mir ins Ohr. Ich sagte nichts, versuchte nur weiter, ihren »Tatzen« auszuweichen.

Kurze Zeit später war es zu Ende. Die meisten saßen noch zusammen und redeten. Ich zog meine Schuhe an und ging sofort zur Tür. Dort stand Shakti und verabschiedete mich.

»Vielleicht sehen wir uns bei einer dieser Veranstaltungen wieder«, sagte sie.

»Hmm, vielleicht«, sagte ich.

Auf dem Weg zur U-Bahn hatte ich das überwältigende Gefühl, den ganzen Nachmittag Sex gehabt zu haben. Das herrliche Gefühl postkoitaler Entspannung. Die Rolle des Shiva spielen oder von einem sinnlichen Panther attackiert zu werden, hatte anscheinend etwas für mich getan, was Stunden mit Pornos, mehrfache Sexercise-Sitzungen und die Kunst der Anmache nicht konnten.

Ich war mir nicht sicher, ob ich meine innere Maskulinität entdeckt hatte, aber mir war klar geworden, dass ich wohl aufhören sollte, Sex so ernst zu nehmen.

Carl, 30. Juni

Am Ende des Monats musste ich mein Versagen eingestehen. Sexuelles Kung Fu war nichts für mich. Meine Versuche, multiorgasmisch zu werden, waren gescheitert. Alles, was ich erlebt hatte, endete in Peinlichkeit und Scham. Aber anstatt einfach aufzugeben, entschied ich, noch etwas zu tun. Ich wollte mich meiner Scham stellen und sie uneingeschränkt akzeptieren.

Ich war wieder auf der Straße, wo ich vor genau einem Monat mit meinen sexuellen Experimenten begonnen hatte. Es war heiß und feucht. Ich ging langsamer, als ich mich dem Sexshop näherte. Ich fühlte mich unbehaglich. Dass ich lange Leinenshorts und ein blauweiß gestreiftes Oxford-Hemd trug, half nicht. Ein Mann in den Fünfzigern überholte mich. Mit seinem kurzen blonden Haar und der Nickelbrille sah er wie ein Versicherungsvertreter aus. Sein weißes Hemd hatte er in eine Khakihose gestopft. Er sah aus wie ich in zwanzig Jahren. Er schaute nervös über seine Schulter und schlich dann in den Sexshop.

Im Jahr 1716 erschien ein anonymes Pamphlet mit dem Titel *Onania*, in dem Masturbation als eine abscheuliche Sünde der Selbstbefleckung beschrieben wurde. Auch wenn heutzutage die meisten Menschen – in den USA 94 Prozent der jungen Männer und 85 Prozent der jungen Frauen – zugeben zu masturbieren, ist es immer noch kein geringeres Tabu.

In einem Artikel des digitalen Magazin *Aeon* mit der Überschrift »A Handy History« erklärte ein Historiker, dass wir uns nicht scheuen, mit Fremden über Gelegenheitssex zu reden, aber beim Thema »Einsamer Sex mit sich selbst« in Schweigen verfallen. »Der Glaube an die Masturbation als Übel ist zurückgekehrt«, schrieb er. Heute erscheint es »in der Gestalt des Sexsüchtigen und in dem obsessiven Reden über Auswirkungen der Internetpornographie.«

Ich folgte meinem zukünftigen Doppelgänger die steile Treppe hinunter, durch einen engen Korridor und verschwand in einer der Kabine. Sie war klein und beengt wie eine Flugzeugtoilette. Es gab abgesehen von dem Bildschirm und dem blinkenden Armaturenbrett kein Licht. Ein weicher Ledersessel, ähnlich einem LKW-Sitz, stand in der Ecke. Über dem Platz befand sich ein kleines Regal mit einer Schachtel Kleenex.

Immer noch stehend, atmete ich tief ein, um die Lunge zu füllen. Ich konzentrierte mich auf meine Brust, als sie sich weitete, und blies dann die Luft aus. *Hast du im Moment irgendwelche besonderen Emotionen?* Ich stellte mir die sanfte Stimme aus meiner Achtsamkeits-App vor. »Was immer du fühlst, es ist okay.« Ich schloss die Augen und wiederholte die Lektionen, die ich in den Achtsamkeits-Übungen gelernt hatte. Vergib dir selbst. Sei unvoreingenommen. Kein Gefühl ist falsch.

Ich setzte mich hin und steckte ein paar Münzen in den Schlitz. Ein Video erschien auf dem Bildschirm, nur wenige Zentimeter von meinem Gesicht entfernt. Ich holte mein Smartphone raus und stellte den Timer ein. Diesmal wollte ich nicht länger bleiben als nötig. Dies würde kein zwanzigminütiger Akt der Selbstliebe werden.

Viereinhalb Minuten später rannte ich die Treppe hinauf,

Schweiß floss mir den Rücken runter. Ich eilte die Straße entlang, den Tränen nahe, dann stürzte ich in ein Café und schloss mich in der Toilette ein. Ich wusch minutenlang meine Hände, atmete schwer und sah im Spiegel mein verzerrtes sonnenverbranntes Gesicht. Ich fühlte mich wie ein Widerling.

Juli

Genuss

Carl, 1. Juli

Ich wollte einen Freund in einer Bar am anderen Ende der Stadt treffen. Ich kaufte eine Schachtel Zigaretten und ein Feuerzeug. Während ich wartete, bestellte ich mir ein Bier und las in dem Buch *Schöner blauer Dunst* von Richard Klein, einem Literaturprofessor an der Cornell University. Auf der Rückseite des Umschlags stand ein Zitat von Oscar Wilde: »Eine Zigarette ist das vollendete Beispiel eines vollendeten Genusses. Sie ist köstlich und lässt einen unbefriedigt. Was will man mehr?« Ich blätterte durch die Seiten mit alten Schwarz-Weiß-Fotos von Marguerite Duras, Coco Chanel, Pablo Picasso, Humphrey Bogart, Jean-Paul Sartre – alle mit einer glühenden Zigarette in der Hand.

Zwanzig Minuten später traf mein Freund ein. Ich zündete meine erste Zigarette seit viereinhalb Jahren an und bat ihn, mich zu filmen. Die ersten Züge waren hart. Mein Hals war nicht an den Rauch gewöhnt und versuchte, sich zu wehren.

Zigaretten schmecken nicht so gut, wie Zucker Kindern schmeckt, erläuterte Klein. Sie machten einen krank. Sie seien giftig. Sie töteten. Aber nicht trotz, so Klein, »sondern wegen ihrer Schädlichkeit rauchen Menschen übermäßig und hungrig.« Genuss und Schmerz vermischten sich auf eine oft tödliche Weise miteinander.

Wenige Dinge in meinem Leben waren schwieriger gewesen als mit dem Rauchen aufzuhören. Ab dem fünfzehnten Lebensjahr war ich ein starker Raucher und war nicht fähig, die Gewohnheit aufzugeben, bis ich zweiunddreißig war. Rauchen hatte mir nicht gut getan. Ich hustete ständig und fühlte mich krank. Aber trotzdem liebte ich es.

Spät an diesem Abend, als ich von einem Nachtclub nach Hause ging, hatte ich meine Schachtel geleert. Ich spürte, wie das Nikotin in meinem Körper zirkulierte, mein Gehirn wachhielt, alle Sorgen beseitigte und Belohnungssignale aussandte. Mir fiel nichts anderes ein, was mir ein intensiveres und unmittelbareres Glücksgefühl geben konnte.

André, 1. Juli

An diesem Morgen befolgte ich nicht mein eingespieltes Ritual, bei Tagesanbruch aus dem Bett zu springen. Stattdessen blieb ich eine Zeitlang faul liegen, bevor ich nach meiner Ausgabe des *Hedonist Manifesto* griff. Die Geschichte westlicher Philosophie seit Plato sei ein einziges Desaster gewesen, las ich. Sie bestrafte »jeden, der den Lebenstrieb zu feiern versucht«. Glücklicherweise gab es eine verborgene Geschichte hedonistischer Denker, die Lust und Genuss als das ultimative Ziel im Leben ansahen. »Sie weigern sich, Schmerz und Leid in Wege zu Wissen und persönlicher Erlösung zu verwandeln.« Stattdessen »wollen sie Genuss, Freude und Allgemeinwohl.« Um ein Hedonist zu werden, musste ich die Kunst des Genießens beherrschen.

Ich legte das Manifest beiseite und fragte mich, was der erste Schritt sein könnte. Für mich bedeutete Genuss Essen und Trinken, also würde ich dort beginnen. Ich ging zu unserem lokalen Lebensmittelgeschäft und kaufte die Zutaten für ein Bacon Sandwich und eine Bloody Mary. Erst auf dem Nachhauseweg fiel mir auf, dass ich gerade Alkohol und Speck bei einem muslimischen Ladeninhaber gekauft hatte. Zu allem Übel war es kurz vor dem Ende des Ramadan und noch nicht einmal acht Uhr.

Wieder zu Hause, ging ich in die Küche und mixte mir einen Drink. Als ich den Speck briet, kam Mel die Treppe herunter.

»Was machst du?«, fragte sie.

»Ich mache mir ein Bacon Sandwich«, erwiderte ich.

»Warum?« Sie schaute verblüfft.

»Nun, laut einer neueren Umfrage ist ein Bacon Sandwich das Lieblingsessen von 10 Prozent der Briten. Daher dachte mir, ich sollte damit beginnen.«

Sie schüttelte den Kopf und verließ die Küche.

Ihre Verwirrung war verständlich. Ich war seit sechzehn Jahren Vegetarier. Meine Entscheidung, kein Fleisch mehr zu essen, war wahrscheinlich der einzige Neujahrsvorsatz, den ich jemals gehalten hatte.

Als ich das Sandwich gegessen hatte, fragte ich mich, was die ganze Aufregung sollte. Warum nannten so viele Menschen dies ihr Lieblingsessen? Mir hatte es überhaupt nicht geschmeckt. Tatsächlich hätte ich mir lieber Carls Vibrator in den Arsch gesteckt als diese gebratenen Speckstreifen zu essen.

Einige Stunden später ging ich in meine Stammkneipe. Ich hatte immer noch den Geschmack von Schweinefett im Mund. Aber nichtsdestotrotz setzte ich mich hin und bestellte einen Burger und ein Bier.

Meine Ruhe wurde unterbrochen, als Carl mich auf Skype anrief. In einigen Tagen würden wir in Bratislava ein TEDx-Gespräch präsentieren. Carl hatte wie gewöhnlich die Kontrolle übernommen und ein ganzes Skript für uns geschrieben. Ich hatte es ein paar Mal durchgelesen, und nun wollte er, dass ich es auswendig lerne.

Carl klang manisch. In den nächsten dreißig Minuten wollte er das Skript mit mir durchgehen. Ich holte meinen Laptop raus, öffnete das Dokument und las es vor. Es war Anfang Juli, und gedacht war, dass wir uns in diesem Monat vergnügten. Ein Skript hundert Mal durchlesen und jeden Satz auswendig lernen, das war nicht meine Vorstellung von

Hedonismus. Außerdem verputzte ich gerade meinen ersten Burger seit sechzehn Jahren, und ich wollte nicht, dass Carls Aufgeregtheit mir in die Quere kam.

Carl, 2. Juli

Früh am nächsten Morgen traf ich mich mit André am Flughafen Wien, und wir fuhren zusammen in einem Taxi nach Bratislava. Unser Hotel befand sich in einer kleinen Straße mit grünen Bäumen, und wir setzten uns in den Innenhof und tranken ein Bier, auch wenn es erst 11 Uhr war.

»Lass uns den Talk üben«, schlug ich vor. André war widerwillig. Erst jetzt fiel mir auf, dass er ihn nicht auswendig gelernt hatte. Wir waren den Text am Tag zuvor am Telefon durchgegangen, aber er hatte mich getäuscht. Er hatte von dem Skript abgelesen, während er sich in dem Pub betrank.

Ich rastete aus. Er nahm diese Sache wirklich nicht ernst. Trotz der Therapie waren wir wieder genauso weit wie zuvor.

»Ich bin nur ein kleiner Schauspieler in deiner Theateraufführung«, warf er mir an den Kopf.

Leck mich, dachte ich. *Ich mach die ganze Arbeit, und du nörgelst nur herum.*

Es war heiß in Bratislava. Fast vierzig Grad. Wir liefen in der grellen Sonne durch die Altstadt. Zu Mittag aßen wir in einem netten slowakischen Restaurant. André sagte, er sei müde, und legte seinen Kopf auf den Tisch, völlig unbekümmert um die anderen Gäste. Er schloss die Augen und döste. Ich ging nach draußen, um zu rauchen.

Eine Stunde später hatten wir im »Slowakischen Nationaltheater« unsere Probe. Wir waren mit unserem Vortrag noch nicht weit gekommen, als André plötzlich einen Aussetzer hatte und seinen Text nicht mehr wusste. Morgen sollten wir vor 700 Menschen sprechen.

André, 3. Juli

»Lass uns eine Achtsamkeitsübung machen«, flüsterte ich Carl ins Ohr. Wir saßen vor dem Theater und fühlten uns mulmig. Wir waren als nächste dran.

Der Sprecher vor uns war ein junger Norweger, der darüber berichtete, wie er 2011 den Kugeln aus Anders Behring Breiviks Maschinenpistole knapp entkommen war. Das Publikum gab ihm stehend Beifall. Das war kaum zu überbieten. Ich stellte mein Jawbone, meinen Muse und meine Sportuhr ein, und wir gingen hinauf auf die Bühne.

Sobald wir mit unserem Vortrag fertig waren, rannte Carl weg. Ich fand, dass es ganz gut gelaufen war. Er offenbar nicht. Er saß allein draußen und rauchte missmutig. Mein Gefühl, etwas geschafft zu haben, verflüchtigte sich auf der Stelle.

Am Nachmittag hatte Carl sich wieder beruhigt, und wir saßen draußen auf bequemen großen Kissen, schauten in den blauen Himmel, rauchten Zigarren und tranken Rotwein. Zum ersten Mal in diesem Jahr fühlte ich mich glücklich. Das war es, was wir tun sollten. Ich schwor mir, am Abend meinen inneren Hedonisten rauszulassen.

Carl, 3. Juli

Es war alles sehr schnell vorbei. Es verlief nicht wie geplant. André tanzte auf der Bühne, bewegte sich wie ein Roboter unter Drogen und warf seinen Kopf hin und her. War ich überrascht? Natürlich nicht.

In der Nacht zuvor hatte ich geträumt, dass er genau dies tun würde: den Plan aufgeben und sein eigenes Ding machen. In dem Traum war ich so wütend geworden, dass ich seinen Kopf gegen eine Betonwand geknallt hatte. Der Schlag war härter als gewollt. Wie ein Sack Kartoffeln fiel er zu Boden. Blut floss ihm aus dem Mund. Ich versuchte, ihn wieder ins Leben zurückzuschütteln, aber es war zu spät. Er war tot. Wollte ich ihn tatsächlich töten?

Während des Vortrags verbockte er es und vergaß zweimal seinen Text. Ich fühlte mich leer und missmutig, als wir die Bühne verließen. Mir wurde klar, dass ich öffentlich noch nicht überzeugend über unser Projekt sprechen konnte. Ohne den Kontext herzustellen, hatte André meinen Aufenthalt in der Masturbationskabine erwähnt. Ich machte mir Gedanken über meine Frau und meine Tochter, und plötzlich hatte ich das Gefühl, dass dieses ganze Projekt ein bescheuerter Fehler war. Zum ersten Mal bedauerte ich, überhaupt damit begonnen zu haben.

André dagegen war glücklich. Wir saßen auf einer Terrasse vor dem Theater und nahmen ein Sonnenbad. Er schüttete kurz hintereinander eine bewundernswerte Anzahl an Gläsern Rotwein herunter, lieh sich dann ein Fahrrad und fuhr mit einer Zigarre im Mund in endlosen Schleifen um einen Brunnen. Hunderte Menschen standen auf den Treppen und schauten ihm ungläubig zu.

Am Abend gingen wir mit den Organisatoren und einigen Sprechern in eine Bar. André war da schon völlig weggetreten. Er führte seine Erlebnisse aus dem Männercamp vor: Er rief und schrie, fiel auf die Knie, dann auf den Boden, kroch herum und küsste Leuten die Füße.

»Ist er immer so?«, fragte einer der Organisatoren.

»Das ist nicht das erste Mal«, erwiderte ich und wechselte das Thema.

André, 8. Juli

Nach einem kurzen Aufenthalt zu Hause in London flog ich nach Neapel. Es war Mittag, und ich trank mein erstes Bier an diesem Tag. Ich merkte, dass ich große Fortschritte dabei machte, ein Hedonist zu werden. Als Carl am Nachmittag eintraf, war ich schon ziemlich betrunken. Die Kellnerin schaute mich missbilligend an, und es war Zeit, woanders hinzugehen.

Wir fanden eine Bar im Spanischen Viertel, wo man einen Aperol Spritz für einen Euro bekam. Sie waren tödlich. Nachdem ich etwa zehn davon getrunken hatte, machte ich draußen vor der Bar hundert Kniebeugen. Warum? Ich hatte keine Ahnung. Der Inhaber eines benachbarten Restaurants war so beeindruckt, dass er mich überredete, das Gleiche vor seinem Etablissement zu tun. Das war zu viel, und am Ende übergab ich mich in einer nahegelegenen Gasse. Danach schleppte mich Carl zu unserem Apartment. Ich war aber immer noch in Partystimmung, denn als wir in der Wohnung ankamen, zog ich mich aus und tanzte nackt durch die Zimmer. Carl saß am Küchentisch und filmte mich wie ein Perverser. Es war nach Mitternacht, und ich hatte das Gefühl, für heute meine Aufgabe erfüllt zu haben.

Carl, 9. Juli

Auf einer schattigen Piazza in Neapel sitzen, die erste Zigarette des Tages rauchen, einen Caffé freddo trinken, über Philosophie diskutieren – es hätte perfekt sein können, aber André zerstörte den Moment mit seinem Stöhnen.

»Wenn das Genuss ist, dann will ich es lieber nicht«, sagte er. Ich sah, dass er an einem schlimmen Kater litt.

»Ich glaube nicht, dass die antiken Epikureer es gutgeheißen hätten, zehn Aperol Spritz zu trinken und dann hundert Kniebeugen zu machen. Das war nicht das, was sie unter einem angenehmen Leben verstanden«, sagte ich.

»Nein? Was dann?« erkundigte er sich.

»Für Epikur bedeutete Lust Seelenruhe und die Abwesenheit von Schmerz. Aber nicht stockbesoffen sein, kotzen und nackt tanzen.«

Ich zog wieder an meiner Zigarette. Der Rauch verschwand in der Hitze.

»Und, was haben sie gemacht?«, fragte André.

»Drei Dinge«, erklärte ich und machte den letzten Zug an der Zigarette. »Wissen erwerben, Freundschaften pflegen und ein gemäßigtes Leben führen.«

»Ein gemäßigtes Leben? Das klingt nicht sehr hedonistisch.«

»Sie widmeten sich den einfachen und natürlichen Freuden im Leben. Sie vermieden Exzesse.«

»Ah ja«, sagte André und bestellte noch mal zwei Caffé freddo.

André, 9. Juli

Bei meinem dritten Espresso, als Carl Epikurs Philosophie der Lust beschrieb, dämmerte es mir: Ich hatte mir über Genuss ganz falsche Gedanken gemacht. Von nun an wollte ich ein richtiger Hedonist sein und meine Tage mit einfachen Freuden wie Wissen und Freundschaft verbringen.

Gegen Mittag schlenderten wir durch die Innenstadt zu einem bekannten Restaurant in der Nähe der Piazza Bellini. Ein perfekter kleiner Ort, dessen Außenseite mit üppigem Laub behangen war. Das Essen war köstlich. Zum Dessert hatte ich ein Bieramisu – ein Tiramisu mit Bier.

Als sich der Nachmittag hinzog, redeten wir über unsere Fantasien. Wenn ich wirklich ehrlich zu mir war, so hatte ich nur sehr wenige Fantasien. Carl dagegen jede Menge. Dieses ganze Jahr war für ihn nur eine Ausrede, um sie auszuleben. Französisch lernen, Dinge memorieren, ein Buch schreiben – das alles wollte er sowieso machen. Ich wette, auch CrossFit war eine geheime Fantasie. Ich hatte nichts dagegen, dass Carl all diese Sachen machte. Ich verstand nur nicht, warum ich dabei mitgeschleppt werden musste. Ich wies ihn darauf hin, dass es wie in *Fight Club* sei – ein normaler Typ wird in das Leben eines durchgeknallten Individuums hineingezogen.

»Genau«, sagte Carl. »Es ist genau wie in *Fight Club*. Du bist Edward Norton. Wie heißt er in dem Film? Jack? Und ich bin Brad Pitt. Tyler Durden.«

Carl schaute, als hätte er eine Erleuchtung.

»Das ist es«, fuhr er fort. »Das bedeutet, dass ich nicht existiere. Hier geht es nur um dich. Ich bin nur dein imaginäres Double, das du herbeirufen musst, um Sachen zu erledigen. Ich bin derjenige, dem du für alles die Schuld geben kannst. Und dann musst du mich töten.«

Ich wollte Carls Theorie widersprechen, aber dann erinnerte ich mich, dass Chuck Palahniuk *Fight Club* schrieb, nachdem er an einer Landmark Trainingssitzung teilgenommen hatte. Und war es nicht Carl gewesen, der mich im Januar gezwungen hatte, bei einem Landmark Forum mitzumachen? Der sogar dafür bezahlt hatte? War es er oder ich? Alles geriet durcheinander.

Carl, 10. Juli

Wir nahmen eine Fähre nach Capri, und eine offene Limousine brachte uns auf den Berg, wo wir auf einer ruhigen Piazza ein wunderbares Mittagessen hatten, mehr Wein tranken und mehr Zigaretten rauchten. Wir machten einen Spaziergang, besuchten eine schöne Villa, die einst einem schwedischen Arzt gehörte, und nahmen wieder ein Taxi zurück zur Küste. Wir kletterten eine Klippe hinunter, sprangen in das grüne Wasser, schwammen in eine dunkle Höhle und wieder hinaus und ließen uns auf dem salzigen Wasser treiben. *Was konnte vergnüglicher sein als das?* dachte ich, als ich rauchend in der Sonne lag.

Als wir zu unserer Wohnung zurückkehrten, war es dunkel. Ich fragte André, ob er den Film sehen wollte, den ich vor wenigen Tagen aufgenommen hatte, als er nackt durchs Zimmer getanzt war. Er war einverstanden, aber sein Gesicht verzerrte sich vor Scham, als er seine nächtlichen Verrenkungen anschaute. Dann legten wir das Video ein, das mich beim Masturbieren zeigte. Es war weder anschaulich noch erotisch. Nur eine Nahaufnahme meines Gesichts. Aber die Mimik und die Art, wie ich meinen Mund halboffen und meine Augen halbgeschlossen hatte, zu sehen, das war wirklich zu viel. Wir warfen uns auf den Boden, rollten herum, lachten und schrien.

Ich wusste immer noch nicht, wer wir waren oder warum wir all diese Dinge taten. Ich wusste nicht, ob ich Tyler Durden oder Jack oder jemand anderes oder niemand war.

André, 12. Juli

Heute Morgen wachte ich nach einem zehntägigen hedonistischen Exzess mit einem höllischen Kater auf. Vielleicht hätte ich mich doch mehr an die Vorstellungen von Epikur halten sollen.

Um die schlimme Situation zu ändern, suchte ich im Internet nach Katerkuren. Ich las über römische Brechrezepte, das schottische Getränk Irn-Bru (das dem Artikel zufolge wie geschmolzenes Plastik schmeckt) und ein deklassifiziertes Gebräu aus der Sowjetära, das von KGB-Agenten geschluckt wurde, um die Nachwirkungen von Alkohol zu bekämpfen. Beim Lesen über diese ekelhaften Heilmittel ging es mir noch schlechter. Vielleicht irrte ich mich wieder, und der Sinn des übermäßigen Genusses bestand in dem Schmerz, der ihm folgte. Wenn man ihn richtig behandelte, konnte ein Kater angenehm sein. Es hatte etwas unleugbar Verlockendes, den ganzen Tag ausgestreckt im Bett zu liegen, sich mit Junk-Food vollzustopfen und Fernsehserien zu gucken. Ich beschloss, einen verlängerten Kater zu haben und mich in ein faules und vergnügliches Leben zu stürzen.

Erster Halt: McDonald's.

In den größten Hamburgerladen der Welt zu gehen, mag wie etwas Gewöhnliches klingen, aber nicht für mich. Ich hatte in den letzten zehn Jahren nicht bei McDonald's gegessen. Zuerst verwirrte mich die Speisekarte, aber dann entdeckte ich einige klassische Gerichte aus meiner Jugend: Egg McMuffin und Hash Brown. Ich bestellte beides und dazu noch eine extra große Coke.

Nach zwei Bissen von dem Hash Brown war mein ganzer Mund mit Fett eingeschmiert. Ich nahm ein paar großzügige Schlucke von der Coke, was das Fett aus meinem Mund spülte. Der McMuffin war fade, wurde aber durch einen seltsam salzigen Geschmack gerettet. Ich gab Ketchup hinzu und aß ihn auf. Danach blieb ich noch einen Augenblick und starrte verständnislos auf die leere Verpackung. Als ich hinausging, lief ich meinem Kickbox-Trainer in die Arme.

»André! Wo bist du gewesen, Mann? Kommst du heute?«

»Äh, ich war weg, hab einen TED Talk gegeben«, erwiderte ich. Er schien beeindruckt.

»Also heute?«

»Ach, weißt du, heute will ich nur chillen.«

»Okay«, sagte er, »aber du musst trainieren. Nächste Woche dann?«

»Vielleicht«, sagte ich.

Carl, 12. Juli

Ich rauchte meine letzte Kippe am Flughafen von Neapel und gab André die halbvolle Schachtel. Was diese dünnen Rollen aus Tabak so köstlich macht, erfuhr ich aus dem Buch *The Compass of Pleasure,* war, dass sie die intrinsischen Lustrezeptoren im Vorderhirn kapern.

Aber Rauchen war ein beunruhigender, bedrohlicher Genuss. Am Ende dieser zwei Wochen war ich ein Kettenraucher. Ich rauchte fast drei Packungen pro Tag, und es war nicht mehr sehr angenehm.

Vor meinem Rückflug nach Hause ging ich in ein Restaurant und bestellte Spaghetti alla Carbonara und ein Glas

Rotwein. Nach dem köstlichen Essen las ich *Die Kunst der dekadenten Küche* mit Rezepten wie *Katze in Tomatensauce* (»wenn Sie das Fell abziehen, denken Sie daran, dass es mehr als eine Methode gibt!«), *Hund a la Beti* (»Vor seinem Ende sollte der Hund einen Tag lang an einen Pfosten gebunden und mit kleinen Stöcken geschlagen werden, um das Fett in dem adipösen Gewebe ›zu verschieben‹«) und *Entrecote á la Bordelaise* (»die Ratte häuten und ausweiden«). Ich lernte, dass der römische Kaiser Heliogabal »von seinen Köchen Elefantenrüssel und Kamelbraten verlangte« und dass Caligula »einmal ein ganzes Bankett aus Gold gab«.

Inspiriert von diesen Geschichten, entschied ich, dass Essen und Wein das nächste Gebiet sein sollten, auf dem ich meine hedonistischen Aktivitäten weiterverfolgen wollte. Ich würde die nächsten zwei Wochen an der Küste verbringen, warum also nicht die Zeit nutzen und perfekte klassische Gerichte kochen und guten Wein trinken? Das sollte doch ein Leben sein, das eines genusssuchenden Décadents würdig ist.

Als ich in Stockholm gelandet war, rief ich meinen Schwager an. Er liebt Essen und Wein mehr als sonst jemand, den ich kenne. Es ist sein Leben. Er war sofort begeistert, als ich ihm von meiner Idee erzählte. Ich bat ihn, ein paar teure Weine zu kaufen, und sagte, ich würde bezahlen.

Am Abend, in einem Haus an der Stockholmer Küste, brieten mein Schwager und ich zwei köstliche Steaks, die er auf dem Markt bekommen hatte. Er hatte auch zwei Flaschen unverschämt teuren Wein gekauft. Ich öffnete eine, einen Pomerol von 2009, und ließ ihn atmen, während wir das Essen zubereiteten.

Das Fleisch war perfekt, der Wein außerordentlich. Nachdem ich den Teller leer gegessen hatte, goss ich Wein nach und nahm einen Schluck. Ich schloss die Augen und genoss den Geschmack, als er meinen Mund füllte. Die Terrasse badete im Licht der Abendsonne. Langsam rötete sich der

Himmel. Ich schaute auf die Kinder, die im Garten spielten und lange Schatten auf den grünen Rasen warfen.

Es war ein Augenblick der Freude. Fast vollkommen. Ich sage fast, weil etwas Entscheidendes fehlte: eine Zigarette. Sie war die geheime Zutat, die hätte hinzugefügt werden müssen, um den höchsten Grad des Genusses zu erreichen. Ich dachte an Sartres Reflexion über Zigaretten, als er versuchte, das Rauchen aufzugeben. Er befürchtete, dass ohne Zigaretten alle Erfahrungen verarmen würden. Eine Theateraufführung anschauen, hätte nicht mehr den gleichen Zauber. Arbeiten am Morgen wäre nicht mehr das Gleiche. Und das Abendessen würde nicht mehr so gut schmecken wie zuvor.

Siebzig Zigaretten pro Tag rauchen ließ sich nicht durchhalten. Es wäre mein Tod. Aber ich musste Sartre zustimmen. Ich vermisste sie schmerzlich. Besonders jetzt, in diesem besonderen Moment. Vor zwei Tagen hatte ich meine letzte Zigarette geraucht. Und ich gierte danach.

André, 13. Juli

Einige Wochen zuvor hatte ich meinen finnischen Freund gefragt, was er unter Genuss verstand. Wir sprachen über Trinken, Essen und Ficken. Aber dann kamen wir auf die Freuden der Trägheit: zu Hause bleiben und nichts tun. Das klang ein bisschen wie Epikurs »Vorstellung von einem Zustand vollkommener Seelenruhe«.

»Was tust du, wenn du nichts tust?«, fragte ich.

»Ich spiele Videospiele«, antwortete mir mein Freund. Später fand ich heraus, wie häufig dieses Vergnügen geteilt wird. Neunundvierzig Prozent der Amerikaner spielen regelmäßig Videospiele, und im Durchschnitt verbringt jeder Bürger der USA monatlich 1737 Minuten damit.

Entschlossen, diese Theorie des Vergnügens zu testen, ging ich zu einem Laden mit dem Namen »Game«. Da ich, seit ich dreizehn war, keine Computerspiele mehr gespielt hatte, kam ich mir wie ein Analphabet in einer Bibliothek vor. Man hatte mir geraten, *Battlefield 4* zu kaufen, ein Ego-Shooter-Spiel, das über sieben Millionen Mal verkauft worden war. Ich kaufte auch *Grand Theft Auto*, ein Rennspiel, das als Teil einer Serie über 235 Millionen Kopien verkauft hatte. Als ich die blasse Frau hinter dem Tresen um Rat fragte, schaute sie mich mitleidig an.

Ich trug meine neue Xbox und die Spiele nach Hause und begann dann mit dem Hochladen, was sich als ein ziemlich langwieriges Verfahren erwies.

Nach zwei Stunden spielte ich.

Meine Figur erschien in einem dunklen Korridor einer überschwemmten Schule. Malereien von Kindern an der Wand waren mit Einschusslöchern markiert. Ich wusste nicht, wo ich war oder was ich tat. Ich lief auf eine unkoordinierte Weise in dem Gebäude herum. Ich bekam ein Gewehr und hatte eine Schießerei mit zwei Terroristen auf der anderen Straßenseite. Aber ich wurde immer wieder getötet. Schließlich gelang es mir, die beiden Killer draußen zu töten. Dann bewegte ich mich weiter zur nächsten Szene und war auf dem Innenhof einer Schule. Nach einem langen Tag des Spielens empfand ich weder Freude noch Vergnügen. Ich fühlte mich nur leer.

Warum erfuhr ich nicht die Freuden des Videospiels, von denen mein Freund gesprochen hatte? Bei der Lektüre neurowissenschaftlicher Forschungsergebnisse fand ich, dass Videospiele die Ausschüttung von Dopamin im Gehirn triggern. Die gleichen Hormone, die bei Alkohol, Drogen, Sex und Glücksspiel freigesetzt werden. Diese Stimulation von Dopamin bedeutet, dass Videospiele süchtig machen können. Um diesen Hormonstoß zu bekommen, spielten manche Gamer tagelang. In Simon Parkins Buch *Death by Video Game* las ich die Geschichte von Chen Rong-Yu, einem dreiundzwanzigjährigen Taiwanesen, der tot vor dem Bildschirm gefunden wurde, nachdem er fast einen ganzen

Tag ohne Unterbrechung in einem Internetcafé *League of Legends* gespielt hatte.

Für mich war es unmöglich zu verstehen, warum jemand Videospiele spielt, bis er stirbt. Was diese Spiele so verführerisch mache, erklärte Parkin, sei das Gefühl der Kontrolle, das sie Menschen bieten, die ansonsten sehr wenig Kontrolle über ihr Leben haben.

Ich hatte wohl einfach Glück, nicht das gleiche Vergnügen bei den Spielen zu bekommen wie meine Gamerfreunde. Hätte ich monatelang gespielt, wäre ich vielleicht süchtig geworden. Aber das schien keine sehr angenehme Perspektive zu sein.

Carl, 14. Juli

Meine Nikotingelüste wurden immer schwächer. Über einen Rückfall machte ich mir nicht allzu viel Gedanken. Außerdem hatte ich mein Pavlok-Armband für den Fall, dass ich in Versuchung geriet.

Die Konzentration auf das Essen half auch. Ich kochte Gerichte, die ich noch nie gemacht hatte. Ich begann mit Arancini – frittierte Reisbällchen. Ich hatte schon welche auf Capri gekostet. Sie waren köstlich und angemessen dekadent. Ich machte zuerst ein einfaches Risotto. Während ich darauf wartete, dass sich der Reis abkühlte, süffelte ich einen Aperol Spritz. Ich rollte den klebrigen Reis in Bällchen, machte ein Loch in die Mitte und füllte sie mit Büffelmozzarella und Schinken. Ich wälzte sie zuerst in Mehl, danach in gequirlten Eiern und schließlich in Semmelbrösel. Dann legte ich sie in die Fritteuse. Nach wenigen Minuten tauchten sie wieder auf, perfekt goldbraun. Ich servierte sie als Vorspeise, und sie schmeckten wunderbar.

Inzwischen hatten wir eine schonend gekochte Beinscheibe vorbereitet. Sie kam nicht von Katze oder Hund oder gar Flamingo, was bei den wahren Décadents beliebt war. Wir verwendeten Kalbshaxe. Als wir das Hauptgericht beendet hatten, war es Zeit, sich Gedanken über das Dessert zu machen. Die Fritteuse auf der Terrasse war noch an, und ich wusste, dass im Küchenschrank einige alte Marsriegel lagen. Frittierte Marsriegel waren der höchste Ausdruck schamloser Décadence. Ich umhüllte die Schokoriegel mit Teig und legte sie in das kochende Öl. Ich musste an Caligula denken, als ich meinen dritten Marsriegel verspeiste.

Bevor er nach Hause ging, öffnete mein Schwager den Kühlschrank.

»Dies würde ich niemandem geben«, sagte er und reichte mir ein Stück Fleisch, eingepackt in Plastik. Es war Guanciale – luftgetrocknete Schweinebacke –, die Hauptzutat einer echten Carbonara. Pancetta und Bacon seien nur schlechter Ersatz, erklärte er. Sie hatten den Guanciale von ihrer letzten Reise nach Italien mitgebracht.

»Wir kommen morgen Mittag zum Essen. Vermassle es nicht«, sagte er und gab mir einen brüderlichen Klaps auf die Schulter.

André, 21. Juli

Die Master Cleanse-Diät lernte ich vor etwa einer Woche kennen. Ich traf mich mit einer Freundin zum Mittagessen. Während ich an einem Burger herumkaute, fragte sie mich, ob ich schon jemals an eine Saftkur gedacht hätte. Hatte ich nicht, aber es schien eine gute Idee zu sein. Ich war fast jeden Tag dieses Monats betrunken gewesen, und in der letzten Woche hatte ich nur Junk-Food gegessen. Mein Speiseplan für einen typischen Tag bestand aus Kuchen zum Frühstück, einem Burger zu Mittag, Chips als Nachmittagssnack und einer großen Pizza abends. Alles mit viel Coke. Jetzt schnaufte ich und fühlte mich apathisch. Ich war bereit für eine Veränderung; das hieß, ich wollte Epikurs Rat beherzigen und anderen Vergnügungen nachgehen.

Zu Hause informierte ich mich über Säfte und ihre Befürworter. Die Autoren dieser Blogs hatten anscheinend einen nahezu religiösen Glauben an die Kraft von verflüssigtem Obst und Gemüse. Die extremsten Anhänger empfahlen die »Master Cleanse«. Diese Diät wurde in den 1940er Jahren von Stanley Burroughs entwickelt. 1976 veröffentlichte er *The Master Cleanser*, ein Buch, das die Methode und ihre Vorteile sehr ausführlich beschrieb. Später fand ich heraus, dass Burroughs wegen illegalen Verkaufs von Drogen, der Ausübung des Arztberufs ohne Lizenz und des Totschlags angeklagt – aber schließlich nicht verurteilt – wurde. Dies geschah, nachdem er einen vierundzwanzigjährigen Leukämiekranken mit einer dreißigtägigen Kur aus Zitronensaft, Kräutertees, farbigem Licht und therapeutischer Massage behandelt hatte.

Die Master Cleanse-Diät ist einfach. Für zehn Tage lebt man hauptsächlich von Zitronenlimonade. Aber um den Stuhlgang richtig zu fördern, trinkt man Abführtee abends und macht Salzwasserspülungen morgens.

So hatte ich in den letzten drei Tagen tagsüber nur eine Limonadenmixtur getrunken und am Abend eine Tasse Kräutertee. Jeden Morgen wachte ich auf und bereitete ein Salzwassergetränk zu: zwei Teelöffel Salz, aufgelöst in einem Liter Wasser. Um diese Menge durch meine Kehle zu bekommen, stellte ich mir vor, ein Teenager bei einem Bierwettkampf zu sein.

Es dauerte einen Tag, bis die volle Wirkung der Diät einsetzte, was ausgerechnet während des jährlichen Schulsportfests meiner Tochter geschah. Ich hatte am Wettlauf der Väter teilgenommen, und in meinem geschwächten Zustand kam ich als Letzter ins Ziel. Ich zottelte nach Hause, mixte mir einen Zitronensaft und legte mich auf die Couch. Jede Absicht, etwas Produktives zu tun, löste sich auf, als ich in einen tiefen Schlaf fiel. Ich träumte, ich würde essen. Als ich langsam aufwachte, hatte ich ein Schuldgefühl. Ich brauchte dreißig Minuten, um in die Wirklichkeit zurückzukehren, und stellte erleichtert fest, dass ich meine Diät nicht abgebrochen hatte.

Nach zwei Tagen freute ich mich auf die Salzspülung am Morgen. Es wurde das Hauptereignis des Tages. Aber ich begann, mich schwach und müde zu fühlen. Als ich den Zitronensaft trank, hob das kurzzeitig meine Stimmung, aber dann stürzte ich wieder ab. Ich zog mich ins Bett zurück und schlief zwei Stunden. Als ich aufwachte, fühlte ich mich schwindelig. Ich nahm noch eine Limonade. Aber das half auch nicht.

Meine Beine schmerzten. Ich fühlte mich, als wäre ich einen Marathon gelaufen. Als ich die Augen schloss, tauchten psychedelische Visionen auf – Drachen vor Paisleymustern.

Eine richtige Master Cleanse-Diät soll mindestens zehn Tage dauern, aber ich schaffte nur drei. Ich hätte weitergemacht, wäre der Monat dem Abnehmen oder der Leidenssteigerung gewidmet gewesen. Aber ich sollte doch dem Vergnügen nachgehen und nicht irgendeinem Schmerz.

Carl, 21. Juli

In den letzten zehn Tagen hatte ich Spaghetti alla Carbonara mit Guanciale und Ragù alla Bolognese mit Hühnerleber und Pancetta gemacht. Dann versuchte ich Heston Blumenthals Brathähnchen, das zwei Tage Vorbereitung brauchte. Am ersten Tag musste das Hähnchen für sechs Stunden in eine Salzlake eingelegt werden, dann kurz in kochendes Wasser und Eiswasser eingetaucht, in ein Handtuch gewickelt und in den Kühlschrank gestellt werden. Am zweiten Tag kochte ich es sechs Stunden lang bei niedriger Temperatur in einem Ofen, bevor ich es in einer Pfanne briet und goldbraun werden ließ.

Dann machte ich frische Pasta. Ich studierte unzählige Rezepte von den Klassikern bis zu Lifehack-Versionen, bevor ich den perfekten Teig versuchte. Ich mischte alles zusammen: die Eier, das extra Eigelb, die beiden Sorten Mehl, Salz und Öl. Ich bearbeitete ihn zehn Minuten mit meinen Händen, wickelte ihn in Küchenfolie und legte ihn in den Kühlschrank. Nach einer Stunde holte ich den Teig wieder raus und rollte ihn mit dem Nudelholz wirklich dünn. Ich ließ die Pastablätter zum Trocknen auf dem Küchentisch, rollte sie dann zusammen und schnitt sie in Stücke. Als ich sie wieder auseinander rollte, hatte ich lange Streifen Pappardelle. Ich gab sie wenige Minuten in heißes Wasser und servierte sie mit einem schonend gekochten Rinderragout.

Für das große Finale machte ich Tortellini mit zwei verschiedenen Füllungen: eine mit Steinpilzen und eine mit Erbsen, Ricotta und Parmesan. Ich bereitete den Pastateig zu und legte die kleinen gefüllten Taschen zusammen. Dann machte ich eine Tomatensauce, grillte etwas Kohl im Ofen und schmolz Butter mit Salbei, anderen Kräutern und Weißwein. Fünf Stunden später servierte ich alles. Ich war erschöpft, aber zufrieden.

Ich hatte die letzten zehn Tage damit verbracht, guten Wein zu trinken, im Meer zu schwimmen, Romane zu lesen und aufwändige Gerichte zu kochen. Die Tage waren warm und schön gewesen.

Ich hatte das Gefühl, als ob ich immer so weitermachen könnte. Tag ein, Tag aus. Mein ganzes Leben auf einer Insel leben, kochen und essen, lesen und schreiben, schwimmen und schlafen.

André, 23. Juli

Soweit ich mich erinnern konnte, war das Erste, was ich morgens machte, meine Mail checken. Zu Anfang des Jahres, als ich versuchte, meine Produktivität zu verbessern, hatte ich dies auf ein Minimum reduziert. Jetzt gab es keine Grenzen mehr. Sobald ich mich langweilte, griff ich zu meinem Smartphone und scrollte gedankenlos durch Facebook. Das sollte eine kleine vergnügliche Pause sein, um mich durch den Tag zu bringen. Aber jetzt *war* es der Tag. Und es war nicht vergnüglich.

Bei der Lektüre wissenschaftlicher Forschungsberichte stieß ich auf eine in der Zeitschrift *MIS Quarterly* veröffentlichte Studie über den Einfluss der Technologie auf 661 Berufstätige. Die Autoren kamen zu dem Schluss, dass die allgegenwärtige Technologie die Berufstätigen unter Stress setzt. Vielleicht waren es die ständigen digitalen Unterbrechungen, die meinen Versuchen, ein angenehmes Leben zu führen, im Weg standen?

Als ich meine Suche fortsetzte, las ich auch Artikel über digitale Entgiftung. Ohne meine elektronischen Geräte konnte ich achtsamer und weniger besorgt werden, meine Beziehungen verbessern und beginnen, die Welt um mich herum mehr zu schätzen. Vielleicht sollte ich einmal im wahrsten Sinne des Wortes abschalten? Eine Woche ohne Mail, soziale Medien, Computer und das Internet.

Ich aktivierte eine Abwesenheitsnotiz. Das hatte ich nur einmal vor Jahren getan, aber während der zwei Wochen, da ich angeblich »außer Haus« war, trotzdem weiter zwanghaft meine Mails gecheckt.

Ich stellte meinen Computer und das iPad in ein Regal und entfernte soziale Medien und Mail-Apps von meinem Smartphone. Diesmal wollte ich wirklich nicht erreichbar sein.

Als ich gerade anfing, mein digital entgiftetes Leben zu genießen, fiel mein Blick auf die Unordnung um mich herum: Papierstapel, Bücherhaufen, Kleiderberge, über den Boden verstreute Schuhe, Spielzeug überall. Ich fühlte mich an die riesige Ansammlung von Plastik in der Mitte des Pazifiks erinnert.

Plötzlich wurde mir klar: Wenn ich wahres Vergnügen finden wollte, musste ich mein ganzes Leben entrümpeln.

Carl, 25. Juli

Ich liebe gutes Essen, aber Kochen war doch zu anstrengend, um vergnüglich zu sein. Stattdessen beschloss ich, nichts zu tun.

Ich erinnerte mich an mein Gespräch mit André in Neapel und las wieder die Briefe von Epikur, der eine Philosophie der Lust predigte: nicht die exzessiven und luxuriösen Lüste der Décadents, sondern die natürlichen und einfachen Lüste. »Wenn ich also sage, Lust ist das Lebensziel«, schrieb Epikur in einem Brief an Menoeceus, »so meine ich nicht die Lüste der Wüstlinge oder die Lüste, die auf Genüssen beruhen.« Entscheidend war, möglichst wenig zu tun. Das passte mir gut, denn ich verbrachte die meisten Tage mit Schwimmen, Lesen und Aufs-Meer-Schauen. Aber ein Epikureer zu sein, war gar nicht so leicht. Es gab zwei große Hindernisse: die Erwartungen anderer und mein Schuldgefühl.

Als ich die Entscheidung traf, so gut wie nichts mehr zu tun, hielt ich mich mit meinen Schwiegereltern auf einer Insel auf. Jeden Tag hatte ich stundenlang für sie gekocht, was mein Beitrag zum Haushalt war. Nun hörte ich ganz plötzlich damit auf. Ich sagte nicht warum. Ich machte es einfach nicht mehr. Anstatt mich um fünf Uhr nachmittags in die Küche zurückzuziehen, wie ich es normalerweise tat, blieb ich auf der Terrasse, schaute in die Sonne und nippte an einem Glas Wein. Ich saß einfach da, mit nichts beschäftigt, ruhig wie ein Epikureer. Und tatsächlich, nach etwa einer Stunde, übernahm auch jemand im Haus die Verantwortung und sorgte dafür, dass es Abendessen gab.

Am Wochenende fand ein Fußballturnier zwischen Mannschaften mehrerer Inseln statt. Ich sollte mitspielen, aber ich weigerte mich. Der epikureischen Lehre zufolge war es viel würdiger, sich von solch hektischen Aktivitäten fernzuhalten und nur ruhig zuzuschauen. Ich ging zu einem der Spiele und stand an der Seitenlinie. Die bösen Blicke meiner Mannschaftskameraden ignorierte ich.

Tom Hodgkinsons großartiges Buch *Anleitung zum Müßiggang* riet mir, dass ich auch meinen Wecker wegwerfen sollte. Der Müßiggänger Jerome K. Jerome nannte diese bedauernswerte Erfindung »raffinierte Apparate, die zur falschen Zeit losgehen und die falschen Leute alarmieren«. Beschämt musste ich zugeben, dass ich seit Beginn des Jahres jeden Morgen den Wecker gestellt hatte, einschließlich der Wochenenden und sogar in diesem Monat, in dem ich doch meine Genussfähigkeit optimieren sollte. Das Buch überzeugte mich, dass es eine edle und angenehme Aktivität ist, im Bett zu liegen. Ich legte also mein Smartphone in ein anderes Zimmer und versuchte, so lange wie möglich zu schlafen. Doch während der ersten Tage wachte ich um sieben Uhr auf, viel früher als der Rest meiner Familie. Ich versuchte, liegen zu bleiben, aber nach einer halben Stunde langweilte ich mich und stand auf.

Ich musste also alle möglichen Pflichten vermeiden. Blaumachen, las ich, sei auch eine Revolte gegen die arbeitsbesessene Ideologie des »Leiden jetzt, Genuss später« gewesen. Schweden lieben es, während des Urlaubs aktiv zu bleiben, entweder indem sie Sport treiben, im Garten arbeiten, etwas bauen oder sinnlose Exkursionen planen. Und sie lieben es, müßigen Menschen ein schlechtes Gewissen zu machen.

Angesichts dieser Einstellung völlig inaktiv zu bleiben, war nicht leicht. Es erforderte harte geistige Arbeit. Mein Vorbild war Oblomow, der Protagonist des gleichnamigen Romans aus dem neunzehnten Jahrhundert. Er war der ultimative Müßiggänger, der sich für »konstitutionell unfähig zu jeglicher Anstrengung« hielt und, ohne sich zu rechtfertigen, frei von Ehrgeiz war.

Solche Geschichten halfen mir dabei, mein Schuldgefühl zu überwinden. Als Müßiggänger spürte ich nicht mehr den Zwang, irgendetwas beitragen zu müssen. Ich war frei von Angst und Sorge. Ich konnte leben, wie es mir gefiel. »Müßig sein«, erklärte Hodgkinson, »bedeutet Spaß, Genuss und

Freude.« Außerdem befand ich mich in guter Gesellschaft: Walt Whitman, Oscar Wilde und Jerome K. Jerome – sie feierten Müßiggang als die edelste Form des Lebens. Whitman schrieb: »Von allen menschlichen Wesen gleicht keines dem echten, eingefleischten, unveränderlichen Nichtstuer.« In dem Moment, da ich fähig war, mein schlechtes Gewissen loszuwerden, begann ich, diese Lebensweise zu lieben. Sie war realer als jede Achtsamkeitsübung.

André, 29. Juli

Ohne elektronische Geräte zu leben, war leicht. Viel schwerer war es, das Haus aufzuräumen. Ich erinnerte mich, etwas über ein erfolgreiches Selbsthilfebuch mit dem Titel *Magic Cleaning – wie Wohnung und Seele aufgeräumt bleiben* gelesen zu haben. Damals fragte ich mich, welch hysterische Person ein solches Buch kaufen würde. Nun suchte ich dringend selbst danach.

Ich fand es in der Selbsthilfe-Abteilung einer großen Buchhandlung – zwischen Nähen und Militärgeschichte.

Marie Kondo oder KonMari, wie sie lieber genannt wurde, erzählte, dass sie eines Abends eine wunderbare Einsicht hatte: Beim Aufräumen geht es nicht darum Dinge wegzuschaffen. Es geht darum, die Gegenstände zu erkennen, die uns wirklich Freude gebracht haben, und alles andere dann loszuwerden. Aus dieser Erkenntnis heraus errichtete sie ein ganzes System, von dem sie überzeugt war, es würde das Leben der Menschen verändern. Ich wäre von lästigen Sorgen befreit, ich würde nie wieder aufräumen müssen, und ich würde beginnen, mich der Dinge um mich herum zu erfreuen. Ich könnte sogar etwas abnehmen.

Während der Nacht träumte ich vom Aufräumen. KonMari erschien in meinem Traum und sprach zu mir mit einem sanften japanischen Akzent. Am nächsten Morgen hatte ich nur ein Ziel im Kopf – mein Leben zu entrümpeln.

Ich begann, wie KonMari riet, mit meiner Kleidung. Ich nahm sie aus meinem vollgestopften Schrank, holte sie unter dem Bett hervor und von vielen anderen Plätzen im Haus. Ich legte alles auf mein Bett. Es waren unzählige Stücke. Zuerst sortierte ich sie – Anzüge, Hemden, Hosen, Unterwäsche. Dann ging ich sie durch, eins nach dem anderen, und fragte jede Mal: Verbinde ich es mit Freude oder nicht? Wenn ja, behielt ich das Teil. Alles andere wurde auf einen Haufen für den Second-Hand-Laden geworfen. Ich war überrascht, wie schnell ich die Hälfte meines Kleiderschranks loswurde. Ganze Epochen meines Lebens wurden eliminiert. Weg ging meine Kollektion an Blumenhemden, die ich als Endzwanziger trug, die T-Shirts aus meiner Zeit als Uni-Student, die Jeansjacken aus meinen Teenagerjahren. Dies war meine persönliche Kleidungsgeschichte, und sie endete im Laden einer Wohltätigkeitsorganisation.

Dann kam das Falten. Ich legte das Buch auf den Rand einer überfüllten Kommode und folgte KonMaris Methode so genau wie möglich. Ich legte meine T-Shirts, meine Laufsachen und die Socken zusammen, und schon war die Kommode fast leer. Als ich fertig war, trat ich einen Schritt zurück und verspürte eine seltsame Genugtuung. Ich fühlte mich von einer Last befreit wie ein spirituell Suchender, der sich gerade von allen weltlichen Sorgen abgekehrt hatte. War dies die innere Ruhe, über die Epikur geschrieben hatte?

Als ich alle Kleiderbeutel in den Korridor getragen hatte, dachte ich über die nächste Aufgabe nach – die Küche. Just in diesem Moment kam unsere Putzfrau. Ich merkte, dass sie meine Entrümpelungsaktion nicht guthieß. Und sie wollte auch nicht, dass ich weitermachte und die Küchenschränke leerte.

Carl, 31. Juli

In den letzten zehn Tagen hatte ich gelernt, das Nichtstun zu lieben. Die Kunst des Müßiggangs zu befolgen, hatte mir erfolgreich mehr Seelenruhe gebracht als Meditation, Yoga und Achtsamkeit, die ich im Mai ausprobiert hatte.

Mit dem Gedanken der Optimierung des müßigen Vergnügens wollte ich den letzten Tag perfekt gestalten. Angeregt von Hodgkinsons Buch *Anleitung zum Müßiggang*, hatte ich im Voraus einen Zeitplan erstellt. Ohne Hilfe eines Weckers wachte ich um neun Uhr auf und ging langsam von dem kleineren Gästehaus hinüber zum Haupthaus, wo ich eine Stunde lang schrieb. Schreiben ist die einzige »produktive« Tätigkeit, die ein Müßiggänger gutheißt. Gegen zehn kamen meine Frau und Tochter dazu, und wir hatten zusammen ein langes und wunderbares Frühstück draußen auf der Terrasse, hörten Musik von Art Pepper und ließen uns von der Sonne wärmen. Als es heiß wurde, gingen wir die wenigen hundert Meter zu dem kleinen Strand, schwammen und lasen. Zur Mittagszeit fuhren wir zu einem netten Restaurant am Meer und aßen ausgiebig.

Als wir nach Haus zurückkehrten, setzte ich mich auf der Terrasse in den Schatten und las. Ich wurde langsam müde. Meine Mutter rief vom anderen Haus herüber und fragte, ob ich eine Tasse Kaffee wolle. Ich sagte Nein, weil ich inzwischen wusste, dass der wahre Müßiggänger Kaffee am Nachmittag verabscheut. Ich zog mich für ein Nachmittagsnickerchen ins Schlafzimmer zurück. »Man muss zwischen Mittag- und Abendessen schlafen«, riet Hodgkinson, »und keine halben Sachen.«

Es war fünfzehn Uhr, und meine Tochter weckte mich. Mit Genugtuung stellte ich fest, dass ich meinen sorgfältig ausgedachten »Vergnügungszeitplan« einhielt. Ich fühlte mich erfrischt, und wir gingen wieder zum Schwimmen hinunter zum Meer. Es war warm und friedlich, und wir blieben lange dort. Gegen 17 Uhr war es Zeit für einen Spaziergang. »Der Fußgänger ist das höchste und mächtigste Wesen«, hatte ich gelernt, »er geht zum Vergnügen zu Fuß, er beobachtet, mischt sich aber nicht ein, er ist ohne Eile, er ist glücklich in der Gesellschaft seines eigenes Geistes, er schlendert unbeteiligt, weise und heiter dahin, göttergleich.«

Und so spazierte ich die Schotterstraßen entlang. Die Birken raschelten im Wind, und in der Ferne sangen Vögel. Ich bog in einen kleineren Pfad ab, ging hinunter zum Meer und setzte mich auf einen Felsen.

Vierzig Minuten später kam ich am Haus meiner Schwester vorbei. Von der Straße konnte ich ihren Mann in der Küche arbeiten sehen. Eigentlich war ich mit dem Kochen an der Reihe, aber geschickt hatte ich mich vor dieser Aufgabe gedrückt. Ich lief etwas schneller und hoffte, dass mich niemand sehen würde. Da hörte ich ein Fahrrad hinter mir, und jemand räusperte sich. Ich drehte mich um und sah unseren Nachbarn. *Scheiße!* Er wollte ein Kinderbett von meiner Schwester abholen, und wahrscheinlich brauchte er Hilfe, um es nach Hause zu tragen. Ich tat so, als hätte ich ihn nicht gehört. Er war einer dieser Musterbürger hier draußen. Sein Rasen war immer perfekt gemäht, und er strich sein Haus regelmäßig. In einer Kurve verschwand ich aus seinem Blick und konnte mich wieder entspannen.

Um 18 Uhr war ich zurück im Haus meiner Schwester, noch im Zeitplan, und hatte meinen ersten Drink, dem ein wunderbares Abendessen und mehr Drinks folgten.

Dieser Monat war vom Anfang bis zum Ende großartig gewesen. Ich hatte das Rauchen und Trinken und das Leben eines Décadents genossen. Die Tage, die ich mit Kochen verbrachte, waren vergnüglich. Und ich liebte die Zeit der Muße. Mir wurde bewusst, dass Müßiggang wirklich meine Art der Spiritualität war. Ich nahm mir vor, meine teure Subskription der Achtsamkeits-App zu kündigen und die philosophischen Prinzipien des Müßiggangs in mein Leben zu integrieren.

August

Kreativität

Carl, 1. August

Seit den letzten Junitagen hatte ich mich fast jeden Morgen früh aus dem Bett geschlichen und mich zum Schreiben hingesetzt. Aber ich arbeitete nicht an dem üblichen wissenschaftlichen Zeug. Diesmal war es *echtes* Schreiben. Fiktion. Ich schrieb einen Thriller.

Ich hatte schon früher damit begonnen, denn ich brauchte mehr als einen Monat, um einen Roman zu schreiben. Außerdem hatte es meine Suche nach Genuss und Freude nicht beeinträchtigt. Einen Roman mit einer aus dem Mund hängenden Zigarette schreiben fühlte sich verdammt gut an.

Ich beabsichtigte nicht, ein literarisches Kunstwerk zu produzieren. Das erschien mir zu schwierig. Stattdessen wollte ich einen Thriller im Nordic-Noir-Stil schreiben. Das war weniger prätentiös, und wenn es mir gelang, konnte ich ihn im September verkaufen und so zu etwas Geld kommen.

Schon im März, als ich in New York war, traf ich mich mit Lee Child und Andy Martin in einem Café. Andy Martin ist ein alter Freund von mir, ein Dozent für Französisch in Cambridge, und hat Bücher über das Surfen, Brigitte Bardot, Napoleon und die Rivalität zwischen Sartre und Camus geschrieben. Bei seinem letzten Projekt hatte er ein ganzes Jahr Lee Child über die Schulter geschaut, während er sein neuestes Abenteuer mit Jack Reacher verfasste. Mit über 100 Millionen verkauften Büchern ist Lee Child ein Gigant in der Welt der Kriminalliteratur.

Ich erzählte Lee, dass ich vor habe, einen Thriller zu schreiben.

»Warum einen eigenen Thriller schreiben, wenn du einfach einen alten stehlen und ihn als deinen eigenen ausgeben kannst?«, sagte Lee.

»Ist das nicht illegal?«, fragte ich.

»Ich denke nicht. Nicht, wenn es als Scherz gemeint ist.«

»Großartig. Das erspart mir eine Menge Arbeit«, rief ich begeistert.

»Ich bin mir sicher, dass Lee einen tollen seltenen Titel finden wird«, fügte Andy Martin hinzu, wohl wissend, dass ich keine Ahnung von Kriminalliteratur hatte.

»Klar«, sagte Lee.

Einige Monate später mailte ich Lee und fragte, ob er schon ein geeignetes Buch gefunden habe.

»Ich bin versucht, *No Highway* von Nevil Shute vorzuschlagen«, schrieb er zurück. »Zeitlose Story, leicht auf den neuesten Stand zu bringen.«

Ich bestellte das Buch in einem Antiquariat und las es. Lee hatte recht. Es war ein perfektes Buch zum Umschreiben.

Aber es gab noch einiges, was ich klären musste. Wenn ich einen fremden Roman als meinen eigenen ausgeben wollte, müsste ich dann nicht jeden täuschen? Müsste ich nicht auch Agenten und Verleger belügen? Ich sandte eine Mail an einen Freund im Verlagswesen und bat um Rat. Er antwortete, dass es schwierig sein würde, einen Agenten zu finden, der bei dem Schwindel mitziehen würde. Ich müsste auch ihn täuschen, und das sei ein riskanter Plan. Ich würde wahrscheinlich in ernsthafte Schwierigkeiten geraten, sobald ich den Streich offenlegte. Darüber hinaus war Nevil Shutes Buch in den 1940er Jahren erschienen und noch vom Urheberrecht geschützt.

Da wurde mir klar, dass mein Plan nicht funktionierte. Ich stand wieder ganz am Anfang.

Ich rief Andy Martin an, der zurück in England war, und

bat ihn um Rat. Ich erklärte, dass ich das Buch wohl selbst schreiben müsse, es sei denn, er wolle es mit mir zusammen machen.

Andy hatte einmal erwähnt, dass er gerne einen Thriller schreiben würde. Er hatte das Handwerk genau und lange studiert, so dass er dazu fähig sein sollte.

»Ja gut, versuchen wir's«, sagte er.

»Fantastisch!«, erwiderte ich und fügte, als ich mich etwas beruhigt hatte, hinzu: »Wir können natürlich immer noch Material aus anderen Büchern nehmen, solange sie nicht urheberrechtlich geschützt sind.«

»Hmm. Klingt gut. Wie wäre es mit Camus' *Der Fremde*? Sollte inzwischen rechtefrei sein. Vielleicht könnten wir das als Vorbild benutzen?«

In dem Moment, als er *Der Fremde* sagte, wusste ich, dass wir es hinkriegen.

André, 4. August

Ich war optimistisch, als ich das kleine Paket mit Farben und Pinseln auf den Tisch legte. Aber als ich auf das leere Blatt Papier schaute, schwand mein Enthusiasmus. *Was zum Teufel sollte ich malen?*

Es war die erste Woche des Monats, und ich machte mit meiner Familie Urlaub auf der Isle of Wight. In den letzten Tagen war ich herrlich getrennt von der Welt und tat nichts. Ich sollte eigentlich kreativ sein, aber ich ließ es lieber ruhig angehen und schaute meiner Tochter zu, die im Wind am Strand spielte. Schließlich entschied ich, ein paar Bilder zu malen. In der High School blieb ich meistens im Kunstraum und malte, während die anderen Jungs Rugby spielten. Mein künstlerisches Ich war längst vergessen, aber nun war es wohl an der Zeit, es wiederzubeleben.

Wir wohnten in einem malerischen Cottage in einem kleinen Küstendorf, das im neunzehnten Jahrhundert für seine

Aquarellmaler berühmt war. Es hätte der perfekte Ort sein sollen, um meinen kreativen Ehrgeiz zu entfachen. Und doch fand ich nichts, was ich malen konnte. Ich schaute auf die Zeitung, die ich gelesen hatte. Mein Blick blieb an einem Foto hängen, das ich zu kopieren versuchte. Dann versuchte ich ein nächstes.

Als ich fertig war, stellte ich meine Bilder in eine Reihe. Es waren insgesamt zehn.

Carl, 6. August

Unsere Idee war, Camus' Klassiker in den Nordic Noir zu transponieren. Als wir mit dem Schreiben begannen, benutzten wir einige Passagen des Originaltexts, merkten aber bald, dass es einfacher war, sich etwas auszudenken. Einige Szenen und Figuren konnten wiederverwendet werden. Wir ersetzten den emotional distanzierten Monsieur Meursault durch eine junge Ex-Muslima namens Nada, die zu Beginn des Buches von ihrem Vater und Onkel in einem Auto entführt wurde. Sie wollten an ihr einen Ehrenmord begehen, aber sie stieß ihren Onkel aus dem fahrenden Wagen und tötete ihren Vater mit vier Schüssen aus seiner Pistole. Nada war unsere »Fremde«.

Ich wusste nur wenig darüber, wie man Romane, geschweige denn Thriller schreibt, aber online bestand kein Mangel an Ratschlägen. Ein Artikel in dem amerikanischen Magazin *Writer's Digest* listete die zehn wichtigsten Bestandteile eines erfolgreichen Thrillers auf. Erstens: Man braucht eine gute Story wie etwa »Held erschlägt Drachen«, was Nada am Ende gewissermaßen tat, auch wenn wir noch austüfteln mussten, wer der Drache war. Zweitens: Man soll über den Underdog schreiben, was Nada als eine Ex-Muslima, die im Norden von Schweden lebte, unbestreitbar war. Drittens: Man muss vielfältige Perspektiven bieten. Nadas Freund Björn, ein umsichtiger Doktorand im Cordanzug, erfüllte diese Rolle. Die vierte Bedingung ist eine gute Action-Szene zu Beginn, die wir mit dem versuchten Ehrenmord in dem Wagen hatten. Der fünfte Punkt macht klar, was die Protagonistin will und wovor sie sich fürchtet. Dies war schwieriger, weil Nada als eine moderne Version von Meursault nicht wirklich etwas wollte und sicher keine Angst hatte. Sechstens: Der Protagonistin muss Böses widerfahren. Kein Problem. Nada verbringt den größten Teil des Buches im Gefängnis, wo sie eines Nachts aufwacht, festgebunden an ein Bett und über ihr ein schmieriger Bewacher, der gerade seine Hose aufknöpft. Punkt sieben: Man muss seine Hauptfigur ändern, was nicht wirklich möglich war, weil sie wie ihr Vorläufer Meursault emotional distanziert bleibt und sich nicht ändern will. Punkt acht: die Handlung beschleunigen. Das war knifflig, denn Nadas Tage im Gefängnis sind manchmal schleppend, aber wir taten unser Bestes, um der Geschichte Tempo zu geben. Neuntens: Zeigen – nicht behaupten. Diesen Teil fand ich am schwierigsten. Für die Leser eine überzeugende sinnliche Realität zu kreieren, war wirklich verdammt schwer. Zehntens: Der Leser soll etwas lernen, zum Beispiel über Fertigkeiten, Jobs oder soziale Themen. Unser Buch spielt sowohl in wohlhabenden als auch armen Gegenden Schwedens. Björn stammt aus einer Oberschichtsfamilie in einem vornehmen Viertel in Stockholm, während Nadas Immigrantenfamilie in einem ärmlichen Vorort wohnt. Diese Einzelheiten sollten aufklärerisch sein – sie würden dem Leser erklären, was faul im Staate Schweden ist.

In den letzten Tagen las ich Stephen Kings Buch *Das Leben und das Schreiben*. Er schrieb, dass jeder Roman aus drei Teilen besteht: Erzählung, Beschreibung und Dialog. Konzentrier dich nicht auf den Plot, riet er. Der würde sich organisch entfalten, sobald du deinen Figuren Leben eingehaucht hast und sie die Richtung der Geschichte beeinflussen lässt. Nada und Björn waren jetzt seit einem Monat in meinem Kopf, auch wenn sie momentan getrennt waren.

Nach der Tötung ihres Vaters war Nada im Gefängnis und kämpfte um ihr Leben. Unterdessen tappte Björn durch die Vororte von Stockholm und versuchte herauszufinden, was hinter der ganzen Sache steckte.

André, 7. August

Wir schlenderten durch den botanischen Garten in Ventnor auf der Isle of Wight. In einiger Entfernung saß hinter Tischen eine Gruppe von Frauen in ihren Siebzigern oder Achtzigern. Wir kamen näher, und ich sah, dass sie ihre eigenen Bilder verkauften. Dies war die Isle of Wight Watercolor Association. Ich schaute mir ihre Arbeiten an und sprach mit einem der talentierteren Mitglieder. Sie erklärte mir ihre Technik.

Auch wenn ihre Bilder keineswegs großartig waren, waren sie trotzdem besser als alles, was ich je erreichen konnte. Ich begriff, dass mein Plan, in einem Monat ein Künstler zu werden, hoffnungslos war. Ich musste etwas anderes versuchen.

Carl, 8. August

Was auch immer Carl schreibt, es ist nie gut.

Ich konnte mich nicht erinnern, wer das gesagt hatte. War es der Schwedischlehrer auf dem Gymnasium oder der in der Grundschule? Es hätten beide gewesen sein können. Keiner hielt besonders viel von mir. Meine Eltern waren dabei, als das Urteil gefällt wurde, und als ich sie neulich fragte, ob sie sich noch daran erinnern konnten, bejahten sie. Es war der Gymnasiallehrer, der den Satz während eines dieser jährlichen Beurteilungsgespräche fallen ließ, wenn die Lehrer sich an ihren Schülern rächen konnten. Mein Kunstlehrer war so betrunken, dass er meinen Namen vergaß, aber mein Schwedischlehrer wusste genau, wer ich war. Ich war der Junge, der nicht schreiben konnte.

Nun jedoch, Jahrzehnte später, als ein Mann mittleren Alters, versuchte ich, Literatur zu schreiben. Geschah das aus Rache? Wollte ich meinen Lehrern das Gegenteil beweisen?

So oder so, ich fand es immer noch schwer zu schreiben, besonders einen Thriller, der schnell und direkt und mit einer unverwechselbaren Stimme geschrieben sein musste. Auf Anraten von Stephen King hatte ich die passive Stimme beseitigt, hinter der ich mich normalerweise bei meinen akademischen Arbeiten verstecke. Ich bemühte mich auch, alle hochtrabenden Adverbien zu vermeiden. Die Sprache musste klar und einfach sein, präzise und scharf. Ich las mir Passagen laut vor, um die Stimmen meiner Figuren auszuprobieren, und verbrachte Stunden damit, Bilder von Gefängniszellen und Gerichtsälen zu googeln. Andy Martin schickte mir seine Kapitel, die oft meine Selbstzweifel als Schriftsteller verstärkten.

Vielleicht brauchte ich einen Kurs für kreatives Schreiben?

Nachdem ich mir unzählige Online-Kurse angeschaut hatte, fand ich zufällig einen, der mich ansprach: »Write like a Pro.« Er war für Leute gedacht, die schon ein Buch im Kopf hatten, aber es schwierig fanden, alle Teile zusammenzubringen. Der Kurs war billig, nur 149 Dollar, aber er begann erst am 17. August.

Das war zu spät, also suchte ich weiter. Die meisten Universitäten boten Kurse an, aber sie waren teuer. Ein zweijähriger Master of Arts in kreativem Schreiben kostete bis zu 70000 Dollar.

Entmutigt tröstete ich mich mit Stephen Kings Rat: »Man lernt am meisten durch viel Lesen und Schreiben, und die wertvollsten Lektionen sind diejenigen, die man sich selbst beibringt.«

André, 12. August

Es war ein heißer Sommertag in London, und ich war zu Hause und suchte im Internet nach Tipps, wie ich meine »Kreativität steigern« konnte. Bald schon hatte ich eine lange Liste an Techniken: Mach dich selbst sehr müde, meditiere, trink Alkohol, leg dich hin, verbring Zeit alleine, umgib dich mit Blau oder Grün, mach einen Braindump (Gehirnentleerung).

Als ich die Liste durchlas, fiel mir auf, dass ich bereits viele dieser Dinge machte, aber ich konnte nicht erkennen, wie sie mir dabei halfen, kreativer zu werden. Außerdem wusste ich nicht einmal, was ich überhaupt kreieren wollte.

Entmutigt notierte ich mir Tim Ferriss' Musikliste, die er als ideale Background-Tracks für Kreativität empfahl: Faith No More, Rammstein und Slayer. Dann öffnete ich mein Notizbuch, hielt den Kugelschreiber bereit und wartete auf Inspiration. Als die Musik vorbei war, hatte ich drei Ideen aufgeschrieben.

Kreiere eine Luxusmarke mit der Zielgruppe Obdachlose

Beginne eine neue politische Bewegung mit dem Namen »The Brexistentialists«

Gründe eine Boy Band mittleren Alters

Als ich einen Blick darauf warf, kam mir eine Idee bescheuerter vor als die andere.

Carl, 14. August

»Wenn du ein schlechter Schriftsteller bist, kann niemand dir helfen, ein guter zu werden«, schrieb Stephen King. Ich war in unserem Haus an der Küste und quälte mich mit einem besonders schwierigen Kapitel ab. Nada war noch im Gefängnis, und Björn schlief mit einer Journalistin, die sich auch für Nadas Fall interessierte. Die beiden tanzten nachts eng umschlungen in einer Küche, aber die Szene gefiel mir nicht. Sie war kitschig. Stephen King hatte wahrscheinlich recht. Manche Leute, wie ich zum Beispiel, werden es einfach nie hinkriegen.

Ich musste an einen obdachlosen Mann denken, den ich vor Jahren öfter sah. Er stand immer draußen vor einem Lebensmittelladen in der Stockholmer Innenstadt und spielte, ein Radio an sein Ohr gepresst, Mundharmonika. Viele Jahre war er da, spielte und tanzte. Trotz des stundenlangen Übens bekam er nicht eine einzige Melodie aus seinem Instrument. Eines Tages war er verschwunden. Niemand hatte ihn gesehen, und ich hielt ihn für tot. Aber vor ein paar Tagen, als ich an dem Laden vorbeikam, war er wieder da. Und sein Spiel klang genauso schlecht wie damals.

Als ich Andy Martin fragte, ob er irgendwelche Ratschläge habe, wie ich meine Kreativität steigern könnte, schickte er mir ein Podcast-Interview mit K. Anders Ericsson, einem schwedischen Psychologen, der ein Buch über das von ihm so genannte »bewusste Lernen« geschrieben hatte. Als ich seine ermutigenden Ausführungen hörte, verbesserte sich meine Stimmung. Genies seien nicht qualitativ verschieden von uns Übrigen, argumentierte er, aber sie hätten – im Gegensatz zu dem obdachlosen Mundharmonikaspieler – einen Weg gefunden, ihre Fähigkeiten auf eine bewusste Weise zu verbessern, indem sie immer wieder aus ihrer Komfortzone ausbrechen.

In einem Artikel in der Fachzeitschrift *Psychological Review* aus dem Jahr 1993 schrieben Ericsson und seine beiden Mitautoren, dass »Spitzenleistungen« nicht auf angeborenes Talent zurückzuführen seien, sondern das Ergebnis »andauernder Anstrengungen, die Leistung zu verbessern, während man motivationale und externe Beschränkungen überwindet.« Um ein Experte zu werden, brauchte man Zugang zu Lehrern und Zugriff auf Hilfsmittel. Außerdem musste man für mindestens zehn Jahre bewusst und intensiv üben. Um Erschöpfung zu vermeiden, sollten die Übungen täglich nur eine begrenzte Zeit durchgeführt werden.

War dies die Technik, die auch große Autoren anwandten? Ich erinnerte mich, in Mason Curreys Buch *Mehr Musenküsse: Die täglichen Rituale berühmter Künstler* gelesen zu haben, dass die meisten Autoren nur wenige Stunden am Tag schreiben. Das waren wahrscheinlich die intensiven Ausbrüche bewussten Lernens, die Ericsson im Sinn hatte. Philip Roth dagegen hatte Schreiben als einen Albtraum beschrieben, weil ein »Schriftsteller in einem ständigen Kampf mit seinem Werk verwickelt ist«.

Ich verbrachte den Rest des Tages damit, die Küchenszene hinzukriegen. Wie Roth war ich in einem langen, albtraumhaften Kampf mit meiner Schreiberei verwickelt, aber kurz vor dem Abendessen schaffte ich es, meine allererste Sexszene zu beenden.

André, 16. August

Der halbe Monat war vorbei, und alles, was ich hatte, war ein Blatt mit lächerlichen Ideen. Es war deprimierend. Aber dann fiel mir ein, dass Carl vor einiger Zeit schon vorgeschlagen hatte, ich solle mal Stand-up-Comedy ausprobieren. *Warum nicht?* dachte ich. Die Idee war so gut wie jede andere. Schließlich geht es bei Comedy vor allem ums Scheitern, und Scheitern war das, was diesen Monat definierte – vielleicht sogar das ganze Jahr. Wenn schon alles beschissen endete, konnte ich wenigstens versuchen, mich darüber lustig zu machen. Ich begann, mit Titeln für meine gedachte Comedy-Show zu spielen: *Wie man ein Jahr seines Lebens verschwendet und nichts dabei lernt.*

Witzig zu sein, war mir fremd. Wenn ich versuchte, einen Witz zu machen, kam er nie an. Ich hatte keinerlei Gespür für das richtige Timing und wusste, dass ich ganz von vorn beginnen musste, also erst einmal lesen.

Bei Witzen, lernte ich, geht es vor allem um Struktur. Sie haben zwei Teile: eine Anordnung und eine Pointe. Die

Anordnung muss gewöhnlich kurz und treffend sein. Die Pointe soll eine unerwartete Wendung bringen. Das Witzigste muss ganz am Ende kommen, idealerweise mit dem letzten Wort. Alles muss mit unbewegter Miene vorgetragen werden. Ein Komiker darf nicht sprechen, wenn sein Publikum lacht. Sobald man eine Pointe hat, muss gleich die nächste folgen. Und dann noch eine. Und das Beste muss man sich immer bis zum Schluss aufheben.

Ein Blogger meinte, ein Stand-up-Comedian müsse sich vier bis sechs Lacher pro Minute zum Ziel setzen. Das bedeutete, eine Nummer von fünf Minuten benötigte zwanzig bis dreißig Pointen.

Ich war bereit, mir meine ersten eigenen Witze auszudenken. Ich ging hinaus in den Garten hinter unserem Haus, setzte mich in den Schatten und schrieb wahllos Themen nieder – der Wissenschaftsbetrieb, Kinder, meine Kindheit, Thriller, Boris Johnson. Ja, Boris war gut.

Am Abend hörte ich im Radio ein Interview mit [dem britischen Comedian] Ricky Gervais. In einer beiläufigen Bemerkung sagte er dem Interviewer, dass im Mittelpunkt einer guten Comedy ein Durchschnittsmensch stehe, der etwas zu tun versucht, für das er nicht die Fähigkeit oder Mittel hat. Ich fragte mich, ob dies nicht auf unser ganzes Projekt zutraf.

Carl, 17. August

Dass die Wahl des richtigen Textverarbeitungsprogramms ein wesentlicher Teil des kreativen Prozesses ist, entdeckte ich, als ich meine Suche fortsetzte, ein professioneller Schriftsteller zu werden. Microsoft Word, das Softwarepaket, das ich normalerweise benutzte, wurde als die »schlimmstmögliche Option« beschrieben. Ich las mehr über andere Programme, die ich bereits benutzt hatte, wie Pages und Scrivener, als auch über solche, die ich nicht kannte, wie iA Writer und Byword. Es gab auch meditative Texteditoren wie Ommwriter und ZenWriter, die sich auf Entspannung konzentrierten und Meditationsmusik spielten.

Dann waren da Programme wie Flowstate, die Hilfe bei der Überwindung von Schreibblockaden versprachen. Das Programm ähnelt vielen anderen, die ich getestet habe, aber es gibt einen wichtigen Unterschied. Man darf nicht aufhören zu schreiben, andernfalls verschwindet der Text.

Die Methode ist einfach. Zuerst muss man sich entscheiden, wie lange man schreiben will. Drückt man nach fünf Sekunden keine Taste, verschwindet alles. Nach nur zwei oder drei Sekunden beginnt der Text bereits zu verblassen, und man kann ihn nicht speichern, bis man sein Ziel von fünf, zehn oder dreißig Minuten erreicht hat. Erst dann kann man entspannen und in dem gewünschten Tempo weiterschreiben.

Ich begann mit fünfzehn Minuten. Ich wollte einen Tagebucheintrag schreiben und den vorigen Tag zusammenfassen, aber schlagartig schaltete mein Gehirn ab. Ich konnte mich an nichts mehr erinnern, was am Vortag passiert, ja nicht einmal welcher Tag es war. Ich tippte einfach nur weiter.

Als ich mein Ziel von fünfzehn Minuten erreicht hatte, hörte ich auf und las den Text durch. Seite für Seite völliger Unsinn.

Am nächsten Tag versuchte ich es noch mal mit Flowstate. Diesmal musste ich eine neue Szene für den Thriller schreiben. Björn besucht Nada im Gefängnis und hat ihr einige wichtige Neuigkeiten zu sagen. Nach fünf Minuten in der auf dreißig Minuten geplanten Sitzung klingelte mein Smartphone. Es war Sally.

»Hi Liebling. Ich kann im Moment leider nicht mit dir sprechen.«

»Warum das?«, fragte sie.

»Ich schreibe gerade.«

»Aber du kannst doch wohl eine Minute damit aufhören?«

»Nein, nur fünf Sekunden.« Ich drückte immer wieder die Leertaste, um zu verhindern, dass die Worte sich auflösten.

»Fünf Sekunden?«

»Verstehst du? Ich mache diese Sache, wo ich ohne Pause schreiben muss, ansonsten verschwindet alles.«

»Verschwindet? Du kannst das doch speichern?«

»Fuck it«, rief ich und drückte die Taste nicht mehr. Die Worte verblassten, bevor sie schließlich auf Nimmerwiedersehen in dem weißen Bildschirm verschwanden. Egal. Sie waren sowieso unbrauchbar. Ich schreibe von Natur aus langsam, und diese Technologie war nichts für mich. Nach einer Woche des Experimentierens merkte ich, wie mich eine seltsame Anziehungskraft zurück zu Word zog. Dieses Programm hatte mir in der Vergangenheit viel Ärger bereitet. Aber wie bei allen unglücklichen Beziehungen war es schwer, sich zu trennen.

André, 17. August

Ich hatte inzwischen gelernt, dass man als Grundvoraussetzung des Witzeschreibens so viele Themen wie möglich finden muss, und dann konnte man beginnen, frei zu assoziieren. Witzige Worte auswählen, das war so wichtig wie das Timing, aber ich durfte nichts überstürzen. Entscheidend war jetzt, viele Ideen aufs Papier zu bekommen.

Nachdem alle zu Bett gegangen waren, schaute ich mir auf YouTube einige Stand-up-Comedians an. Von einem Video mit Stewart Lee lernte ich, dass es zwei Arten gibt, witzig zu sein: Du musst das Publikum mit einer Pointe direkt treffen oder es langsam mit einem längeren Witz kitzeln. Seine Schlussfolgerung: Du kannst fast alles sagen, solange eine Bombe darunterliegt. Ich fragte mich, welche Bombe unter all meinen Versuchen, ein Bühnenkomiker zu werden, lauerte.

Carl, 18. August

»Sie sollten einen Agenten haben, und wenn Ihr Buch verkäuflich ist, werden Sie nur geringe Schwierigkeiten haben, einen zu finden«, schrieb Stephen King. »Wahrscheinlich finden Sie einen selbst dann, wenn Ihr Buch sich nicht sofort verkaufen lässt, solange es vielversprechend ist.«

Als wir vor etwa einem Monat mit *Nada* begannen, sandte ich eine Mail an einen schwedischen Agenten, der die berühmten Stars des Nordic Noir repräsentiert, und erklärte, dass ich an einem existentiellen Thriller arbeite, der lose auf Camus' *Der Fremde* basiere. Ich erhielt eine kurze, aber ermutigende Antwort. Darin stand, dass sie, wenn ich etwas vorzuweisen hätte, es gern lesen würden. Dem *Writer's Digest Guide to Literary Agents* entnahm ich den Rat, mehrere Agenten gleichzeitig anzusprechen. Auf dem Benutzerforum fand ich eine lange Diskussion zu dem Thema: »Wie viele Anfragen soll man verschicken.« Drei oder vier, schlug ein Schriftsteller vor. Nicht mehr als zehn, warf ein anderer ein.

»Lass mich bei Darley Anderson, Lees [Child] Agenten, nachfragen«, sagte Andy, als ich mit ihm am Telefon sprach. Bis jetzt hatten wir 150 solide Seiten, und wir waren sehr gespannt, ob das Buch eine Chance auf dem Markt hatte.

Während ich auf eine Antwort wartete, las ich ein Interview mit Darley Anderson. Er erzählte, dass sie jeden Monat 1500 Einsendungen bekämen, das sind 18000 im Jahr. Fünf davon nahmen sie an. Er sagte, es gebe heutzutage mehr hoffnungsvolle Schriftsteller als je zuvor, aber die meisten von ihnen seien einfach nur Träumer. Vielleicht gehörte auch ich zu dieser Kategorie.

Am Nachmittag erhielten wir eine Mitteilung von einer Agentin aus Darley Andersons Büro. Sie sagte, sie habe mit einigen Kollegen gesprochen und dass unser Buch mit seiner existentiellen Wendung und Camus' Einfluss nicht das

Richtige für sie sei. Sie bot jedoch an, uns eine Liste mit anderen Agenten zu schicken, die interessiert sein könnten. Wir baten darum, und bald schon hatten wir eine Liste von zehn Agenten mit Namen und Adressen. Andy schien zu wissen, wer sie waren, und wählte zwei aus, die wir dann anmailten.

André, 19. August

Ich war in Helsinki, um an der Verteidigung einer Dissertation teilzunehmen. Normalerweise sind solche Veranstaltungen sehr förmlich und langweilig. Aber diesmal lachten die Anwesenden viel. Verantwortlich dafür war der zweite Gutachter, ein dänischer Professor. Ich bemerkte, dass er alle Techniken eines großartigen Komikers anwandte. Er hantierte ungeschickt herum, um dem Publikum Zeit zum Lachen zu geben, kitzelte das Lächerliche im Sublimen hervor und beendete jeden Witz mit einer Bombe.

Am Abend musste ich bei dem förmlichen Essen eine Rede halten. Man erwartete, dass ich nette Dinge über den Doktoranden sagte, um seine Familie stolz zu machen. Aber ich dachte, dies sei die perfekte Gelegenheit, um eine Stand-up-Nummer auszuprobieren. Nach ein paar warmherzigen Reden betrat ich die Bühne.

Die Menge war in guter Stimmung, einige hatten schon ihr drittes Glas. Ich begann mit einer Geschichte über einen Professor, der seinen Assistenten in gebrauchten Büchern unterstrichene Texte ausradieren ließ. Das brachte einige Lacher. Dann ging es bergab, als ich davon erzählte, wie schrecklich es ist, ein junger Akademiker zu sein. Ich dachte nicht wirklich über die Implikation dieser Geschichte nach – dass das Leben nach der Dissertation miserabel ist. Ich sah, wie sich die Leute aus dem Saal entfernten und auf die Bar zusteuerten. Rasch beendete ich die Rede mit ein paar warmen Worten und mischte mich unter die Menge.

Was zum Teufel hatte ich getan?

Regel Nummer eins bei solchen Veranstaltungen lautet, dass man über die Person spricht, zu deren Ehren sie stattfindet. Ich hatte gerade fünf Minuten über mich selbst gesprochen. Und mehr noch, ich hatte versucht, witzig zu sein, und war es einfach nicht.

Carl, 19. August

Ich schrieb eine kurze Notiz an die schwedischen Agenten, dass wir ihnen in den nächsten Tagen 200 Seiten schicken würden.

Während ich auf Antwort wartete, las ich mehr über die Agentur. Sie hatten eine Fernsehshow für 48 Millionen Dollar verkauft. Sie vertraten Jo Nesbø, Anne Holt und Leif G. W. Persson – die jetzt alle Multimillionäre waren. Die jüngste Erfolgsgeschichte waren Fredrik Backman und sein Buch *A Man Called Ove*, das monatelang auf der Bestsellerliste der *New York Times* gestanden hatte.

André, 22. August

Es gibt fünf Möglichkeiten, einen Witz zu schreiben. Heute wollte ich sie alle ausprobieren. Ich setzte mich an den Schreibtisch in meinem Büro und schaute auf einen Sommermorgen in London. Ich öffnete mein Notebook und schrieb schnell einige Wörter auf, die ich neu definieren konnte. Die meisten dieser Definitionen funktionierten aber nicht. Die beste, die mir einfiel war *Life Coach: jemand, an den man seinen Selbsthass outsourct*. Als nächstes machte ich mich an die Wortwolken und Doppelwortwolken. Das erwies sich als interessanter, und ich kam, wie ich meinte, auf einige gute Kombinationen.

Dann durchsuchte ich Zeitungen nach witzigen Wörtern.

Ich fand eine Handvoll Ausdrücke, die potentiell brauchbar waren. Aber mehr faszinierten mich Geschichten, die so surreal waren, dass überhaupt kein Wortspiel nötig war, um ihre komischen Aspekte hervorzuheben. Wie etwa die Story über eine noch nicht lange zurückliegende Schlägerei zwischen Immobilienmaklern und Anarchisten der Class-War-Gruppe vor Boris Johnsons Haus.

Eine andere Strategie besteht darin, surreale Verbindungen durch mentale Umkehrungen herzustellen, mittels deren man erkundet, wie Objekte die Welt sehen würden, wenn sie Subjekte wären. Doch mein Kopf war leer. Ich konnte mir nicht eine einzige surreale Verbindung ausdenken. Die gesamte Übung dauerte Stunden, und am Ende fühlte ich mich besiegt. Nach all der harten Arbeit hatte ich nur zwei neue Witze.

Am Abend saßen wir im Garten. Meine Eltern waren zu Besuch aus Neuseeland. Während wir uns freundlich unterhielten, fragten sie mich, woran ich zurzeit arbeitete. Normalerweise vermied ich es, zu sehr ins Detail zu gehen, aber diesmal erzählte ich ihnen, ich hätte beschlossen, Stand-up-Comedy zu lernen. Sie verstummten.

»Unsere Familie ist nicht besonders witzig«, bemerkte mein Vater.

Da musste ich ihm zustimmen. Wir wechselten schnell das Thema und sprachen darüber, wann die beste Zeit ist, die Bäume im Garten zu beschneiden.

Carl, 22. August

Ich war in unserem Haus an der Küste und schaute hinaus aufs Meer. Sally und Esther waren im Garten. Ich hatte gerade die ersten 200 Seiten von *Nada* an die Literaturagentin geschickt.

»Vielen Dank dafür. Ich werde Ihnen bald meine Gedanken mitteilen«, antwortete sie sofort.

Ich war paralysiert. Nun saß ich hier am Schreibtisch und hörte mein Herz schlagen.

Andre, 24. August

Gestern Abend gingen Mel und ich in einen Comedy Club, wo eine Open-Mic Night stattfand. Der Club befindet sich an einer lebendigen Straße mit vielen Bars, die Hipstern Craft-Beer und Hot Dogs servieren. Laut dem Magazin *Time Out* »ist es für Anfänger eine große Sache, einen Auftritt bei der Open-Mic Night dieses bekannten Clubs in Shoreditch zu bekommen«. Dort traten künftige Stars auf.

Mindestens hundert Leute waren im Publikum. Die Bühne war ein typischer Stand-up-Ort – schwarzer Vorhang, Backsteinwand, ein einziges Mikrofon. Große Gruppen betrunkener Büroangestellter saßen um die Bühne. Mel und ich hielten uns abseits.

Der Moderator betrat die Bühne – ein junger Typ mit der Arroganz von Eddie Murphy in seinen besten Jahren. Nachdem er das Publikum angeheizt hatte, kündigte er die erste Nummer an: Ein Norweger sprach darüber, wie deprimiert er war. Zwei Lacher. Dann versuchte ein Doktorand, Witze über Architektur und Psychoanalyse zu reißen. Schweigen. Glücklicherweise wurden die Nummern besser. Eine Libanesin sprach über ihren Vater, ein junger Engländer beschimpfte das Publikum, und ein Afrikaner spielte einen Diktator. Begeistertes Lachen.

Wieder zu Hause, dachte ich, jetzt sei es eine gute Gelegenheit, einige meiner Witze an Mel auszuprobieren. Ich las ihr eine Nummer vor, die ich am Morgen geschrieben hatte. Es war ein langer politischer Witz, bei dem es um Austerität, Infrastrukturausgaben und Kinderbetreuung ging. Nach einem Absatz war Mel eingeschlafen.

Als ich heute Morgen aufwachte, war ich dennoch überzeugt, dass ich es versuchen sollte, in jenem Club aufzutreten. Wahrscheinlich war es eine blöde Idee, aber ich ging zu meinem Computer und sandte eine Mail an den Veranstalter der Show von gestern Abend. Ich schrieb ihm, dass ich schon im Fernsehen gewesen sei und für Zeitungen geschrieben hätte und dass ich nun unbedingt eine Stand-up-Nummer entwickeln wolle. Ob ich einen Auftritt bekommen könnte, fragte ich.

Eine Stunde später antwortete er und teilte mir mit, dass er mich gebucht habe. Ich war schockiert. Nun musste ich die Sache ernst nehmen.

Als Mel die Treppe herunterkam, erzählte ich ihr die gute Nachricht.

»Das ist eine schreckliche Idee«, sagte sie.

»Warum?«

»Ich will nicht gemein sein«, sagte sie und schaute mich eindringlich an, »aber du bist nicht besonders witzig. Das Zeug, das du mir gestern Abend vorgelesen hast. Nun ja, es war nicht komisch. Tatsächlich kann ich mich nicht an das letzte Mal erinnern, da du mir einen Witz erzählt hast, der mich zum Lachen brachte. Du wirst nur peinlich sein und die Show des armen Mannes ruinieren. Auf keinen Fall komme ich mit, ich will nichts damit zu tun haben.«

Ich hörte ihr nicht mehr zu und schaute aus dem Fenster. Ich wusste, sie hatte recht. Aber ich wusste auch, dass ich es tun musste. Ich schickte dem Veranstalter eine Mail, worin ich mein Kommen in der nächsten Woche zusicherte.

Jetzt hatte ich den nötigen Druck. Den Rest des Tages verbrachte ich mit dem Versuch, eine neue Nummer über Phil Collins zu schreiben.

Carl, 27. August

Für seinen letzten Vertrag über drei Bücher hatte Lee Child etwa 30 Millionen Dollar bekommen. John Grisham hatte ein Nettovermögen von 200 Millionen Dollar. Nach Liebesgeschichten war Krimiliteratur das lukrativste Genre mit einem Jahresumsatz von 782,2 Millionen Dollar.

Aber das war natürlich nicht die Realität für die meisten von uns. Von einer Website für aufstrebende Schriftsteller erfuhr ich, dass »der Vorschuss für einen typischen Anfänger irgendwo zwischen 5000 bis 15000 Dollar liegt«.

Während ich auf die Antwort der Agentin wartete, konnte ich nicht umhin, von einem astronomischen Vorschuss zu träumen – vielleicht irgendwas in der Nähe von Stephen Kings Debütroman *Carrie*, für den ihm 400000 Dollar angeboten worden waren.

André, 28. August

Es war der letzte Abend des Edinburgh Fringe Festival, das größte Kunstfestival der Welt und der natürliche Treffpunkt für amateurhafte und professionelle Stand-up-Comedians.

Zusammen mit zehn anderen Neulingen hatte ich die letzten Tage damit verbracht, die Kunst der Stand-up-Comedy zu lernen. Unser Tutor war ein langer Engländer, der einen Spiderman Hoodie, eine Spiderman Kappe und passende Schuhe in Spidermanrot trug. Seine Aufmerksamkeit verschwand immer dann, wenn jemand anderes zu sprechen begann. Ich glaube, dass ihn nicht einmal seine eigene Stimme besonders interessierte.

Als erste Aufgabe sollten wir eine lange Liste der Dinge erstellen, die uns am Herzen lagen. Mir fiel auf, dass nichts von dem, was ich aufschrieb, mit dem Komikmaterial zu tun hatte, an dem ich in den letzten zwei Wochen mühevoll gearbeitet hatte.

Als es darum ging. unsere persönlichen Geschichten zu teilen, war ich überrascht von den Gefühlsäußerungen meiner Komikerkollegen. Einer sagte, er habe eine Leidenschaft für »eating pie« (was, wie er erklärte, ein anderer Ausdruck für Cunnilingus sei). Ein Typ sagte, er hasse leidenschaftlich »stinkende Muschis«. Es ging zu wie in einem Umkleideraum von Schülern, und trotz meiner intensiven Bemühungen, mich meiner Männlichkeit zu stellen, fühlte ich mich äußerst unbehaglich. Außerdem fragte ich mich, was wohl die dänische Schauspielstudentin – die einzige Frau dort – dachte.

Nachdem wir über unsere Leidenschaften geredet hatten, mussten wir Themen für einen Auftritt auswählen. Ein Typ wollte über die Arbeit in einem spanischen Urlaubsort sprechen, der von betrunkenen englischen Touristen heimgesucht wird. Ein anderer schlüpfte in die Rolle eines UPS-Fahrers.

In den nächsten zwei Tagen entwickelten wir unser Material, strichen es zusammen und machten es so konzentriert wie möglich. Wir spielten uns unsere Nummern gegenseitig vor. Einige Teilnehmer sprangen ab, aber diejenigen, die blieben, schienen entschlossen zu sein.

Und dann, nach Tagen intensiver Arbeit, war es an der Zeit, sich auf die Bühne zu wagen. Die Dänin ging zuerst. Ihr sollte der Italiener folgen, aber kurz vor seinem Auftritt verlor er die Nerven. »Ich mach's nicht«, sagte er dem Moderator. »Streicht mich von der Liste.« Den Moderator und auch den Tutor kümmerte das nicht. Die Show ging ohne den Italiener weiter.

Und dann war ich an der Reihe. Ich ging auf die Bühne und stellte mich vor. Etwa fünfzig Personen schauten mich teilnahmslos an, als ob sie sagen wollten: *Bring uns zum Lachen.* Als ich über meine drohende Midlifecrisis zu sprechen begann, sah ich die versteinerten Gesichter älterer Männer. Sie schienen zu denken: *Wovon redest du, Kumpel? Was für eine Midlifecrisis?*

Das Publikum blieb stumm. Ich bekam nur einen Lacher für die flapsige Bemerkung, dass Leute YouTube für die Kindererziehung benutzten. Die Zeit schien schnell zu vergehen – für mich zumindest –, denn ganz plötzlich war es vorbei. Ich schlurfte von der Bühne und bekam vereinzelten

Applaus. Von der Art, wie man sie dem unmusikalischen Kind eines Freundes nach einer Aufführung spendet.

Ich kehrte hinter die Bühne zurück, und einige meiner Komikerkollegen klopften mir leicht auf den Rücken. Ich wusste, dass es ein Desaster gewesen war. Ich fühlte mich leer. Mel hatte recht – ich war nicht witzig und sollte es auch gar nicht erst versuchen.

Es wurde erwartet, dass ich noch blieb und wartete, bis der Tutor kam, um seinen Kommentar zur Vorstellung abzugeben, aber ich wollte nur so schnell wie möglich weg.

Später am Abend fragte ich mich, ob ich es wieder tun würde. Meine erste Reaktion: Nein. Aber dann dachte ich an die Theorie des bewussten Lernens, von der Carl mir erzählt hatte. Der einzige Weg, um etwas zu lernen, war der Versuch zu scheitern, Feedback zu bekommen und es dann wieder zu versuchen.

Carl, 29. August

Ich hatte meinen ersten Roman geschrieben. Oder die ersten 200 Seiten meines ersten Romans. Und nun, da ich auf die Arbeit zurückschaute, fiel es mir schwer, mir einen Reim darauf zu machen. Ich hatte den Monat damit verbracht, *Writer's Digest* und Bücher über das Schreiben zu lesen. Ich hatte nach geeigneten Online-Kursen für kreatives Schreiben gesucht. Aber je mehr ich über den Prozess las, desto weniger hatte es mit der tatsächlichen Praxis des Schreibens zu tun. Der kreative Prozess schien einfach zu geschehen, ohne bewusstes Nachdenken.

Wie finden Sie Ihre Ideen? Wenn dem schwedischen Komiker Hans Alfredson diese Frage gestellt wurde, antwortete er immer, er bekomme sie von einer kleinen Fabrik in Deutschland. Stephen King schrieb, es gebe »keine Ideendeponie, kein Zentralbüro für Geschichten, keine Insel der begrabenen Bestseller«. Ideen scheinen einfach aus dem

Nichts zu kommen, »segeln aus dem leeren Himmel geradewegs auf dich zu«.

War ich im Laufe des Monats kreativer geworden? War ich ein besserer Schriftsteller geworden? Vielleicht. Mit Sicherheit konnte ich sagen, dass ich es genossen hatte, so tief in einen kreativen Prozess eingetaucht zu sein. Zum ersten Mal in diesem Jahr war ich tatsächlich in der Lage gewesen, einen meiner Träume zu verwirklichen anstatt die Fantasie eines anderen auszuleben.

André, 29. August

Nach dem Frühstück tippte ich mein Skript vom Vorabend ab. Ich erkannte sofort, was schiefgegangen war. Es war mehr eine Kurzgeschichte als eine Stand-up-Nummer. Ich hatte keine klaren Pointen und zu viel Material.

Die meisten Stand-up-Komiker arbeiten nach einer Formel. Zuerst ein paar schnelle Witze, gewöhnlich Einzeiler, um das Publikum einzustimmen. Dann drei bis vier längere Stücke, von denen jedes einen kurzen Lacher hervorrufen soll. Das beste Stück kommt immer zuletzt. In meiner Nummer hatte ich keine Warmups und nur zwei Stücke. Die Lacher kamen nicht an den Stellen, wo ich sie erwartet hatte. Wollte ich dies noch einmal tun, musste ich das meiste von meinem Material streichen und von vorn beginnen.

Carl, 30. August

Hi Carl,

ein Kollege und ich haben inzwischen NADA gelesen, und wir haben das Manuskript im Büro mit anderen Kollegen diskutiert.

Mein Herz raste. Mein Mund war trocken. Sie hatten es gelesen. Sie hatten es diskutiert. Dafür hatte ich zwei Monate gearbeitet. Mein literarisches Debut. Und nun sollte ich das Urteil erhalten.

Ich denke, es ist ein spannendes Projekt, und vieles von dem, was wir bis jetzt gelesen haben, ist gut und originell. In dem, was Sie geschrieben haben, ist Potential, und ich bin gespannt, wie die Geschichte weitergeht.

Ich las weiter und wartete auf das *Aber* oder *Jedoch*, gefolgt von einer freundlichen Ablehnung. *Tut uns leid, aber das ist nichts für uns.* Aber da waren keine Aber oder Jedochs. Keine Ablehnung. Sie schrieben, es gäbe Raum für Verbesserungen, und machten einige detaillierte Vorschläge. Versprechen taten sie tatsächlich nichts, aber sie schrieben, es habe ihnen gefallen, was sie gelesen hätten, und würden gerne das ganze Buch noch einmal lesen, wenn es fertig war.

Ich las die Mail mehrmals. Der Agent äußerte sich positiv über die Figuren und den Plot – als ob wir tatsächlich etwas Reales kreiert hätten.

André, 31. August

Ich steuerte das Pub an, das sich auf Tischfußball spezialisiert hatte. Es muss ein populäres Geschäftskonzept sein, denn der Ort war gerammelt voll. Meine Freunde Simon und Peter waren schon da, und beide sagten, dass sie sich auf die Show freuten. Nachdem wir Bier bestellt hatten, forderten sie mich auf, noch einmal meine Nummer vor ihnen zu proben. Erwartungsvoll schauten sie mich an, als ich begann. Ich bekam ein paar Lacher von diesem wohlwollenden Publikum, aber nur einige.

Wir tranken unser Bier aus und gingen dann zu dem Comedy Club um die Ecke. Die Bühne war im Keller. An der Wand hing die Liste der Auftretenden, aber mein Name stand nicht drauf. Ich war geschockt. Hatte ich mir all die Mühe umsonst gemacht?

Als der Veranstalter eintraf, stellte ich mich ihm vor und sagte, dass ich nicht auf der Liste stünde. Er nahm es anscheinend locker.

»Ach ja, Sie waren doch letzte Woche hier, oder?«

Ich nickte. »Ich habe Ihnen eine Mail geschickt.«

»Okay, keine Sorge. Ich schieb Sie dazwischen.«

Dann zeigte er auf einen kleinen Platz in der Ecke neben der Bühne.

»Warten Sie dort«, sagte er.

Sechs Leute warteten schon. Ich gesellte mich zu ihnen und trank ein Glas Wasser – das bevorzugte Getränk für die meisten Komiker, wenn sie auf ihren Auftritt warten.

Während der ersten Pause sprach ich mit einem der Männer. Ich hielt ihn für einen der am wenigsten Talentierten in der Gruppe. Doch es stellte sich heraus, dass er es schon seit drei Jahren machte. Als ich ihn fragte, wie alt sein neues Material sei, antwortete er: »Sechs Monate.« Nun fühlte ich mich wirklich nervös.

Zu Beginn des zweiten Teils kam der Moderator auf mich zu und rief mir ins Ohr: »Sie sind bald dran.« Er schaute mich aufmerksam an. Mein Magen verkrampfte sich. Die beiden Komiker vor mir hatten das Publikum zum Lachen gebracht. Als der letzte fertig war, klatschte die Menge, und ich eilte auf die Bühne.

Ich ließ meine Eröffnungswitze los. Drei Lacher. Gesichter schauten mich erwartungsvoll an, und sie schienen zu sagen: *Na los, du bist ein Komiker, also sag etwas Komisches.* Als ich zu meinem ersten längeren Stück überging, wurde die Menge still. Es funktionierte nicht. Ganz klar, es war nicht witzig, sondern einfach nur peinlich. Dann brachte ich eine Geschichte über Kinder, die so tun, als wären sie erwachsen. Diesmal lachten die Leute ein wenig. Und dann blitzte mir gegenüber ein Licht auf. Es bedeutete, ich sollte die Bühne verlassen. Schnell kam ich zum Ende.

Zwei Lieblingsstücke hatte ich ausgelassen, aber das spielte keine Rolle. Ich war glücklich. Oder vielmehr in

Hochstimmung. Leute hatten gelacht, wenn auch nur ein wenig. Das war alles, was ich wollte.

Als ich von der Bühne kam, stürzten Peter und Simon auf mich zu und umarmten mich. Ich fühlte mich wirklich gut. Ich hatte es geschafft! Ich konnte mich nicht erinnern, wann ich zum letzten Mal ein so starkes Erfolgsgefühl hatte.

Wir gingen in eine schicke Bar um die Ecke und bestellten Whiskey. Es war Zeit zum Feiern. Nach den ersten Schlucken entspannte ich mich langsam. Ich vergaß nicht nur meine Ängste, sondern verfiel auch dem Irrglauben, dass ich mich nun mit Recht einen Stand-up-Comedian nennen durfte.

September

Geld

Carl, 1. September

Ich wusste, um mich herum hörte man es nicht gern, aber ich hasste alles, was mit Geld zu hatte, aus tiefstem Herzen.

Unsere Rechnungen allerdings bezahlte ich stets. Ich verglich es mit dem Reinigen eines verstopften Abflusses. Es musste getan werden, nicht wahr? Ich öffnete die Briefumschläge, holte die Rechnungen raus, bezahlte sie und warf sie in den Müll. Fast nie schaute ich sie mir lange an. Infolgedessen hatte ich auch nur eine vage Vorstellung von dem, was wir für Versicherungen, Strom, Internet und Telefon bezahlten. Gewöhnlich warf ich nur einen flüchtigen Blick auf meine Kreditkartenauszüge und ging die Posten nie im Detail durch. Ich wusste, dass ich zu viel Geld für Lebensmittel und Wein und Restaurants ausgab, sah aber keinen Sinn darin, mich immer wieder an meine Sünden zu erinnern.

Wenn ich an diese Dinge dachte, rutschte mir das Herz in die Hose. Ich bekam Beklemmungen, und mein Selbsthass wuchs. Ich erwartete nicht, dass andere Leute Mitgefühl mit mir hatten. Warum sollten sie? Ich hatte es selbst nicht. Ich war verwöhnt und träge. Schließlich hatte ich ja das Geld, um die Rechnungen zu bezahlen, wodurch es mir viel besser ging als vielen anderen Menschen, die sich abmühten, über die Runden zu kommen. Mir war klar, dass ich Glück hatte. Aber das verstärkte nur meine Scham.

Ich komme aus einer relativ wohlhabenden Familie, in der

jeder außer mir gut mit Geld umgeht. Wenn wir beim Essen zusammensaßen, wurde oft über Darlehen, Hypotheken und Zinsen gesprochen. Ich bekam dann immer Herzrasen, und meine Handflächen schwitzten. Ich versuchte dann, so schnell wie möglich das Thema zu wechseln.

Jetzt war es an der Zeit, etwas an meiner finanziellen Situation zu ändern. Ich öffnete meinen Computer und sandte eine Mail an meinen Bankmanager und an meinen Steuerberater. Dann emailte ich einem Typ in einer Redneragentur, der mich vor etwa einem Jahr kontaktiert und gefragt hatte, ob ich bereit wäre, zu einer Anhörprobe in ihr Büro zu kommen. Als ich nicht darauf antwortete, fragten sie mich in einer zweiten Mail, ob wir uns treffen könnten, um über den Preis zu diskutieren, zu dem sie mich als Redner verkaufen könnten. Damals bereitete mir der Ausdruck – *ein Preis, zu dem wir Sie verkaufen könnten* – Unbehagen, aber jetzt, da ich selbst meinen Marktwert einzuschätzen versuchte, war es genau das, was ich herausfinden wollte.

Ich hatte vor, mich in diesem Monat als Ware zu betrachten, als ein Produkt, das mit einem Etikett versehen und auf dem Markt angeboten wird

Meine nächste Mail ging an meine Mutter. Zufällig hatte sie jahrelang als Karriereberaterin gearbeitet, und ich dachte, sie könnte mir bei meinem Versuch helfen, mich in eine neue, gutbezahlte Karriere zu stürzen. Ich bekam das solide, aber nicht beeindruckende Gehalt eines Akademikers. Wenn ich wirklich viel verdienen wollte, musste ich den sicheren Raum der Universität hinter mir lassen und in die Unternehmenswelt aus Stahl und Glas wechseln. Wie schwer konnte das sein?

Mein Ziel war, einen Job zu bekommen, der zweimal so viel einbrachte wie mein jetziger.

André, 2. September

Ich dachte, ich hätte etwas Ahnung davon, wie der Markt funktioniert. Schließlich bin ich Professor an einer Business School und verbrachte Jahre damit, das Versagen der Finanzinstitutionen zu studieren. Ich war kein Finanzexperte, aber glaubte doch, genug zu wissen.

Nachdem ich Steve Siebolds Buch *How Rich People Think* gelesen hatte, wurde mir klar, dass ich falsch lag. Laut Siebold war ich in einer typischen Mittelklasse-Denkweise über Geld gefangen. »Die Mittelklasse geht an Geld mit dem Verstand eines allzu analytischen Akademikers heran«, las ich. »Die Weltklasse dagegen behandelt Geld wie ein Kind, das keinen Mangel und keine Grenzen kennt und ehrlich glaubt, dass es alles tun kann.«

Wenn ich zur »Weltklasse« gehören wollte, musste ich meine idiotischen Mittelklassenwerte der harten Arbeit, Bescheidenheit und finanzieller Umsicht aufgeben. Ich musste begreifen, dass meine Beschränktheiten nur Erzeugnisse meines fehlerhaften Denkens waren.

Am Ende der Lektüre war ich entschlossen, meine Mittelklassenaversion gegen Risiko abzuschütteln und den Monat damit zu verbringen, neue Möglichkeiten aufzuspüren. Was wäre besser dazu geeignet, sagte ich mir, als ein Händler auf den Finanzmärkten zu werden?

Carl, 2. September

In diesem Sessel hatte ich unzählige Male gesessen, aber diesmal war es anders.

Als ich Anfang zwanzig war und mich gelegentlich im Haus meiner Eltern aufhielt, begegnete ich manchmal zufällig den Klienten meiner Mutter. Sie saßen in dem Sessel, und meine Mutter saß auf der Couch. Die meisten waren elegant gekleidete Managertypen. Sie hatten vor kurzem ihren Job verloren. Aber da sie wichtige Leute waren, wurden sie nicht wie die gewöhnlichen Arbeiter auf die Straße gesetzt, sondern bekamen vielmehr die Gelegenheit, eine erfahrene Karriereberaterin zu treffen, die zufällig meine Mutter war. Sie half ihnen bei der Aufarbeitung dessen, was ihnen widerfahren war, so dass sie eine neue Karriere und ein neues Leben beginnen konnten.

Jetzt war ich einer dieser Kandidaten und saß in dem Sessel in der Hoffnung, Hilfe von meiner Mutter zu bekommen. Sie hatte sich vor einigen Monaten zur Ruhe gesetzt, aber als ich sie anrief, und fragte, ob sie mich als ihren letzten Klienten annehmen würde, sagte sie zu.

Sie holte ein Blatt aus ihrem Plastikordner. »Hier«, sagte sie, »lass uns mit deiner gegenwärtigen Situation beginnen.« Ich musste über meine derzeitige Arbeit nachdenken und aufschreiben, was ich aus meinem Berufsleben machen wollte.

»Ich habe eigentlich schon eine klare Vorstellung«, sagte ich.

»Mm-hm, und was ist das?«

»Ich suche einen Job mit einem möglichst hohen Gehalt.« Ich hielt inne. »Ich will herausfinden, wieviel ich auf dem Markt wert bin.«

»Okay«, sagte sie und nahm ihre Brille ab. »Das heißt, du suchst einen Führungsjob.«

»Ja, das trifft es wohl.«

»Zuerst müssen wir herausfinden, auf welchem Gebiet.«

»Kommunikation?«, sagte ich. »Ich meine, mein jetziger Job ist im Wesentlichen Schreiben und Reden, und das ist doch die Basis der Kommunikation, oder?«

»Ja, vermutlich.«

»Oder Personalmanagement? Ich gebe gerade einen Kurs darüber.«

Meine Mutter holte ein neues Blatt aus dem Ordner.

»Wir können das später entscheiden«, sagte sie. »Zuerst müssen wir deine Kompetenzen aufschreiben.«

Ich schaute auf das Blatt, das sie mir gegeben hatte. »Was genau ist eine Kompetenz?«

»Dinge, die du gut kannst.« Sie las von einem anderen Blatt Beispiele vor. »Teams führen. Besprechungen leiten. Kooperationsvereinbarungen planen. Ressourcen sichern. Projekte planen und durchführen.«

»Ich weiß nicht, ob ich überhaupt irgendwelche Kompetenzen habe«, sagte ich.

»Natürlich hast du welche. Geh nach Hause und denk darüber nach. Wir sehen uns morgen.«

André, 5. September

Ich hatte einen kleinen Stapel Bücher neben meinem Bett mit Titeln wie *Trade Your Way to Financial Freedom.* In einer Sache schienen sie alle übereinzustimmen – man will nicht, dass das böse Finanzamt einen Teil der schwerverdienten Gewinne einstreicht. Die Investitionen sollen »steuergünstig« sein. Nach langer Lektüre fand ich, dass Einwegtrader mit einem kurzen Zeithorizont durch Spreadbetting Steuern auf ihre Einkünfte vermeiden konnten.

Ich sah oft in der U-Bahn Großanzeigen für Spreadbetting. Eine zeigte einen jungen Mann in einem feinen Anzug, der seine Hand einem bösartigen Hund entgegenstreckte. Vermutlich war der Hund der Markt, und der junge Mann verkörperte den mutigen Händler, der zum Risiko bereit war.

Abgesehen von diesen Machobildern hatte ich immer noch keine Ahnung, was Spreadbetting tatsächlich war. Ich loggte mich bei einer der größten Spreadbetting-Sites ein und schaute ein Video mit dem Titel »Ist Spreadbetting etwas für mich?« an. Mit fetziger Musik im Hintergrund präsentierte die tiefe, selbstbewusste Stimme eines Erzählers steigende Produktionswerte von Unternehmen..

Schnell verstand ich: Bei Spreadbetting geht es darum, ob

sich ein Finanzmarkt auf- oder abwärts bewegt. Wenn man die Bewegung richtig einschätzt, gewinnt man. Wenn nicht, bedeutet das Verlust. Der große Unterschied zwischen Spreadbetting und normalem Handel besteht darin, dass man nicht wirklich ein Asset kauft oder verkauft. Man investiert nur Geld in die Richtung, in die der Markt sich bewegt. Für mich sah es wie Wetten aus. Aber statt auf Rennpferde oder Fußballspiele setzte man auf Aktien und Währungen.

Carl, 7. September

Meine Mutter überflog kurz die Unterlagen, die ich ihr geschickt hatte.

»Es tut mir leid, aber ich musste ehrlich sein«, sagte ich kleinlaut.

»Darum geht's.« Sie schaute sich die Analyse an, die ich von meiner gegenwärtigen Situation gemacht hatte. Die erste Frage betraf meine Ziele. »Die Universität verlassen und einen gutbezahlten Job in der Industrie bekommen«, hatte ich geschrieben.

Wann haben Sie das letzte Mal eine aktive Entscheidung getroffen? lautete die nächste Frage.

Ich wusste es nicht.

War dieses Projekt eine aktive Entscheidung? Was hat Ihnen Freude bei Ihrer Arbeit gegeben?

Ich dachte zurück an den Sex-Monat und die völlige Abwesenheit von Freude.

Wann haben Sie am besten gearbeitet?

Wahrscheinlich als ich den Pomodoro Timer und smarte Drogen benutzte.

Und dann die Eine Million Dollar-Frage:

Was ist Ihr Traumjob?

Ruhestand, schrieb ich als Nummer eins. Dann finanzielle Unabhängigkeit. Das war wohl im strikten Sinne kein Job, aber Ruhestand war vermutlich auch nicht die richtige Antwort.

Wie nahe sind Sie heute Ihrem Traumjob?

Eigentlich ziemlich nahe, schrieb ich. Ich war in der glücklichen Lage zu tun, was mir wirklich gut gefiel: Unterrichten, Schreiben und Lesen.

»Was sonst noch?«, fragte ich, sobald wir alle Fragen zusammen durchgegangen waren. Meine Mutter holte das Blatt mit meinem Kompetenzprofil und dem kurzen Bericht hervor, den ich über mich geschrieben hatte. Ich präsentierte mich als Akademiker mit großer Erfahrung auf dem Gebiet des Personalmanagements, der nun in der Geschäftswelt seine Sporen verdienen wollte. Meine Mutter schlug ein paar Veränderungen vor, dann gingen wir an den Computer und fanden einige Headhunter-Firmen. Sie waren darauf spezialisiert, »Talent mit Herausforderungen in Übereinstimmung zu bringen«. So wie Erfolgsautoren nicht ohne Agenten klarkommen, kann ein ehrgeiziger Topmanager nicht ohne Headhunter-Agentur überleben.

»In ein paar Tagen musst du dort anrufen und versuchen, einen Gesprächstermin zu bekommen«, sagte sie, als ich mich auf drei Websites mit meinem Lebenslauf vorgestellt hatte. »Und du solltest ein Profil auf LinkedIn hinzufügen.«

Als ich nach Hause ging, schöpfte ich wieder Hoffnung.

André, 8. September

Ich hatte Rickard am Telefon, der einzige meiner Freunde, der Spreadbetting machte.

»Hat du schon mal mit CDFs gehandelt?«, fragte er.

»Was?«

»Contracts of Difference.«

»Nein, was ist das?«

»Differenzkontrakte sind ein Finanzinstrument. Mit ihnen wettet man auf steigende oder fallende Preise.«

»Okay.«

»Du kannst sie auf Spreadbetting-Sites kaufen.«

»Ich hab mir neulich so eine angeschaut. Sie hieß IG. Ehrlich gesagt, es hat mich ziemlich überwältigt«, sagte ich.

»Warum?«

»Nun ja, all diese blinkenden Zahlen, die sich auf und ab bewegten. Ich hatte keine Ahnung, was sie bedeuteten. Und dann diese Warnungen vor Verlusten. Das erweckte nicht wirklich Vertrauen.«

»Es ist nicht so schlimm«, sagte er und wollte mir erklären, wie die Trading-Site funktionierte. Ich sollte mich einloggen.

»Siehst du die Liste, die mit FTSE beginnt?«

Ich schaute auf den Bildschirm mit den blinkenden Zahlen.

»Ja.«

»Okay. Das sind die wichtigsten Finanzmärkte. Aktienmärkte, Anleihenmärkte, Rohstoffmärkte.«

»Ah ja«, sagte ich, immer noch verwirrt.

»Wählen wir einen aus. Zum Beispiel FTSE 100. Das sind die 100 größten Unternehmen an der Londoner Börse.«

Ich klickte auf FTSE 100.

»Und jetzt, siehst du die Kurve?«

»Ja.« Eine neue Seite erschien mit einer großen Kurve in der Mitte.

»So, das ist der Preis des Gesamtmarkts«, erklärte er.

»Okay.«

»Siehst du diese Tools oben am Bildschirm? Sie helfen dir bei der Entscheidung, wohin der Markt gehen mag. Klick auf den Button, wo ›technisch‹ steht.«

Das tat ich, und plötzlich erschienen zwei parallele Linien über und unter langen schmalen rechteckigen Kästen, die den aktuellen Marktpreis anzeigten.

»Was bedeuten diese Linien?«

»Das sind die Handelskanäle.«

»Handelskanäle?«

»Statistische Voraussagen über die höchsten und niedrigstmöglichen Preise über einen bestimmten Zeitraum.«

»Ah, okay.«

»Die Idee ist, wenn der Markt die obere Linie erreicht, wird es wahrscheinlich wieder zurückgehen. Wenn er die untere Linie erreicht, geht es wahrscheinlich wieder nach oben.«

»Verstehe. Ich soll also verkaufen, wenn es die obere Linie erreicht, und kaufen, wenn es die untere Linie des Kanals erreicht.«

»Genau.«

Nach dieser Erklärung war ich etwas weniger verwirrt. Aber Rickard fügte noch eine Warnung hinzu.

»Wenn du wirklich damit handeln willst, brauchst du Zeit. Es kann ziemlich anstrengend werden. Und schließ immer deine Positionen, bevor du die Kids von der Schule abholst.«

Carl, 8. September

Die Wände waren mit Fotos von Bestsellerautoren bedeckt. Fredrik Backman war da, der Autor von *Ein Mann namens Ove*, das sich fast drei Millionen Mal verkauft hat.

»Ihr Buch gefällt uns. Es hat einen ganz eigenen Ton. Aber in der Mitte ist es ein bisschen langsam«, sagte die Agentin. Ihre Assistentin nickte zustimmend.

»Ja, wir könnten das ändern«, sagte ich und nahm einen Schluck Kaffee.

»Und als Leserin würde ich gerne die Hauptfigur besser kennenlernen.«

»Mm-hmm«, sagte ich und schrieb das in mein Notizbuch.

»Und ich bin gespannt, was Sie mit dem Schluss machen.«

Das Treffen ging dem Ende zu.

»Meinen Sie, dass das Buch Potential hat?«, fragte ich.

»Ja, ich glaube schon«, sagte sie.

Ich versprach, die gesamten 300 Seiten im nächsten Monat zu schicken. Als ich zu einem Treffen mit meinem Steuerberater durch die Stadt radelte, sah ich im Geiste mein Foto an jener Wand mit den Erfolgsautoren.

Mein Steuerberater hatte ein elegantes und doch sportliches Aussehen: Er trug rote Jeans, ein grünes Jackett und Slipper. »Wenn Sie 23000 Dollar im Jahr verdienen«, sagte er, »können Sie sich eine Dividende von 18000 auszahlen.« Er schrieb die Zahlen auf ein Whiteboard.

Ich verstand nicht viel von dem, was er sagte, aber es war herrlich, dort zu sitzen und zu hören, wie ich es vermeiden könnte, zu viel Steuern zu bezahlen, und mir vorzustellen, dass ich Millionen Exemplare meines Thrillers verkaufen würde.

»Aber das könnte sich alles ändern«, fuhr er fort. »Wenn die linke Regierung sich durchsetzt, werden sie diesen Möglichkeiten einen Riegel vorschieben.«

Ich schüttelte in gespielter Fassungslosigkeit den Kopf und tat so, als wäre ich auf seiner Seite. Ich verriet ihm nicht, dass ich die Linke gewählt hatte. Ich hatte nichts dagegen, dass mein Steuerberater ein unternehmensfreundlicher Marktfundamentalist ist. Mal ehrlich, wer will schon, dass sich ein sozialistischer Steuerberater um ein Unternehmen kümmert?

Ich unterschrieb ein Bündel Papiere, um eine neue Firma zu gründen, die von meiner juristischen Person getrennt war. Ich brauchte eine solche Firma, nun da ich vorhatte, eine Menge Geld zu verdienen.

Als ich nach Hause kam, lag Sally im Bett.

»Ich fühle mich schwanger«, sagte sie und legte die Hände auf ihren Bauch.

»Du glaubst, du *bist* schwanger?«

»Es fühlt sich so an. Ich geh mal ins Bad.«

Fünf Minuten später kam sie mit einem Schwangerschaftstest ins Schlafzimmer zurück und zeigte mir das positive Ergebnis.

»Wow, das ist wunderbar!«, rief ich, und wir küssten uns.

»Bist du sicher?«

»Hundert Prozent«, sagte ich. »Jetzt muss ich wirklich diesen Thriller verkaufen. Wir werden in ein größeres Haus umziehen.«

André, 13. September

Ich loggte mich bei der Spreadbetting-Site IG ein und eröffnete einen Account. Soweit ich weiß, ist IG die beliebteste Spreadbetting-Site im Vereinigten Königreich. Hier ist ein Großteil der 90000 Leute versammelt, die regelmäßig wetten. Nun konnte ich mit allem handeln – von Facebook und Gold bis zu schwedischen Kronen und US-Staatsanleihen. Ich konnte selbst auf den Ausgang der bevorstehenden Präsidentschaftswahl in den USA wetten.

Ich begann mit dem vertrautesten Markt: den FTSE 100. Von Rickard hatte ich gelernt, dass sich Märkte im Zickzackkurs zwischen relativ vorhersagbaren Extremen bewegen. Ich sollte auf »Kaufen« klicken, wenn die Kurskurve zur Untergrenze des Handelskanals absackte und »Verkaufen«, wenn sie das obere Ende des Handelskanals erreichte.

Ich beobachtete, wie der FTSE 100 sich ganz nach oben bewegte und dann abrupt abfiel. Als die Kurve unten ankam, ging sie gleich wieder aufwärts. Das war leicht zu verstehen. Ich stürzte mich in das Geschehen mit einer Wette von 50 Pence pro Punkt, was bedeutete, dass ich für jeden Punkt, den der FTSE100 fiel, 50 Pence bekam. Ich platzierte auch eine Stop-Loss-Order. Wenn der Markt über einen festgelegten Punkt hinausging, wurde meine Wette geschlossen. Ein Stop-Loss war wie eine Leitplanke, die verhinderte, dass ich mehr Geld verlor, als ich mir leisten konnte.

Sobald ich meine Wette gesetzt hatte, bewegte sich der Markt fast sofort in die falsche Richtung. Ich erwartete, dass er fiel, weil er die Spitze erreicht hatte, aber er stieg weiter. Ich geriet in Panik und erhöhte das Kurslimit. Dies war genau die Art irrationalen Verhaltens, zu dem ein echter Trader sich nie würde hinreißen lassen. Aber da ich unbedingt mein Geld zurückhaben wollte, tat ich es trotzdem. Ich blieb gebannt vor dem Bildschirm und sah, wie der Preis des FTSE hoch- und mein Handelskonto runterging.

Ich hatte ein paar britische Pfund verloren. Objektiv war es nichts. Aber in meinem Kopf waren die Kosten hoch. Ich wollte mir selbst beweisen, dass ich kein Loser war. Ich war entschlossen, das Geld zurückzugewinnen. Also platzierte ich eine weitere Wette auf das Sinken der Preise. Und tatsächlich begannen sie zu fallen. Als ich die Wette schloss und ein paar Pfund mehr auf meinem Account waren, fühlte ich mich wie ein cleverer Trader.

Der Nachmittag verflog, während ich eine Order nach der anderen platzierte. Bevor ich aufbrach, um meine Tochter von der Vorschule abzuholen, befolgte ich Rickards Rat und schloss alle meine Positionen.

Carl, 14. September

Von einem Job-Coach auf YouTube lernte ich, dass ich einem Unternehmen nicht nachjagen durfte. Stattdessen sollten sie hinter mir her sein. Das Problem war nur, dass sich kein Unternehmen für mich interessierte. Seitdem ich vor einer Woche meinen Lebenslauf an drei Headhunter-Agenturen geschickt hatte, hatte mich noch niemand angerufen. Es war Zeit zu handeln.

Ich browste durch die Website einer der Agenturen. Dort stand, dass sie nachhaltige Vermittlungsdienste anbieten. Ich war mir nicht ganz sicher, was das bedeutete. Wollten sie bei der Rettung der Polkappen helfen?

Ich schaute auf die Fotos ihrer Berater. Sie sahen alle gleich aus. Gutaussehende blonde Frauen in schwarzen Power-Anzügen und weißen Blusen mit lächelnden weißen Zähnen, blauen Augen und makelloser Haut. Die Männer trugen Anzüge und weiße Hemden, auch sie lächelnd mit blauen Augen.

Ich probte noch einmal meine Selbstpräsentation und rief dann den Mann an, der für Kommunikation zuständig war.

»Hi, meine Name ist Carl, und ich arbeite an der Universität Stockholm.«

»Ja«, sagte der Berater.

»Ich habe Ihnen letzte Woche meinen Lebenslauf geschickt. Ich bin an einem Karrierewechsel interessiert. Ich würde gerne etwas Neues versuchen – im privaten Sektor.«

»Was sind Ihre Tätigkeitsfelder? Kommunikationswissenschaft? Wirtschaftswissenschaft?«

»Äh, ja, Kommunikation. Also ich unterrichte Themen wie Human Resources, nicht nur Personalwesen. Ich meine, äh, ich habe auch andere Fächer unterrichtet. Nun ja, Management zum Beispiel und so was.« Ich stotterte. »Und ich habe auch für Magazine und Zeitschriften geschrieben, und ich ähm bin daran gewöhnt, mit den Medien und so zu reden.«

»Wie heißen Sie?«, fragte er. »Ihr Nachname.«

»Cederström«, sagte ich. »Carl Cederström. Ich kann Ihnen meinen Lebenslauf noch mal schicken.«

»Nein, schon gut. Ich habe ihn gefunden.«

»Okay.«

»Kann ich Sie in einer Minute zurückrufen, wenn ich mir das hier angeschaut habe?«

Eine Stunde später rief der Berater zurück. »Ich habe Ihren Lebenslauf gelesen. Sie haben eine Menge gemacht.«

»Ja, äh, Danke.«

»Aber ich bin mir nicht sicher, ob Kommunikation Ihr Gebiet ist.«

»Warum nicht?«, fragte ich.

»Haben Sie frühere Erfahrungen in der Kommunikationsbranche?«

»Erfahrungen? Nun ja, ich habe geschrieben und, verstehen Sie, unterrichtet. Dabei geht es doch um Kommunikation oder?«

Ich spürte, dass er das Interesse verlor.

»Wissen Sie was, vielleicht ist es besser, wenn Sie es mit dem Personalwesen versuchen«, sagte er.

André, 14. September

Ich wachte auf, machte mir eine Tasse Earl Grey, ging nach oben und loggte mich ein. Ich wartete darauf, dass die Londoner Börse öffnete. Sobald die Uhr auf acht sprang, zackte die FTSE-Kurve abwärts. Aufgrund statistischer Trends hatte ich gewettet, dass die Marktpreise fallen würden. Und tatsächlich kam es so. Irgendwo musste etwas Widriges passiert sein. Aber schlechte Nachrichten für jemand anders waren gute Nachrichten für mich. Das Guthaben auf meinem Account stieg. Und das allein zählte.

Nachmittags musste ich zu einem Treffen. Einige meiner Transaktionen waren noch offen; also lud ich die mobile IG Trading App herunter, mit der ich den Markt im Auge behalten konnte, während ich mich durch die Stadt bewegte. Aber als ich in der U-Bahn saß, stellte ich fest, dass ich vom Internet abgeschnitten war. Eine Welle der Angst traf mich. Was war an der Börse los? Wohin steuerte die Wall Street? Solche Gedanken gingen mir durch den Kopf, als ich durch das unterirdische London zuckelte. Sobald ich mein Ziel erreicht hatte, rannte ich aus der U-Bahnstation und schaltete die App ein. Zu meiner Erleichterung sah ich, dass meine Transaktionen immer noch gut liefen.

Carl, 15. September

»In welchen Umständen auch immer wir uns im Leben befinden mögen, die Einstellung ist alles.« Ich las Richard Nelson Bolles' Bestseller *Durchstarten zum Traumjob*. Die richtige Beherrschung der Techniken war nur ein kleiner Teil der Stellensuche. Mindestens genauso wichtig war es, die richtige Einstellung zu entwickeln. Wenn ich einen Job suche, soll ich mich auf das konzentrieren, was ich tatsächlich ändern kann, ständig meine Situation analysieren und akzeptieren, dass alles, was in meinem Leben geschieht, eine Bedeutung hat – einschließlich der Dinge, die auf den ersten Blick schlimm zu sein scheinen wie etwa der Verlust des Jobs.

Ich musste auch weiterhin meine Anrufe machen. Mindestens zwanzig jeden Morgen, riet Bolles.

Ich rief die nächste Headhunter-Agentur an. Von ihrer Website wusste ich, dass sie vor allem Topmanager und junge Talente vermittelten. Objektiv gesehen war ich beides nicht. Ich war nicht einmal mehr jung. Neu in dem Spiel, das ja, aber das war kaum ein Vorteil. Doch ich hatte gelernt, optimistisch zu denken. Eine negative Einstellung machte sich nicht gut in einem Vorstellungsgespräch.

»Vielleicht könnten wir uns treffen und zukünftige Möglichkeiten diskutieren«, sagte ich in der Hoffnung, ein persönliches Treffen zu arrangieren. Das müsse der nächste Schritt sein, hatte meine Mutter gesagt.

»Sie scheinen eine interessante Person zu sein, und wir sind immer daran interessiert, interessante Personen kennenzulernen«, sagte die Frau am anderen Ende der Leitung. »Aber im Moment sind wir sehr beschäftigt.«

»Ich verstehe, aber vielleicht später?«

»Nun ja, wir vermitteln Topmanager. Ehrlich gesagt, ich schaue hier auf Ihren Lebenslauf. Es sieht so aus, als fehlten Ihnen die nötigen Qualifikationen.«

»Mm-hm.«

»Sie würden mit Leuten konkurrieren, die *Jahre* praktischer Erfahrung in HR haben.«

»Ja natürlich.«

»Schauen Sie, es ist unrealistisch, dass Sie von Ihrer jetzigen Position zu einem Job als Führungskraft wechseln könnten«, fuhr sie fort.

»Meinen Sie?«

»Ja, Sie müssen Ihre Optionen überdenken. Vielleicht könnten Sie weiter unten in der Unternehmenshierarchie beginnen, um Erfahrung zu sammeln.«

»Okay«, sagte ich niedergeschlagen.

»Sind wir noch auf derselben Wellenlänge? Verstehen Sie, was ich sage?«

»Ja, ich verstehe«, sagte ich.

»Es ist einfach ein zu großer Sprung. Okay?«

»Ja. Ein zu großer Sprung. Natürlich«, wiederholte ich.

Als wir auflegten, fühlte ich mich mutlos. Zweifellos hatte ich meinen Marktwert falsch eingeschätzt. Aber ich durfte nicht aufgeben. Ich wiederholte mir Bolles' Worte: *In welchen Umständen auch immer wir uns im Leben befinden, die Einstellung ist alles. Wir dürfen nie vor der schwierigen und harten Arbeit zurückschrecken, unsere ganze Strategie zu überdenken.*

André, 15. September

Mich bei meinem Account einloggen und handeln, das war nicht genug. Um ein richtiger Trader zu sein, musste ich eine Trading-Philosophie entwickeln. Und die erhoffte ich mir von dem Buch, das ich auf meinem Bildschirm hatte: *Zen an der Börse* von einem Chicagoer Futures-Trader namens Edward Allen Toppel. Vor mir erschienen Bilder von japanischen Tempelgärten, Yin-Yang Symbole und Zitate von Zenmeistern. Ich wurde belehrt, dass der größte Feind beim Handel das Ego ist.

Um ein erfolgreicher Trader zu sein, muss man eine Reihe einfacher Regeln befolgen: billig kaufen, teuer verkaufen, Gewinne laufen lassen, Verluste einschränken, nur Gewinne erhöhen und mit dem Trend gehen. Das Problem ist, dass das Ego oft in die Quere kommt und man die absolute Realität nicht sieht. Um ein großartiger Trader zu sein, muss man völlig in die absolute Realität, das heißt in den Markt eintauchen. Ich musste wie ein Mönch werden, der anstatt einen Fels zu betrachten, sein ganzes Dasein auf den Markt konzentriert.

Ich entdeckte beim Weiterlesen mehr Techniken, wie man Ich-loser Zenmeister des Tradings wird. Jeden Morgen, bevor ich mit dem Handeln begann, sollte ich meditieren und mir dann fünf Minuten den wellenförmigen Fluss des Marktes bildlich vorstellen. Während des Tages sollte ich in regelmäßigen Abständen eine persönliche Bejahung murmeln. Das klang wie eine gute Idee, aber was konnte meine Bejahung sein?

Die Antwort kam auf der nächsten Seite. Ein Zentrader sollte sich an Haikus versuchen. Ich folgte dem Rat. Ich nahm einen Kuli und Papier und öffnete meine Tradingseite. Ich saß da, der Kuli schwebte über dem Blatt, und dachte über die ständigen Schwankungen des Markts nach. Dann hatte ich eine Eingebung:

FTSE is up, Dow is down
A trader breathes out
The Nikkei will be open soon

Carl, 16. September

Bevor man Erfolg hat, lernte ich von Napoleon Hill, erlebt man mit Sicherheit Versagen und Niederlagen. Seit seiner Veröffentlichung 1937 hat sich Hills Selbsthilfeklassiker *Denke nach und werde reich* mehr als 20 Millionen Mal verkauft. Er basiert auf Interviews mit fünfhundert erfolgreichen Männern. Ihre größten Erfolge, erklärte Hill, »stellten sich meist unmittelbar nach einem Fehlschlag ein«.

Wieder telefonierte ich mit einer Personalberaterin. Diesmal war ich entschlossen, mich nicht unterkriegen zu lassen.

»Es muss doch einen Weg geben, von der Universität zur Industrie zu wechseln«, sagte ich schroff und hoffte, dass meine neues Anspruchsdenken hörbar war.

»Ja natürlich«, sagte sie.

»Und ich würde die Universität nur verlassen, wenn ich ein höheres Gehalt bekäme.«

»Wieviel verdienen Sie jetzt?«, fragte sie.

Ich nannte ihr mein Gehalt. »Oh ja. Als HR-Manager würden Sie sicher mehr verdienen.«

Erleichtert atmete ich auf.

»Schauen Sie, ich muss darüber nachdenken«, fuhr sie fort. »Ich rufe Sie nächste Woche an. Okay?«

André, 16. September

Ich saß mit geschlossenen Augen am Schreibtisch und versuchte, die Höhen und Tiefen des Marktes, sein wellenartiges Auf und Ab zu visualisieren. Ich sah mich als kleinen Surfer auf Wellen reiten und auf die richtige Dünung warten. Nachdem ich fünf Minuten diese angenehme Szene kontempliert hatte, öffnete ich die Augen und widmete mich meinem Handelsbildschirm.

Der Tag ging dahin, als wäre ich in Trance, während ich einen Handelsauftrag nach dem anderen platzierte. Mein Ego wollte sich ab und zu einschleichen, aber ich wehrte es ab, indem ich mein Haiku rezitierte.

Dann war es Abend und alles wurde still. Es war Freitag. Zum Wochenende schlossen die Börsen weltweit. Ein Gefühl innerer Ruhe überkam mich. Als ich dasaß und das Verschwinden der Kurve beobachtete, fühlte ich mich wie ein Zen-Mönch, der seinen Blick auf einen mondbeschienenen Teich ruhen lässt, nachdem alle anderen im Tempel eingeschlafen sind.

Carl, 20. September

Die Redneragentur hatte diesen Monat keine Zeit für mich, aber eine Beratungsfirma war auf mich zugekommen und fragte, ob ich ein Inspirationsseminar für HR-Manager geben könne. Sie hatten mir 1700 Dollar angeboten, was mehr Geld war, als ich je für Vorträge bekommen hatte.

Es war nichts verglichen mit Bill und Hillary Clinton, die seit 2001 mit Vorträgen 153 Millionen Dollar verdient hatten. Ein früherer schwedischer Premierminister tummelte sich auch auf dem Markt, aber er verlangte nicht mehr als 12000 Dollar.

Laut einem Bericht des Bharat Book Bureau hatte der Markt für Motivationssprecher im letzten Jahr einen Wert von etwa einer Milliarde Dollar, aber trotz der Tausenden von ehrgeizigen Motivationsgurus gab es nur etwa zwanzig von ihnen, die wirklich viel Geld damit verdienten.

Auf dem Nachhauseweg von dem Workshop bekam ich eine Mail von der Vermittlungsagentur. Es war ein anderer Berater, der schrieb, dass er meinen Lebenslauf gelesen habe. Er wollte wissen, was für einen Job ich genau suchte und was mich von den anderen Kandidaten unterscheide. Ich klickte auf »Antworten« und schrieb: »Ich möchte ein HR-Manager werden, und was mich gegenüber den anderen Kandidaten überlegen macht, ist, dass …« Dann erstarrte ich, unfähig, mit irgendetwas aufzuwarten. Ich musste positiv denken. Ich musste meine Überlegenheit demonstrieren und mir Erfolg bildlich vorstellen. Doch nichts fiel mir ein. Mein Kopf war leer.

André, 20. September

Stundenlang saß ich vor dem Bildschirm und beobachtete die in Grün und Rot aufblinkenden Kurse. Wenn ich mit einem Freund zu Mittag aß oder Studenten unterrichtete, fand ich immer eine Entschuldigung, um mich kurz zu entfernen und zu checken, wohin sich der Markt in den letzten fünf Minuten bewegt hatte. Ich wachte um drei Uhr nachts auf und durchforschte die globalen Finanzmärkte. Was in der realen Welt geschah, erfuhr ich nur dadurch, dass es im Börsenteil der Wirtschaftsnachrichten erschien. Wenn Mel mich fragte, was ich spät nachts in meinem Büro machte, gab ich nur einsilbige Antworten und starrte dann wieder auf den Bildschirm. Wurde ich börsensüchtig?

Ich öffnete eine neue Bildschirmseite und suchte nach Börsenhandel und Sucht. Bald fand ich einen Artikel von drei italienischen Ärzten, der in der neuesten Ausgabe der Zeitschrift *Addiction & Health* veröffentlicht worden war. Ein klares Anzeichen der Sucht, erklärten sie, sei, wenn »die Handelsaktivität die Hauptaktivität im täglichen Leben wird«. Ich bewegte mich unbehaglich auf meinem Stuhl, zwang mich aber, eine Checkliste durchzugehen, die in dem Artikel enthalten war:

Betreibt zwanghaft täglichen Handel. Ja

Muss immer mehr Zeit auf das Trading verwenden und/oder schaut ständig nach neuen Finanzinstrumenten, um zu investieren. Ja

Veränderter Schlaf-Wach-Rhythmus (z.B. nachts aufwachen, um gleich bei der Öffnung ausländischer Finanzmärkte dabei zu sein). Ja

Insgesamt hatte ich sieben von den zwölf Symptomen. Fünf oder mehr, hieß es, und es bestand das Risiko der Trading-Sucht.

Als ich wieder meinen Handelsbildschirm öffnete, verschwand mein Unbehagen sogleich. Ich erinnerte mich an die Worte eines Mannes, mit dem Natasha Dow Schull in ihrer Studie über Glücksspielsüchtige in Las Vegas gesprochen hatte: »An den Automaten löschst du alles aus – du kannst dich sogar selbst auslöschen.« Indem ich stundenlang auf die Bewegungen der Finanzmärkte auf meinem Bildschirm starrte, hatte ich da die übrige Welt und sogar mich selbst ausgelöscht? Hatte sich mein Ego endgültig aufgelöst?

Carl, 21. September

In seinem Buch von 1952, *Die Kraft des positiven Denkens*, riet Norman Vincent Peale, dass man sich selbst als erfolgreich vorstellen müsse, um Erfolg zu haben. Immer den Erfolg vor Augen haben, schrieb er, »egal, wie schlecht die Dinge im Moment zu laufen scheinen«. Man sollte an seine Fähigkeiten glauben und zeigen, wie man aus der Menge herausragte. »Nimm eine wahre Einschätzung deines Könnens vor, dann erhöhe sie um 10 Prozent«, so Peale.

Entschlossen, Eindruck zu machen, sandte ich dem Personalberater eine Antwort, in der stand, dass ich mich vor anderen dadurch auszeichnete, dass ich ein weltweit führender Experte in Human Resources sei. Das war eine mehr als zehnprozentige Übertreibung, aber ich musste etwas Spektakuläres anbieten, um herauszuragen. Norman Vincent Peales Empfehlung schien zu wirken. Der Personalberater schrieb zurück, dass er mit mir sprechen wolle.

»Also, das ist meine Frage«, sagte ich, als er anrief. »Ist es für einen Akademiker wie mich absolut unmöglich, in die Wirtschaft zu wechseln?«

»Nicht unmöglich, aber ohne Erfahrung werden Sie sich schwertun.«

Ich dachte über seine Worte nach. Sie klangen ziemlich eindeutig. Die Vorstellung von Erfolg verblasste. Es lief nicht bloß schlecht. Es war schockierend.

»Wissen Sie was?«, sagte ich schließlich in einem Ton

des Niederlage. »Ich werde jetzt nichts weiter versuchen. Ich mache meinen Job an der Uni weiter.«

»Nun, wenn sich etwas ergibt, kommen wir auf Sie zu.«

»Gut«, sagte ich.

Mit wie vielen Beratern hatte ich gesprochen? Ich hatte den Überblick verloren. Es war auch egal. Sie alle waren zu der gleichen Schlussfolgerung gekommen. Ich war nichts wert da draußen auf dem Markt, zumindest nicht auf dem Gebiet der Human Resources. Daran konnte selbst die Kraft des positiven Denkens nichts ändern. Ich hatte Glück, einen Job zu haben, den ich mochte. Unternehmen nachzujagen und sich auf dem Arbeitsmarkt zu verkaufen, war demütigender, als ich erwartet hatte. Ich musste daran denken, dass meine Studenten das ständig erfahren. Schon vor dem Abschluss konkurrieren sie um Jobs, arbeiten ständig an ihrer persönlichen Marke, und immer wird von ihnen erwartet, dass sie neue Wege finden, um sich marktfähig zu machen.

André, 21. September

Den ganzen Tag saß ich in Besprechungen fest, aber sobald sich die Möglichkeit ergab, schlich ich zur Toilette und loggte mich in meinen Trading-Account ein. *Ja!* rief ich aus, in einer Kabine hockend. Der US-Dollar war gefallen, und der Yen gestiegen. In weniger als eine Stunde hatten sich alle meine Verluste beim Handeln mit dem Yen und dem US-Dollar in Gewinne verwandelt. Nimm den Profit jetzt mit, bevor sich wieder etwas ändert, sagte ich mir. So saß ich da auf der Toilette, die Hose um die Füße, klickte auf einen Button und machte einen ansehnlichen Gewinn.

Gab es überhaupt noch einen Unterschied zum Glücksspiel? In meinem Büro fand ich ein Exemplar des Buches *Something for Nothing* von dem Historiker Jackson Lears. Was Amerika groß gemacht habe, schrieb er, das sei nicht nur die protestantische Arbeitsethik gewesen, sondern auch seine Risikoethik. Risikobereitschaft wurde als ein Weg gesehen, der Plage der harten Arbeit zu entkommen. Nur durch Risiko konnte das Leben schlagartig verwandelt werden. Ich fand in dem Buch einen Abschnitt, wo er Daytraders beschrieb: »Sie sitzen gebannt an ihren Computertastaturen, kommen gerade noch mal mit einem blauen Auge davon, starten wieder durch, verkaufen rechtzeitig (hoffen sie) und fühlen sich unaufhaltsam zu dem Nervenkitzel hingezogen. Ihre einsame, obsessive Existenz hat eine frappierende Ähnlichkeit mit dem Leben zwanghafter Spieler.«

War ich das – ein zwanghafter Spieler? Während ich über diese Frage nachdachte, fand ich mich in einem Supermarkt mitten im Bankenviertel wieder. Ich kaufte eine Flasche Burgunder und etwas französischen Käse, um den Tag abzurunden. Als ich mich an der Kasse anstellte, fiel mir auf, dass ich von Bankern umgeben war, von denen wahrscheinlich viele den Tag mit Trading auf den denselben Märkten wie ich verbracht hatten. Sie kauften Fertiggerichte für eine Person und ein paar Dosen Lager Bier. Wenn dies das Leben eines Traders war, dann war ich gerade dabei, es zu leben.

Carl, 27. September

Als mir klar geworden war, dass ich nicht die erforderlichen Qualifikationen hatte, eine gutbezahlte Führungskraft zu werden, wandte ich mich wieder dem ungelösten Problem meiner privaten Finanzen zu.

Ich saß in meinem Büro und ging einen Haufen Quittungen durch. Eigentlich wollte ich sie schon vor langer Zeit meinem Steuerberater geben, aber ich hatte das immer wieder aufgeschoben, und nun war es mir peinlich, mich mit ihm in Verbindung zu setzen. Außerdem waren auch Quittungen verlorengegangen, und wichtige Unterlagen konnte ich nicht finden. Wieder raste mein Herz.

Forschern der Universität von Cambridge zufolge leidet einer von fünf Briten an Finanzphobie. Wie ich fühlen sie sich elend beim Anblick von Kontoauszügen. In einem Artikel mit der Überschrift »Finanzangst messen«, der in dem *Journal of Neuroscience, Psychology and Economics* veröffentlicht wurde, hatten zwei Autoren eine Finanzangst-Skala entwickelt. Als ich die Fragen durchging, wurde klar, dass ich einer der Betroffenen war.

Ich finde das Überprüfen meiner Bank- oder Kreditkartenkonten sehr langweilig.

Ja, das konnte man wohl sagen.

Ich ziehe es vor, mir keine Gedanken über den Stand meiner persönlichen Finanzen zu machen.

Mm-hmm.

Das Nachdenken über meine persönlichen Finanzen bereitet mir ein schlechtes Gewissen.

Ja, und deshalb versuche ich erst gar nicht, darüber nachzudenken.

Über meine Finanzen zu diskutieren, lässt mein Herz rasen und mich gestresst fühlen.

Ja, und ich beginne zu schwitzen.

Fast die Hälfte derjenigen, die an Finanzphobie leiden, bekommt schon allein bei dem Gedanken, mit Geld umgehen zu müssen, Herzflattern. 15 Prozent fühlen sich paralysiert, 12 Prozent krank, und 11 Prozent verspüren Schwindelgefühle. Der einzige Weg, diese Angst zu überwinden, besteht darin, sich ihr zu stellen. Um mich nicht die ganze Zeit gestresst zu fühlen, sollte ich in jedem Monat einen Tag für die Regelung meiner Finanzen freihalten, und ich sollte versuchen, mich für Geld zu interessieren.

André, 28. September

Es war 2 Uhr morgens, als mein Wecker klingelte. Ich eilte nach unten, schaltete den Fernseher an und loggte mich in meinen Trading-Account ein. Donald Trump erschien auf dem Bildschirm. In der vergangenen Nacht hatte ich eine Short-Position auf das Währungspaar USD/JPY eröffnet. Ich wettete, dass der US-Dollar gegenüber dem Yen fiel. Laut den Finanzkommentatoren würde dies geschehen, falls Trump sich in der Präsidentschaftsdebatte gut schlug.

Ich drückte Trump die Daumen. Persönlich hoffte ich, dass er sowohl die Debatte als auch die Wahl verlor. Aber als Spekulant war ich nun auf Trumps Seite. Jedes Mal, wenn er den Mund öffnete, hoffte ich, dass er Hillary einen Schlag versetzte und dass sie taumelte.

Los Trump! Zeig's ihr.

Als die Debatte in Schwung kam, begann der US-Dollar zu steigen. Mit jeder bizarren Abschweifung und jedem Wutanfall von Trump stieg der Dollar weiter. Ich verlor £20, £40, £60, £100 und mehr. Hillary wehrte seine Angriffe lächelnd ab und beantwortete Fragen mit ruhigem Selbstbewusstsein. Der Dollar stieg weiter, Ich war angeschissen.

Als es endlich vorbei war, verließ Trump schnell die Bühne. Hillary stand da und winkte. Und ich war um 200 Pfund ärmer. Die Umfragen zeigten, dass Hillary triumphiert hatte. Donald und ich hatten verloren. Ich schaltete den Fernseher aus und schloss ernüchtert mein Trading-Konto.

Carl, 29. September

Heute war mein Finanztag. Auf dem Blog *Mixed Up Money* hatte ich gelesen, dass »einen Tag im Monat den Finanzen widmen wie Rock'n'Roll ist«. Ich leerte meine Schubladen mit Briefumschlägen und Papieren und breitete alles auf dem Küchentisch aus. Entschlossen, dies richtig zu machen, folgte ich systematisch einer Anleitung, die ich auf lifehacker.org gefunden hatte.

Sofort nach dem Frühstück rief ich meinen Telefonanbieter an, um meinen Vertrag zu erneuern. Ich bat mein Kreditkartenunternehmen darum, mir eine detaillierte Aufstellung all meiner Ausgaben seit Anfang des Jahres zu schicken. Ich eröffnete ein neues Konto bei meiner Bank, sprach mit meinem Bankmanager und dann mit einer Frau im Finanzamt. Ich überprüfte meine Verträge mit der Versicherung, dem Stromanbieter und Internetunternehmen. Ich wechselte zu automatischen Zahlungen und lud Budget-Apps, Bezahlungs-Apps und eine Mobile-Banking-App runter. Am Ende des Nachmittags, als ich für diesen Tag genug hatte, fühlte ich mich beklommen und leer. Von wegen Rock'n'Roll!

André, 29. September

Seit Wochen hatte ich wie gebannt jede Wendung der Finanzmärkte verfolgt. Ich hatte an den Aktienmärkten, den Währungsmärkten und den Rohstoffmärkten gehandelt, und ich hatte genug davon. Warum war ich so erfolglos gewesen? Ich fand ein Forschungspapier mit dem nüchternen Titel »Eine Beurteilung alternativ gewichteter Indizes«, das einige meiner Kollegen geschrieben hatten. Sie hatten eine Gruppe von sehr erfahrenen Fondsmanagern genommen und sie aufgefordert, einige Aktien auszuwählen. Dann installierten sie ein Computerprogramm, das zufällig Aktien auswählte, so wie es ein Affe tun würde. Es stellte sich heraus, dass der Zufallsalgorithmus nicht schlechter abschnitt als die Manager. Die Auswahl nach dem Zufallsprinzip war so gut wie das stundenlange Recherchieren und kundige Handeln. Also entschied ich, mich wie ein Affe zu verhalten und einfach willkürlich zu handeln.

Ich öffnete die Handelsplattform auf meinen Smartphone. *Wall Street?* Die Wette konnte beginnen. *Rauf oder runter?* Ich wählte runter. Ich öffnete eine Position und schaltete dann das Gerät aus. Wieviel würde ich wohl gewinnen oder verlieren bis zu dem Zeitpunkt, da ich nach Hause komme, fragte ich mich.

Sobald ich zur Tür hereinkam, eilte ich nach oben und loggte mich bei meiner Trading-Plattform ein. Der mittlerweile vertraute Rausch kehrte zurück. *Oh Mann*, ein unerwarteter Kursabfall an der Wall Street hatte mir etwa 70 Pfund eingebracht.

Als ich begann, das Abendessen zu machen, öffnete ich wieder meine Trading-Plattform und ließ wahllos einen Finger auf einen Markt fallen. *Öl?* Okay. *Rauf oder runter?* Ich fühlte mich gut, also rauf. Ich platzierte den Handel und beschloss dann, die Position offen zu lassen, bis ich mit dem Kochen fertig war. Danach loggte ich mich wieder bei meiner Trading-Plattform ein. Ich hatte 30 Pfund verdient.

Diese wahllose Herangehensweise schien zu funktionieren.

Ich sandte eine Mail an Carl. Was Trading anging, hatte er keine Ahnung. Ich bat ihn, einen Markt zu wählen und vorzuschlagen, in welche Richtung er sich bewegt. *Fleisch*, antwortete er. Ich scrollte durch die Märkte und fand die Handelsbörse von Chicago, wo mit Lebendvieh gehandelt wurde. *Rind oder Schwein? Rauf oder runter?* fragte ich Carl. *Schwein runter, Rind rauf,* antwortete er.

Ich platzierte eine »Rauf«-Position auf im Oktober gelieferte Schlachtschweine und eine »Runter«-Position auf jetzt verfügbare lebende Rinder. Ich hätte es eigentlich wissen müssen, dass es ein Fehler war, Carl zu fragen. Als die Märkte ein paar Minuten später schlossen, hatte ich bei den Rindern 25 Pfund und bei den Schweinen 10 Pfund verloren.

Carl, 30. September

Es war der letzte Tag des Monats und Zeit, meine privaten Finanzen zu überprüfen.

Um mich auf die Demütigung vorzubereiten, schaute ich mir auf YouTube einen Clip aus der sadistischen Fernsehserie *The Luxury Trap* über ein junges Paar mit riesigen Kreditkartenschulden an. Während Experten ihre Finanzen überprüften und ihnen erklärten, wie verantwortungslos sie waren, standen die beiden mit gesenktem Kopf nebeneinander und schämten sich. Der Mann musste sein Auto verkaufen. Er weinte.

Nun war ich an der Reihe, musste aber als Opfer und Richter zugleich agieren.

Ich loggte mich in mein Bankkonto ein, ging jede einzelne Ausgabe seit Anfang des Jahres durch und ordnete sie gemäß den gleichen Kategorien, die in der Fernsehserie benutzt wurden: Unterkunft, Essen, Verkehrsmittel, Kleidung, Hypotheken und andere Kosten.

Wie ich vermutet hatte, ging das meiste Geld für Essen, Wein und Restaurants drauf. Transportkosten waren niedrig, denn wir hatten kein Auto, und auch die Kosten für das Haus und die Hypotheken waren relativ gering. Meine Ausgaben für Kleidung lagen bei null.

Dann errechnete ich, was mich dieses Projekt bis jetzt gekostet hatte. Ich hatte versucht, nicht darüber nachzudenken, denn mein Herz begann sofort zu rasen. Aber jetzt setzte ich mich hin und addierte alles:

INSGESAMT: $8200
KURSE: $5600
TECHNOLOGIE: $1350
BÜCHER: $500
MITTAG-/ ABENDESSEN: $750

André, 30. September

Ich war nicht allein in meiner willkürlichen Art des Handelns. Marcel Proust investierte offensichtlich wahllos und wählte Aktien danach aus, wie anziehend er ihre Namen fand. Er fügte seinem Portfolio die Tanganyikabahn und Ölfelder im Ural hinzu, weil sie exotisch klangen. Wenig überraschend funktionierte Prousts Strategie nicht besonders gut. Sie hätte ihn beinahe bankrott gemacht.

Aber in der vergeblichen Hoffnung, mehr Glück als Proust zu haben, handelte ich weiter nach dem Zufallsprinzip. Nun traf ich meine Entscheidungen auf der Basis dessen, was ich gerade machte. Während ich etwa meinen Morgenkaffee trank, handelte ich mit Kaffee an der Londoner Börse. Da er gut schmeckte, wettete ich darauf, dass der Kurs rauf ging. Ich hielt die Position bis zu meinem nächsten Kaffee.

Einige Augenblicke später klingelte es an der Tür. Es war der Lebensmittellieferant. Ich half ihm die Tüten in die Küche tragen. Als er weg war, öffnete ich meinen Computer, suchte nach dem Lieferunternehmen und wettete, dass seine Aktien stiegen. Schließlich war der Typ nett gewesen.

Als es Zeit für das Mittagessen war, suchte ich in der Küche nach Lebensmitteln. Aber ich konnte nur glutenfreie Pasta finden, und während ich darauf wartete, dass das Wasser kochte, aß ich etwas Brot und platzierte eine Long-Position auf Mais, die Hauptzutat für diese Pasta, und Weizen, die Hauptzutat für das Brot.

Als ich nach dem Essen meine zweite Tasse Kaffee trank, schloss ich meine Kaffee-Position. Ich hatte 30 Pfund verdient. Es war nun fast halb drei, und der Viehmarkt von Chicago öffnete bald.

14 Uhr 28, 14 Uhr 29, 14 Uhr 30. Peng!

Die Zahlen begannen zu blinken und sich auf und ab zu bewegen. Nach nur zwei Minuten war der Rinderpreis abgestürzt, und ich hatte fast 200 Pfund verloren. Ich hastete los zu einer Besprechung, wollte aber die Rinderwette noch nicht aufgeben.

Einige Stunden später, als die Besprechung vorbei war, checkte ich meine Plattform.

Scheiße nein! Ich hatte inzwischen fast 350 Pfund bei den Rindern, etwa 60 Pfund beim Weizen und 90 Pfund beim Mais verloren.

Die Märkte schlossen für heute, und ich ging deprimiert durch die Straßen. Aber dann fiel mir ein, dass die Währungsmärkte noch offen waren. Ich sah, wie aus einem Bürogebäude leicht betrunkene Angestellte herausströmten, gefolgt von einer Mariachi Band. Ich öffnete mein Handelskonto und versuchte eine Wette auf den Anstieg des mexikanischen Peso. »Sorry«, pingte es zurück. »Sie brauchen mehr Fonds auf Ihrem Account.« Ich wollte schon mein Konto aufladen, bremste ich mich dann aber. *Das war verrückt*. Wehmütig schaute ich ein letztes Mal auf die rot und grün blinkenden Zahlen, dann schloss ich meine Trading-Plattform und entschied, dies nie wieder zu versuchen. Mein Monat als Trader war vorbei, und alles, was ich vorweisen konnte, war ein Verlust von etwa 500 britischen Pfund auf meinem Konto.

Oktober

Moral

André, 1. Oktober

Ich saß zusammen mit 400 anderen Leuten in einem großen Konferenzsaal. Wir hielten unsere Daumen ausgestreckt vor uns, und jeder schrie seinen Daumen an: »Du bist nicht gut genug!«

Ein Mann mit rechteckiger Brille betrat die Bühne: »Stellt euch vor, euer Daumen ist angezogen wie Ronald McDonald.« Er lachte über seinen Daumen, und bald machten es ihm 400 Menschen nach. »Sagt euch ›Alles ist gut, ich fühle mich besser‹.«

»Alles ist gut«, sagte ich zu meinem Daumen. »Ich fühle mich besser.«

Meinem Daumen positive Bestätigungen zu geben, schien eine seltsame Art und Weise zu sein, einen Monat zu beginnen, der darauf fokussiert war, Gutes zu tun. Aber vor einigen Wochen schon hatte ich entschieden, dass ich, wenn ich den Rest des Jahres überstehen wollte, etwas Drastisches tun musste. Und die Teilnahme an einem Wochenendseminar über Neuro-Linguistisches Programmieren (NLP) sollte drastisch genug sein.

NLP tauchte im Laufe dieses Jahres immer wieder auf. Pick-up-Artists liebten es, und auf dem Landmark Forum wurde ständig darüber gesprochen. NLP verspricht, dass wir volle Kontrolle über unser Leben übernehmen können. Indem wir unsere Gedanken neu vernetzen, können wir die Ziele erreichen, die wir uns gesteckt haben. NLP wurde in

Kalifornien während der 1970er Jahre von Richard Bandler und John Grinder »erfunden«. Seitdem haben Hunderttausende am NLP-Training teilgenommen. In Großbritannien allein gibt es über 30000 »zertifizierte NLP-Practioner«. Während ich Menschen getroffen hatte, die geradezu religiös über »die mächtigen Werkzeuge« des NLP sprachen, wusste ich auch, dass Anthropologen, die NLP studiert hatten, es als »Volksmagie« bezeichneten. Trotzdem war ich fasziniert und hatte mich für ein Wochenendseminar angemeldet, das von zwei bekannten NLP-Experten geleitet wurde.

Einer dieser Experten kam nun auf die Bühne. Er sah aus wie ein leitender Angestellter, der im Begriff war, einen Auffrischungskurs über eine Marketingstrategie zu präsentieren. Sein Bauch schwoll unter seinem grauen Anzug. Ich kannte sein Gesicht. War er nicht ein TV-Hypnotiseur?

»Lasst uns versuchen, ein besseres Du zu entwickeln«, sagte er. »Schließt die Augen und beginnt, eure Arme zu streicheln. Stellt euch das beste Du vor. Ja, so ist es richtig. Macht das Bild stärker.«

Ich strengte mich an, aber kein Bild tauchte in meinem Kopf auf.

»Streckt die Arme aus, im John Travolta-Stil.«

Ich breitete meine Arme aus.

»Jetzt lächeln und iiiiii sagen.«

Der Saal füllte sich mit langgezogenen Iiiiis.

»Stellt euch vor, da ist eine Glocke vor euch. Läutet sie. Klingeling!«

Vierhundert Klingelings ertönten. *Iiiii! Dingdong! Iiiii! Dingdong!*

»Nun läutet die Glocke eures Nachbarn.« Ich streckte die Hand aus und tat so, als ob ich eine Glocke vor dem Mann, der neben mir saß, läutete. *Klingeling!* Ich kam mir lächerlich vor.

Nach einer kurzen Pause kehrte ich zu meinem Platz zurück. »Purple Haze« von Jimi Hendrix dröhnte aus den

Lautsprechern. Ein kräftiger alter Mann trottete auf die Bühne. Er trug eine Hemd-Anzug-und-Schlips-Kombination, die nur ein Texaner zusammenphantasieren konnte. »Dieser Mann hat mehr als sonst jemand dafür getan, die menschliche Existenz zu verbessern«, sagte der Hypnotiseur. Das muss der Guru sein, der NLP »erfand«, dachte ich.

Innerhalb von Minuten kam er zu seinem Lieblingsthema: Sich selbst. Seit acht Jahren hätte er keinen Urlaub mehr genommen; er könnte jeden mit bloßen Händen töten; er sei ein versierter Physiker und Computerprogrammierer gewesen und habe streng geheime Waffen für das US-Verteidigungsministerium gebaut. Es war wie die zufällige Begegnung mit einem durchgeknallten Waffenhändler an einer Hotelbar.

»Ihr kennt diese Leute, die Erleuchtung suchen, indem sie auf einen Berg klettern, um einen Guru zu besuchen?«, fragte er und fletschte seine weißen Zähne. »Ich habe einen Hubschrauber gemietet, der mich auf den Berg gebracht hat. Ich fand den Guru und bat ihn, mir seine Geheimnisse zu verraten. Er sagte, ich bräuchte Jahre, um sie zu verstehen. Also packte ich ihn an der Gurgel und hielt ihn über die Klippe. Es dauerte nicht lange, bis er redete.« Mit Mordlust in den Augen schaute er auf die begeisterte Menge.

Bevor wir auch nur einen Augenblick Zeit hatten, um zu verarbeiten, was er mitteilte, ließ er sich schon von einer weiteren Kette zufälliger Assoziationen mitreißen. »Da sind Geister in der Lobby des Hotels. Sie ist verhext. Aber macht euch keine Sorgen«, rief er. »Ich habe schon Exorzismen durchgeführt. Ich weiß eine Menge über Dämonen.«

Was zum Teufel war das? Hatte ich 400 Pfund bezahlt, um diesem Verrückten das ganze Wochenende zuzuhören!

Nach einer weiteren Pause war der Hypnotiseur wieder auf der Bühne. »Denkt an einen Menschen, der euch ein gutes Gefühl gibt«, sagte er.

Meine Tochter kam mir in den Sinn.

»Welche Farbe ruft das Gefühl in dir hervor?«

Rosa?

»Wo ist die Farbe?«

In meiner Brust?

»Nun stell dir vor, dass sich die Farbe in deinem ganzen Körper ausbreitet.«

Mein ganzer Körper wurde rosa.

»Öffne deine Augen und erzähl der Person neben dir, was du gesehen hast.«

Ich wandte mich einem traurig blickenden Geschäftsmann zu.

»Ich habe an meine Tochter gedacht«, sagte ich zu ihm. »Sie war rosa.«

»Ihr Gesicht hat sich gerade verändert«, sagte der Geschäftsmann. »Sehen Sie, es funktioniert wirklich!«

Dann erzählte er mir, wie er Trost im Neuro-Linguistischen Programmieren fand, nachdem bei ihm Krebs diagnostiziert worden war. Seine Geschichte riss mich aus der behaglichen rosa Dunstwolke. Offensichtlich waren dort verzweifelte Menschen, die etwas Hilfreiches in dieser Methode fanden. Wenn ich an Krebs leiden würde, wer weiß, vielleicht würde ich mich auch vom Neuro-Linguistischen Programmieren angezogen fühlen.

Carl, 1. Oktober

Ich wachte am Morgen mit einem Schuldgefühl auf. Gestern Abend kaufte ich Lebensmittel und Wein für 150 Dollar, und jetzt war alles schon weg. Ein so blödsinniges Verhalten musste aufhören, und zwar sofort,

Nach dem Frühstück blieb ich in der Küche und las ein Buch mit dem Titel *Gutes Besser Tun*. Geschrieben hatte es ein junger Philosoph aus Oxford, der erklärte, wie man Gutes auf möglichst effektive Weise besser tut. Wenn wir helfen wollten, sollten wir auf Fakten und nicht auf Emotionen schauen. So wie man in ein Unternehmen investiert, sollten wir »uns die besten verfügbaren Informationen besorgen, um herauszufinden, wo man das meiste für sein Geld bekommt.« Als der Autor damit begann, Wohltätigkeitsorganisationen zu untersuchen, fand er heraus, dass »die besten« hundertmal effektiver waren als »die guten«. Die erfolgreichsten Wohltätigkeitsorganisationen, erfuhr ich, sind oft eher unsexy wie etwa solche, die sich um die Entwurmung von Kindern in Afrika kümmern oder Malarianetze verteilen.

Als wir beim Abendessen im Haus meiner Eltern zusammensaßen, wurde ich gefragt, was ich mir zum Geburtstag wünsche.

»Ich habe schon alles, was ich brauche. Ihr könntet also das Geld, das ihr sonst für Geschenke ausgeben würdet, einer Malariastiftung spenden.«

»Das wird nicht passieren«, sagte meine Mutter. »Ich möchte dir etwas schenken.«

»Nun, in dem Fall werde ich all das Zeug, das ihr mir schenkt, verkaufen und dann das Geld selbst spenden.«

»Das klingt nach 'ner ziemlichen Menge Spaß«, bemerkte meine Frau.

Ich wuchs gerade in meine neue Rolle als Moral-Carl hinein, und schon war meine Familie verstimmt. Als ich zu Bett ging, bemerkte ich mit Erleichterung, dass ich an dem ersten Tag meines Gutseins kein Geld ausgeben hatte.

André, 2. Oktober

Am zweiten Tag des NPL-Seminars betrat ein adretter junger Mann mit Igelfrisur die Bühne.

»Wie heißt du?«, fragte der Hypnotiseur.

»Pedro.«

»Was machst du beruflich, Pedro?«

»Ich bin Verkaufstrainer …, aber meine wirkliche Leidenschaft ist das Organisieren von Yoga Retreats.«

»Möchtest du lernen, wie man Erfolg hat, Pedro?«

»Unbedingt!«

»Okay, du musst dir vorstellen, dass du in den Körper von jemandem schlüpfst, der auf deinem Gebiet wirklich erfolgreich ist. Zum Beispiel, wenn ich ein erfolgreicher TV-Moderator werden wollte, würde ich in den Körper von Noel Edmonds schlüpfen.«

Noel Edmonds, ach ja. War das nicht ein britischer Moderator von TV-Spielshows?

Ich erinnerte mich, dass Carl einmal einen zornigen Artikel über ihn schrieb, nachdem Edmonds behauptet hatte, dass Menschen Krebs aufgrund ihrer falschen Einstellungen bekämen.

»Also Pedro, wer ist dein Vorbild?«

»Tony Robbins!«

Tony Robbins, dachte ich, wer sonst? Der erfolgreichste Motivationssprecher weltweit.

»Großartig! Nun stell dir Tonys Haltung vor. Stell dir vor, wie er steht, wie er seine Brust rausstreckt, wie er seinen Kopf hält. Schlüpf hinein in Tony.«

Stolz drückte Pedro seine Brust raus und schaute auf das Publikum wie ein kleiner Diktator, der gerade die Macht ergriffen hatte. Er begann, auf und ab zu hüpfen.

»Wie fühlst du dich, Pedro?«

»Gut!«

»Nun komm wieder heraus aus Tony.«

Pedros Gesicht bekam einen verängstigten, jungenhaften Ausdruck.

Einige Stunden später war das Seminar endlich vorbei. Der Hypnotiseur hielt sich am Ausgang auf, um Teilnehmern sein Autogramm zu geben.

»Was für ein großartiges Wochenende«, rief er immer wieder aus.

»Ja, phantastisch«, sagte eine Frau in der Menge. Auf dem Heimweg fragte ich mich, in wessen Körper ich schlüpfen sollte. Vielleicht Mahatma Gandhi für einen Monat. Oder

Mutter Teresa. Oder Nelson Mandela. Plötzlich schienen die Optionen unbegrenzt zu sein.

Carl, 2. Oktober

Ich wurde Mitglied von »Giving What We Can«, einer Organisation, die von »effektiven Altruisten« gegründet wurde, um Menschen wie mich zu ermutigen, ein Minimum von 10 Prozent ihres Gehalts an die effektivsten Wohltätigkeitsorganisationen zu spenden. Aber ich hatte ein ehrgeizigeres Ziel im Sinn: ein Leben in einem Entwicklungsland retten. Die Kosten betrugen etwa 3400 Dollar, was nicht 10 Prozent, sondern fast 100 Prozent meines Monatsgehalts war. Aber ich hatte im letzten Monat 1700 Dollar gespart. Nun musste ich die gleiche Summe noch einmal zusammenbringen. Vor mir lagen vier Wochen der Genügsamkeit.

Ich hatte meiner Tochter und ihrer Freundin versprochen, sie ins Kino mitzunehmen. Als ich ihre Eltern traf, erklärte ich ihnen, dass die Kinder allein gehen müssten. Sie machten ein besorgtes Gesicht. »Ich werde draußen sitzen und auf die beiden warten, falls irgendetwas passiert«, sagte ich. Es war das erste Mal, dass ihre Tochter unbegleitet ins Kino ging. Ich sagte nicht, dass ich Geld sparen wollte, um es den Armen dieser Welt zu geben. Ich war versucht, ihnen einen Vortrag über das Thema zu halten und darauf hinzuweisen, dass jeden Tag 18000 Kinder an vermeidbaren Krankheiten sterben. Aber es war nicht nötig. Sie akzeptierten meinen Vorschlag, ohne etwas zu sagen.

André, 3. Oktober

Um 11 Uhr bekam ich einen Anruf von Carl.

»Ich werde ein Flüchtlingslager errichten«, erklärte er.

Selbst nach Carls Maßstäben klang das extrem.

»Was sind deine Pläne?«, fragte er.

»Bei dem NLP-Kurs habe ich gelernt, wie ich meine Gedanken und mein Verhalten ändern kann.«

»Wie?«

»Du stellst dir vor, dass du in den Körper von jemandem schlüpfst, den du bewunderst. Du nimmst seine Haltung ein. Du siehst die Welt durch seine Augen.«

»Okay.«

»Also, mein Plan ist, jede Woche in den Körper eines anderen Ethikers zu schlüpfen.«

»Ah, gut«, sagte Carl. Er klang leicht irritiert.

»Ja. In der ersten Woche werde ich ein Aristoteliker sein. In der nächsten ein Kantianer. Dann werde ich eine Woche als Utilitarist verbringen. Und in der letzte Woche lebe ich wie ein Libertärer.«

Ich glaube, Carl war von meiner unmittelbaren Entschlossenheit etwas überrascht. Gewöhnlich bin ich angesichts irgendeiner neuen Herausforderung eher zögerlich. Heute nicht. Vielleicht funktionierte das Neuro-Linguistische Programmieren.

Carl, 3. Oktober

Den effektiven Altruisten zufolge gibt es zwei Wege, Gutes zu tun. Entweder man sucht sich einen gutbezahlten Job und gibt so viel Geld, wie man kann, an eine Wohltätigkeitsorganisation, was sie »Geld verdienen um zu spenden« nennen.

Oder man tut Gutes durch den Job, typischerweise dadurch, dass man eine mächtige Position in der Politik erwirbt und dann dafür sorgt, dass Ressourcen an die wirklich Bedürftigen verteilt werden.

Vom letzten Monat wusste ich, dass ich keinen besser bezahlten Job finden würde als den, den ich bereits hatte, und mich als Politiker neu erfinden, schien ziemlich aussichtslos.

Als Freiwilliger helfen, war eine offensichtliche Option, aber die Effektiven Altruisten sagten, dass der Nutzen geringfügig sei, besonders wenn man es wie ich nur für eine begrenzte Zeit tun wollte. In diesem Fall würde ich eher Schaden anrichten als von Nutzen sein, weil ich die kostbare Zeit der professionellen Wohltätigkeitsarbeiter beanspruchen würde.

Da mir die Optionen ausgingen, fiel mir nur noch an eine Sache ein: Schreiben.

Um etwas Anleitung zu bekommen, traf ich mich mit einem alten Freund, der im Bereich Public Relations arbeitete. Ich erklärte ihm, dass ich mich eventuell als investigativer Journalist versuchen wollte. Ich könnte über skrupellose Privatunternehmen schreiben, die das Wohlfahrtsystem plünderten. Einige Leute hatten Flüchtlingsheime für schutzbedürftige Menschen errichtet, in denen die Lebensbedingungen unmenschlich waren. Eines dieser Unternehmen hatte einen Profit von 4000 Prozent gemacht und den Gewinn in einen Golfplatz investiert. Vielleicht konnte ich ein eigenes Flüchtlingsheim einrichten, um zu zeigen, wie skandalös einfach das war. Um die größtmögliche Wirkung zu erzielen, riet mein Freund, sollte ich Informationen sammeln und sie den Medien zuspielen. Im Falle des Erfolgs konnte das ein Gesetz beeinflussen, das Unternehmen daran hinderte, das Wohlfahrtssystem auszuplündern.

Gemäß den Prinzipien des effektiven Altruismus begann ich, meinen Plan einzuschätzen. Wie vielen Menschen würde er zugutekommen? War dies das Effektivste, was ich tun konnte? Wie groß waren die Erfolgschancen?

Unglücklicherweise kam ich nicht sehr weit, weil ich schnell herausfand, dass das Errichten von Unterkünften für Flüchtlinge komplizierter war, als ich erwartet hatte. Das Antragsformular war lang, und eine Antwort von den Behörden würde Wochen dauern. Ich stand wieder am Anfang.

André, 4. Oktober

Am Abend lag ich entspannt auf der Couch und schlug mein altes Exemplar von Aristoteles' *Nikomachischer Ethik* auf. Die Technik anwendend, die ich im NLP-Seminar gelernt hatte, versuchte ich, mich als Aristoteles vorzustellen, der halbnackte Jungen über das gute Leben belehrte.

Gegen Ende seines Buches schrieb Aristoteles über das, was er für die größte Tugend hielt: Kontemplation. Er beschrieb sie als »die höchste Lebensform … da der Intellekt das Höchste in uns ist.« Wenn ich eine Woche lang ein Aristoteliker sein wollte, warum nicht den Tag kontemplativ verbringen? Ich konnte Aristoteles' Beispiel folgen, indem ich in der Stadt herumhing und Menschen in philosophische Gespräche verwickelte. Vielleicht konnte ich einen Stuhl an öffentlichen Plätzen aufstellen, dort sitzen und einfach denken. Ein Liegestuhl wäre angemessen – das einzige Möbelstück, das Ludwig Wittgenstein in seinen Räumlichkeiten im King's College in Oxford hatte.

Carl, 4. Oktober

War das ein tugendhaftes Verhalten: Langsam in den Gängen eines Discountladens auf und ab gehen und nach den billigsten Lebensmitteln suchen?

Auf dem Heimweg hörte ich mir einen weiteren Podcast über effektiven Altruismus an. Einer seiner vehementesten Fürsprecher erklärte, dass man, wenn man zufällig in einem brennenden Haus war und man entweder ein Kind oder ein Gemälde von Picasso retten könnte, das Gemälde retten müsse. Mit dem Geld aus dem Verkauf des Gemäldes konnte man Tausende von Kinderleben retten.

Am Abend, als ich eine einfache Kartoffelsuppe zubereitete, erzählte ich meiner Frau vom Dilemma des Retters.

»Aber das ist einfach nur krank«, lautete ihr Kommentar.

Später las ich eine sarkastische Antwort von dem Philosophen Kwame Anthony Appiah auf diese utilitaristische Denkweise. Wenn man ein Kind in einem flachen Teich ertrinken sähe, schrieb er, sollte man es nicht retten, sondern sterben lassen, seine Kleidung nehmen, sie verkaufen und das Geld einer Wohltätigkeitsorganisation spenden.

André, 6. Oktober

Als ich an der »Bank Station« aus der U-Bahn kam, wählte ich einen Platz direkt vor der Börse. Ich klappte meine zwei weißen Liegestühle auf, stellte ein kleines Whiteboard auf und schrieb darauf mit schwarzem Textmarker: *Pop-up-Philosophie. Stehen bleiben, sich setzen und nur denken.* Als imaginierter Aristoteles legte mich in den Liegestuhl und versuchte, mich in kontemplative Stimmung zu versetzen.

Mittagszeit. Büroangestellte saßen herum, mampften Sandwiches, fummelten an ihren Smartphones herum und pafften Zigaretten. Ihre Gleichgültigkeit wurde wettgemacht von dem gelegentlichen Lächeln eines vorbeigehenden Touristen. Als sich die Zeit hinzog, fragte ich mich, worüber ich nachdenken sollte. Da ich im Herzen eines der weltweit größten Finanzzentren saß, wäre Kapitalismus das perfekte Thema gewesen. Aber meine Gedanken schweiften ab. Nach zwei Stunden klappte ich meine beiden Liegestühle wieder zusammen, wischte das Whiteboard sauber und machte mich auf den Heimweg. Ich fragte mich, ob ich die Tugend der Kontemplation in Menschen geweckt hatte, die mein Schild gesehen hatten.

Carl, 7. Oktober

Seit meinem letzten Besuch im Supermarkt hatte ich keinen Cent ausgegeben. Gestern, als ich mich mit einem Freund auf einen Kaffee traf, sagte ich ihm gleich, dass ich kein Geld ausgeben wollte. Er lud mich zu einem Kaffee ein, was ich widerwillig akzeptierte. Ich trank ihn, während ich ihm ruhig erläuterte, dass das Geld effektiver hätte ausgegeben werden können. Ich hatte gerade einen Essay des utilitaristischen Philosophen Peter Singer gelesen, der argumentierte, dass es moralisch nicht zu rechtfertigen sei, in Luxus zu schwelgen, anstatt das Geld für internationale Hilfe zu spenden.

Wieder zu Hause, emailte ich einem der bekannteren effektiven Altruisten in der Hoffnung, dass er mir bei der Suche, etwas Sinnvolles zu tun, helfen konnte, aber er schrieb zurück, dass er keine Zeit für eine Korrespondenz mit mir habe. Stattdessen fand ich eine Website mit dem Namen »80000 Hours«, die für junge Leute gedacht war, die etwas Gutes tun wollten, aber nicht wussten wie.

Ich füllte einen Fragebogen aus.

Warst du gut in Mathematik und Naturwissenschaften?

Nein.

Kannst du schreiben?

Ja.

Wie weit bist du in deiner Karriere?

Sehr weit, stellte sich heraus, denn die Zielgruppe waren Menschen zwischen zwanzig und dreißig. Nachdem ich weitere Fragen beantwortet hatte, spuckte die Website eine Empfehlung aus: Ich sollte in die Parteipolitik gehen oder Geldgeber für eine Stiftung werden.

André, 7. Oktober

Ich klappte meine Liegestühle vor der Zentrale einer großen Bank auf, die in der Finanzkrise 2007/2008 von der Regierung gerettet worden war. Sobald ich mich niedergelassen hatte, kam ein Sicherheitsmann herüber.

»Sie müssen außerhalb dieser Linie bleiben«, sagte er und

zeigte auf eine Markierung auf dem Bürgersteig. Ich schob meine Liegestühle auf die andere Seite und setzte mich wieder hin.

Als er gegangen war, lief eine Obdachlose im Zickzack auf mich zu.

»Verkaufst du Liegestühle?«, fragte sie.

»Nein, ich werbe für kontemplatives Denken«, sagte ich.

»Für so was hab ich keine Zeit«, sagte sie und verschwand unverzüglich.

Kurz danach tauchten zwei Sicherheitsbeamte auf. Als sie näher kamen, hörte ich das Wort »Reputationsrisiko«.

»Was machen Sie hier?«, fragte einer der Männer.

»Pop-up-Philosophie«, antwortete ich.

»Was ist das?«

»Wir ermuntern Leute, sich tagsüber etwas Zeit zu nehmen und nachzudenken.«

Ich war mir nicht sicher, woher das »Wir« kam. Scheinbar sprach ich mit neuem Selbstvertrauen, wenn ich mir einbildete, Aristoteles zu sein.

»Wie lange werden Sie hier bleiben?«

»In einer Stunde bin ich weg.«

Diese Antwort schien sie zu befriedigen, und sie ließen mich in Ruhe. Während der nächsten Stunde begegnete ich einem Hedgefonds-Manager, zwei Technologieunternehmern und einigen anderen Personen, die es vorzogen, anonym zu bleiben. Sie alle saßen auf dem zweiten Liegestuhl und teilten mit mir einige Minuten ruhiger Kontemplation. Anscheinend war Denken in der City of London populärer, als ich erwartet hatte.

Carl, 8. Oktober

Ein enger Freund besuchte mich, und er wusste nicht, dass ich einen radikalen Sparplan verfolgte. Ich schlug einen langen Spaziergang vor.

»Weißt du was über effektiven Altruismus?«, fragte ich.

»Ja. Neulich las ich einen Artikel. Sie wollen, dass wir zehn Prozent unseres Einkommens weggeben, nicht wahr?«

»Als Minimum, ja. Man soll so viel wie möglich geben. Je mehr, desto besser.«

»Aber wo ziehst du die Linie?«

»Das habe ich mich auch gefragt.«

»Ich meine, in puncto Einschränkung der Ausgaben. Soll man sein Haus verkaufen und im Wald leben? Aufhören, Lebensmittel zu kaufen?«

»Oder einfach sterben?«, sagte ich.

Ich erinnerte mich an das Ende von Woody Allens Film *Die letzte Nacht des Boris Gruschenko*, wo er erklärt, dass wir an den Tod nicht als ein Ende denken sollen, sondern eher als einen sehr effektiven Weg, die eigenen Ausgaben zu senken.

Wir machten eine Pause in einem Restaurant. Es war schon spät.

»Und wenn man etwas Gutes tun will«, fuhr mein Freund fort, »sollte man dann in einer Bank arbeiten oder vielleicht eine ausrauben?«

Wir saßen an einem Tisch und bestellten eine Flasche Rotwein und ein paar Tapas. Als sie auf Tellern serviert wurden, schaute ich auf den Tisch. Wo Essen war, sah ich nur noch Geld. Dieses Mahl würde mich mehr kosten, als ich bisher in diesem Monat ausgegeben hatte. Als die Rechnung kam, betete ich insgeheim, dass er sich an den Kosten beteiligte, aber er tat es nicht.

»Trinken wir irgendwo noch was?«, fragte mein Freund.

»Ja, warum nicht«, antwortete ich, »aber lass mich zuerst was checken.«

Ich hatte eine neue App mit allen Bars in Stockholm heruntergeladen, die billiges Bier verkauften. Es stellte sich heraus, dass sich einer der empfohlenen Orte ganz in der Nähe befand. Dort nahmen wir unseren letzten Drink. Diesmal bezahlte mein Freund.

André, 9. Oktober

Ich klappte meine Liegestühle auf und stellte mein Schild draußen vor der St. Paul's Cathedral auf. Nach etwa zehn Minuten kam ein kleines Mädchen zu mir gelaufen.

»Warum sonnst du dich im Regen?«, fragte sie. Darauf hatte ich keine Antwort.

Nach etwa zwanzig Minuten stand ich auf und ließ die beiden Liegen unbewacht. Kurze Zeit später begannen Touristen, sich darauf zu setzen und sich zu fotografieren, und vermutlich posteten sie die Bilder auf Facebook und Instagram.

Eine Stunde später zog ich weiter zur Oxford Street, wo ich einen Platz direkt vor dem Eingang von H&M fand. Jede Minute kamen dort Hunderte Menschen vorbei.

Nach etwa einer Stunde ging es weiter zur BBC. Fast niemand tauchte auf, also packte ich bald wieder ein. Als ich auf der Heimfahrt in der U-Bahn saß, fragte ich mich, ob Aristoteles wohl stolz auf mich gewesen wäre. War es mir wirklich gelungen, in seinen Körper zu schlüpfen, so wie es die NLP-Experten geraten hatten?

Carl, 12. Oktober

»Von allen bescheuerten Sachen, die du in diesem Jahr gemacht hast, ist diese bei weitem die provokativste.«

Sally war in keiner guten Stimmung. Ich war vom Supermarkt zurückgekommen, wo ich mehr Mehl und Kartoffeln, aber kein Deodorant gekauft hatte.

»Es ist zu teuer«, sagte ich, »und auch nicht so wichtig.«

»Du willst also wie ein stinkendes Schwein herumlaufen?«

Ich sagte nichts.

»Ehrlich, ich denke, es gibt nichts Schlimmeres, als vorzutäuschen, dass man arm ist.«

»Aber ich versuche doch, etwas Gutes zu tun. Ich spende das ganze Geld denjenigen, die es wirklich brauchen.«

Gemäß der Doktrin des effektiven Altruismus zu leben, war nicht leicht. Am schwierigsten fand ich das Prinzip, sich um alle gleichermaßen zu kümmern. In der Theorie waren meine Frau und meine Tochter nicht wichtiger als Menschen auf der anderen Seite des Planeten. Sie hatten nicht mehr Recht auf Deodorants als arme Menschen in Afrika.

Und doch, so sehr ich auch versuchte, diese Vorstellungen zu akzeptieren, musste ich beschämt zugeben, dass ich eher meine Frau und Tochter vor dem Ertrinken retten würde als zwei Unbekannte in Burkina Faso.

André, 12. Oktober

Bei einem Spaziergang in East London versuchte ich, mir vorzustellen, ich sei Immanuel Kant. In dieser Woche war es mein Auftrag, den preußischen Philosophen zu verkörpern. Für Kant stand im Zentrum seiner Ethik der kategorische Imperativ, den zu befolgen jeder Mensch ausnahmslos verpflichtet ist. Eines der bekanntesten Beispiele für Kants Imperativ lautete, dass man niemals lügen dürfe. Für ihn war er eine universelle Pflicht. Daher entschied ich, in dieser Woche absolut ehrlich zu sein.

Am Abend moderierte ich eine Podiumsdiskussion mit vier Technologieunternehmerinnen. Gleich zu Beginn geriet eine von ihnen ins Schwärmen über ihre Leidenschaft für cloud-basierte Lösungen.

»Wie kann man sich leidenschaftlich für cloud-basierte Lösungen interessieren?«, fragte ich. Die Worte »cloud-basierte Lösungen« und »Leidenschaft« gehörten doch wohl nicht in einen Satz. Sie ignorierte meine Frage und sprach weiter über die aufregende Welt der SAP Cloud Platforms. Mir dämmerte, dass Kantianer zu sein, nicht leicht war.

Carl, 14. Oktober

Als ich gestern Abend die Nachrichten schaute, gab es einen Bericht über den alarmierenden Mangel an Spendernieren. Warum hatte ich noch nicht daran gedacht?

Ich fand online eine Broschüre für Menschen, die gewillt waren, eine Niere zu spenden. In einem Internetforum stieß ich auf einen Thread. Ein junger Mann berichtete, dass er eine Niere spenden wollte, aber jeder habe gesagt, er sei dumm. Er machte trotzdem weiter, aber als er einem Krankenhaus sein Organ anbot, lehnten die Ärzte dankend ab. Sie meinten, er sei psychisch labil.

Ich las mir die Informationen durch und schickte dann Sally einen Text. Sie verbrachte den Abend in einem Pub mit einigen Kollegen aus dem Krankenhaus, in dem sie arbeitete.

»Wie lange dauert es, wenn man eine Niere spenden will?«, schrieb ich.

»Wer tut das? Man muss zur Familie gehören, glaube ich«, antwortete sie.

»Nein, man kann auch anonym bleiben.«

»Aber du kannst nicht eine Niere verkaufen!«

»Nicht verkaufen. Verschenken.«

»An wen? Für dein Projekt? Idiot!«

Ich war mir wohl bewusst, dass dies eine drastische Entscheidung war, aber ich wollte unbedingt etwas Gutes tun.

Nach dem Frühstück heute Morgen rief ich die Klinik an und fragte, ob sie an einer meiner Niere interessiert seien. Mein Angebot schien sie zu überraschen, und sie sagten, sie würden zurückrufen.

Dann sandte ich eine Mail an ein anderes Krankenhaus und fragte, ob Interesse an meinem Sperma bestehe. Als Antwort kam: Wir haben genug Sperma. Ich rief ein Krankenhaus in Uppsala an und fragte, ob sie interessiert seien. Sie waren es, und so machten wir einen Termin für einen Test. Ich meldete mich auch für eine Blutspende an.

Erfreut, vorangekommen zu sein, rief ich André an.

»Du solltest auch deine Scheiße verschenken.«

»Meine Scheiße?«

»Ja, für Fäkaltransplantationen.«

Ich suchte im Web und fand heraus, dass nur zwei Städte in Schweden Fäkaltransplantationen durchführten: Örebro und Jönköping. Das schien passend, denn ich hatte in einer gewohnt und die andere besucht und fand, dass beide Orte Scheißlöcher waren.

André, 14. Oktober

Was hatte ich in meinem Leben Gutes getan? Diese Frage ging mir immer noch durch den Kopf, als ich an diesem Morgen aufwachte. Am Abend zuvor war mir klar geworden, wie kläglich meine Anstrengungen waren.

Ich nahm an einer Diskussion über »Eudämonie« teil, die in der Zentrale des CVJM in London stattfand. Anschließend betrat eine Gruppe von Menschen die Bühne, die tatsächlich etwas Gutes in ihrem Leben getan hatten. Da war ein Arzt, der eine neue Operationsmethode entwickelt hatte. Zwei hatten eine Fechtgruppe für muslimische Mädchen gestartet, und ein Mann arbeitete für einen Architekturdesigner, der Arme davon abhalten wollte, zu viele ungesunde Lebensmittel zu essen. Ihre Geschichten beschämten mich. Für diesen Monat hatte ich mir vorgenommen, Gutes zu tun, aber bis jetzt hatte ich es nur geschafft, in einem Liegestuhl zu liegen und so zu tun, als ob ich nachdächte.

Carl, 15. Oktober

Es war der Geburtstag meiner Mutter; deshalb beschloss ich, mein Leben in Sparsamkeit zu unterbrechen und sie zum Mittagessen in einem Einkaufszentrum einzuladen.

Statt für Moskitonetze zu spenden, hatte ich ihr ein Buch gekauft. Auf dem Weg nach draußen erzählte ich ihr, dass ich das ganze Geld, das ich im letzten Monat mit dem Vortrag verdient hatte, einer Malariastiftung spenden wollte.

»Soll das ein Witz sein?«

»Nein.«

»Hast du das wirklich durchdacht? Das ist eine Menge Geld.«

»Ja. Hab ich. Sehr gründlich.«

»Also ist das nicht eine dieser Wohltätigkeitsorganisation, wo das meiste in der Bürokratie verschwindet?«

Als Antwort hielt ich ihr einen Vortrag über die Prinzipien des effektiven Altruismus und erklärte, dass dies der bei weitem effektivste Weg war, das Geld zu spenden.

André, 17. Oktober

Heute wollte ich Kant in die City of London bringen. Dass man die Wahrheit sagen soll, leuchtet ein, aber was bedeutet es sonst noch, Kantianer zu sein? Während ich über diese Frage nachdachte, ging mir immer wieder die Bemerkung eines meiner Studenten durch den Kopf, die er in meinem Ethikseminar gemacht hatte: *Jeder denkt, Abfall aufheben ist eine Pflicht, aber wir überlassen die Arbeit anderen.* Also sagte ich mir, meine nächste Aufgabe im Sinne kantischer Pflichterfüllung sollte das Müllsammeln sein.

Als ich den inzwischen vertrauten Platz direkt vor der Börse erreichte, versuchte ich, mir vorzustellen, ich sei Immanuel Kant, der einen seiner zeitlich genau festgelegten täglichen Spaziergänge machte. Aber statt der Planung meines nächsten philosophischen Werks würde ich eine von der Allgemeinheit geschätzte Aktion unternehmen und Müll sammeln. Ich zog einen schwarzen Müllsack heraus und begann, nach Abfällen zu suchen. In jeder Spalte und Ecke waren Kippen. Sobald ich den kleinen Platz gesäubert hatte, schaute ich in den Gartenbeeten nach. Dort lagen verstreut Hunderte von Kippen, Chipstüten und Kaffeebechern. Das war nur ein winziger Bruchteil der Millionen Zigarettenstummel, die in diesem kleinen Teil von London fallengelassen wurden. Ich wollte sie eigentlich nicht aufheben, aber ich zwang mich dazu. Schließlich war das meine selbst auferlegte Pflicht. Als ich die meisten Kippen am Gartenrand aufgesammelt hatte, erweiterte ich mein Gebiet.

Alle paar Schritte fand ich mehr Kippen. Raucher starrten mich an, als ich mich bückte, um die Zigarettenstummel aufzuheben, die sie gerade weggeworfen hatten. Ich merkte, dass Pflichterfüllung einen nicht unbedingt beliebt macht.

Als ich zur Liverpool Street kam, geschah, was ich befürchtet hatte: Ich begegnete zwei echten Straßenkehrern. Ich hielt den Kopf gesenkt, um ihren Blick zu vermeiden, aber das war gar nicht so leicht. Ich hatte keine Ahnung, was Kant in einer solchen Situation getan hätte. Ich beeilte mich, so schnell wie möglich von dort wegzukommen.

Einige hundert Meter weiter erreichte ich die Grenze der City of London. Für heute war ich fertig mit der Reinigungsaufgabe. Ich fühlte mich keineswegs moralisch besser. Aber in Kants Philosophie geht es nicht darum, sich gut zu *fühlen*, sondern Gutes zu *tun*. Meine Hände waschen, das jedoch fühlte sich gut an.

Carl, 17. Oktober

Ich war zu Hause und las *Strangers Drowning* von Larissa MacFarquhar. Ihr Buch erzählt Geschichten von Menschen, die alles verschenkt haben, ihr Leben für die Armen opferten, gegen Ungerechtigkeit protestierten und deswegen sogar ins Gefängnis geworfen wurden. Ich lernte ungewöhnliche Menschen kennen: Eine Frau begann zu weinen, als sie von ihrem Partner einen gebrauchten DVD-Player bekam, weil er sie an das Leiden der Arbeiter in chinesischen Fabriken erinnerte. Ein Mann engagierte sich für Tierrechte, besonders solcher Tiere, um die sich sonst niemand zu kümmern schien, wie zum Beispiel Würmer. Besonders berührt war ich von Dorothys Geschichte, eine Amerikanerin, die Mitte der achtziger Jahre nach Nicaragua ging, um dort ein Krankenhaus für Frauen zu errichten. Im Laufe der Jahre wurde sie immer wieder bedroht. Eine Bande von Guerillasoldaten wollte sie töten, weil sie jeden behandelte, der Hilfe brauchte, auch die Feinde. Jeden Abend kochte Dorothy Kaffee für den Fall, dass die Soldaten auftauchten. Als sie tatsächlich kamen, wollten sie sie zuerst ausrauben. Aber sie hatte kein Geld. Dann drohten sie, sie zu vergewaltigen, aber taten es dann doch nicht. Gerade als die Männer wieder verschwanden, rief die Frau ihnen nach, dass sie Kaffee für sie gekocht habe. Sie hielten die Frau für verrückt und ließen sich nie wieder sehen.

Von dieser Geschichte inspiriert, dachte ich, ich sollte mich auf das Wesentliche besinnen und einfach freundlich sein.

Im Web fand ich eine Bewegung namens »Random Acts of Kindness« (»Zufällige Freundlichkeitstaten«). Ich las ihre Webforen durch und notierte mir einige ihrer Ideen:

Heute wirst du dir etwas Gutes tun und zu dir selbst mit Freundlichkeit und Liebe sprechen. Nimm dir die Zeit und denk an eine Person, die deine guten Wünsche gebrauchen kann, und gib sie ihr. Versuche, mindestens zehnmal am Tag »Danke schön« zu sagen – richte fünf an dich selbst und fünf an die Welt.

Ich saß in der Küche und las ihre Ratschläge durch, als mein Blick durchs Fenster nach draußen fiel. Ein Bauarbeiter sägte im Hof unserer Wohnanlage. Ich zog meine Schuhe an und ging hinaus, um ihn zu fragen, ob er einen Kaffee wollte.

»Was, ich? Vielen Dank, aber das ist nicht nötig.«

»Es wäre mir eine Freude«, sagte ich.

Verblüfft schaute er mich an.

»Danke schön. Aber nein.«

Ich ging zurück in die Wohnung und las weiter.

Sprich mit Menschen, von denen du lange nichts gehört hast. Lächle Fremden zu. Bezahl in einem Restaurant die Rechnung für jemand anderen.

Ich merkte, dass ich etwas Praxis gebrauchen könnte. Gestern hatte meine Frau mir ein Foto von unserer Hochzeit geschickt. Was für ein schönes Foto, dachte ich, achtete aber nicht auf die Pünktchen. Als sie am Abend von der Arbeit nach Hause kam, war sie enttäuscht, als sie sah, dass ich unseren Hochzeitstag vergessen hatte. Ich war so ein Idiot.

Um meine Ignoranz wiedergutzumachen, putzte ich die ganze Wohnung, wusch die Wäsche und zeichnete ein Bild von unserem Hochzeitsfoto. Ich brauchte Stunden dafür. Dann kaufte ich Blumen und einen Kuchen und stellte die Geschenke auf den Tisch, damit Sally sie sah, wenn sie nach Hause kam.

André, 19. Oktober

Ich saß in einem Zug, schaute gerade auf meine Uhr und fragte mich, ob ich es noch rechtzeitig zu meiner Vorlesung schaffen würde, da rief eine Frau in dem brechend vollen Waggon: »Ich kann nicht atmen! Ich kann nicht atmen!« Sie war etwa sieben Meter von mir entfernt. Zuerst dachte ich, dass die Entfernung groß genug war, um mich aus jeder Verantwortung zu entlassen. Aber als die Leute in ihrer Nähe nichts taten, regte sich mein innerer Kantianer.

»Ist ein Arzt hier?«, rief ich.

»Ich bin Krankenschwester«, antwortete eine Frau weiter hinten im Waggon.

Dann kam auch noch ein Arzt hinzu. Sie brachten die keuchende Frau an der nächsten Station auf den Bahnsteig und holten Hilfe.

Als der Zug weiterfuhr, hatte ich das bedrückende Gefühl, nicht genug getan zu haben. Was würde Kant jetzt von mir denken?

Carl, 20. Oktober

Ich kam kurz vor neun Uhr in Uppsala an. Es war ein frischer Herbstmorgen. Sonnenstrahlen durchschnitten den Nebel. Überall war der Geruch von verrotteten Blättern.

Ich ging in die Klinik. Am Ende eines langen Korridors, in einem kleinen Labor, fand ich einen Mann in blauem Arztkittel.

»Sind Sie Carl?«

»Jawohl.«

»Bitte sehr«, sagte er und gab mir einen kleinen Plastikbecher mit Deckel. »Vielleicht müssen Sie warten. Ich glaube, alle Toiletten sind besetzt.« Er stand auf und ging mit mir hinaus auf den Korridor. »Schauen Sie mal in der Behindertentoilette nach«, sagte er.

Die Tür war offen, und ich ging hinein. Dies war wie eine Rückkehr in die Masturbationskabine, nur dass dieser Raum hell erleuchtet war. Er war sauber, aber sicher nicht sehr erotisch.

Ich holte mein Smartphone heraus und schaute mir denselben kurzen Pornofilm an, den ich benutzt hatte, als ich zum ersten Mal den Prostatavibrator ausprobierte. Auf der Toilette sitzend, brauchte es einige Zeit, bis ich in die richtige Stimmung kam. Nachdem der Becher endlich gefüllt war, ging ich zurück und gab ihn dem Arzt.

»Sie haben nichts verschüttet?«

»Nein, ich glaube nicht.«

Wir setzten uns hin, und er erklärte mir die Prozedur. Es stellte sich heraus, dass ich, falls mein Sperma dem erforderlichen Standard entsprach (nur 20 Prozent wurden akzeptiert), im Laufe des Jahres dreißig Mal kommen müsste.

Das Sperma gaben sie lesbischen Paaren und Frauen, die Kinder ohne einen Mann haben wollten.

Als ich wieder hinaus ins Sonnenlicht ging, schickte ich André ein Foto der Toilette. »Was für ein schöner Ort für den Anfang eines Lebens«, antwortete er.

Wieder zurück in Stockholm, hatte ich ein Abendessen mit einem alten Freund. Ich schaute mich nach Gästen um, deren Rechnung ich bezahlen konnte. Ich traute mich aber nicht, es zu tun. Niemand sah so aus, als wäre er oder sie es wert. Stattdessen dachte ich daran, ein hohes Trinkgeld zu geben – ein klassischer Akt der Freundlichkeit. Am Ende bezahlte ich das Essen und fügte ein Trinkgeld von 50 Prozent hinzu. Ein effektiver Altruist hätte das nicht getan. Aber ich konzentrierte mich jetzt auf Freundlichkeit. Zuerst schaute die Kellnerin überrascht. Dann sagte sie zehnmal Danke und wirbelte herum, als wäre sie eine Eiskunstläuferin.

Diese Tat sollte mir eigentlich ein gutes Gefühl geben. Aber mir war komisch zumute. Sah so Freundlichkeit aus?

André, 21. Oktober

Ich wachte an diesem Morgen auf und war erleichtert, dass ich Kants Körper wieder verlassen konnte. Die kommende Woche wollte ich als Utilitarist verbringen. Das bedeutete, ich musste versuchen, zum Wohle der größten Anzahl von Menschen soviel wie möglich zu tun. Aber wie sollte ich das anstellen? Geld für die Armen dieser Welt spenden? Carl tat das schon. Tierquälerei bekämpfen? Ich war bereits Vegetarier. Vielleicht konnte ich es mit Comedy versuchen? Sie soll die Menschen glücklicher machen, und darum geht es ja dem Utilitarismus vor allem. Ich wusste, dass meine eigenen Stand-up-Nummern nicht gut genug waren, um einen erfolgreichen Nützlichkeitsschub zu kreieren, also musste ich mich woanders umschauen. Sollte ich das Programm von jemand anderem benutzen? Ich schaute mir die Liste der beliebtesten Comedy-Nummern in Großbritannien an. Monty Pythons »Ministry of Silly Walks« sprang mir ins Auge. Ja! Das war genau das Richtige: eine Neuinszenierung des »Ministeriums der albernen Gänge«.

Als ich die U-Bahn an der Bank Station verließ, schüttelte ich meine Nervosität ab, überquerte die Straße und begann zaghaft mit meinem Auftritt vor dem schmucklosen grauen Eingang der Bank of England, die ich einmal umrunden wollte. Mit jedem Schritt warf ich die Beine wilder in die Luft, mein Körper zitterte, ich behielt aber ein todernstes Gesicht. Die meisten Passanten schauten weg. Einige lachten. Ein oder zwei machten aus sicherer Entfernung Fotos von mir.

Als ich um die Ecke bog, konzentrierte ich mich ganz auf die Technik. Der perfekte Beinwurf aufwärts, die ideale Beugung nach vorn, der getaktete Ausfallschritt. Finanzmänner liefen vorbei. Auf der Rückseite der Bank lief ich an einem Mode Shooting vorbei. Ein Model, das High Heels und einen Trenchcoat trug, ging vor- und rückwärts, während ein Fotograf Fotos schoss. Hinter ihm standen zehn Leute, die über mich lachten. Eine der Assistentinnen machte mit ihrem Handy ein Video.

Als ich die Umrundung geschafft hatte, setzte ich mich auf die Bank, wo ich begonnen hatte. Das Ganze hatte kaum fünfzehn Minuten gedauert. Ich war mir nicht sicher, wie viel Glück ich in anderen erzeugt hatte. Ich jedenfalls war überglücklich.

Carl, 21. Oktober

Im letzten Jahr stellten fast 163000 Menschen einen Asylantrag in Schweden. 50000 waren aus Syrien; 35000 von ihnen waren Kinder ohne Begleitung.

Viele Schweden halfen auf die eine oder andere Weise.

Ich hatte nichts getan. Ein Freund hatte zwei junge Männer aus Syrien zum Essen eingeladen. Er erzählte mir von einer Website mit dem Namen »Invitation Department«, wo man sich als Gastgeber registrieren lassen konnte.

Unsere Gäste trafen pünktlich ein. Es war ein Vater mit seinem Sohn so alt wie Esther. Es stellte sich schnell heraus, dass sie nicht aus Syrien, sondern aus Chile kamen. Und sie waren keine Flüchtlinge, ja nicht einmal arm. Der Mann hatte ein geschmackvolles Blumenbouquet mitgebracht. Er arbeitete als Ingenieur, seine Frau in der medizinischen Forschung. Sie konnte aber nicht kommen, weil sie mit ihrer Tochter Klavier spielen musste. Der Junge lehnte höflich das Dessert mit der Begründung ab, er habe schon in der Schule zu viel Zucker gehabt.

Sie waren kultiviert, trugen Kleidung von Ralph Lauren und wollten ihr Schwedisch verbessern. Sie hatten keine Ahnung, dass sie als Teil meines Moralprojekts zum Abendessen eingeladen worden waren.

Ich begann, mich zu hassen.

André, 26. Oktober

An diesem Abend nahm ich an einer Buchvorstellung teil. Eine lange Menschenschlange wartete an der Bar, um Getränke zu bestellen. Dies war eine perfekte Gelegenheit, die libertären Prinzipien zu erkunden, denen ich in dieser Woche folgen wollte. Ich drängelte mich an allen vorbei. Leute in der Schlange schauten böse, sagten aber nichts. Sobald ich meinen Drink hatte, wandte ich mich denjenigen zu, die tatsächlich vorne standen. »Möchten Sie, dass ich Ihnen einen Drink spendiere?«, fragte ich. Das schien sie noch mehr zu verärgern. »Ich habe mich verpflichtet, für eine Woche wie ein Libertärer zu leben«, erklärte ich. »Teil meines Moralkodex ist es, Kompensationszahlungen anzubieten, wenn ich die Rechte von Individuen verletze. Die

Drinks wären eine Kompensationszahlung dafür, dass ich Ihnen das Recht genommen habe, als Erste in der Schlange Ihre Bestellung aufzugeben.« Sie nahmen mein Angebot an. Anscheinend fanden sie das Ganze eher komisch. Meine Woche als Libertärer ließ sich gut an.

Carl, 27. Oktober

Dies war seit Juni der schlimmste Monat. Das Leben als effektiver Altruist hatte mich deprimiert. Alles, was ich geschafft hatte, war, etwas Geld zu sparen, um es Wohltätigkeitsorganisationen zu spenden. Vielleicht war das ein wirksames Mittel, Gutes zu tun, aber aufregend war es sicher nicht. Ich tat mich auch schwer damit, die philosophischen Prinzipien hinter dem Utilitarismus zu akzeptieren. Den Bedürfnissen der Familie und Freunde ein Vorrecht zu geben, wurde als ein negativer Impuls angesehen. Aber ohne Familie und Freunde hatte ich wenig anderes, wofür es sich zu leben lohnte.

Viel leichter war es, freundlich zu sein. Ich lud mehrere Apps wie Good Deeds und The Great Kindness Challenge runter, die Ratschläge anboten, wie man im Alltag freundlich sein kann. Aber ich hasste den Ton und das Vokabular. Es war scheußlich, als wäre man in einer endlosen Oprah Winfrey Show gefangen.

Eine enge Freundin meiner Familie lag im Sterben, und in der vergangenen Woche hatte ich sie zum letzten Mal besucht. Als ich Blumen kaufte, glaubte ich, dass das genau das war, was die Freundlichkeits-Apps vorgeschlagen hatten. Aber ich war angeekelt von dem Gedanken, dass mein Besuch bei der sterbenden Freundin Teil eines Freundlichkeitsprojekts sein sollte. Der Tod ist verdammt noch mal kein Projekt. Und Moral auch nicht.

André, 30. Oktober

Ich hatte vor, in einer geraden Linie vom einen Ende der Oxford Street zum anderen zu gehen. Wie ein guter Libertärer würde ich auf meinen individuellen Rechten bestehen und niemandem aus dem Weg gehen. Ich wusste, dass das nicht leicht sein würde. Also wandte ich wieder die NLP-Technik an und stellte mir vor, ich würde in den Körper eines Libertären schlüpfen. Es war Sonntag, und ich trug einen Geschäftsanzug. Das half bestimmt.

Schon nach den ersten Schritten stieß ich gegen einige Schultern. Schwerer wurde es, als ich auf eine große Gruppe italienischer Teenager zuging. Sie bewegten sich nicht von der Stelle. Ich stand vor ihnen, während sie sich unterhielten. Dann nahmen sie mich wahr und starrten mich teilnahmslos an. Ich machte eine trennende Bewegung mit den Händen, und schließlich gingen sie auseinander, wobei sie mich mit einer Mischung aus Ärger und Konfusion anschauten. Ich setzte meinen Weg fort und stieß immer wieder Leute mit der Schulter weg. Dann tauchte direkt vor mir eine Familie auf, die Einkäufe machte. Ich konnte mich nicht dazu bringen, einfach durch sie hindurchzugehen. Ich trat beiseite und folgte dann wieder der geraden Linie. Selbstsüchtig zu sein, war schwerer, als ich erwartet hatte.

Als ich das Ende der Oxford Street erreichte, fühlte ich mich erleichtert. Dann bemerkte ich, dass Speakers' Corner ganz in der Nähe war. Ich war seit Anfang April, als ich meine Arschloch-Rede gehalten hatte, nicht mehr dort gewesen. Kurz entschlossen ging ich hin. Der Ort hatte sich nicht geändert. Etwa zweihundert Leute standen herum und hörten religiösen und politischen Spinnern zu. Ich ging geradewegs auf den ersten Redner zu: ein Evangelikaler aus Afrika.

»Kann ich Sie bezahlen, damit sie aufhören zu reden?«, fragte ich.

»Man kann nicht Geld benutzen, um das Wort des Herrn

aufzuhalten«, rief er. »Aber ich segne dich, mein Bruder«, fügte er hinzu und hielt mir seine Hand hin, damit ich sie schüttelte.

Ich ging weiter zu dem nächsten Redner mit der größten Zuhörerschaft. Sein Thema war irgendeine unverständliche Verschwörungstheorie.

»Kann ich Sie bezahlen, damit Sie aufhören zu reden?«, fragte ich und hielt ihm eine Handvoll Geld hin.

»Wieviel?«, fragte er.

»Nennen Sie Ihren Preis«, erwiderte ich.

»Zehn Pfund.«

Ich gab ihm einen zerknitterten Geldschein, und er stieg von seiner Kiste. Die Menge applaudierte. Ich hatte das Gefühl, dass mein libertäres Geld gut angelegt war.

Nach diesem kleinen Triumph ging ich zurück zur Oxford Street. Ich zog auf dem Bürgersteig eine gerade Linie. Dabei traf ich auf eine Gruppe verunsicherter Teenager und eine Gruppe alter Männer, die sofort beiseitetraten. Rempelte ich Leute an, so glaubten sie gewöhnlich, es sei ihre Schuld. Bei diesen kleinen Konfrontationen sah ich, wie schnell doch die Menschen ihre Würde verlieren.

Carl, 31. Oktober

Ich las über ein Paar, das regelmäßig gute Taten vollbrachte. So versteckten sie etwa Brieftaschen, die Leute finden sollten. Wenn der oder die Unbekannte die Brieftasche öffnete, fanden sie einen Zehn-Dollar-Schein mit der inspirierenden Aufforderung, die gute Tat zu wiederholen.

Ich beschloss, das Gleiche zu tun, aber statt einer Brieftasche kaufte ich zwei glitzernde Geschenkschachteln und legte in jede einen Fünfhundert-Kronen-Schein ($ 57) zusammen mit einer handgeschriebenen Notiz. Mir fiel nichts »Inspirierendes« ein; ich schrieb einfach: »Hier ist etwas Geld für Sie, mit dem sie machen können, was Sie wollen.«

Ich ging zu einem großen Platz und stellte eine Schachtel auf eine Mülltonne. Ich blieb in der Nähe, um zu sehen, ob jemand sie mitnahm. Nach fünfzehn Minuten war ich gelangweilt. Ich ging zur Universität, wo ich die zweite Box wieder auf eine Mülltonne stellte. Viele gingen daran vorbei. Nach einer Weile nahm ich sie selbst und platzierte sie halboffen auf einem Tisch im Uni-Café. Ich blieb in Sichtweite, aber nichts geschah. Zwanzig Minuten später war ich das Warten leid. Ich ließ die Schachtel stehen und ging nach Hause. Das war das passende Ende eines Monats, der von Anfang bis zum Ende ein Misserfolg war. Gewiss, ich hatte viel Geld gespart – genug, um nach den Berechnungen der effektiven Altruisten ein Menschenleben zu retten. Aber ich hatte es noch nicht gespendet. Zu Hause sah ich, dass ich eine Voicemail von der Klinik in Uppsala hatte. Mein Sperma hatte den Test nicht bestanden. Ich legte mein Smartphone weg und warf mich auf die Couch. Noch eine Niederlage.

André, 31. Oktober

Kurz vor der Rushhour bestieg ich eine U-Bahn Richtung Stadtmitte. Ich schaute mich in dem Wagen um, erblickte eine Frau in den Zwanzigern und ging zu ihr.

»Entschuldigen Sie«, sagte ich. »Wieviel würde es kosten, wenn ich Ihren Platz kaufe?«

Geschockt schaute sie mich an.

»Sie können ihn umsonst haben«, sagte sie.

»Aber ich möchte für die Unannehmlichkeit bezahlen.«

Sie schüttelte den Kopf.

»Ich bestehe darauf«, sagte ich und zog mein Portemonnaie aus der Tasche.

Schließlich nahm sie zwei Pfund. »Das ist okay«, sagte sie. »Ich steige an der nächsten Station aus.«

Dort wechselte ich den Wagen. Als die Bahn losfuhr, ging

ich zu einem freundlich aussehenden Mann und fragte ihn, ob ich seinen Platz kaufen könne. »Sie können ihn umsonst haben«, sagte er. »Ich steige sowieso gleich aus.«

Ich wiederholte diese Szene zehnmal bis zum Zentrum von London. Die meisten Fahrgäste nahmen ein paar Pfund, besonders wenn ich hartnäckig war. Zwei Personen bestanden darauf, mir ihren Platz umsonst zu geben.

Auf der Rückfahrt waren die Wagen brechend voll. Ich hielt Ausschau nach schwierigen Zielen: böse dreinschauende Geschäftsleute, die gerade einen anstrengenden Tag im Büro hinter sich hatten. Als ich einem mein Angebot machte, schnappte er zurück: »Ich behalte meinen Platz.« Ein anderer wollte mit mir handeln. Als der Preis über 30 Pfund war, sagte er mir, er bleibe lieber dort sitzen. »Sie sind der Einzige, der um den Preis gefeilscht hat«, sagte ich. Ein Hauch von Glück überzog sein verbittertes Gesicht.

Am Abend war ich für ein Interview beim BBC. Im Studio holte ich eine Zigarre, eine Flasche Whiskey und ein Glas hervor. Glücklicherweise saß der Interviewer nicht im gleichen Studio. Ich zündete ich mir die Zigarre an und schlürfte Whiskey, während ich redete. Das war das angenehmste Interview, das ich je gegeben habe. Als ich mit der U-Bahn nach Hause fuhr, gab es viele freie Plätze. Aber ich dachte, ich sollte ein letztes Mal mein libertäres Experiment machen. Mir gegenüber saß ein junger Mann.

»Kann ich Ihren Platz kaufen?«, fragte ich.

»Klar«, antwortete er, ohne mit der Wimper zu zucken.

»Wieviel wollen Sie?«

»'nen Zehner.«

Ich reichte ihm den Schein, und wir kamen ins Gespräch. Er war ein Musiker aus Polen und nach London gekommen, um Rockstar zu werden, aber zurzeit arbeitete er als Kellner. Ich gab ihm meinen restlichen Whiskey, und wir tauschten Geschichten aus. Das Leben als Libertärer schien lustig zu sein, zumindest war es amüsanter, als Kippen von Bankern einzusammeln.

November

Aufmerksamkeit

André, 1. November

Christopher Laschs Klassiker *Das Zeitalter des Narzissmus* zufolge gehört Selbstverbesserung zu unserer verzweifelten Suche nach Aufmerksamkeit. Daher würde ohne die Erkundung dieses Aspekts unserem Projekt etwas Wesentliches fehlen. Als ich heute Morgen durch den Park rannte, fragte ich mich, wie man heutzutage Aufmerksamkeit erregt. Die offensichtliche Antwort lautete: Arbeite an deinem öffentlichen Profil, indem du mehr Followers bei Twitter und mehr Publicity in den Medien bekommst. Aber das fand ich langweilig. Ich wollte eine größere Herausforderung. Wie wäre es, eine neue Identität zu kreieren und zu sehen, ob ich damit berühmt werden könnte?

Am Ende meines Laufs hatte ich bereits die Umrisse meines neuen Ichs skizziert. Es sollte ein imagebesessener Selbsthilfe-Junkie ohne Selbsterkenntnis und Impulssteuerung sein. Ich gab ihm den Namen Lucian Luper.

Als ich Carl meine neue Persönlichkeit in einer SMS präsentierte, stellte sich heraus, dass auch er nach einer anderen Identität suchte. Während wir Nachrichten hin- und herschickten, fing ich an, Emojis zu benutzen. Ich hatte diese Symbole immer gehasst. Aber Lucian liebte sie. Auf meinem Bildschirm wimmelte es bald von Smileys und Sushi-Symbolen.

Als ich nach Hause kam, richtete ich sogleich Lucians digitale Identität ein. Als erstes brauchte er einen Mail Account: lucian.luper@gmail.com. Damit konnte ich mich bei Twitter (@lucian_luper) und Facebook anmelden und Instagram Accounts und einen YouTube Kanal erstellen. Ich registrierte Lucian sogar auf einer neuen Website – www.lucianluper.com. Die ganze Prozedur dauerte weniger als eine Stunde.

Carl, 1. November

Auch wenn ich in einer auf Äußerlichkeiten fixierten Gesellschaft lebe, habe ich mir, was mich selbst betraf, selten Gedanken gemacht. Das würde sich nun mit meinem Vorhaben ändern, Aufmerksamkeit durch verbessertes Aussehen zu erregen. Ich nahm mir vor, am Ende dieses Monats ein attraktiver Mann zu sein.

Ich hatte schon einige Vorarbeit geleistet. Vor einem Monat begann ich mit einem neuen Trainingsplan, der darauf ausgerichtet war, so viel Muskelmasse wie möglich zuzulegen. Meine persönlichen Trainer hatten ein Programm namens Maximum Overload Training empfohlen, das laut der AST Sport Science Website »Muskelwachstum schneller beschleunigt als irgendeine andere Trainingsmethode.« Die Website bot einen täglichen Trainingsplan an, dem ich gewissenhaft gefolgt war.

Das Training hatte sich bezahlt gemacht. Ich wog dreiundachtzig Kilogramm, als ich mit dem Programm im Oktober startete, und jetzt waren es achtundachtzig Kilo.

Auf dem Rückweg vom Fitnessstudio hielt ich an einem Elektronikgeschäft und kaufte einen Selfie-Stick mit Bluetooth-Verbindung. Dann ging ich nach Hause, zog mich aus und machte Fotos von mir. Ich probierte verschiedene Positionen, Zimmer und Beleuchtungen aus, aber die Ergebnisse waren nicht beeindruckend. Meine Bauchmuskeln ließen sich kaum erkennen, und trotz allen Trainings waren meine Brustmuskeln nicht sichtbar größer.

Ich lud eine App namens Selfie Gym Photo Editor herunter, aber es stellte sich als schwierig heraus, meinen Selfies ohne Hemd gefakte Muskeln hinzuzufügen. Sie sahen alles andere als real aus.

Ich meldete mich bei Instagram mit einem neuen Namen an: James Shelley. Ich hatte einen Forschungsbericht mit der Überschrift »Die Attraktivität von Namen« gefunden, der erklärte, warum bestimmte Namen als anziehender empfunden werden als andere. Attraktive Namen, lernte ich, kombinieren gewöhnliche Vornamen wie James und John mit relativ seltenen Nachnamen wie etwa Shelley, Cassel oder Burton.

Ich lud mein Profilbild hoch und fügte Promis, denen ich folgte, hinzu: Kim Kardashian (über 90 Millionen Follower), Nicki Minaj (70 Millionen), Katy Perry (60 Millionen), Justin Timberlake (40 Millionen), Justin Bieber (80 Millionen) und Cristiano Ronaldo (90 Millionen). Ich war wie hypnotisiert, als ich mir die Bilder des halbnackten Cristiano Ronaldo anschaute. So wollte ich aussehen. Er sollte mein ästhetisches Vorbild für den Monat sein.

Davon inspiriert, wählte ich eines der fünfzig Selfies aus, die ich im Laufe des Tages gemacht hatte, passte den Kontrast und das Licht an und lud mein erstes Selfie ohne Hemd auf Instagram hoch. Ich sah Cristiano Ronaldo nicht sehr ähnlich, aber mir blieb noch genug Zeit, daran zu arbeiten.

André, 3. November

Ich fand es immer peinlich, Selfies zu machen. Aber damit gehörte ich zu einer Minderheit. Es sind auf Instagram 250 Millionen Selfies getaggt. Jedes Jahr werden auf Google-Server 240 Milliarden Selfies gepostet. Und das ist nur ein Bruchteil der tatsächlichen Anzahl von Selfies, die jährlich hochgeladen werden.

Aber möglicherweise war mein Zögern wohlbegründet.

Eine Studie in der Zeitschrift *Social Psychological and Personality Science* fand heraus, dass Selfiemacher dazu neigen, ihre Attraktivität und Liebenswürdigkeit zu überschätzen. Die Selfie-Knipserei kann sogar Leben gefährden. In den letzten Jahren sind weitaus mehr Menschen beim Selfiemachen getötet worden als bei Haiangriffen. Aber wenn ich Lucian Luper werden wollte, musste ich diese Risiken eingehen.

Ich begann meine Reise in den digitalen Narzissmus, indem ich Fotos von meinem oder vielmehr Lucians Frühstück machte und sie bei Facebook hochlud. Dann ging ich nach draußen, um so viele Selfies wie möglich zu machen. Eine Telefonzelle wurde eine Selfiezelle; Passanten warfen mir mitleidige Blicke zu, während ich pausenlos den Auslöser drückte.

Nach etwa zwanzig Minuten meines Selfie-Spaziergangs kam ich an eine Unfallstelle. Ein Mann war von einem Geländewagen angefahren worden. Er lag zuckend auf der Straße. Der Rettungsdienst war gerade eingetroffen. Lucian wollte ein Selfie schießen mit dem Unfall im Hintergrund, und während die Sanitäter herbeieilten, brachte er sich in Position. Aber so viel das Neuro-Linguistische Programmieren mir auch beigebracht hatte, wie man in eine andere Person hineinschlüpft, ich konnte es doch nicht so weit kommen lassen. Es gab Grenzen, die selbst ein Lucian Luper nicht überschreiten konnte.

Carl, 4. November

Zu Beginn dieses Jahres war ich auf allen sozialen Medien abwesend. Jetzt war ich auf Facebook, Twitter, LinkedIn und Instagram. Ich las, dass ich unter den 450 Millionen Instagram-Usern zu der Randgruppe derjenigen gehörte, die über fünfunddreißig waren und nur 10 Prozent der Nutzer ausmachten. Ich begann rasch, mehr als fünfhundert Leuten zu folgen, aber nur eine Handvoll reagierte. Im Magazin *Forbes* fand ich eine Anleitung, die erklärte, dass man, um Followers zu gewinnen, die richtigen Hashtags benutzen müsse wie etwa #instafollow, #likeforlike oder #follow4follow, und man musste die Profile anderer Leute liken.

Ich browste durch #gymselfies, #abs und #crossfit und likte all diejenigen, die bereit waren, mich auch zu liken. Ich scrollte durch Tausende Bilder von Männern ohne Hemd in Fitnessstudios und Frauen, die ihre Hintern fotografierten. Die Grenze zwischen Porno und Leibesübung schien zu verschwimmen. Ich klickte den Like-Button bei allen Fotolisten an, ausgenommen die Fotos von unterernährten Mädchen in Sport-BHs, die mich zu sehr deprimierten.

Dies war die Kultur des Narzissmus, über die ich mir mit dem Älterwerden meiner Tochter viel Gedanken machte. Nun gehörte ich selbst dazu und überhäufte unsichere Menschen, die nach Aufmerksamkeit gierten, mit Likes. Aber ich war entschlossen, ganz in diese Welt einzutauchen und zumindest die Auswirkungen am eigenen Leib zu erfahren.

Als erstes wollte ich mein Aussehen näher untersuchen. Ich lud ein Selfie bei prettyscale.com hoch, eine Website, die versprach, mein Gesicht mit Hilfe künstlicher Intelligenz zu beurteilen. Ich wurde als 78 Prozent hübsch eingeschätzt und bekam eine Auflistung meiner hervorstechenden Merkmale: langes Gesicht, schmale Stirn, guter Augenabstand und eine zum Gesicht passende Nase. Ich ging die gleiche Prozedur noch auf einer anderen Website durch; diesmal erreichte ich nur eine Attraktivität von 47 Prozent.

Aber mehr interessierte mich, was andere Leute über mein Erscheinungsbild zu sagen hatten. Ich fand viele Sites, aber sie alle schienen in den letzten Jahren gelöscht worden zu sein. Vielleicht war die Gründung von Instagram 2010, das seitdem den Narzissmus-Markt beherrschte, der Grund. Die einzige Bewertungsseite, die anscheinend noch aktiv war, hieß rate-my-appearance, eine Subkategorie von Reddit. Ich postete eine Serie von Selfies und bat die User, mir ein ehrliches Feedback und konstruktive Ideen zu geben, wie ich mein Aussehen verbessern konnte.

Am Abend hatte ich einige Kommentare bekommen.

Durchschnittlich bis süß 6/10

5,5. Ich glaube nicht, dass du etwas an deinem Aussehen ändern musst, aber wenn du eine Veränderung für dich selbst willst, probiere eine andere Frisur, aber nochmal, meiner Meinung nach brauchst du das nicht.

7,5/10 Du bist irgendwie schon mein Typ

Du solltest vielleicht eine moderne Frisur versuchen: an den Seiten kurz, oben lang. Und vielleicht auch einen kurzen Bart? Das ist nur ein Vorschlag – die Möglichkeiten sind unbegrenzt, probier einfach alles aus, was ausprobiert werden kann, und bleib bei dem, was dir am besten gefällt

André, 4. November

»Du solltest einen Medienskandal herbeiführen«, schlug Carl vor, als wir am Telefon miteinander sprachen. »Vielleicht könnte Lucian sterben.«

Carl redete sich in Begeisterung.

»Ah, jetzt hab ich's«, fuhr er fort. »Krebs! Lucian stirbt an Krebs. Und er bloggt darüber.«

Ich schwieg.

»Belle Gibson hat das gemacht.«

»Wer?«

»Belle Gibson. Die Wellness-Bloggerin. Sie erfand eine Krebserkrankung und schrieb dann ein Buch darüber, wie sie sich mit alternativer Medizin heilte.«

»Carl, ich werde nicht Krebs faken.«

»Okay, aber du solltest irgendeinen Skandal verursachen. Hast du Laura Kipnis' Buch gelesen?«

»Nein. Welches?«

»*How to Become a Scandal*. Dort bekommst du bestimmt Inspiration.«

Nach dem Gespräch fand ich eine Rezension des Buches in der *New York Times*. Darin stand die Geschichte von Lisa Nowak, »eine Astronautin, die eine Perücke trug und die Geliebte ihres Ex-Freundes mit Pfefferspray besprühte«. Mir war klar, Carl wollte nur, dass Lucian verrückt wird und einen Skandal herbeiführt, aber ich fühlte mich unbehaglich dabei. Ich hatte genug von Demütigungen.

Carl, 7. November

»Oh Mann!«, schrie ich.

»Was?«, rief mein persönlicher Trainer von der anderen Seite des Raumes. Er kam zu mir, Kaffee in der Hand.

»Schau mal«, sagte ich und zeigte auf meinen Laptop. Er beugte sich über den Bildschirm.

»90,7. Mensch! Womit hast du begonnen?«

»77,6«, sagte ich.

»Wow, das sind dreizehn Kilo!«

Seit Beginn des Jahres hatte ich mehr als zehn Kilogramm Muskeln hinzugewonnen. Aber das Opfer war beträchtlich gewesen. Während der letzten fünf Wochen hatte ich einen Überschuss von 5000 Kalorien pro Tag zu mir genommen. Ich benutzte ein Muskelaufbaupulver namens Mutant, dass 2900 Kalorien und 114 Gram Proteine enthielt. Auf der Rückseite der Packung stand: LASS DIE MENSCHHEIT HINTER DIR. Ich trank jeden Tag zwei Liter von dieser Brühe. Jedes Mal stand ich kurz davor zu kotzen. Aber nun, da ich die Neunzig Kilo-Barriere durchbrochen hatte, glaubte ich, dass es das total wert war.

André, 9. November

Trump hatte die Wahl gewonnen. Selbst Lucian war am Boden zerstört. Auf dem Weg zur Arbeit legte ich mich auf den Bürgersteig und tat so, als wäre ich tot. Ich machte ein Selfie und lud es unter dem Tarnnamen von Lucian Luper bei Facebook hoch.

Carl, 9. November

Als ich meine zweite Runde Bankdrücken absolvierte, dachte ich an Christopher Laschs Behauptung, dass sich die Menschen zu Beginn der 1970er Jahre, als sie die Hoffnung verloren hatten, die Welt politisch zu verbessern, in die Selbstverbesserung zurückzogen.

Es entbehrte nicht einer gewissen Ironie, dass unser Jahr der Selbstverbesserung auch das Jahr war, in dem sowohl Großbritannien als auch die USA politisch zerfielen.

Das Fitnessstudio war ruhig und leer – der perfekte Ort, die Probleme der Welt zu vergessen. Nach einer langen Dusche machte ich ein paar Selfies von meinem Spiegelbild und postete sie auf Instagram.

André, 10. November

Carls Vorschlag, dass ich einen Medienskandal verursachen sollte, machte mich wütend, und ich entschied, mein Alter Ego Lucian vorläufig auf Eis zu legen und zu meinem eigenen Ich zurückzukehren.

Um mir dabei zu helfen, ein neues Image zu finden, konsultierte ich meinen Kollegen Tom. Er war ein Experte darin, mittels Geschichten eine Marke zu kreieren. Sein Büro befand sich nur ein paar Zimmer von meinem entfernt, aber es war viel ordentlicher. »Ich brauche Hilfe«, sagte ich in einem leichten Ton der Verzweiflung. »Ich will eine persönliche Marke aufbauen. Du bist der Experte. Was muss ich tun?«

Tom zog auf einem der beiden Computer auf seinem

Schreibtisch eine PowerPoint-Folie hoch. »Hier ist eine Liste der Dinge, die du tun solltest.« Er ging eine Reihe von Fragen durch: »Erstens, du musst herausfinden, was deine Zielvorstellung ist. Geht es um Klickraten, Likes auf Facebook oder was anderes?«

»Ich habe keine Ahnung«, sagte ich. »Ich muss das erst rausfinden.«

»Als nächstes, wer ist deine Zielgruppe? Was wollen sie, was sind ihre Probleme?«

Diese Fragen waren so elementar, und doch hatte ich keine Ahnung. »Darüber muss ich wohl auch nachdenken«, sagte ich.

»Sobald dir klar ist, wen du erreichen willst, musst du herausfinden, welche Plattformen sie benutzen.«

»Mm-hm«, sagte ich, als ich dies in mein Notizbuch schrieb.

»Ja, und dann ist die Frage, was du ihnen erzählst. Welche Informationslücken haben sie möglicherweise?«

Mir dämmerte, dass das schwierig werden würde. Ich hatte keine Ahnung, was ich erreichen wollte. Ich wusste nicht, wer die Zielgruppe war oder was meine Botschaft sein würde. Es gab viel zu tun.

Carl, 10. November

Ich wartete in der Klinik. Alles war in Weiß gehalten und hatte einen Hauch von Luxus. Die beiden Frauen hinter dem Tresen waren blond und gutaussehend und trugen weiße Kittel. Ich fühlte mich, als befände ich mich in einem Sci-Fi Film. Bald erschien die Dermatologin und führte mich in ihr Büro.

Sie war ungefähr in meinem Alter. Ihr Gesicht war vollkommen glatt, und ich war mir sicher, dass ihre Lippen chirurgisch vergrößert worden waren.

»Was kann ich für Sie tun?«

»Nun, ich möchte die Möglichkeiten erkunden, wie ich mein Aussehen verbessern kann. Was könnte ich tun?«, sagte ich.

»Okay. Gehen wir rüber zum Spiegel«, sagte sie und verließ ihren Schreibtisch,

Ich betrachtete mein Gesicht im Spiegel, distanziert wie immer.

»Sie haben ein jungenhaftes Gesicht«, sagte sie.

»Ja, stimmt.«

»Vielleicht sollten wir ihre männlichen Merkmale betonen. Wie George Clooney.«

Ich hatte eher an Cristiano Ronaldo gedacht, aber Clooney klang auch gut.

»Entweder könnten wir ihre Wangenknochen hervorheben.«

»Mm-hm. Ja.«

»Oder ihre Kinnlinie. Sie breiter und ausgeprägter machen.«

»Wie?«

»Füllmittel. Es heißt Restylane.«

Jetzt wurde ich nervös. Ich hatte den Vorschlag erwartet, ein oder zwei Falten zu beseitigen. Aber nicht, dass sie an meinen Hauptmerkmalen rummachen wollte. Doch ich begriff, dass dies wahrscheinlich viel wirkungsvoller sein würde, falls ich ernsthaft mein Aussehen verbessern wollte.

»Wieviel würde das kosten?«

»Die Wangenknochen zwischen 1500 und 2000 Dollar. Die Kinnlinie kostet 2800 Dollar.«

»Ah ja. Das ist mehr, als ich dachte«, sagte ich.

Noch hatte ich nicht wie geplant das Geld an die Wohltätigkeitsorganisation geschickt. Was, wenn ich es stattdessen für plastische Chirurgie ausgeben würde?

»Lassen Sie uns die Kinnlinie machen«, hörte ich mich sagen.

Fünf Minuten später lag ich auf einem Behandlungsstuhl, und die Dermatologin rieb mein Gesicht mit einer Spezialcreme ein. Ich konnte sie mit mir sprechen hören, aber ich hatte abgeschaltet.

Tust du dies, weil du es willst? Die Worte meines Yogalehrers fielen mir wieder ein.

Als die Betäubung zu wirken begann, nahm die Ärztin eine Nadel und injizierte langsam die sieben Millimeter Restylane. Ich hatte keine Ahnung, was das war oder ob sieben Millimeter viel war. Alles, woran ich denken konnte, war, dass ich in zwei Stunden meine Tochter von der Schule abholen musste und dass ich mit einer neuen Kinnlinie auftauchen und wahrscheinlich wie eine Comicfigur aussehen würde.

»Dies tut vielleicht ein bisschen weh«, sagte sie. Ich spürte, wie die Nadel in mein Kinn stach und sich dann, beginnend beim Ohr, Stück für Stück im Abstand von etwa einem Zentimeter bis zur Kinnspitze hinunterbewegte. Ich war in einer Art existentiellem Schock. Was machte dieses Projekt mit mir? Ich hatte gerade zugestimmt, 2800 Dollar für eine neue Kinnlinie auszugeben, statt ein Menschenleben zu retten.

Zwanzig Minuten später war sie fertig. Ich sah mich im Spiegel an.

»Wow, Sie sehen großartig aus«, sagte die Dermatologin und holte eine Kamera hervor.

Ich studierte mein Gesicht. Mein Kiefer kam mir größer vor. Ich sah irgendwie anders aus.

»Darf ich ein Foto machen?«, fragte sie.

»Sicher.«

Nach einigen Schnappschüssen legte sie die Kamera beiseite.

»Sie müssen in etwa zwei Wochen wiederkommen, damit wir sehen können, ob alles in Ordnung ist.«

»Ja gut.«

»Und berühren Sie Ihr Kinn in den ersten Tagen nicht. Kein Fitnessstudio, kein Alkohol.«

»Okay.«

»Und noch etwas. Vielleicht verspüren Sie in den ersten zwei Tagen Schmerzen, und es könnte einen Bluterguss geben. Aber der geht weg.«

»Okay«, sagte ich, nahm meine Tasche und ging zum Ausgang.

Am Abend kam Sally von der Arbeit nach Hause. Sie fragte mich nach meinem Tag. Ich sagte, er sei gut gewesen.

»Fällt dir was an mir auf?«, fragte ich.

»Nein?«

»Ich war in der Klinik.«

»Was hast du gemacht?«

»Eine neue Kinnlinie. Siehst du das nicht?«

»Nein. Was?«

Ich hatte ein Monatsgehalt für eine neue Kinnlinie ausgegeben, und meine Frau sah es nicht.

André, 14. November

Gegen 15 Uhr betrat ich wieder Toms Büro. Nach dem Austausch von Höflichkeiten öffnete ich meinen Laptop und zeigte ihm eine umfangreiche PowerPoint-Präsentation meiner neuen Eigenmarke.

»Ich werde ein Selbstverbesserungs-Guru auf YouTube«, erklärte ich. »Ich mache einen Videoblog, der Leuten Selbsthilfe anbietet, die normalerweise davor zurückschrecken.«

Tom saß in einem großen Bürosessel, streichelte seinen gepflegten Spitzbart und hörte sich meine Argumente an.

»Du musst deine Marke etwas mehr dramatisieren«, sagte er anschließend. »Mach eine fesselnde Story daraus. Du musst ja nicht der Held der Geschichte sein. Vielleicht bist du so was wie ein Wegweiser.«

Ich machte eine Notiz.

»Du musst auch besser darstellen, wie der typische Selbsthilfe-Vlog aussieht. Wie soll deiner sein?«

»Nun, ich habe einige Vlogs anderer Selbsthilfeexperten auf YouTube angeschaut, die Hunderttausende von Follower haben«, erläuterte ich. »Und sie folgen alle einem Standardmuster: Sie hatten offensichtlich ein großartiges Leben, aber irgendwann beschlich sie das Gefühl, dass etwas fehlte. So kamen sie zur Selbsthilfe, und nach einem inneren Kampf wurden sie bessere Menschen. Und jetzt wollen sie mit der Welt teilen, was sie gelernt haben.«

»Willst du auch so eine Geschichte erzählen?«, fragte Tom.

»Ich bin mir nicht sicher«, erwiderte ich.

Nach diesem Gespräch war ich verwirrter denn je. Was war meine Geschichte? War sie etwas wert? Und wer war meine Zielgruppe?

Carl, 14. November

Es war an der Zeit, endlich einen Waschbrettbauch zu bekommen. Ich hatte zehn Kilo Muskeln hinzugewonnen, aber wozu das, wenn sie nicht sichtbar waren? Ich musste die Fettschichten loswerden.

»Glaubst du, dass ich je richtige Bauchmuskeln bekommen werde?«, fragte ich meinen persönlichen Trainer.

»Versuch das mal«, sagte er. Er rollte das T-Shirt hoch und zog seine Haut straff, so dass seine Bauchmuskeln sichtbar wurden. Ich tat das Gleiche. Er schaute mich an.

»Siehst du, jetzt musst du das Fett loswerden.«

Ich hatte in letzter Zeit immer mehr Männermagazine und Blogs gelesen. Sixpacks waren ein zentrales Thema. Sie alle gaben den gleichen Rat: Nur Proteine essen. Ein männliches Modemodel auf YouTube schilderte, was er vor jedem Foto-Shooting macht. Zwei Wochen vor dem Termin isst er nur Proteine, Fisch, Fleisch und Hähnchen. Und nur grüne Blätter. So kommt er auf 500 Kalorien pro Tag. Für mich bedeutete das, ich müsste meine Kalorienaufnahme um 90

Prozent reduzieren. Das war hart, aber ich war auch froh, mich nicht mehr zwangsernähren zu müssen.

Ich konsultierte meinen Trainer, und wir waren uns einig, dass ich meinen Workout weitermachen, aber leichtere Gewichte benutzen und mich mehr auf meine Bauch- und Brustmuskeln konzentrieren sollte.

Nach dem Fitnessstudio ging ich zu einem der teuersten Friseure der Stadt.

»Was kann ich für Sie tun?«, fragte der Stylist.

»Was auch immer Sie wollen. Ich möchte mich, wenn ich hier rausgehe, wie ein neuer Mensch fühlen.«

»Okay. Hmm. Ich würde Ihr Haar dunkler färben.«

»Klingt gut.«

»Und kürzen, besonders an den Seiten.«

»Was ist mit den Augenbrauen?«

»Ja, die kann ich auch dunkler machen.«

Zwei Stunden später trat ich auf die Straße, 300 Dollar ärmer. Der Unterschied war jedoch groß. Ein komplett neuer Look. Ich postete Vorher- und Nachher-Bilder auf Instagram und machte dann einige Einkäufe in unserem Supermarkt. Als ich vor einem Regal stand, hörte ich hinter mir jemanden kichern. Ich drehte mich um und sah Sally und Esther, die amüsiert auf mich zeigten. Offensichtlich fanden sie mein neues Aussehen lächerlich.

André, 17. November

Lieferwagen und Fahrräder fuhren auf der nassen Straße an mir vorbei, während ich versuchte, mir Selbsthilfeslogans auszudenken. Ich hielt an einem Schaltkasten am Straßenrand, kramte mein Notebook aus der Tasche und machte Notizen. »Alleinstellungsmerkmal«, schrieb ich in Großbuchstaben. »Was auch immer Selbsthilfebücher sagen, ich sage das Gegenteil.« Und dann fügte ich noch ein paar Zeilen hinzu:

Selbsthilfe sagt: Sei du selbst. Ich sage: Sei jemand anderes.

Selbsthilfe sagt: Du kannst dich im Nu verändern. Ich sage: Es geschieht nur schrittweise.

Selbsthilfe sagt: Ändere deine Denkweise. Ich sage: Ändere deine Handlungsweise.

Während der vergangenen Woche hatte ich mich darauf vorbereitet, ein YouTube-Selbsthilfeguru zu werden. Die Video-Sharing-Plattform schien das perfekte Medium zu sein, um meine Botschaft zu vermitteln. Die Plattform wuchs schnell; 42 Prozent der Internet-User sagten, sie hätten im letzten Monat mindestens einen Vlog angeschaut. Einige populäre YouTuber wie Zoella (eine Engländerin, die sich beim Auftragen von Makeup filmt und 11 Millionen Follower hat) und PewDiePie (ein Schwede, der Videos teilt, auf denen er Computerspiele spielt, und der 37 Millionen Follower hat) waren unter Teenagern bekannter als Mainstream-Stars wie Johnny Depp.

In der Hoffnung, ein Stück vom Kuchen zu bekommen, studierte ich Artikel mit Überschriften wie »Blogging mit Video. Wie man einen Riesenerfolg landet«. Ihrem Rat folgend, hatte ich eine gute Qualitätskamera mit Stativ erworben. Mit der Ausrüstung an Ort und Stelle, hatte ich an meiner Vortragsweise gearbeitet und versucht, persönlich zu sein und auf dem schmalen Grat zwischen peinlichem Schweigen und Übertreibung zu wandeln. Auch hielt ich mich an den Rat, dass Videos am besten funktionierten, wenn sie sich auf unmittelbare praktische Probleme konzentrierten. Ich hatte jeder geplanten Episode Titel gegeben, zum Beispiel »Wie werde ich produktiver«. Ich legte einen Vorrat an Videos an, so dass ich regelmäßig posten konnte. Die Länge jeder Episode hatte ich auf unter fünf Minuten begrenzt und mich bemüht, die Zuschauer in den ersten fünfzehn Sekunden zu packen.

Ich hatte es auf zehn Episoden gebracht; jede bot Tipps und Techniken zur Verbesserung des Körpers, der persönlichen Produktivität, der mentalen Stärke und so weiter. Meine eigensinnigen Slogans waren das Sahnehäubchen! Ich war überrascht, wie leicht ich in die Rolle eines Vordenkers der Selbsthilfebewegung schlüpfte.

Carl, 18. November

Sally und Esther waren in Kopenhagen, und ich machte mit meinem Freund Christian eine vierundzwanzigstündige Schiffsreise nach Finnland.

Am Abend gesellten sich an der Bar zwei Frauen in den Vierzigern zu uns. Sie waren beide alleinerziehende Mütter und auf dem Schiff, um etwas »Zeit für sich selbst« zu haben.

»Könnt ihr sehen, dass er sich operieren ließ?«, fragte Christian sie und zeigte auf mein Gesicht.

»Wirklich?«, sagte eine der Frauen. Sie hatte einen Pony und lange rote Haare, die bis zu ihren schmalen Hüften reichten.

»Ja hier«, sagte Christian und zog mit dem Finger eine Linie an meinem Kinn entlang.

Wir saßen mit einer Flasche Prosecco am Rand der Tanzfläche.

»Ich habe auch eine Schönheits-OP an mir vornehmen lassen«, sagte eine der Frauen.

»Ach ja?«

»Ja. Gib mir deine Hand.«

Sie führte sie unter ihre Bluse.

»Sie sind mit Saline gefüllt. Kannst du's fühlen?«

»Wirklich?«, sagte ich. »Wie teuer waren sie?«

»Viertausend Dollar.«

»Nicht schlecht. Mein Kinn kostete 2800.«

Irgendwie funkte es zwischen uns. Sie begann, auch ihre Tattoos zu zeigen.

»Ich habe noch mehr.«

»Wo?«, fragte ich.

»Ich weiß es, und du musst es schon selbst rausfinden«, sagte sie und warf mir einen langen, bedeutungsvollen Blick zu.

Der DJ spielte Chubby Checker: *Come on, let's twist again like we did last summer*. Christian stand vom Tisch auf, klatschte mit den Händen über seinem Kopf und sang mit, so laut er konnte. Er schwang seine Hüften, und schließlich machten wir mit.

Irgendwann hörte die Musik auf, und der Club leerte sich. Ein paar Betrunkene torkelten über die Tanzfläche. Wir kauften noch eine Flasche Prosecco und gingen zusammen in unsere Kabine.

»Carl versucht gerade, sein Aussehen zu verbessern«, erklärte Christian. »Was meint ihr, sieht er gut aus?«

Die Frau mit den versteckten Tattoos lag in einer der Kojen und fixierte mich.

»Ich würde ihn nicht von der Bettkante stoßen«, sagte sie.

Sie blieben nicht lange. Ich war nicht an einem Fick interessiert, freute mich aber, eine gewisse Bestätigung bekommen zu haben.

André, 18. November

Ich stellte das Stativ auf, befestigte die Videokamera und schaltete sie ein. Ich stand in meinem Büro vor einer Wand aus Büchern und trug einen schwarzen Rollkragenpulli, ein schwarzes Jackett, eine schwarze Hose und schwarze Stiefel. Dies sollte der klassische Money Shot eines Intellektuellen werden. Ich drückte die Starttaste und sprach direkt in die Kamera, gestikulierend wie eine Mischung aus Tony Robbins und Slavoj Žižek.

Gleichzeitig fand jenseits des Atriums im Büro meines Chefs eine Reihe von Sitzungen statt. Die Teilnehmer konnten mich alle durch das Glas sehen, da ich allein in meinem Zimmer stand und mit den Armen vor der Kamera fuchtelte. Was sie wohl dachten? Ich wollte es lieber nicht wissen.

Carl, 22. November

Ich war wieder in der Schönheitsklinik, um Fotos zu machen.

Als ich vor zwei Wochen zum ersten Mal hierherkam, wusste ich nichts über plastische Chirurgie. Nun hatte ich mich in das Thema eingelesen. Laut dem Plastic Surgery Statistics Report wurden in den USA im Jahre 2015 15,9 Millionen kosmetische Eingriffe vorgenommen, ein Anstieg um 115 Prozent seit 2000. Fast 90 Prozent waren »minimalinvasive Maßnahmen« wie das Injizieren von Füllmitteln und Botox. Der am stärksten steigende Trend waren Gesichtsverjüngungen mit mehr als 6,7 Millionen Injektionen von der Art, wie ich sie bekommen hatte. Als Mann gehörte ich zu einer Minderheit, da nur 8 Prozent aller kosmetischen Eingriffe auf uns entfielen. Ich hatte auch gelesen, dass eine Schönheitsoperation mehr als nur die Erscheinung ändern kann. Besonders faszinierte mich ein Experiment, bei dem sich herausstellte, dass Gefangene in Texas, die sich während ihrer Haft plastischer Chirurgie unterzogen, nach ihrer Entlassung weitaus seltener wieder straffällig wurden. Würde mein neues Aussehen auch mein Verhalten ändern?

Ich erfuhr, dass sieben Millimeter Restylane eine beträchtliche Menge waren. Die Dermatologin zeigte mir die Bilder auf ihrem Computer. Der Unterschied zwischen Vorher und Nachher war nicht zu leugnen.

»Das Restylane wird in etwa sechs Monaten verschwinden. Wenn Sie dies also weitermachen wollen, müssen Sie einen neuen Termin vereinbaren. Mal sehen ...«

»Ich melde mich, wenn es soweit ist«, unterbrach ich sie. »Aber ich muss schon sagen, ich bin ziemlich beindruckt von dem, was Sie gemacht haben.« Ich zeigte auf den Computerbildschirm. »Könnten Sie mir diese Bilder schicken?«

»Na klar«, sagte sie lächelnd.

Auf der Heimfahrt in der U-Bahn lud ich die beiden Bilder auf Instagram hoch, nebeneinander mit zahlreichen Hashtags: #restylane #plasticsurgery #beforeandafter #likeme #georgeclooney. Sofort trafen viele Likes von unbekannten Leuten ein. *Sehr gut*, schrieb ein Follower. *Mach weiter so*, fügte ein anderer hinzu. Das war zweifellos die Art von Posts, die auf Instagram Aufmerksamkeit erregten.

André, 22. November

Ich kam an der alten Irrenanstalt vorbei, die in Luxus-Apartments umgewandelt worden war, und ging durch das Friedhofstor. Vor der ersten Reihe von Gräbern stellte ich die Kamera auf und drückte auf Aufnahme. Mitten im ersten Take vergaß ich meinen Text. Ich hielt inne, atmete tief durch und fing nochmals an. Mit jedem Take wurden die Aufnahmen besser. In einer hockte ich zwischen mehreren Gräbern. In einer anderen hatte ich im Hintergrund einen Grabstein mit der Aufschrift »Ruhe in Frieden«. In einer dritten Aufnahme lehnte ich an einem Baum, die Arme ausgebreitet wie ein eitler Geschichtsprofessor, der in seiner eigenen Fernsehserie auftritt.

Gerade als ich so richtig in Schwung kam, machte die Batterie der Kamera schlapp. Ich ging nach Hause und freute mich darauf, mir den Film, den ich gedreht hatte, anzuschauen. Nachdem ich das ganze Material von meiner Kamera runtergeladen hatte, öffnete ich iMovie, setzte alle Clips zusammen und schaute das Ergebnis durch. Das Friedhofssetting war perfekt, und mein Auftritt war gar nicht so übel.

Das Telefon klingelte. Es war Carl.

»Ich mache wirklich Fortschritte mit dem Filmen«, erzählte ich ihm. »Und ich habe mir einen großartigen Namen für meinen Kanal ausgedacht: Selbsthilfe vom Friedhof.«

Ich wusste gleich, dass etwas nicht stimmte. Er klang gereizt.

»Was ist los?«, fragte ich.

»Machst du dir keine Sorgen, dass deine Selbsthilfe-Show mit unserem Buch verwechselt werden könnte?«, antworte er. »Ich meine, wir haben doch nicht dieses ganze Projekt begonnen, um am Ende unsererseits Selbstverbesserungsvorschläge auf YouTube anzubieten.«

»Was soll das heißen?«

Ich wurde langsam sauer.

»Ich dachte, dieses Projekt soll eine kritische Analyse der Selbstoptimierungsindustrie sein. Und nun wirst du selbst ein Selbsthilfeguru.«

»Das ist nicht wahr! Ich sage, man soll das Gegenteil von dem tun, was die Selbsthilfe sagt«, hielt ich ihm entgegen.

Carl schwieg, schließlich sagte er: »Mach was du willst, nur halt meinen Namen da raus.«

Er legte auf.

Ich war wirklich verärgert, aber ein paar Stunden später ging mir die Frage durch den Kopf, ob diese ganze Idee, ein Selbsthilfeguru zu werden, nicht doch ein schrecklicher Fehler war.

Carl, 23. November

Ich schmierte das Gel auf die Plastikschalen und schob sie mir in den Mund wie ein Boxer, der sich auf einem Kampf vorbereitet. In der letzten Woche war ich bei meinem Zahnarzt und ließ einen Abdruck meiner Zähne machen. Ich musste fünf Nächte mit diesen Dingern schlafen, um ein brauchbares Ergebnis zu bekommen. Mit den Schalen am Platz schaute ich mich im Spiegel an und lächelte. Der Anblick war alles andere als erfreulich.

Sally war schon im Bett und las. Ich lag neben ihr.

»Hast du für morgen irgendwas geplant?« fragte sie, die Augen auf das Buch fixiert.

Ich versuchte zu antworten, aber ich konnte nicht sprechen.

»Wie bitte?«, fragte sie und schaute mich an.

Lächelnd zeigte ich ihr meine Zähne.

»Verdammt noch mal, Carl!«, rief sie und schaltete das Licht aus. Ich drehte mich auf die Seite und versuchte, mich zu entspannen. Aber es war unmöglich, die Schalen in meinem Mund zu ignorieren. Dies würde kein ruhiger Schönheitsschlaf werden.

André, 23. November

Ich saß auf der Couch und schaute mir im Fernsehen Zeichentrickfilme an. Nach meinem gestrigen Gespräch mit Carl hatten sich meine Versuche, ein Selbsthilfe-Vlogger zu werden, erledigt. Ich hatte nichts zu sagen. Nichts. Dann kam mir die Idee. Warum nicht ein Spektakel daraus machen und einfach schweigen? In fast allen YouTube-Videos redeten die Menschen viel. Wie wäre es da mit einem Film, in dem ich nichts sagen würde? Das schien zu meiner Stimmung und zu unserer Zeit zu passen. Was konnte man auch sagen, angesichts eines Jahres wie 2016? Alle Worte klangen wie Klischees. Sie vergrößerten nur den Trümmerhaufen der Geschichte.

Carl, 24. November

Ich hatte mit dem Max Overload Training aufgehört und war wieder zu CrossFit zurückgekehrt. Mir fehlte die Energie, um allein zu trainieren. Ich brauchte jemand, der mir half, das durchzustehen. Ich war zehn Tage lang auf meiner neuen 500 Kalorien pro Tag Diät aus Proteinen und grünen Blättern gewesen und hatte bereits vier Kilo verloren. Ich fühlte mich erschöpft. Außerdem war André wütend auf mich. Er wollte eine Serie von Selbsthilfe-Videos machen, für jeden Monat des Jahres eins, mit den gleichen Themen wie unser Projekt. Als ich sagte, dass man das Projekt mit einem gewöhnlichen Selbsthilfebuch verwechseln könnte, war er stocksauer. Und ich war es auch. Sein Klagen hing mir zum Hals raus. Er konnte machen, was er wollte. Mich kümmerte es nicht mehr.

Die gute Nachricht war, dass mein Körper endlich in Form kam, und ich stellte mehr Bilder auf Instagram und achtete mehr auf Hashtags und Beschreibungen. Nach einer intensiven CrossFit-Sitzung machte ich eine Nahaufnahme von dem Schweiß, der mir die Brust runterlief.

I love pure crossfit sweat. Je suis crossfit!
#crossfitsweat #sweat #crossfit
#instabeautiful #aftergym #sweatybetty
#like4like #like4follow #follow4follow
#followforfollow #followback #followme
#loveya
Guten Morgen, schöne Welt. Nichts schlägt den 6 Uhr Crossfit.
#crossfit #motivation #inspiration #belikeme
#likeme #you #like4like
#follow4follow #me #awesome

Ich folgte mehr als 2000 Personen, hatte selbst aber nicht mehr als 300 Follower. Das musste anders werden. Ich fand eine Website, von der ich für zweiundsechzig Dollar 10000 Followers kaufte. Als ich meine Bestellbestätigung erhielt, hieß es, es könne bis zu sieben Tage dauern, bis der Auftrag ausgeführt ist. Fuck! Bis dahin war der Monat zu Ende.

André, 24. November

An diesem Morgen fühlte ich mich inspiriert. Ich würde Videos drehen, in denen ich nichts sage. Schließlich war Schweigen cool. Ein Buch mit dem Titel *Still und Stark* hatte in diesem Jahr an der Spitze der Bestsellerlisten gestanden. Und ich las immer wieder, dass Achtsamkeit an Beliebtheit verloren hatte zugunsten von Retreats, wo Menschen zehn Tage zubrachten, ohne zu sprechen. Zehn Tage kamen mir aber ein bisschen lang vor. Für meine Zwecke waren fünf Minuten genug. Dann fiel mir die berühmteste Ausübung von »Schweigen« in der Kunst ein: John Cages »4'33''«.

Ich beschloss, einen Film über mein eigenes Schweigen zu machen, der vier Minuten und dreiunddreißig Sekunden dauern würde. Ich fuhr zur Embankment Station in der Innenstadt und stellte meine Kamera auf eine Fußgängerbrücke, die die Themse überquert. Der Wind zerzauste meine Haare. Als sich eine Gruppe von jungen Schülern näherte, hörte ich eine der Begleiterinnen vor sich hinmurmeln: »Warum weigert der Typ sich, zur Seite zu gehen!« Sobald ich meine vier Minuten und dreiunddreißig Sekunden beendet hatte, drückte ich die Stopptaste und ging weiter. Die Erwachsenen, die die Schülergruppe anführten, sagten in einem passiv-aggressiven Ton »Danke schön«. Ich verbrachte den Tag damit, mich selbst an verschiedenen Orten aufzunehmen: Trafalgar Square, Piccadilly Circus, Liverpool Street Station.

Wieder zu Hause, schaute ich mir alle Clips an. Ich war wie gebannt. Indem ich mich rückhaltlos in den Narzissmus stürzte, war ich offensichtlich auf der anderen Seite wieder aufgetaucht. Gerade dadurch, dass ich im Mittelpunkt stand, wurde ich irrelevant. In jedem Video war der Hintergrund wichtiger als ich. Fußgänger in einem Tunnel, ein großes Poster mit einem Gemälde von Caravaggio, Coca-Cola-Leuchtreklame – sie alle sagten mehr als ich. Ich hatte entdeckt, dass es bei einem Selfie, das vier Minuten und dreiunddreißig Sekunden lang ist, nicht mehr um das Selbst geht.

Carl, 25. November

Ich kam zur Mittagszeit in der Hair & Body Company an und wartete in einer weiß gehaltenen Lobby, bevor sich die Tür zu einem kleinen Raum öffnete.

»Hätten Sie was dagegen, wenn ich einige Selfies mache?«, fragte ich.

»Nur zu«, sagte sie, als ob sie diese Frage gewohnt wäre. »Dies wird nicht lange dauern.«

»Haben Sie normalerweise behaartere Typen?«

»Ja.«

»Bin ich die am wenigsten behaarte Person, die Sie je mit Waxing behandelt haben?«

Sie schwieg kurz, dachte nach und schaute auf meine Brust und meinen Bauch. »Äh, ich glaube schon, ja.«

Keine zehn Minuten später waren meine Brust und mein Bauch von allen Haaren befreit, und ich fühlte mich wie ein Baby.

»Und jetzt werde ich mich bräunen lassen«, sagte ich, als ich mein Hemd anzog.

»Das ist vielleicht keine gute Idee.«

»Nein?«

»Sie sollten lieber ein paar Tage ausruhen.«

»Aber mit diesen wenigen Haaren...«

»Vielleicht ...«

Ich ging ein paar Straßen weiter zum nächsten Schönheitssalon. Die Frau an der Rezeption führte mich eine steile Treppe hinunter in einen kleinen Raum mit grellem Licht und rissigen Wänden. An der hinteren Wand stand ein kleines Plastikzelt, in dem eine Person stehen konnte. Ich zog mich bis auf die Unterhose aus und betrat das Zelt.

»Bereit?«, fragte die Frau.

»Nur eine Sache noch«, sagte ich, ging zu meiner Tasche und holte einen Selfie-Stick heraus. »Haben Sie was dagegen, wenn ich mich selbst filme?«

»Solange ich nicht in dem Film bin«, erwiderte die Frau.

Der Selfie-Stick ließ sich nicht mit meinem Smartphone verbinden, und die Frau wurde ungeduldig.

»Ich könnte Sie ja filmen«, sagte sie und nahm mein Smartphone. Dann begann sie, meinen Körper einzusprühen.

Zehn Minuten später war sie fertig. Mein Körper war goldbraun. Sie stellte einen Timer auf fünf Minuten und ließ mich allein in dem Kellerraum. Ich stand vor einem Ventilator und versuchte, mich zu trocknen. Als die Zeit abgelaufen war, zog ich mich an und ging nach oben, um zu bezahlen.

»Sie dürfen kein Wasser an Ihr Gesicht lassen«, sagte die Frau und schaute nach draußen. Es regnete in Strömen.

Ich versteckte mich unter meiner Jacke und lief durch die belebte Straße. Es war ein Freitagnachmittag, und die Menschen kamen von der Arbeit. Ich suchte Schutz in dem Gastronomiebereich eines nahegelegenen Einkaufzentrums. Ein neues Fischrestaurant hatte gerade eröffnet. Ich bestellte zwei Austern und ein Glas Prosecco und lud eine Nahaufnahme meines Essens zusammen mit Fotos von dem Sonnen- und Waxingstudio auf Instagram hoch.

Etwa eine Stunde später hatte der Regen nachgelassen, und ich holte Esther von der Schule ab. Ich fühlte mich unbehaglich, als ich ihre Lehrerin begrüßte. Ich hatte ein neues Kinn, eine neue Haarfarbe und jetzt Ende November, da die meisten Schweden blasser denn je sind, ein gebräuntes Gesicht.

André, 25. November

Ich verbrachte den Morgen mit der Bearbeitung meiner Selfie-Filme und lud sie dann auf einen Kanal hoch, den ich auf YouTube erstellt hatte – FourThirtyThreeSelfie.

Während ich wartete, überflog ich meinen Facebook-Feed und stieß auf eine Geschichte über ein britisches Model namens Iskra Lawrence. Sie war in New York in eine U-Bahn gestiegen, hatte sich halb ausgezogen und eine Rede über positive Körperbilder gehalten. Der Film war in den sozialen Medien hunderttausende Male geteilt worden. Was wäre, wenn ich das Gleiche täte? Würde das reichen, um die Art von Skandal hervorzurufen, die Carl zu Beginn des Monats angeregt hatte?

Carl, 26. November

Esther und ich warfen uns in Schale und gingen in ein teures Restaurant. Es war Samstag, und wir wollten uns verwöhnen lassen. Ich bestellte Austern und Weißwein; Esther hatte einen Burger de luxe und eine Coke. Ich machte Fotos von unserem Essen und postete sie auf Instagram. Als ich die Rechnung bezahlen wollte, bemerkte ich, dass unsere Getränke nicht berechnet waren. Ich wies den Barkeeper auf das Versehen hin. Er lächelte. Es sei kein Irrtum. War dies die Art königlicher Behandlung, die man bekam, wenn man gut angezogen war, sein Essen fotografierte und die Bilder auf Instagram postete?

André, 26. November

Um 21 Uhr tauchte meine Freundin Barbara an der Liverpool Street Station aus einer Menge betrunkener Fußballfans auf. Ich erklärte ihr, was ich vorhatte. Die Logistik ging sie sehr sachlich an. Ich vermute, dass dies das Ergebnis jahrelanger Arbeit als Performancekünstlerin war.

Wir bestiegen eine U-Bahn der Circle Line. Links und rechts in den Wagen saßen Leute allein oder zusammen. Wir gingen durch fünf Wagen, bis wir vor einer Gruppe älterer Leute stehen blieben, die anscheinend auf dem Weg ins Theater waren.

Als der Zug Monument Station verließ, trat ich vor und begann: »Hi – Sie kennen mich nicht, und ich kenne Sie nicht, aber ich möchte hier und jetzt eine Verbindung zu Ihnen herstellen.« Das unfreiwillige Publikum begann zu lachen, als ich meine Hose runterließ. Ich wiederholte Wort für Wort, was Iskra Lawrence in der New Yorker U-Bahn gesagt hatte. Als ich zum Ende meiner kleinen Rede kam, begann eine junge Frau zu klatschen. Die anderen Fahrgäste folgten kurz danach.

Als wir an der nächsten Station ausstiegen, war ich in Hochstimmung. Als hätte ich einen Coup gelandet. Barbara spielte das Video ab, das sie gemacht hatte. Ich brach in unkontrollierbares, nervöses Gelächter aus.

Als ich nach Hause kam, rief Carl an und fragte, wie es gelaufen war, und wichtiger noch, was ich mit meinem Film tun wollte. »Sorg dafür, dass er sich wie ein Virus verbreitet«, schlug er vor.

»Gewiss.«

»Ich habe einem Medien-Guru, den ich kenne, von deinem Vorhaben erzählt. Er sagte, du solltest den Film online stellen unter dem Titel ›Professor zieht sich in U-Bahn nackt aus‹.«

»Okay«, sagte ich.

Ich lud den Film auf YouTube hoch. Wie überraschend leicht es doch war, eine verrückte Handlung wie diese an die Öffentlichkeit zu bringen!

Carl, 28. November

Heute war mein großer Tag: Fotoshooting. Ich traf früh im Fitnessstudio ein. Mein persönlicher Trainer war schon da. Gutgelaunt empfing er mich.

Ich stieg auf die Waage und stellte fest, dass ich runter auf fünfundachtzig Kilo war. Ich hatte in zwei Wochen sechs Kilo verloren, und man konnte deutlich meine Bauch- und Brustmuskeln erkennen. Noch war ich weit entfernt von den #gym-selfies, die ich auf Instagram sah, aber was ich erreicht hatte, erforderte zwei Monate extrem harter Arbeit: zuerst sechs Wochen lang eine tägliche Zufuhr von 5000 Kalorien und ein Maximum Overload Training fünf Tage die Woche, und dann zwei Wochen lang nicht mehr als 500 Kalorien mit CrossFit und Cardiotrainer.

Der Fotograf kam mit seiner Ausrüstung und einem riesigen Blitzgerät. Mindestens eine Stunde lang machten wir Fotos und probierten verschiedene Winkel und Lichter aus, um meinen Körper besser aussehen zu lassen. Ich hatte dem Fotografen im Voraus ein Foto von Christiano Ronaldo geschickt, gewissermaßen als Inspiration. Ich nahm die gleiche Pose wie der Stürmer von Real Madrid ein, ohne Hemd, hinterm Nacken ein Handtuch.

Am Abend postete ich mein letztes Bild auf Instagram. Ich stellte es neben eins von Ronaldo. So standen wir Schulter an Schulter vor dem gleichen Hintergrund.

Ich fügte eine Unterzeile hinzu: ICH & RONALDO

Es kamen massenweise Likes.

André, 28. November

Gestern hatte ich mehreren Bekannten in den Medien einen Link zu meinem Stripper-Video gemailt. *The Telegraph* zeigte Interesse an der Story und auch die *Huffington Post*.

Carl, 29. November

Ich bekam weiterhin Ratschläge von dem Medienstrategen. Er war einer der berüchtigsten PR-Gurus in Schweden. Er hatte in der Vergangenheit die Öffentlichkeit mehrfach erfolgreich verarscht: Er hatte die Gründung einer politischen Partei vorgetäuscht, einen Blog über eine fiktive selbstmordgefährdete Teenagerin geführt und die Anführerin der Feministischen Partei bei einem Barbecue 1000 Hundert-Kronen-Scheine verbrennen lassen.

Er sagte, bei mir werde heute Abend das Telefon klingeln, sobald *The Telegraph* und die *Huffington Post* ihre Geschichte über Andrés Striptease herausgebracht hätten.

André, 29. November

Am Morgen wartete ich darauf, dass der Artikel über mich in der *Huffington Post* erschien. Ich aktualisierte meine Browser alle paar Minuten. Schließlich war es soweit, und ich checkte die Website des *Telegraph*. Bald poppte der Artikel auch dort auf, und ich tweetete über beide Stories.

Ich saß den ganzen Vormittag in einem Café, trank Kaffee und mailte jedem Redakteur und Journalisten, den ich kannte. Carl tat in Stockholm das Gleiche. Wir suchten nach Leuten, die über Iskra Lawrences Auftritt geschrieben hatten, und sandten ihnen Nachrichten. Normalerweise bin ich eher zurückhaltend und kontaktiere nicht einfach wahllos Menschen. Aber heute war ich in einem Modus schamloser Eigenwerbung. Ich zwang andere, Bilder von mir in Unterwäsche in der U-Bahn anzuschauen, und ich machte mir keine Gedanken. Die Aufgabe für diesen Monat hieß: Aufmerksamkeit erregen, und ich war entschlossen, es durchzuziehen.

Gegen 15 Uhr wurde klar, dass sich meine Story nicht »viral« ausbreitete. Ich konnte nicht verstehen warum. Sie hatte alle Merkmale einer teilenswerten Geschichte. Aber die Internet-Nutzer schienen nicht interessiert zu sein. Musste ich noch mehr tun oder war dies das Beste, worauf ich hoffen durfte?

Carl, 30. November

Sah ich nun besser aus? Es war Zeit für einen weiteren Post auf Reddits rate-my-appearance-Subreddit.

** Extreme Veränderung. Neue Kinnlinie (7ml Restylane), neue Frisur und Farbe und neuer Body. Ich postete meine Bilder hier vor einem Monat. Die Reaktion war lau. Was denkt ihr jetzt? Irgendwelche Verbesserungen? (beachtet: einige Bilder, die mich ohne Hemd zeigen, wurden von einem professionellen Fotografen aufgenommen) **

Am Abend hatte ich ziemlich viel Feedback bekommen.

Schönes Haar, Augen und Körper – Insgesamt 7,5/10
Glückwunsch zu der Veränderung – Sexy 7,5/10
Dein Kinn sieht großartig aus – Vorher 5, jetzt 6

Ich wollte gerade meine Nachttischlampe ausschalten – die letzte Nacht eines langen Monats, der der Aufmerksamkeitssucht gewidmet war –, als mein Smartphone wiederholt aufleuchtete. Das war meine Bestellung von 10000 Followern auf Instagram, die endlich eingetroffen war.

Ich drehte das Smartphone um, deaktivierte die Vibration und versuchte einzuschlafen. Als der November in den Dezember überging, sah ich nur noch ein gedämpftes Blinklicht, das anzeigte, dass meine Präsenz auf Instagram am Ende doch noch beträchtlich angestiegen war.

André, 30. November

Carls PR-Guru hatte recht – die Story verbreitete sich rasch. Als ich aufwachte, fand ich auf meinem Smartphone eine Mail von jemandem, der bei dem Fernsehsender ITV arbeitete. Sie luden mich zu einem Interview in den Abendnachrichten ein. Als ich hinüber zu Twitter wechselte, sah ich, dass Iskra Lawrence den Artikel retweetet und auch einen langen Kommentar geschrieben hatte. Bei YouTube war mein Video schon 7000 Mal angeklickt worden.

Ich suchte im Internet und fand eine Website in den USA, die über meinen Auftritt geschrieben hatte. Dort stand, dass ich pummelig aussähe und wie jemand, der »den Cheetostaub von seinen Fingern leckt«. Aber der Verfasser fügte hinzu, dass ich »der Held« sei, »den wir in einem Zeitalter brauchen, wo die Leute sich zu ernst nehmen.« All diese Aufmerksamkeit führte dazu, dass ich obsessiv das Internet nach Berichten über meine Geschichte durchforstete. Ich wollte immer mehr Likes, mehr Kommentare, mehr Shares. Die Aufmerksamkeit, die ich bekam, war nicht genug.

Am Nachmittag bereitete ich mich auf das Interview im Fernsehen vor. Ich wollte mich wie ein ernsthafter Professor verhalten, Carl hatte aber andere Vorstellungen.

»Warum kopierst du nicht FEMEN?« sagte er.

»FEMEN?«

»Du weißt schon, die Feministinnen, die ihre Brüste zeigen als eine Form des Protests. Du könntest eine männliche Version lancieren und dich im Fernsehen ausziehen. Vielleicht schreibst du dir etwas auf die Brust? Ich habe vorhin mit dem PR-Guru gesprochen. Er hält das für eine großartige Idee.«

Ich war nicht gerade begeistert von der Vorstellung, in den Abendnachrichten einen Striptease aufzuführen, aber ich dachte, dass dies der letzte Akt des Jahres war. Was soll's, ich würde es wagen.

Am frühen Abend ging ich zu meinem Büro und versuchte, mir auszumalen, was als nächstes geschehen würde. Ich müsste jemanden finden, der mit einem Textmarker auf meine Brust die Botschaft schrieb: *#MenFem. Every BODY is beautiful.* Dann würde ich zu dem ITV-Studio gehen, mich vor das Mikro setzen und ruhig erklären, warum ich in der U-Bahn die Hüllen hatte fallen lassen. In einem geeigneten Moment würde ich mein Hemd ausziehen und meine versteckte Message enthüllen. Mal sehen, was danach geschehen würde.

Ich saß in meinem Büro, in der Hand ein Textmarker, als das Telefon klingelte. »Hi, sind Sie André Spicer?«, fragte eine junge Frau.

»Ja«, antwortete ich.

»ITV News hier. Sie waren heute Abend für ein Interview gebucht.«

»Ja.«

»Nun, wir brauchen das nicht mehr.«

»Was?«

»Ja, heute war bei uns viel los, hahaha!«

Ich verstummte.

»Nun ja, vielleicht ein nächstes Mal. Bye!«

Als das Telefone klickte, stiegen zwei vertraute Gefühle in mir auf: Enttäuschung und Erleichterung.

Dezember

Bedeutung

Carl, 1. Dezember

Das Jahr ging zu Ende, und es war an der Zeit zu verstehen, was wir eigentlich in all den Monaten gemacht hatten. Bewusst waren wir dieser Frage ausgewichen. Bis jetzt.

Ich griff zurück auf die klassischen Selbsthilfebücher, die ich in den letzten Monaten gelesen hatte. Was war ihre Absicht? »Der Zweck dieses Buches ist es, all denen zu helfen«, schrieb Napoleon Hill in *Denke nach und werde reich*, »die die Kunst, ihr Denken vom Versagensbewusstsein zum Erfolgsbewusstsein zu ändern, lernen wollen.«

Ähnliche Formulierungen fand ich in Dale Carnegies Bestseller *Wie man Freunde gewinnt*, der ein Jahr zuvor, im Jahr 1936, erschien. »Jeder Mensch sucht nach dem Glück, – und es gibt einen sicheren Weg, es zu finden. Man muss seine Gedanken kontrollieren.«

War ich nun glücklicher? Erfolgreicher?

Ich las weiter. Napoleon Hill erklärte, der Schlüssel zum Erfolg sei, etwas zu haben, was er das »Einzige Oberste Ziel« nannte. Schreib es nieder und wiederhole es laut Tag für Tag, lautete seine Anweisung, »bis diese Schallschwingungen dein Unterbewusstsein erreicht haben.«

Wusste ich, was mein Ziel war?

Napoleon Hill sagte, ich müsse wissen, was ich erreichen wolle, dann dieses Bild in meinen Kopf bekommen und dort so lange festhalten, bis es sich verwirklichte. Wollte ich reich werden, musste ich eine Vision von mir als reich haben. Wollte ich wie Tim Ferriss werden, musste ich mich in ihn hineinversetzen.

Die Wahrheit war, dass ich keine Ahnung hatte, was ich erreichen oder wer ich sein wollte. Keine Bilder kamen mir in den Sinn. War das mein Zustand? Bilderlos. Ohne Vision. Ohne Ziel.

André, 2. Dezember

Einer Abhandlung zufolge, die zwei Psychologieprofessoren in der *Review of General Psychology* veröffentlichten, besteht der Sinn im Leben aus Zielstrebigkeit, Verständnis und dem Gefühl, dass das eigene Leben zählt.

Die beiden Psychologen hatten auch eine Sinn-Skala entwickelt. Mit Noten zwischen 1 und 7 waren Aussagen zu bewerten wie: »Mein Leben ergibt Sinn«, »Ich habe bestimmte Ziele, nach denen zu streben sich lohnt« oder »Ich bin sicher, dass mein Leben wichtig ist«. Ich zählte die Punkte zusammen und kam auf 64 von 105. Ich hatte ein gutes Level beim Verständnis (26/35), aber anscheinend glaubte ich nicht, dass irgendetwas davon wichtig war (10/35).

Als ich mir das Ergebnis anschaute, fragte ich mich, was dieser Test über das zurückliegende Jahr aussagen könnte. Auf einer Skala von 1 bis 7, wieviel verstand ich von dem, was geschehen war? 3. Hatte dieses Jahr ein Ziel? 7. Letzte Frage: Spielte dieses Jahr in dem großen Plan der Dinge eine Rolle? 2.

Das also war meine Antwort. Ich kannte das Ziel dieses Jahres, aber ich hatte wenig Ahnung, was tatsächlich geschah, und noch weniger eine Vorstellung davon, warum es wichtig war.

Carl, 3. Dezember

Heute erhielt ich eine Mail von dem Literaturagenten, dem wir unseren Thriller geschickt hatten.

Mein »Versagensbewusstsein« erwies sich als richtig. Sie schrieben, er gefalle ihnen, sei aber nicht das Richtige für sie – nicht zu diesem Zeitpunkt. Eine höfliche Ablehnung.

Ich fühlte mich nicht enttäuscht. Ich fühlte überhaupt nichts. Nur ein weiterer Misserfolg auf der Liste. Nun hatte ich zwei unveröffentlichte Bücher auf meiner Festplatte.

Ich kam mir vor wie in einem Stück von Samuel Beckett. Seine klassischen Sätze (»Wieder versuchen. Wieder scheitern. Besser scheitern.«) fielen mir ein. Aber ich sollte nicht verzweifeln. Laut einem Artikel in dem Online-Magazin *Slate* waren Becketts Worte ein neuer Slogan im Silicon Valley.

Ich war verwirrt.

Hatte die Selbstverbesserungsindustrie die Ideale des Erfolgs durch Scheitern ersetzt? Und wann wurde Beckett ein Selbsthilfeguru? Gab es denn nichts, was die Selbstverbesserungsindustrie nicht aufsaugen konnte?

André, 5. Dezember

Ich war in meinem Büro und schaute auf all die Stapel ungeliebter Bücher, die um mich herum standen, als das Telefon klingelte. Es war Carl. Er wollte über unsere gemeinsame Geschichte reden. Wie alles begonnen hatte.

Vor fast zwei Jahren hatten wir das erste Mal darüber gesprochen, zusammen ein Buch zu schreiben. Nach dem ursprünglichen Plan wollten wir zwei halbfiktive Alter Egos benutzen. Ich fand die Zusammenfassung auf meinem Computer und las sie vor.

»So haben wir unsere jeweiligen Figuren beschrieben«, sagte ich.

»Hier bist du: ›Carls Figur wird ein abgehobener Philosoph sein. Er experimentiert mit smarten Drogen und digitalen Implantaten, versucht, tiefere Bedeutung in seinen Bemühungen zu finden, und beschreibt sie als Momente Heideggerscher Authentizität‹.«

Carl lachte. »Ich bin mir nicht sicher, ob ich in diesem Jahr Momente Heideggerscher Authentizität erlebt habe.«

»Und hier bin ich: ›Andrés Figur ist der opportunistische Professor an einer Wirtschaftshochschule. Er steht morgens früh auf, rennt zehn Kilometer und postet die Details seines Laufs auf Facebook. Später am Tag hält er in einer Investmentbank einen Vortrag über die Vorteile, die Bewegungen der Mitarbeiter zu überwachen‹.«

Carl musste wieder lachen. »Klingt so wie das, was du letzten Monat versucht hast, als du ein Selbsthilfeguru werden wolltest.«

Ich sagte nichts.

Dann fragte Carl: »Wann haben wir entschieden, die Sache über ein ganzes Jahr zu machen?«

»Erinnerst du dich nicht mehr?«

»Nein.«

»Wir gingen zur U-Bahnstation Portland Place.«

»Hmm.«

»Ich sagte, wir sollten das Buch damit beginnen, dass du am Neujahrstag in Stockholm aufwachst. Es würde kalt, dunkel und deprimierend sein. Und du würdest dir vornehmen, dein Leben zu ändern.«

»Okay.«

»Und ich würde das Gleiche tun. Dann würden wir genau das ein Jahr lang versuchen. Und die letzte Szene wäre wieder ein kalter, dunkler und deprimierender Neujahrstag. Wir hatten uns sehr angestrengt, unser Leben zu verbessern. Aber alles war schiefgegangen.«

Carl schwieg.

»Hör mal.« Ich hatte ein Dokument auf meiner Festplatte gefunden. Titel: Buchplan. Datum: 20. November 2015.

Eine lange Liste von Dingen, die wir machen wollten. Ich las die Herausforderungen vor, die wir für jeden Monat planten: »Januar: Jeder beendet ein Buch. Februar: Carl: Fitnessstudio, André: Marathon. März: Carl: Französisch, André: Programmieren. April: Unsere Beziehung reparieren. Mai: Einen Model-Auftritt bekommen.

»Einen Model-Auftritt?«

»Das war, bevor wir entschieden, den Mai mit Spiritualität zu verbringen.«

»Und der Juni?«

»Da ist nur ein großes Fragezeichen neben dem Wort Sex.«

Carl lachte. Ich vermute, das Fragezeichen war immer noch da.

Ich machte weiter: »Juli: Relaxen in Italien und die Glückswerte erhöhen. August: Eine Kunstausstellung inszenieren, durch Kalifornien reisen. September: So viel Geld wie möglich mit einem Thriller verdienen. Oktober: Gut sein.«

»Ich denke, dass das der schlimmste Monat war.«

»November: Berühmt werden und massenhaft Twitter-Follower bekommen.«

»Ich habe 10000 Follower auf Instagram gekauft, und du hattest 10000 Leute, die sich das Video anschauten, wo du fast nackt in der U-Bahn bist.«

»Dezember: Da ist ein weiteres großes Fragezeichen.«

»Tja, das müssen wir nun herausfinden.«

Carl, 6. Dezember

Ich hatte Colin Robinson, unseren amerikanischen Verleger, am Telefon und hoffte, von ihm mehr Klarheit zu bekommen.

»Was ist deiner Ansicht nach die Bedeutung unseres Projekts?«, fragte ich.

»Nun, man könnte das Projekt als eine Diagnose unserer Zeit deuten. Wir leben in einer stagnierenden Gesellschaft. Wir haben das Gefühl, die Dinge um uns herum nicht ändern zu können, aber wir können immer noch uns selbst ändern«, sagte Colin.

»Stimmt. Würdest du sagen, dass das Projekt selbstbesessen ist?«, fragte ich.

»Ja natürlich. Extrem selbstbezogen.«

Ich sagte nichts.

»Aber dann untergrabt ihr das durch Misserfolge. Ihr scheint das Ego mehr herabzusetzen als es zu stärken«, bemerkte er.

»Ja, das trifft zu. Das Projekt war selbstbesessen, aber mehr noch selbstauslöschend.«

Dann sagte ich: »Manchmal frage ich mich, ob das Ganze ehrlich war.«

»Nun, du hast nie geglaubt, dass es erfolgreich sein würde, oder?«

»Wahrscheinlich nicht.«

»Es hatte ja auch so gut wie keine Aussicht auf Erfolg. Ihr habt es gemacht, um zu beweisen, dass es nicht möglich ist. Aber doch auch, um die Methoden und Techniken zu untersuchen.«

»Klar.«

»Und wie steht es mit dir und André?«

»Mit uns?«

»Eure Beziehung ist doch weit mehr als professionell.«

»Das muss ich noch herausfinden.«

»Vielleicht ist es ein Projekt über Freundschaft.«

André, 7. Dezember

Warum hatte ich das nicht vorher gesehen?

Ich blätterte durch Gretchen Rubins Bestseller *Das Happiness Projekt* aus dem Jahr 2011. Ein Kollege hatte es vor einigen Wochen erwähnt und gesagt, es erinnere ihn an unser Projekt, aber erst jetzt schaute ich mir das Buch genauer an. Nur ein Blick auf das Inhaltsverzeichnis, und ich war bestürzt. Es sah genauso aus wie das, was wir gemacht hatten. Die Autorin widmete jedem Monat einen Aspekt ihres Lebens. Im Januar ging es um Energie, im Februar um die Ehe, im März um Arbeit, im April um Elternschaft. Ich hakte die Aktivitäten ab, die sie und wir unternommen hatten. Mir sank das Herz. Ich skypte Carl.

»Kennst du das Buch von Rubin?«, fragte ich.

»Nein. Wer?«

»Gretchen Rubin. Es heißt *Das Happiness Projekt*. Schau's dir an«, sagte ich und sandte einen Link.

»Angekommen.« Er schwieg einen Moment. Dann hörte ich ihn seufzen. »Oh Scheiße!«

»Ich weiß. Haben wir das Jahr vergeudet?«, fragte ich. »Schreiben wir gerade ein Buch noch einmal, das bereits existiert?«

»Ich weiß es nicht. Ich rufe dich in zwei Stunden zurück«, sagte Carl und beendete das Gespräch.

Während ich auf Carls Rückruf wartete, suchte ich nach anderen Büchern, die unserem ähnlich sein mochten. Als Wissenschaftler war dies etwas, das ich normalerweise vor dem Beginn eines neuen Projekts tat. Aber dieses Projekt war anders. Wir begannen es ahnungslos. Aber vielleicht doch nicht *so* ahnungslos.

Innerhalb weniger Minuten fand ich eine Person namens A. J. Jacobs. *Fuck!* Sein ganzes Leben schien ein Experiment zu sein. Da gab es ein Buch, wo er versuchte, der klügste Mann der Welt zu werden, ein anderes, wo er sich selbst verbessern wollte, und ein drittes, wo er nach der Bibel lebte, was ich ja im Mai getan hatte, wenn auch nur für eine Woche.

Ich setzte die Suche fort und fand entsprechende Bücher. Eines hieß *Promise Land: My Journey Through America's Self-Help Culture* von Jessica Lamb-Shapiro, das als eine persönliche Reise durch die »exzentrische und labyrinthische Welt der Selbsthilfe« beschrieben wurde. Dann war da ein Buch mit dem Titel *Living Oprah: My One-Year Experiment to Live as TV's Most Influential Guru Advises*. Es war von einer Frau, die ein Jahr damit verbrachte, alles zu tun, was Oprah Winfrey empfahl. Wenn sie Beziehungsprobleme mit ihrem Ehemann hatte, wandte sie sich an das Monatsmagazin *O* um Rat. Erwähnte Oprah in ihrer TV-Show ein neues Album, ging sie los und kaufte es.

Zwei Stunden später meldete sich Carl wieder auf Skype.

»Kein Grund zur Sorge«, sagte er. »Unser Buch ist ganz anders als das von Gretchen Rubin.«

»Wie?«

»Ihr Ziel war es, glücklicher zu werden. Sie meinte es ernst. Und das war ja nun wirklich nicht unsere Absicht.«

»Nein?«, sagte ich. »Was wollten wir dann?«

Carl schwieg.

»Nun, jedenfalls nicht das«, sagte er schließlich.

»Hör mal, ich habe noch ein paar andere Bücher gefunden«, sagte ich und las die Liste der Titel vor.

»Nie davon gehört.«

»Ist das ein Problem?«

»Ich wüsste nicht warum«, sagte er. »Es ist jetzt ohnehin egal. Wir haben getan, was wir getan haben.«

Das war eine nichtssagende Antwort. Und doch fand ich sie merkwürdig überzeugend. Sie erinnerte mich an etwas, das ich beim Landmark Forum gelernt hatte. *Was ist, ist. Was nicht ist, ist nicht.*

Carl, 7. Dezember

Was sagt deine Frau dazu?

Im Laufe des Jahres hatte man mir diese Frage unzählige Male gestellt. Und die Antwort war immer dieselbe: Sie ist es leid, diese Frage zu hören.

Aber nun saßen wir in einem Restaurant, nur wir beide, und ich wollte ihr genau diese Frage stellen.

»Du hast natürlich oft im Mittelpunkt gestanden.«

»War es schwer für dich?«

»Das Schwierigste war deine Beziehung zu André.«

»Wie das?«

»Einen Tag seid ihr beste Freunde, und du erzählst mir, was er gemacht hat. Den nächsten Tag hasst du ihn und sagst, dass du nichts mehr mit ihm zu tun haben willst. Ihr seid wie zwei Teenager.«

Ich wollte das Thema wechseln. Ich hatte schon genug über meine Beziehung zu André gesprochen.

»Glaubst du, dass ich ein besserer Mensch geworden bin?«

»Meinst du das ernst?«

»Ja. Einige Leute haben mich das gefragt. Ich weiß immer noch nicht, was ich darauf antworten soll. Mich interessiert deine Meinung.«

»Nein, du bist kein besserer Mensch geworden. Zumindest weißt du jetzt, dass du kein guter Mensch bist.«

Wohl wahr. Ich hatte Geld gespart, um es einer Wohltätigkeitsorganisation zu spenden, und hatte es stattdessen für eine Schönheitsoperation ausgegeben. Danach konnte ich kaum noch behaupten, ich sei ein guter Mensch.

Wir sprachen über das Jahr, das nun zu Ende ging. Trotz meiner Stimmungsschwankungen und seltsamen Kommentare waren wir uns einig, dass es ein gutes Jahr war. Viel war geschehen. Wir erwarteten ein zweites Kind. Wir liebten uns. Und wir waren glücklich zusammen.

»Dieses Projekt. Würdest du sagen, dass es ehrlich war?«, fragte ich.

Sally lachte. Ich wartete auf eine Antwort. Aber sie hörte nicht auf zu lachen.

André, 8. Dezember

Es wurde schon dunkel, als ich das vertraute Pub in Bethnal Green betrat. Peter saß auf seinem Stammplatz, vor sich ein polnisches Bier und ein Exemplar der *London Review of Books*. Ich kannte Peter seit fast zwanzig Jahren, und er war einer meiner engsten Freunde. Seitdem er mich beim Abschluss des Landmark Forums im Januar begleitet hatte, hatte ich ihn über unser Projekt auf dem Laufenden gehalten. Wenn jemand mir dabei helfen konnte, die Bedeutung dessen, was wir beabsichtigt hatten, herauszufinden, dann war er es.

»Du weißt ja, dass ich jetzt am Ende dieses Projekts bin«, sagte ich.

»Gott sei Dank. Ich kann's nicht mehr hören.«

»Nun, ich will dich etwas fragen. Ernsthaft, worum ging es deiner Meinung nach bei dieser ganzen Sache?«

Er nahm einen letzten Schluck aus seinem Glas.

»In Wirklichkeit sind es zwei Dinge.«

Ich sah, dass er schon früher darüber nachgedacht hatte.

»Nummer eins: Ihr seid zwei frustrierte Professoren, die versuchen, ihrer engen akademischen Welt zu entfliehen.«

Ich nickte.

»Nummer zwei: Das Ganze ist wie eine sozialwissenschaftliche Version des Sadomasochismus.«

»Ach ja?«, sagte ich.

»Hat er dir nicht gesagt, du sollst dich in der U-Bahn ausziehen und dann das Video ins Netz stellen? Und was war mit der Rede in Speakers' Corner, als du erklärt hast, warum du ein Arschloch bist?«

»Ja, aber das waren meine Ideen.«

»Aber du hast das ganze Jahr geklagt, dass du dich schuldig fühlst, weil du nicht Carls Erwartungen an dich erfüllst.«

»Schon wahr.«

»Weißt du was? Du wolltest dich schuldig fühlen. Du hast

die Bestrafungen genossen. So wie Männer, die sich gerne von einer Domina in Leder auspeitschen lassen, weil sie ungezogene Jungs sind, genießt du es, dich schuldig zu fühlen.«

Auf dem Heimweg kam mir die Erkenntnis, dass nicht nur ich so fühlte. Die ganze Kultur der Selbstverbesserung scheint durch Schuldgefühle zu florieren. Selbst Menschen, die einen Ironman geschafft haben, fühlen sich schuldig, als hätten sie nicht genug getan.

Und die Kehrseite davon ist Kontrolle. Um die Schuldgefühle loszuwerden, versucht man, sein ganzes Leben zu kontrollieren: Wann man aufwacht, was man isst, mit wem man spricht, wie man seinen Körper bewegt.

Ich war es leid, in jedem neuen Monat aufzuwachen mit dem Bewusstsein, dass ich mein Leben ändern musste. Und ich war es leid, mich die ganze Zeit schuldig zu fühlen, weil sich mein Leben nicht änderte.

Carl, 8. Dezember

Ich lag wieder krank im Bett und las meine Aufzeichnungen durch. Im Juli hatte ich von dem Buch *Anleitung zum Müßiggang* gelernt, dass Kranksein »eine wunderbare Möglichkeit sein kann, verlorene Mußezeit nachzuholen«.

Als ich mich durch die Monate las, war ich erstaunt über das maschinenähnliche Gefühl, das das ganze Jahr bestimmte. Das war mein neues Leben, ausgedrückt in Zahlen. Wenn ich arbeitete: fünf Milligramm Dexamphetamin, zehn Pomodori (fünfundzwanzig Minuten Konzentration, dann eine fünfminütige Pause). Wenn ich aß: 2242 Kalorien (100,6 Gramm Kohlehydrate, 117,1 Gramm Fett, 114,7 Gramm Proteine). Wenn ich trainierte: fünf Tage Gewichtheben, zwei Tage Ruhe (drei Sets mit jeweils sechs Wiederholungen von Kniebeugen mit achtzig Kilogramm im Wechsel mit zwanzig Sekunden auf dem Rudergerät, gefolgt von zehn Sekunden Pause, das Ganze achtmal wiederholt). Wenn ich schlief: sieben Stunden und sechs Minuten (Tiefschlaf: eine Stunde, dreizehn Minuten; REM-Schlaf: eine Stunde, achtundfünfzig Minuten; Leichtschlaf: drei Stunden, fünfundfünfzig Minuten). Wenn ich masturbierte: Minimum zwanzig Minuten (benutze Gleitmittel, vermeide Pornographie). Bei der Jobsuche: Mache zwanzig Telefonanrufe am Morgen. Das Aussehen verbessern: sieben Milliliter Restylane.

»Woher nehmen wir den Mut, in einer Abfolge von Zahlen zu leben?«, fragte Mark Greif in seinem Buch *Against Everything*. Ständig sich selbst berechnen, erklärte er, erzeuge eine angstbesetzte Freiheit. »Hier sind Zahlen, die du ändern kannst.« Alles, was du brauchst, ist »Willenskraft und genügend Disziplin.« Unterwirf dich einer Regel, und »du wirst dich verändern.«

Ist es diese quantifizierte Willenskraft, die für viele Menschen Selbstverbesserung so anziehend macht? Ich würde lügen, wenn ich sagte, dass das Jahr nur ein sinnloses Experiment war. All diese Apps und Techniken halfen, Dinge zu erreichen, die ich vorher für unmöglich gehalten hatte. Dass ich mich ständig zwang, meine Komfortzone zu verlassen, hatte sich ausgezahlt, sei es, dass ich lange Zahlenreihen memorierte, einen Thriller schrieb oder Französisch lernte. Rückblickend auf das Jahr, waren meine spontanen Gefühle Stolz und Überraschung. Ich war stolz, dass ich durchgehalten und eine Menge geschafft hatte. Und ich war überrascht, dass so viele Selbstverbesserungstechniken tatsächlich funktionierten. Aber ich war mir nicht sicher, was dabei von meinem »Ich« übriggeblieben war. Vieles von dem, was ich erreicht hatte, kam nur durch Selbstverleugnung zustande. Hatte ich mich willentlich in eine Maschine verwandelt, so wie es André von Haruki Murakami berichtete? Er trieb sich beim Marathonlaufen mit den Worten an: *Ich bin kein Mensch. Ich bin eine Maschine. Ich darf nichts fühlen. Mach einfach weiter.*

André, 10. Dezember

Es war schon nach Mitternacht, und ich hatte mich um eine unerledigte Sache zu kümmern. Ihr Name war Lucian Luper. Dieser Typ geisterte immer noch herum wie ein Gast, der länger bleibt als erwünscht. Da half nur eins. Lucian musste sterben.

Ich hatte dafür den perfekten Ort gefunden: ein kleiner Gemischtwarenladen, der Bier und Wodka an vorbeikommende Trinker verkaufte. Zwei Inder standen gelangweilt hinter dem Tresen.

»Entschuldigen Sie«, sagte ich zu einem der beiden. »Könnten Sie mir vielleicht helfen? Ich möchte mich dort hinlegen.« Ich zeigte auf eine Stelle auf dem verschlissenen Boden neben einem großen Kühlschrank, der vollgestellt war mit Bier. »Ich werde so tun, als ob ich tot wäre, und ich möchte, dass Sie das filmen.«

Er war nicht beeindruckt.

»Ich kann Ihnen auch was dafür zahlen«, fügte ich hinzu.

»Okay, ich habe im Moment sowieso nichts anderes zu tun«, erwiderte er.

Ich gab ihm mein Smartphone, legte mich auf den Boden und schloss die Augen. Es war nicht unangenehm dort unten. Ich hörte nur das Summen des Kühlschranks und lag etwa zwei Minuten flach auf dem Rücken. War dies die innere Ruhe, von der Epikur gesagt hatte, wir sollten danach trachten? Das letzte Mal, dass ich mich so entspannt gefühlt hatte, war, als ich im Schneidersitz oben auf einem Berg in Schottland gesessen hatte.

Jäh wurde meine Ruhe unterbrochen.

»Kumpel, hey Kumpel« Eine Hand auf meiner Schulter. »Kumpel!« Ich hörte die Ladenbesitzer lachen, rührte mich aber nicht. Das Schütteln wurde heftiger. »Kumpel, ist alles in Ordnung?« Ich öffnete die Augen und richtete mich langsam auf. Drei junge Männer in Smoking schauten mich entsetzt und erleichtert an.

»Schon gut«, sagte ich. »Ich hab nur gerade toter Mann gespielt.«

»Wir sind Medizinstudenten und dachten, wir müssten Sie retten.«

»Nun, ihr habt das Richtige getan«, sagte ich und kam wieder auf die Beine.

Der Ladenbesitzer gab mir mein Smartphone.

»Danke«, sagte ich. »Hier ist ein Fünfer.«

»Nein, behalten Sie's«, erwiderte er, »war doch lustig.«

Auf dem Weg zurück nach Hause fragte ich mich, ob dieses ganze Jahr ein schlechter Streich gewesen war. War es einfach nur: »Vollidiot trifft Selbsthilfe«?

Carl, 10. Dezember

So sehr ich auch manche Apps und Techniken schätzte, da war doch etwas an dem Kult der Selbstverbesserung, das mir besonders auf die Nerven ging. Um zu verstehen warum, schaute ich mir noch einmal einige Klassiker der Selbsthilfe an.

»Es gibt Millionen Menschen, die glauben, dass sie zu Armut und Scheitern ›verdammt‹ sind«, schrieb Napoleon Hill in *Denke nach und werde reich*. Dieser Glaube sei eine Selbsttäuschung. Niemand sei verdammt. Wir seien alle Schöpfer unseres eigenen Lebens. Wir könnten alle reich sein und Erfolg haben.

Dieser Gedanke sollte für jemanden wie mich anziehend sein. Ich war ein Weißer Mitte Dreißig in einem reichen Land. Ich hatte ein Haus, einen Job und eine Familie. Ich hatte Ersparnisse und Freunde und reiste häufig. Napoleon Hill zufolge stand mir das alles zu. Meine Position war nicht das Ergebnis bestimmter Umstände, sondern verdankte sich meiner unbegrenzten Gedankenkraft und meinem unerschütterlichen Glauben an mich selbst.

»Wir sind, was wir sind aufgrund der Gedankenvibrationen, die wir aufnehmen und festhalten«, schrieb Napoleon Hill gegen Ende der dreißiger Jahre. Ich war erstaunt, dass solches Geschwafel immer noch sehr populär war. Rhonda Byrne behauptete in ihrem Bestseller von 2006 *The Secret – Das Geheimnis* genau das Gleiche: »Deine Gedanken sind die Hauptursachen von allem.« Bist du arm, ist es deine Schuld. Erkrankst du an Krebs, es ist deine Schuld. Stirbst du in einer Naturkatastrophe, ist es deine Schuld.

Nach dem Tsunami von 2004 im Indischen Ozean, der etwa 230000 Menschen tötete, hakte ein Journalist bei Byrne nach und wollte wissen, ob diese Menschen wirklich Opfer ihrer negativen Gedanken waren. Ihre Antwort: »Sie müssen auf der gleichen Frequenz gewesen sein wie das Ereignis.«

André, 11. Dezember

Carl wollte einige Bilder für seine PowerPoint Präsentation. Ich öffnete den Foto-Ordner auf meinem Smartphone. Das erste Foto dieses Jahres, das ich fand, zeigte mein Gesicht im Licht eines Hotelzimmers. Ich hatte einen Bart, zerzaustes Haar und dicke Tränensäcke. Ein gescheiterter Mensch. Ich wischte nach rechts. Das nächste Bild zeigte mich an meiner Computertastatur. Ich, in Laufkleidung. Ich, dem gerade das Gehirn gehackt wurde. Ich, meditierend oben auf einem Berg. Ich, beim Versuch, Frauen aufzureißen. Ich, Fleisch essend. Ich, im Comedy-Club. Ich, als Trader. Ich, nachdenkend. Ich, in Unterwäsche in der U-Bahn.

Ich. Ich. Ich.

Es musste von diesem Jahr Hunderte von Selfies auf meinem Smartphone geben. Man hat gesagt, die 1970er Jahre seien das Jahrzehnt des Ichs gewesen. Nach meiner Fotorolle zu urteilen, war 2016 *mein* Jahr des Ichs.

Oder doch nicht? Ich konnte mich an kein anderes Jahr

erinnern, in dem ich mehr Zeit damit verbrachte, Rollen zu spielen, die mit mir überhaupt *nichts* zu tun hatten. Das war nicht ich, der versuchte, ein Pick-up-Artist zu werden. Ich war es nicht, der in der U-Bahn Plätze von Pendlern kaufte. Es war nicht ich, der Junk Food verschlang und dann eine ganze Woche mit Videospielen verbrachte.

Wenn ich es nicht war, wer was es dann?

Carl, 12. Dezember

»Was ist eurer Meinung nach die Bedeutung dieses Projekts?«, fragte ich meine schwedischen Verleger, Lawen und Richard, als wir in einem Restaurant saßen und auf den Kellner warteten.

»Ich weiß es nicht. Was denkst du?«, erwiderte Lawen. Ich begann, meine Theorie zu entwickeln.

»Wenn ich versuche, den Sinn davon zu verstehen, ende ich bei einer Reihe von Paradoxa.«

»Zum Beispiel?«

»Selbstoptimierung scheint das Selbstbesessenste zu sein, das man tun kann.«

»Richtig«, sagte sie.

»Und gleichzeitig ist es die völlige Selbstauslöschung. Ich verbrachte den letzten Monat damit, Bilder auf Instagram anzuschauen. Eine endlose Serie von Ganzkörper-Selfies in Fitnessstudios. Mir kommt das vor wie der Gipfel des Narzissmus.«

»Wohl wahr.«

»Aber um einen solchen Körper zu bekommen, musst du extrem hart arbeiten, jeden Tag im Fitnessstudio verbringen und dich einer strengen Diät unterwerfen. Es erscheint wie der ultimative Ausdruck des Masochismus. Selbstverletzung und zugleich Selbstanbetung.«

»Aber Narzissmus ist beides, Selbstliebe und Selbsthass, nicht wahr?«, warf Richard ein.

»Aber ich möchte euch fragen. Was denkt ihr, warum wir das gemacht haben? Was sollte das Ganze?« Ich nahm einen Bissen Fisch und hoffte auf eine lange und detaillierte Erklärung. Aber Richard lachte nur. Er verhielt sich wie ein schlauer Therapeut, der keine Antworten bot.

»Okay, hier ist ein weiteres Paradox«, sagte ich. »Alles dreht sich um die Fantasie der Verwandlung, stimmt's?«

»Stimmt.«

»Du willst dich in jemand anderes verwandeln. Jemand, der besser ist als du. Aber die Verwandlung, die du tatsächlich erreichst, ist minimal.«

»Wie das?«

»Ich habe vierzehn Kilo zugenommen. Aber wenn ich mir Fotos meines Körpers anschaue, sehe ich aus wie immer.«

Meine Tischgenossen hatten ihr Mahl beendet. Mein Essen war fast noch unberührt.

»Ich habe alles gemacht, um meinen Körper zu verbessern. Ich habe meine Haare gefärbt, meine Brust gewachst, meine Zähne gebleicht, mir Bräune aufsprühen lassen und mich einer Schönheitsoperation unterzogen. Und als ich dann Vorher und Nachher-Bilder postete, schrieb jemand, ich sei auf einer Skala von 1 bis 10 von 5 auf 6 gestiegen.«

»Entschuldigt, dass ich euch nerve, aber was ist eurer Meinung nach die Bedeutung des Projekts?«

Richard hatte sich Notizen gemacht.

»Ich denke, du hast es selbst beantwortet«, sagte er und las seine Notizen vor, die die Gedanken wiedergaben, die ich in der letzten Stunde entwickelt hatte, anstatt zu essen.

André, 14. Dezember

»Danke, dass Sie gekommen sind«, sagte ich und schaute auf etwa vierzig Kollegen vor mir. »Einige von Ihnen wissen ja, dass ich dieses ganze Jahr damit verbracht habe, mich selbst zu optimieren.«

Ich begann, von meinen Erfahrungen zu erzählen.

»Und nun haben wir Dezember«, schloss ich meinen Bericht. »Und zusammen mit Carl versuche ich herauszufinden, was das alles bedeutet. Ich würde gerne hören, was Sie darüber denken.«

Ein paar Hände schossen in die Höhe.

»Konnten Sie in so kurzer Zeit wirklich etwas über diese verschiedenen Welten erfahren?«, fragte ein Doktorand.

Ich kramte in meinen Unterlagen. »Jeder Anthropologe wird Ihnen sagen, dass es mindestens ein Jahr braucht, um etwas Bedeutsames über eine Kultur zu lernen. Wir verbrachten auf jedem Gebiet einen Monat. Aber davor hatten wir die breitere Kultur der Selbstverbesserung bereits ein Jahr lang studiert. Es ist die Kultur, die heutzutage viele Menschen mittleren Alters aus der westlichen Mittelschicht bevölkern. Es ist eine Kultur, die auf Ritualen obsessiver Selbstverbesserung basiert. Und das Ziel ist das Gleiche wie in jeder anderen Kultur – zu zeigen, dass man ein gutes Mitglied der Gemeinschaft ist. Je mehr Zeit du für das Ritual aufwendest, desto höher ist dein Status in der Gemeinschaft. Also: Fünf Kilometer rennen, das macht dich zu einem Selbstverbesserungsproleten. Ein Halbmarathon ist okay. Ein Marathon zeigt, dass du dich anstrengst. Aber wenn du Tausende von Stunden und Tausende von Dollar aufbringst, die es braucht, um einen Hundert Kilometer-Ultramarathon zu laufen, dann bist du wirklich jemand!«

»Ja«, sagte ich und zeigte auf eine erhobene Hand.

»Kann man wirklich eine gute Perspektive auf eine Kultur bekommen, wenn man nur flüchtig draufschaut? Seid ihr nicht bloß Touristen?«, fragte eine Kollegin.

Sie hatte natürlich recht, aber es schien doch merkwürdig zu sagen, wir hätten nicht genug getan, wenn wir beide dem Projekt ein ganzes Jahr unseres Lebens gewidmet hatten.

Ein Seniorprofessor der Fakultät kam mir zu Hilfe:

»Du magst ein Tourist gewesen sein, aber die ganze Welt der Selbstverbesserung ist voll von Touristen.«

Ich nickte. »Das stimmt. Die meisten Menschen, die sich zu verbessern versuchen, machen viele verschiedene Aktivitäten gleichzeitig und konzentrieren sich selten auf nur eine.«

Die nächste Frage lautete: »Verändert eure Absicht das, was ihr herausgefunden habt?«

»Nun, ich vermute, wir hatten von Anbeginn vor, ein Buch zu schreiben«, erklärte ich. »Aber ich hatte wirklich gehofft, die Ziele zu erreichen, die ich mir für jeden Monat setzte, und ich war immer ziemlich niedergeschlagen, wenn ich es nicht schaffte. Es gab Zeiten, da ich die Tatsache, dass wir an einem Buch arbeiteten, völlig aus den Augen verlor.«

Eine meiner Doktorandinnen hob zögernd ihre Hand und lächelte.

»Geht es in diesem Buch nicht eigentlich um eine Midlife-Crisis?«, fragte sie. »Es lässt sich bestimmt gut an Vierzigjährige verkaufen, so dass sie über eine Midlife-Crisis lesen können, anstatt eine zu bekommen.«

»Oder vielleicht ist es ein Ratgeber, wie man in eine Midlife-Crisis gerät«, rief jemand von den Zuhörern.

Carl, 15. Dezember

Ich war im dritten Stock des Stockholmer Kulturhauses auf einer Bühne, vor mir ein Publikum von über hundert Menschen. Ganz vorne saß eine alte Freundin, die ich seit Jahren nicht gesehen hatte. Einige Reihen hinter ihr war eine Gruppe von Freunden, die zusammen dorthin gekommen waren. Hinten in dem Saal konnte ich meine Eltern sehen, neben ihnen Sally, Esther und meine Schwiegermutter.

Ich wollte, dass das Projekt und unsere Absichten ernstgenommen wurden. Die Zuhörer sollten verstehen, dass dies kein ausgeklügelter Witz zweier gelangweilter Akademiker war.

Ich ging die Monate systematisch durch, zeigte Bilder und beschrieb, was wir getan hatten. Tagelang hatte ich an dem Skript gearbeitet. Die Präsentation enthielt mehr als einhundert Bilder.

Als ich den Dezember erreichte, sagte ich, dass nun der Moment gekommen sei, die Bedeutung des Projekts zu erkunden.

Jenny, die die Moderation übernommen hatte, kam auf die Bühne und stellte eine Reihe von Fragen. Dann war das Publikum an der Reihe. Ich hatte mich auf diesen Augenblick gefreut. Vielleicht konnten die Zuhörer mir dabei helfen herauszufinden, worum es bei diesem Projekt letztlich ging.

»Hier ist eine Frage.« Jenny zeigte auf einen Mann in der vorderen Reihe. »Ich würde gerne wissen, was Sie kontinuierlich über das Jahr gemacht und was Sie irgendwann aufgegeben haben.«

»Ich habe schnell auf Wearables verzichtet und auch die meisten Apps nicht mehr benutzt. Aber die Pomodoro-Technik hilft mir immer noch, und gelegentlich nehme ich smarte Drogen. Was sonst? Ich mache immer noch CrossFit.«

»Eine weitere Frage dort.« Jenny zeigte auf einen Mann weiter hinten in dem Saal.

»Von all den Sachen, die Sie versucht haben, was könnten Sie empfehlen?«

Es war wieder die gleiche Frage, aber ich versuchte diesmal, eine ausführlichere Antwort zu geben und eine Reihe von Methoden und Techniken zu bewerten.

»Ich muss hier intervenieren«, sagte Jenny und drehte sich zu mir. »Wenn du diese Fragen beantwortest, besteht da nicht die Gefahr, dass du auch ein Selbsthilfe-Guru wirst?«

»Äh, ja«, sagte ich.

Es kamen mehr Fragen. Aber mir ging Jennys Bemerkung nicht aus dem Kopf. Hatte ich ein Jahr die Welt der Selbstverbesserung erforscht, nur um ein weiterer Experte zu werden, ein ziemlich mittelmäßiger, der Leuten riet, Pomodoro-Apps runterzuladen? War das alles?

André, 15. Dezember

Wieviel Geld haben Sie für das Projekt ausgeben?

Diese Frage wurde mir in den letzten Wochen häufig gestellt. Ich hatte sie jedes Mal ignoriert, weil ich es lieber nicht wissen wollte. Aber nun war es Zeit dafür. Ich setzte mich also hin und rechnete die Kosten für all die Geräte, Kurse, Reisen, Bücher und Abonnements zusammen. Am Ende kam ich auf über 10000 Dollar. Ich fragte Carl in einer Mail, wie hoch sein Betrag war. Etwa 15000 Dollar, antwortete er und fügte hinzu, dass Tim Ferriss jedes Jahr für neue Selbstverbesserungsprodukte 100000 Dollar ausgab.

Tatsächlich hatten wir eine Menge Geld ausgegeben. Aber wir waren keine Ausnahme. Einer Schätzung zufolge macht der Selbstverbesserungsmarkt in den USA allein pro Jahr einen Umsatz von fast 10 Milliarden Dollar. Und diese Industrie ist eine wachsende Beschäftigungsquelle. Carl und ich hatten viele Leute kennengelernt, deren Lebensunterhalt von der Selbstverbesserung abhängt: Life Coaches, Personal Trainer, Motivationssprecher, Ärzte, Forscher, Hellseher, Yogalehrer, Sexerzieher, Schönheitschirurgen, persönliche Markenmanager und andere Experten. Sie waren nicht alle skrupellose Scharlatane, denen es nur darum ging, die Schwächen der Menschen auszubeuten. Die überwiegende Mehrheit bemühte sich ehrlich, mit Sachverstand und Einfühlung ihren Klienten zu helfen.

Ich fragte mich, wie es wäre, in der Selbstverbesserungsindustrie zu arbeiten. Ich fand eine neue Studie über persönliche Trainer in Großbritannien, die ihr Arbeitsleben mit Leibeigenen verglichen. Statt wie im Feudalismus an einen Grundherrn waren sie an ein Fitnessstudio gebunden. Die Trainer konnten nie ihres Einkommens sicher sein und mussten hart arbeiten, um gerade so zurechtzukommen. Die befragten Trainer erzählten davon, wie sie sich jedes Jahr auf den Januar freuten, wenn die Neujahrvorsätze die Menschen zurück ins Fitnessstudio brachten. Während andere Beschäftigungsquellen austrockneten, war die Arbeit in einem Fitnessstudio eine der wenigen offenen Karriereoptionen. Ihre Eltern hatten wahrscheinlich noch in Fabriken gearbeitet. Deren Nachkommen leisteten auch schwere körperliche Arbeit, aber statt Dinge zu produzieren, brachten sie die Körper anderer Menschen in Form.

Dann stieß ich auf eine Studie von Forschern an der University of Oxford über die Zukunft der Arbeit. Darin hieß es, dass viele Jobs durch Automatisierung abgeschafft würden, aber nicht in der Selbstoptimierungsindustrie. Sie würde weiterhin wachsen.

Hatte dieses Jahr uns einen Blick in die Arbeitsplätze der Zukunft gewährt? Arbeitsplätze, wo Menschen mit höchst prekären Jobs versuchten, das schwindende Selbstwertgefühl der schuldgeplagten Mittelschichten aufzupäppeln?

Carl, 16. Dezember

Es war spät am Abend, und ich wartete auf einen Skype-Anruf. Ich hatte eine Sitzung mit einem Life Coach arrangiert. Sein Vorname war Tim.

Ich hatte nie zuvor daran gedacht, mit einem Life Coach zu sprechen, aber inzwischen war ich mir bewusst, dass es sich um eine starke Branche handelte. 50000 Life Coaches weltweit verdienten jährlich 2 Milliarden Dollar mit dem Angebot, Menschen dabei zu helfen, »zielbewusst« zu leben.

Tim wohnte in Florida. Von seiner Website wusste ich, dass er der Autor von sieben Büchern war, zehn Jahre Erfahrung als Life Coach hatte und Hilfe versprach, wenn jemand feststeckte. Im Leben. In der Karriere. Bei der Suche nach Klarheit. Ich meinte, Hilfe bei allen dreien zu benötigen.

Tim saß in seinem Arbeitszimmer; er trug ein T-Shirt. Es war ein heller, warmer Tag. Ich konnte die Sonne durch das Fenster scheinen sehen. Ein ziemlicher Kontrast zu Stockholm in der kalten Dunkelheit des Dezembers.

Ich fragte Tim zuerst, warum seiner Meinung nach so viele Menschen so viel Zeit und Geld für Selbstverbesserung aufbringen.

»Das Problem ist, dass diese Menschen nicht verstanden haben, was ihr Verhalten antreibt.«

»Was meinen Sie damit?«

»Sie schauen nur nach einer schnellen Lösung. Sie fühlen, dass ihr Leben Scheiße ist. Und sie glauben, dass alles wieder in Ordnung kommt, wenn sie eine Ursache benennen können.«

»Sie meinen, sie erfinden Gründe?«

»Ja. Sie glauben, dass ihr Leben beschissen ist, weil sie nicht produktiv genug sind oder weil sie nicht den richtigen Wagen haben oder was auch immer. Und sie glauben, dass sie das haben müssen und dann glücklich sein werden.«

»Das erinnert mich an den letzten Monat«, sagte ich. »Ich versuchte, mein Aussehen zu optimieren und postete Selfies auf Instagram. Ich war verblüfft von den Opfern, zu denen Menschen bereit waren, um den perfekten Körper zu bekommen.«

»Es ist eine Sucht.«

»Eine Sucht?«

»Menschen werden süchtig nach diesem Zeug. Sie setzen sich ein Ziel, und sobald sie das erreicht haben, setzen sie sich ein weiteres Ziel. Sie wollen fünf Kilo Muskeln zulegen. Dann zehn. Dann zwanzig. Und sie werden süchtig nach Belohnungen. Es ist chemisch bedingt.«

»Wissen Sie, ich hatte im letzten Monat eine Schönheitsoperation. Gleich danach fing ich an, andere Mängel zu sehen. Ich habe da eine kleine Warze an der Stirn. Vorher hatte ich mir nie Gedanken darüber gemacht. Nun finde ich sie ärgerlich.«

»Das ist es, was mich an meinem Beruf traurig macht. Viele Leute kommen in diese Industrie, ohne zu wissen warum. Sie kontaktieren einen Life Coach in der Hoffnung, Heilung zu finden. Sie leiden an schwachem Selbstvertrauen. Leider nutzen das viele meiner Kollegen aus.«

Nach unserem Gespräch dachte ich weiter über das Verlangen nach, sich zu verbessern. War geringes Selbstwertgefühl die treibende Kraft? Die Unfähigkeit, die eigenen Beschränktheiten zu akzeptieren?

André, 17. Dezember

Auf Twitter fiel mir das Bild eines muskulösen, großen Mannes in der Pose des Denkers von Rodin auf, der so tat, als ob er ein Buch lesen würde. Ich wusste nicht, wer das war, aber ich erkannte das Buch. Es war Tim Ferriss' nagelneuer 700 Seiten-Wälzer *Tools der Titanen*. Der Umschlag sah aus wie eine Schachtel für diese muskelbildendenden Nahrungszusätze, die Carl nahm. Ich lud das Buch sofort herunter.

Es stellte sich heraus, dass es eine Version des *Whole Earth Catalog* für Fitnessstudio besuchende Unternehmer ist. Statt Tipps zu geben, wie man eine Komposttoilette baut, erklärt es, wie man die perfekte Rumpfbeuge macht.

Einem Bericht zufolge sind 70 Prozent der Selbsthilfe-Konsumenten Frauen. Eine Möglichkeit, das Wachstum der Branche zu steigern, besteht darin, ihren Appeal auf Männer zu erhöhen. Und genau das hat Ferriss getan. Seine Kundschaft ist zu 84 Prozent männlich. Vielleicht folgt er dem Marketing Textbuch von Coke. Als der Konzern bemerkte, dass Männer Diet Coke nicht tranken, weil sie das Getränk für zu feminin hielten, wurde ein ähnliches Produkt in schwarze Dosen abgefüllt und bekam den Namen Coke

Zero. Erst dann begannen Männer, sie zu trinken. Vielleicht war Tim Ferriss die Coke Zero der Selbstverbesserung?

Um meine Hypothese zu testen, vertiefte ich mich in das Buch. Im Vorwort beschreibt Ferriss, wie er die Vormittage in seinem Pariser Apartment an dem Buch arbeitete und dann nachmittags zu den Ufern der Seine aufbrach, wo er mit schreibenden Studenten ihre Arbeiten diskutierte. Ich konnte mich der Vorstellung nicht erwehren, dass diese Studenten alle attraktive junge Frauen waren. Was Ferriss beschrieb, war die klassische Fantasie eines Mannes mittleren Alters. Kam es nicht dem sehr nahe, womit Carl seinen Sommer verbracht hatte?

Als ich weiterlas, stieß ich auf vieles, was wir im Laufe des Jahres ausprobiert hatten: Fasten, tägliche Meditation, vor 5 Uhr aufwachen, einundzwanzig Tage keine Klagen. Aber es gab auch Vorschläge, die wir nicht versucht hatten: Eisbäder nehmen, die Temperatur des Bettes kontrollieren oder einen »real world MBA (Master of Business Administration)« machen – mit einem Kapital von 125000 Dollar, das in unternehmerische Vorhaben investiert wurde.

Nachdem ich Hunderte Seiten von Interviews mit Leuten wie Arnold Schwarzenegger und Rick Rubin durchgeblättert hatte, fragte ich mich, ob wir ein ganzes Jahr nur damit verbracht hatten, um eine lahmere Version von Tim Ferriss abzugeben? War unser ganzes Projekt nur eine ausgedehnte und gescheiterte Fantasie zweier Männer mittleren Alters?

Carl, 19. Dezember

Ein weiterer produktiver Tag. Der letzte vor den Weihnachtsferien. Ich hatte ihn mit Jenny in ihrer Wohnung verbracht; wir nahmen Dexamphetamin, arbeiteten mit der Pomodoro-Technik und hörten Ambient Musik mit dem Label »Deep Focus«.

Um den Tag abzurunden, tranken wir in einer Bar ein

Glas Wein. Als Jenny zur Toilette ging, checkte ich meine Mails. Eine kam von meinem Wissenschaftsverlag, an den ich vor kurzem mein Buch geschickt hatte. Jenny kam zurück und setzte sich wieder auf den Hocker.

»Weißt du noch, das Buch, das ich im Januar schrieb?«

»Ja, das wissenschaftliche. Als wir damit begannen, Tabletten zu nehmen.«

»Richtig. Es wurde damals von dem Verleger abgelehnt.«

»Ich erinnere mich.«

»Ich habe es vor ein paar Wochen an einen anderen Verlag geschickt. Sie haben gerade geantwortet.«

»Und?«

»Sie wollen es. Sie bieten mir einen Vertrag an.«

Wir stießen auf die gute Nachricht an, und ich fühlte mich wenigstens einmal glücklich. Ich hatte in diesem Jahr also doch etwas erreicht.

André, 19. Dezember

War Carl Tyler? War ich Jack?

Ich hatte den Film *Fight Club* seit mehr als zehn Jahren nicht mehr gesehen, aber als er wieder im Fernsehen lief, waren alle Szenen so vertraut: die Selbsthilfegruppen, der IKEA Katalog, die Schlaflosigkeit, die Pornographie, das Kämpfen, das ständige Reisen, die kahlgeschorenen Männer, die Begegnungen in der Umkleidekabine, das zunehmend extreme Verhalten. Aber was ich zuvor nicht bemerkt hatte, war, wie der Fight Club, den Tyler gründete, eine Art Modell für Maskulinität im weiteren Sinne geworden war. Seine stoischen Reden hätten direkt aus dem Mund von Tim Ferriss kommen können. Das Hauptquartier, das Tyler in einer verwahrlosten Villa einrichtete, schien die Inspiration für so viele CrossFit-Studios weltweit gewesen zu sein. Zog sich Tyler nicht wie ein Pick-up-Artist an und hatte er nicht den gleichen Haarschnitt wie viele Selbstverbesserungs-Gurus? Wenn dieses Jahr irgendetwas gewesen war, dann war es eine Reise in die Welt des *Fight Club*-Stoizismus.

Der Lektüre von *Tools der Titanen* hatte ich entnommen, dass Tim Ferriss' Lieblingsbuch die *Briefe an Lucilius* von Seneca waren. Er hatte Hunderte von Exemplaren des Buches an Leute verschenkt. In diesen 124 Briefen kehrte Seneca immer wieder zu der Frage des Todes zurück. Für ihn bedeutete leben, sterben lernen.

In Anlehnung an Senecas Briefe hatte Ferriss seine bevorzugte Denkübung entwickelt, die er »fear setting« nannte. Sie war ziemlich einfach: Stell dir in allen Einzelheiten dein persönliches Worst-Case-Szenario vor. Kein Essen, kein Zuhause, kein Geld – so was. Dann versuche, für einige Tage so zu leben, als wäre der schlimmste Fall bereits eingetreten. Iss nichts, schlaf draußen, lebe ohne Geld.

Die Belastbarkeitstests, die Ferriss beschrieb, waren genau die Art von Tests, denen wir beide uns das ganze Jahr über ausgesetzt hatten. Dieses Jahr war wie ein langes persönliches Worst-Case-Szenario, in dem wir zwölf Monate damit verbrachten, einige der Dinge zu tun, die wir am meisten hassten: Selbsthilfebücher lesen und dann ihren Rat in der Praxis befolgen.

Nach einem solchen Jahr hatte ich die Annehmlichkeiten meines geregelten Lebens schätzen gelernt.

Carl, 21. Dezember

Ich aß mit meinem alten Freund Örjan zu Mittag. Wir unterhielten uns über die Bedeutung des Projekts. Nach zwei Stunden hatten wir drei Theorien.

Bei der ersten ging es um Verwandlung: die Fantasie, dass man sich, wenn man sich nur hart genug anstrengt, in jemand anderes verwandeln kann. Ein leicht verständliches Motiv: Wünschen sich nicht die meisten Menschen, jemand anderes zu sein? Wollen wir nicht zumindest bis zu einem gewissen Grad den Beschränkungen des Menschen entkommen, der wir waren?

Die zweite Theorie handelte vom Tod. Wir haben alle Angst vor dem Tod, und wir fürchten das Älterwerden. Vielleicht war Selbstverbesserung eine Flucht vor dem Tod. Plastische Chirurgie verlangsamt das Altern. Sexuelles Experimentieren verspricht einen jugendlichen Geist. Kreativitätskurse helfen dabei, die Fantasie zu beleben. Und CrossFit hält den Körper jung und stark.

Bei der dritten Theorie ging es um Marktwert: Selbstoptimierung macht einen fit für die Arbeit. Sie verspricht höhere Produktivität und verschafft einem einen Wettbewerbsvorteil.

Als ich nach Hause ging, meinte ich, einige Antworten gefunden zu haben. Aber was war meine Motivation? Hegte ich den Traum, ein anderer zu sein? Hatte ich Angst vor dem Sterben? Wollte ich meinen Marktwert steigern?

André, 21. Dezember

Kurz nach der Mittag wurde mein Sohn Julian geboren. Dies war der beste Tag des Jahres, und er hatte absolut nichts mit Selbstverbesserung zu tun.

Carl, 23. Dezember

Es war spät am Abend, als ich Oliver Burkeman skypte. Er war daheim in New York.

Oliver schreibt eine wöchentliche Kolumne für den *Guardian* und hat Jahre damit zugebracht, den Kult der Selbstverbesserung zu untersuchen. Wenn überhaupt jemand, so sollte er in der Lage sein, mir verstehen zu helfen, warum Menschen so viel Lebenszeit opfern, um besser, schneller und stärker zu werden.

»Ich denke, tief im Inneren wollen wir alle Tim Ferriss sein«, sagte er halb im Scherz. »Ich denke nicht, dass es nur um unsere gegenwärtige Kultur geht. Es gibt einen tieferen menschlichen Impuls. Und darauf zielt Tim Ferriss.«

»Aber Tim Ferriss hat etwas Trauriges an sich«, sagte ich. »Ich habe mir ein Gespräch angehört, das er mit einem anderen Mann führte. Und dieser Mann sprach darüber, wie wunderbar er Tim Ferriss fand, und listete all die tollen Sachen auf, die er gemacht hatte: seine Bücher, die Sprachen, die er gelernt hatte, und die Herausforderungen, die er bewältigt hatte. Und dann fragte dieser Typ, was er, Tim Ferriss, als nächstes tun werde. Und der antwortete, er plane, einen Film zu drehen. Es fühlte sich einfach nur leer an.«

Oliver schwieg einen Augenblick. Dann äußerte er seine Ansicht.

»Interessant an jemandem wie Tim Ferriss ist , dass er nicht über Beziehungen oder Liebe sprechen kann. Es geht immer nur darum, Dinge zu lernen oder irgendetwas zu meistern. Zur Frage der Liebe hat er überhaupt nichts zu sagen.«

André, 25. Dezember

Nach dem Weihnachtsessen schoben wir die Teller beiseite und öffneten eine zweite Flasche Wein.

Ich unterhielt mich mit Robyn, meiner Schwiegermutter, die zu Besuch aus Australien gekommen war.

»Ich habe alles verfolgt, was du dieses Jahr für euer Projekt gemacht hast. Bist du froh, dass es vorbei ist?«, fragte sie.

»Ja. Aber nun frage ich mich, was all das bedeutet.«

Robyn nahm gewöhnlich solche Fragen ernst.

»Weißt du, ich habe mein ganzes Leben damit verbracht, mich zu verbessern«, sagte sie.

»Warum?«

»Um meine Existenz zu rechtfertigen«, antwortete sie und hielt einen Moment inne. »Und um akzeptiert zu werden.«

Sie nahm einen Schluck Wein: »Selbst jetzt frage ich mich, was der Sinn meiner Existenz ist.«

»Und hast du irgendwelche Antworten bekommen?«, fragte ich.

»Ich habe neulich morgens etwas aufgeschrieben: Leben. Lieben. Arbeiten.«

»Ich habe das ganze Jahr damit verbracht, mit Hilfe all dieser neuen Technologien meinen Fortschritt zu verfolgen«, sagte ich. »Wie behält man seine Fortschritte im Auge?«

»Selbstreflexion«, erwiderte sie. »Ich stimme Sokrates zu: Ein unreflektiertes Leben ist nicht lebenswert.«

Später, als ich das schmutzige Geschirr abräumte, fragte ich mich, wann in diesem Jahr ich mich selbst ernsthaft befragt hatte. Während des Landmark Forums wurde uns immer wieder gesagt, dass Selbstreflexion der Feind ist. Ein Hindernis fürs Handeln. Aber nun, da wir versuchten, die Bedeutung unseres Projekts zu ergründen, schien ehrliche Selbstreflexion die schwierigste Aufgabe zu sein. Sie bedeutete, dass ich mich direkt im Spiegel anschauen und fragen musste, warum ich trotz all der Zeit und Anstrengung das Gefühl nicht los wurde, dass sich nur wenig geändert hatte.

Carl, 27. Dezember

Ich war bei André zu Hause, in seiner neuen Küche, und bewunderte den gerade geborenen Julian. Er war so klein und süß, wie er da, eingewickelt in eine Decke, in den Armen seiner Großmutter schlief. André lief herum, öffnete eine Flasche Champagner, und unterhielt laut redend die Gäste.

Stunden später, als die Flaschen leer und wir allein waren, setzten wir uns ins Wohnzimmer.

»Weißt du, was ich dieses Jahr gelernt habe?«, lallte André.

»Nein.«

»Ich habe gelernt, Popmusik zu schätzen.«

André lag ausgestreckt in seinem Sessel, schlürfte ein Bier und schien mit sich selbst zufrieden zu sein. Ich hatte meine Familie mitten in den Ferien verlassen, um nach London zu fliegen. Warum? André hatte mich darum gebeten. Wir hatten uns seit dem Sommer nicht mehr gesehen, als wir wie Hedonisten in Italien gelebt hatten, und er wollte, dass wir noch einmal zusammenkommen, um das Jahr abzuschließen.

Und nun war ich hier, in Andrés Wohnzimmer, und hörte ihm zu, während er mir erklärte, dass alles, was er nach einem Jahr angestrengter Versuche, jeden Aspekt seines Lebens zu optimieren, erreicht hatte, eine neue Wertschätzung für Popmusik war.

André, 28. Dezember

Wir saßen in einem kleinen Café und diskutierten die immer noch drängende Frage: Was zum Teufel hatte es mit all dem auf sich?

»Als ich unser Projekt meinen Kollegen präsentierte, sagte einer von ihnen, es sei eine kaum verhüllte Midlife-Crisis«, sagte ich, bevor ich einen Schluck Kaffee nahm.

»Ja, das habe ich auch schon gehört«, erwiderte Carl.

»Es lässt sich leicht abtun, aber vielleicht ist doch etwas dran.«

»Ach ja?«

»Nun, laut Elliott Jacques, dem Psychoanalytiker, der den Begriff prägte, stellt sich die durchschnittliche Midlife-Crisis mit siebenunddreißig ein.«

»Mmhm.«

»Du bist sechsunddreißig, ich bin neununddreißig«, sagte ich und nahm wieder einen Schluck Kaffee. »Elliott Jacques argumentierte, dass in unserem Alter die Menschen der Tatsache ins Auge sehen müssen, dass ein guter Teil ihres Lebens unwiederbringlich dahin ist.«

»Und sich der Tatsache stellen, dass sie eines Tages sterben werden?«, sagte Carl.

»Genau.«

»Du sagst also, dass es bei diesem ganzen Projekt darum ging, dass wir versucht haben, mit unserem Tod zurande zu kommen?«

»Könnte sein«, sagte ich. »Aber man kann es natürlich auch anders sehen, als eine Möglichkeit, uns mit dem zu konfrontieren, was wir in unserem Leben nicht erreicht haben. Du weißt schon, die Kluft zwischen den Träumen, die wir hatten, als wir jung waren, und wie sich die Dinge tatsächlich entwickelt haben – unsere Enttäuschungen.«

»Okay.«

»Ja«, sagte ich und holte mein Smartphone raus. »Hör dir das an. Elliott Jacques beschreibt einen seiner Patienten, der an einer Midlife-Crisis leidet: *Zum ersten Mal in seinem Leben sah er seine Zukunft als begrenzt ... er würde in der Zeitspanne eines einzigen Lebens nicht alles schaffen, was zu tun er sich so sehr gewünscht hatte. Er konnte nur eine begrenzte Menge erreichen. Vieles würde unfertig und unerfüllt bleiben.*«

Ich legte mein Smartphone hin. »Sind wir das?«

»Vielleicht«, erwiderte Carl. »Aber geht es bei der Selbstverbesserung nicht vor allem darum, die eigenen Träume zu verwirklichen?«

»Ich schätze schon. Ich meine, du musst deinen Traum leben, an der Küste herumzugammeln, Zigaretten zu rauchen, Wein zu trinken und einen Thriller zu schreiben.«

»Ja, und du musst deinen Traum leben, dich in der U-Bahn auszuziehen.«

»Sehr komisch«, sagte ich. »Aber mal im Ernst, ich denke, all dieses Selbstverbesserungszeug bietet den Menschen einen Weg, trotz aller Enttäuschungen ihre Illusionen am Leben zu erhalten. Das ist der Grund, warum alle Selbsthilfe-Gurus Dinge sagen wie *halte an deinen Träumen fest.*«

Carl, 28. Dezember

»Die Fantasie der Verwandlung, die Angst vor dem Tod und der Antrieb, seinen Marktwert zu verbessern«, sagte ich, bevor ich meinen ersten Schluck eines Champagner-Cocktails nahm. »Das sind meine drei Erklärungen, warum Menschen sich auf den Selbstverbesserungstripp einlassen.«

Das Essen wurde serviert.

»Ich würde noch etwas hinzufügen«, sagte André. »Flucht.«

»Was meinst du damit?«

»Als ich mich auf den Marathon vorbereitete, wurde mir bewusst, dass Rennen der beste Weg ist, um dem Zuhause und der Arbeit zu entkommen.«

André hielt inne.

»Mir fällt noch eine Theorie ein«, sagte er. »Selbstverbesserung ist inzwischen etwas, das fast jeder macht. Alle scheinen auf die eine oder andere Weise an dieser Kultur beteiligt zu sein. Außerdem ist es eine Möglichkeit, sich mit anderen zu verbinden.«

Was zweifellos stimmte. Ich musste an CrossFit denken. Das war eine Gemeinschaft. Es war das Gleiche wie die Meditation und das New-Age-Zentrum. Das waren Orte, wo sich Menschen trafen, abhingen und Zeit zusammen verbrachten.

»Glaubst du, dass wir je wieder zusammen ein Projekt machen werden?«, fragte ich.

André aß seinen Nachtisch, das Hauptgericht hatte er kaum angerührt.

»Ich weiß nicht«, sagte er.
Ein kurzes Schweigen.
»Ist doch egal, was ich glaube. Du willst doch sowieso nicht wieder mit mir zusammenarbeiten.«
Ich sagte nichts.

André, 29. Dezember

Es war Mittagszeit, und wir saßen in dem Pub Morgan Arms, starrten beide in unsere Biergläser und schwiegen. Dies war die letzte Möglichkeit, die wir hatten, um herauszubekommen, was es mit diesem ganzen Jahr auf sich hatte.
»Gibt es etwas, das du dieses Jahr gerne gemacht hättest, aber dann doch gelassen hast?«, fragte ich.
Carl schaute weiter auf sein Bier. »Nicht wirklich. Vielleicht Ayahuasca«, sagte er. »Ich war scharf darauf, es auszuprobieren. Aber es war wohl gut, dass ich es nicht tat. Ich wollte nicht, dass es bei dem Projekt allzu sehr um Drogen ging.«
Er trank einen Schluck. »Und du?«
»Vieles«, sagte ich.
Ich sah Carls Stirnrunzeln.
»Offensichtlich haben wir uns sehr unterschiedlich bei diesem Projekt engagiert«, erwiderte er.
»Wie meinst du das?«
»Für mich war es am Anfang eines neues Monats so, dass ich mir sagte, ich müsse meine ganze Zeit auf das Projekt verwenden. Und für dich ging es darum, immer gerade genug zu tun, das absolute Minimum.«
Nun war ich wütend, versuchte aber, es zu verbergen. Carl schüttete sein Bier hinunter, und wir sagten Goodbye. Die Abschiedsumarmung war linkisch.
Als ich nach Hause ging, fiel mir eine der Schlussszenen aus Tarkowskis Film *Stalker* ein. Der Stalker, der Schriftsteller und der Professor waren von ihrer seltsamen und

lebensbedrohlichen Reise aus der rätselhaften »Zone« zurückgekehrt. Sie standen an der Bar, wo sie ihre Reise begonnen hatten, und sagten nichts. Der einzige Unterschied zum Beginn des Films war, dass sie nun einen schwarzen Hund bei sich hatten. Vielleicht war der schwarze Hund, der dort in dem Pub zwischen uns saß, das gekränkte Schweigen.

Carl, 30. Dezember

Ich war wieder in Stockholm, saß in unserer Küche und starrte auf den Bildschirm meines Computers.

»Was machst du?«, rief Sally vom Wohnzimmer.

»Ich schreibe nur einen Brief.«

»An wen?« Sally kam in die Küche. Sie probierte gerade ein Kleid für morgen an. Sie sah umwerfend aus. Die absolut schönste Frau, die ich kannte.

»An mich.«

»Warum?«

»André wollte das. Wir werden den Brief öffnen, wenn das Buch herauskommt.«

»Was schreibst du?«

»Ich weiß es noch nicht. Ich bin wütend.«

»Warum?«

»Ich weiß es nicht wirklich.«

Im Laufe des Jahres hatten André und ich mehr Tests ausgeführt, als ich zählen konnte. Wir waren alte Freunde, und nun war unsere Freundschaft in Gefahr. Es war verrückt. André hatte beträchtliche Opfer auf sich genommen: sich in der U-Bahn ausgezogen, in Speakers' Corner geredet und Pick-up-Techniken in Bars getestet. Nur wenige Menschen hätten das getan. Und doch war ich wütend auf ihn und enttäuscht.

Aber was wäre, wenn es gar nicht um André ginge? Wenn diese Gefühle das Ergebnis meiner eigenen Verwandlung wären? Hatte das Jahr mich zu einem Fundamentalisten der Selbsthilfe gemacht, der keine Geduld für die Fehler und Schwächen anderer Menschen hatte? Der Kernglaube der Selbstverbesserung lautet, dass nichts unmöglich ist, wenn man sich nur genügend anstrengt. Vielleicht hatte ich diese Denkweise angenommen und infolgedessen meine Sympathie für diejenigen verloren, die nicht so dachten.

André sagte oft, er bevorzuge eine realistische Herangehensweise. Ich nicht. Als er vorhatte, einen Marathon zu laufen, sagte ich, er solle einen Ironman laufen. Was auch immer er vorschlug, ich dachte stets, es sei nicht genug. Ich sagte, er könne mehr und Besseres tun. Kein Wunder, dass er sich schuldig fühlte.

Es war Zeit, nun weniger an mich zu denken. Ich hatte mir den größten Teil des Jahres über die Welt vom Leibe gehalten. Nie zuvor hatte ich mich so wenig um Nachrichten gekümmert, so wenige Romane gelesen, so wenige Filme gesehen und so wenig Zeit mit Freunden verbracht. Als ich das wissenschaftliche Buch in einem einzigen Monat schrieb, sprach ich kaum mit jemandem. Als ich für meinen Gewichtheberwettkampf trainierte, verbrachte ich jeden Tag im Fitnessstudio. Es war höchste Zeit, die Tür zu öffnen und die Welt wieder hereinzulassen.

André, 30. Dezember

Mein neugeborener Sohn lag warm eingewickelt in seinem Kinderwagen. Ich saß neben ihm auf einer Parkbank im kalten Licht des späten Dezembers und dachte über das Jahr nach, das nun zu Ende ging. Während ich alles, was geschehen war, noch einmal in Gedanken durchging, kam ich immer wieder auf eine Person zurück: Carl.

Wir hatten uns gestern verbittert getrennt. Wie konnte das sein? Wir hatten so viel zusammen durchgestanden. Das ganze Jahr über hatte er mich mit seiner unerschütterlichen

Fähigkeit erstaunt, sich selbst – wie auch mich – über alle vernünftigen Grenzen hinaus zu pushen. Ich kannte niemanden sonst, der das schaffte. Gewiss, ich hatte mich unzählige Male über Carl geärgert. Seine rücksichtslose Unnachgiebigkeit hatte mich oft zermürbt. Sein Bedürfnis nach Kontrolle war zu einer Quelle der Frustration geworden. Aber ich wusste, dass diese Dinge mit der Grund dafür waren, dass wir es bis zum Ende geschafft hatten. Allein hätte ich wahrscheinlich längst aufgegeben.

Während ich mir all das durch den Kopf gehen ließ, dämmerte es mir, dass es bei meinen Frustrationen nicht wirklich um Carl ging. Oder mich. Tatsächlich war es die breitere Kultur der Selbstverbesserung, die mich frustrierte. Basiert sie nicht auf der Idee, dass es möglich ist, ein gesünderer, wohlhabenderer und schlauerer Mensch zu werden, indem man alles in seinem Leben unablässig kontrolliert? Funktioniert diese Kultur nicht so, dass sie den Menschen ständig das Gefühl gibt, der einzige Grund, warum sie nicht gesünder, reicher und intelligenter sind, der ist, dass sie sich nicht genügend angestrengt haben? Vielleicht war es die Kultur der Selbstverbesserung, die ich satt hatte. Nicht Carl.

Ich schaute auf das Gesicht meines schlafenden Sohnes und wusste, dass das neue Jahr ganz anders sein würde.

Carl, 31. Dezember

Wir waren in Uppsala bei meiner Schwester und ihrem Ehemann, aßen ein Drei-Gänge-Menü und feierten die Ankunft des neuen Jahres. Sie hatten zwei Freunde eingeladen.

»Carl, du musst ihnen von dem Projekt erzählen«, sagte mein Schwager.

»Nein«, erwiderte ich und wechselte schnell das Thema.

Später am Abend sandte André mir eine SMS. »Wir haben es geschafft«, schrieb er, »so oder so.«

Ich ging hinaus auf den Balkon und wartete auf das Feuerwerk. Ich war jetzt froh. Ich fühlte mich erleichtert.

Ich musste an das Ende von *Fight Club* denken. Edward Norton stand neben Marla, hoch oben in einem Wolkenkratzer, und schaute aus dem Fenster, als die Explosionen losgingen und die Banken in der Umgebung explodierten und einstürzten.

Raketen erhellten den Himmel. Nun war das Jahr vorbei. Ich würde morgen aufwachen und frei sein. Kein Posten mehr von halbnackten Selfies im Internet. Keine Schönheitsoperation mehr. Keine falsche Freundlichkeit mehr. Keine Karriereberatung mehr. Keine Sexspielsachen mehr. Keine Schreie in Kissen mehr. Keine Therapiesitzungen mit André mehr. Keine Zwangsernährung mehr. Kein Fasten mehr. Keine Elektroschocks mehr. Keine Wearables mehr.

Es war ein sehr merkwürdiges Jahr.

André, 31. Dezember

Als es draußen dunkel wurde, holte ich mein Notizbuch hervor. Nachdem ich ein paar Seiten geschrieben hatte, bemerkte ich einen Brief hinten im Notizbuch. Er war an mich adressiert. Ungeöffnet. Er trug meine Handschrift. Es war der Brief, den ich vor sechs Monaten in dem Männercamp geschrieben hatte. Jetzt war der richtige Moment, ihn anzuschauen.

Ich zögerte, dann öffnete ich ihn vorsichtig und begann zu lesen. Ich hatte geschrieben, dass dieses Projekt eine einmalige Chance war, und schloss mit dem folgenden, von Rilke gestohlenen Satz:

Du mußt dein Leben ändern.

Literatur

Aristoteles: *Nikomachische Ethik*. Berlin 2018

Asprey, Dave, *Hirntuning: Die Bulletproof-Methode für höhere geistige Leistungsfähigkeit, besseren Schlaf und mehr Energie*. München 2017

Mark Aurel, *Meditationen*. Berlin 2016

Bly, Robert, *Eisenhans: Ein Buch über Männer*. Reinbek bei Hamburg 2005

Bolles, Richard Nelson: *Durchstarten zum Traumjob*. Frankfurt 2017

Burnett, Dean, *Unser verrücktes Gehirn*. München 2018

Byron, Thomas, *The Dhammapadda: The Sayings of Buddha*. Random House, 2010.

Cain, Susan, *Still und Stark*. München 2017

Carnegie, Dale, *Wie man Freunde gewinnt*. Frankfurt 2013

Chia, Mantak, *Öfter, länger, besser: Der multiorgasmische Mann*. München 2018

Conze, Edward, Hrg., *Buddhist Wisdom: Containing the Diamond Sutra and the Heart Sutra*. Vintage, 2001.

Currey, Mason, Hrg., *Mehr Musenküsse: Die täglichen Rituale berühmter Künstler*. Zürich 2015

Deida, David, *Der Weg des wahren Mannes*. Bielefeld 2014

Duhigg, Charles, *Die Macht der Gewohnheit: Warum wir tun, was wir tun*. München 2014

Dweck, Carol S., *Selbstbild: Wie unser Denken Erfolge oder Niederlagen bewirkt*. München 2017

Epikur, *Brief an Menoikeus*. Basel 2014

Ferriss, Timothy, *Die 4-Stunden Woche: Mehr Zeit, mehr Geld, mehr Leben*. Berlin 2015

Ferriss, Timothy, *Tools der Titanen*. München 2017

Foer, Joshua, *Alles im Kopf behalten: Mit lockerem Hirnjogging zur Gedächtnismeisterschaft*. München 2012

Gotaas, Thor, *Laufen: Von den Wettkämpfen der Antike zu den Städtemarathons von heute*. Bielefeld 2012
Greif, Mark, *Against Everything: On Dishonest Times*. London, 2016.
Hill, Napoleon, *Denke nach und werde reich*. München 2018
Hodgkinson, Tom, *Anleitung zum Müßiggang*. Berlin 2014
James, Aaron, *Arschlöcher: Eine Theorie*. München 2015
Kabat-Zinn, Jon, *Gesund durch Meditation: Das große Buch der Selbstheilung*. Augsburg 2013
Kahneman, Daniel, *Schnelles Denken, langsames Denken*. München 2017
Kama Sutra
King, Stephen, *Das Leben und das Schreiben*. München 2011
Kondo, Marie, *Das große Magic-Cleaning-Buch*. Reinbek bei Hamburg 2018
Lasch, Christopher, *Das Zeitalter des Narzissmus*. Hamburg 1995
Lears, Jackson, *Something for Nothing: Luck in America*. Penguin, 2004.
Levitin, Daniel J., *Kritisch denken im Zeitalter der Lügen*. München 2018
Linden, David J., *The Compass of Pleasure: How Our Brains Make Fatty Foods, Orgasm, Exercise, Marijuana, Generosity, Vodka, Learning, and Gambling Feel So Good*. Penguin, 2012.
Lucan, Medlar, et. al., *Die Kunst der dekadenten Küche*. Berlin 2005
MacAskill, William, *Gutes besser tun*. Berlin 2016
MacFarquhar, Larissa, *Strangers Drowning: Voyages to the Brink of Moral Extremity*. Penguin, 2015.
Mooji, *White Fire: Spiritual Insights and Teachings of Advaita Zen Master Mooji*. Mooji Media Publications, 2014.
Noakes, Timothy, *Lore of Running*. Human Kinetics, 2003.
Palahniuk, Chuck, *Fight Club: Roman*. München 2004
Parkin, Simon, *Death by Video Games: Tales of Obsession from the Virtual Front Line*. Serpents Tail, 2015.
Pavitt, Neil, *Brainhack: Tips and Tricks to Unleash Your Brain's Full Potential*. John Wiley & Sons, 2016.
Peale, Norman Vincent, *Die Kraft positive Denkens*. Zürich 2000
Plimpton, George, *Shadow Box: An Amateur in the Ring*. Little, Brown and Company, 2016.

Rubin, Jerry, *Growing (Up) at 37*. Rowman & Littlefield, 2014.
Sanders, Jeff, *The 5 AM Miracle: Dominate Your Day Before Breakfast.* Ulysses Press, 2015.
Seneca, *Briefe an Lucilius*. Berlin 2012
Siebold, Steve, *How Rich People Think*. London House, 2010.
Sheehan, George, *Running & Being: The Total Experience*. Rodale, 2013.
Strauss, Neil, *Der Aufreißer: So kriegt Mann jede Frau rum*. Berlin 2008
Strauss, Neil, *Die nackte Wahrheit: Von der erregenden Kunst, treu zu sein*. München 2017
Tolle, Eckhart, *Leben im Jetzt: das Praxisbuch*. München 2014
Wacquant, Loïc, *Body & Soul: Notebooks of an Apprentice Boxer*. Oxford University Press, 2004.
Witt, Emily, *Future Sex: Wie wir heute lieben. Ein Selbstversuch*. Frankfurt 2017

Danksagung

Wir sind unserem Lektor Colin Robinson bei OR Books dankbar. Dank an Roland Paulsen, Jenny Jägerfeld, Mikael Holmqvist, Richard Herold, Lawen Mohtadi und Rhymer Rigby für die Lektüre des Manuskripts und die hilfreichen Ratschläge. Dank auch an die Menschen, die in dem Buch vorkommen, nicht zuletzt Freunde und Familie, und die zwar nicht Teil des Projekts sein wollten, uns aber das ganze Jahr über stoisch ertrugen.

Aus der Reihe Critica Diabolis

21. *Hannah Arendt,* Nach Auschwitz, 13,- Euro
45. *Bittermann (Hg.),* Serbien muss sterbien, 14.- Euro
55. *Wolfgang Pohrt,* Theorie des Gebrauchswerts, 17.- Euro
65. *Guy Debord,* Gesellschaft des Spektakels, 20.- Euro
68. *Wolfgang Pohrt,* Brothers in Crime, 16.- Euro
129. *Robert Kurz*, Das Weltkapital, 18.- Euro
162. *Lester Bangs*, Psychotische Reaktionen und heiße Luft, 19.80 Euro
166. *Timothy Brook*, Vermeers Hut, 18.- Euro
171. *Harry Rowohlt, Ralf Sotscheck,* In Schlucken-zwei-Spechte, 15.- Euro
176. *Heiko Werning,* Mein wunderbarer Wedding, 14.- Euro
189. *Hunter S. Thompson*, The Kingdom of Gonzo, Interviews, 18.- Euro
207. *einzlkind*, Gretchen, Prima Roman, 18.- Euro
210. *Berthold Seliger*, Das Geschäft mit der Musik, 18.- Euro
212. *Franz Dobler*, A Boy Named Sue, 14.- Euro
214. *Heiko Werning,* Im wilden Wedding, 14.- Euro
216. *Ingo Müller*, Furchtbare Juristen, 22.- Euro
219. *Wiglaf Droste*, Der Ohrfeige nach, 14.- Euro
222. *Hunter S. Thompson*, Odyssee. Gonzo-Briefe, 28.- Euro
223. *Mark Fisher*, Gespenster meines Lebens, 20.- Euro
224. *Hans Zippert*, Würden Sie an einer Tortengrafik teilnehmen?, 14- Euro
225. *Eike Geisel*, Die Wiedergutwerdung der Deutschen, 24.- Euro
228. *Richard Hell*, Blank Generation, Autobiographie, 20.- Euro
230. *Joe Bauer*, In Stiefeln durch Stuttgart, Komakäufer & Rebellen, 14.- Euro
231. *Funny van Dannen*, An der Grenze zur Realität, 16.- Euro
232. *Carl Cederström & André Spicer*, Das Wellness-Syndrom, 16.- Euro
233. *Jon Savage*, England's Dreaming, Punk und Sex Pistols, 19.80 Euro
235. *Wiglaf Droste & Nikolaus Heidelbach*, Nomade im Speck, 18.- Euro
236. *Nick Srnicek & Alex Williams*, Die Zukunft erfinden, 24.- Euro
237. *André Alexis*, Fünfzehn Hunde. Eine Fabel, 18.- Euro
238. *Klaus Bittermann*, Sid Schlebrowskis kurzer Sommer... 18.- Euro
239. *Fritz Eckenga*, Draußen rauchen ist Mord ..., 14.- Euro
240. *Gerhard Henschel*, Harry Piel sitzt am Nil. Über Schmähkritik, 14.- Euro
241. *Ralf Sotscheck*, Zocken mit Jesus, Irische Zeichen & Wunder, 14.- Euro
242. *Heiko Werning*, Vom Wedding verweht, Menschliches... 14.- Euro
243. *Hans Zippert*, Fernsehen ist wie Radio, nur ohne Würfel, 14.- Euro
244. *Bill Cardoso*, Das Massaker im Goldenen Drachen, 20.- Euro
245. *Ralf Höller*, Das Wintermärchen. Münchner Räterepublik, 20.- Euro
246. *Mark Fisher*, Das Seltsame und das Gespenstische, 18.- Euro
247. *Klaus Bittermann*, Der kleine Fup, 14.- Euro
248. *Wiglaf Droste*, Kalte Duschen, warmer Regen. Neue Glossen, 16.- Euro
249. *Walther Rode*, Deutschland ist Caliban, Pamphlet gegen Hitler, 16.- Euro
250. *Cederström & Spicer*, Auf der Suche nach dem perfekten Ich, 22.- Euro
251. *Georg Seeßlen*, Is This The Ende? Pop-Kritik 16.- Euro
251. *Robert Desnos*, Die Freiheit oder die Liebe, Roman, 18.- Euro
253. *Wolfgang Pohrt*, Werke Band 10, Kapitalismus u.a. Texte, 20.- Euro
254. *Wolfgang Pohrt*, Werke Band 3, Honoré de Balzac, 16.- Euro
255. *Robert Barry*, Die Musik der Zukunft, ca. 20.- Euro

http://www.edition-tiamat.de